AF448190

9 7 9 8 8 8 7 9 6 9 1 3 8

حنُون و الإسلام

مُحاجَجَة بين رُبُوبِي لِبرالي و مُسلم شيعي إثنا عشري

تأليف حنّون السومري

الطبعة الثالثة تموز 2022

تَقْدِمَة

احتوت الطبعة الثالثة على تصحيحات إملائية وإعادة صياغة للجمل مع الحفاظ على معنى النص الأصلي وتكامله مثلما أشار وأكّد المؤلف حنّون السومري.

ففضّل هذه الطبعة للكتاب على طبعته الأولى التي كانت في أواسط السبعينات أنّها محدّثة في معانيها ونقاشاتها لتلحق النطوّر الفكري الحاصل في نقاش عَين الموضوع فتضمّنت المحدَّث من الاكتشافات العلمية والنقاشات الجديدة لمواضيع الجدال والذي مازال مدار الساعة.

ولما أن هذه الطبعة مؤجّهة للفقهاء مع الاحترام فقد تمت الإشارة الى أرقام الآيات القرآنية عند ذكر أي نص من القرآن عن عمد لتلافي أي خطأ من المحتمل قد حصل سهوًا لدى كتابة نصوص الآي القرآني في الطبعة الأصلية للكتاب.

وجُلّ هذا الكتاب يناقش الإسلام بأصوله وأحكامه وفرائضه وشعائره و بنفس الوقت يعرج على كثير من تفاصيل عقيدة المذهب الإمامي الشيعي أثناء النقاش.

والكتاب في خلجاته وتفاصيله يطلب فتح النقاش المغلق بابه دون الحياز لرأي حنّون الربوبي المدافع عن اللبرالية والعلمانية وحرية مناقشة العقيدة والتراث والتقاليد علاوة على حق تقرير مصيره الشخصي في تغييره لحياته لما يريد فحنّون والذي هو المؤلف ينخذ من حال حنّون النار تخي وقصته ممن للوصول الى اللبرالية والحرية الفردية المنقوصة في

عالمه الأصلي الذي وُلِد في كنفه في العراق وبالنتيجة أقام المحاججة بالبينات التي تحتكم لها الإسلام وأهمّها وأوّلها نص القرآن أي أنه يَرتكن للقرآن للدفاع عن لبراليته وهي فكرة ربما لم تحدث من قبل .

ولابد من القول أن شخصية "حنّون" بعد أن كان "ثائر" على عقله وعقل قومه الأصلي الذي يمثّله "صابر" شخصية تحتكم رغم حريتها الفكرية للنقل كما يفعل غالب الفقهاء أي يقدّمون النقل على العقل بخلاف منحى ابن رشد الذي غلّب العقل على النقل وأقول ذلك رغم أن حنّون بعد طرحه النص الفلاني والفلاني يطلب اتخاذ القرار والاستنتاج من بعد التأمّل والتفكّر وبذلك يتشابه حنّون مع الفقيه التقليدي في أسلوبه وعقلينه جزئيا في ذلك مما كوّن لغة تخاطب مبينة بين طرفي المحاججة والجدال الذي تحوم حول الإسلام بكل تطبيقه وتفاصيله وأسسه وقد ارتأيت جعل النقاش حاداً بين الطرفين بحيث لا تخلو من الاتهامات المتنوعة بالتآمر من طرف صابر عند تفجّر غضبه وامتعاضه من نقاش حنّون فذلك أكثر محاكاة للواقع حولنا فالمسلم المناقش في غالب الأحيان يلتجئ للاتهام بالتآمر والعمالة لكل من يناقش عقيدة الإسلام إضافة الى اعتبار قول المناقش مجرّد رأي شخصي لا بينّة له ولا أصل ولا أساس .

اعتمدت هذه الطبعة اللغة الفصحى طموحاً أن تكون قشيبة في عين الفقيه علّه تجد ضالته بعد القراءة الكلية أو الجزئية لما يفضي لفهم عقلية الفرد الريوبي اللبرالي الأقل صوتاً ووضوحا من أصوات الملحدين ورفضهم أي احتمال لوجود أي إله مما حول

النقاش معهم واقتصره على نقاشٍ إثبات الإله بينما النقاش هنا تحوم حول التحرر من الأديان كلها رغم أن النقاش يدور بين دفتي الكتاب حول الإسلام وذلك لسببين أولهما أنه الدين السائد في الشرق الأوسط وخاصة العراق مهد ولادة الكتاب ومؤلفه وثانيهما أن الدين عند الله الإسلام أي أن الإسلام يقول لمؤمنه أن نقاش الإسلام لوحده يغنيك عن نقاش باقِ الأديان التي تعتبر محرّفة أو غير سماوية في جوهر الإسلام وبالتالي كل عقائده .

وقد قمت بترجمة أي نص غير عربي في النسخة الأصلية إضافة الى تفصيح النص وهذا سيجعلني أرشد الطالب للبساطة واللهجة الشعبية قراءة النسخة الأولى من الكتاب . وقد يلاحظ القارئ الكريم أن الكتاب لا ينهي بخاتمة أو خلاصة وذلك لأن المؤلف ارتأى جعل الطريق مفتوحا لا مغلقا أمام قرار القارئ في خاتمته وحكمه وقراره حرصا على تطبيق مبدأ حرية الرأي الفردية وعدم فرض رأي عليه من بعد فتح باب الكلام بدلا من الواقع الحالي الذي تسوده الرغبة بالإفحام وغلق الأفواه إرهابا أو اقصاءً أو استهزاءً من قبل المحيط البشري علاوة على السلطات في عوالم الشرق الأوسط . تمنياتي بقراءة مشوّقة .

بقلم المنقح المصحح المطوّر للنص

المحتويات:

1 تقديم الكتاب بقلم المُؤلِّف حنّون السومري

عزيزي القارئ،

أنت مقبل أسئلة مطروحة في نقاش **صابر** و**حنّون** والمدوَّنة في هذه الوريقات بين دفّتي هذا الكتاب وذلك سيحتاج منك جرأة التفكير للنظر لها فهي ليست لمجرّد القراءة وإنما للتأمّل والبحث والتقرير وهذا سيعتمد على مقدار الحرية الشخصية المتوفرة في عقلك وربما محيطك فالشرق الأوسط لازال من بلاد اللا حرية فكرية لمثل هذا النقاش.

قد تمَّ فِعلا توزيع الأسئلة على مُستويات مختلفة من الشباب المسلم وغير المسلم وانتظرنا الجواب الخطي منهم عسى ولعل أن نهتدي ونهدي الآخرين من حولنا وطلبنا أن تكون الإجابة مكتوبة ومسندة بالبينات وهدفنا من هذه المحاولة ليس التقليل من شأن أحد وإنما الهداية ومحاولة الوصول الى الحقيقة فنحن ليس كما يُشاع عنّا في الأوساط "العرب قوم لا يقرأون وأن قرأوا لا يفهمون وأن فهموا لا يفعلون"

قد طرحنا هذا الكتاب على فقهائنا الأفاضل فتم أرسال نسخ من الكتاب الى السيستاني، القرضاوي، أبو زهراء النجدي، السيد محمد حسين فضل الله وغيرهم لكن للأسف لم يجيب أحد منهم لذا سنعرض الموضوع في شبكة الأنترنيت كمحاولة لكشف الحقيقة في هذا المجال وسأجنّد كل طاقاتي وما أملك لهذا الموضوع ليكون عوناً لطالبي الحقيقة وأرجو من الله أن يعيننا على التفكير السليم والمنطق الحكيم ولكم منّا فائق الشكر والتقدير.

المؤلِّف **حنّون** السومري
تسعينات القرن العشرين

2   المقدمة (بقلم صابر)

بسم الله الرحمن الرحيم

الصلاة والسلام على سيدنا محمد وعلى آله وصحبه ومن والاه الى يوم الدين.

الحمد لله الذي لا يبلغ مدحته القائلون ولا يحصي نعماءِه العادون ولا يُؤدِّي حقه المجتهدون الذي لا يُدركه بعد الهمم ولا يناله غوص الفطن الذي ليس لصفتِه حَد محدود ولا نعت موجود (الإمام علي)

أما بعد..

إن الإسلام دين يتمسَّكُ بالحقيقة والواقع وكلمة الإسلام تعني التسليم. وتشير الى هذه الحقيقة، إن من أول شروط الإسلام هو التسليم الى الوقائع والحقائق وأما أنواع العِناد واللجاج والتعصّب والتقاليد العمياء والتطرفات والأنانيات فهو مطرود ومنبوذ من قبل الإسلام لأنه يقوم على خلاف روح الحقيقة والواقع من جهة نظر الإسلام (ادْعُ إِلَى سَبِيلِ رَبِّكَ بِالْحِكْمَةِ وَالْمَوْعِظَةِ الْحَسَنَةِ وَجَادِلْهُم بِالَّتِي هِيَ أَحْسَنُ إِنَّ رَبَّكَ هُوَ أَعْلَمُ بِمَن ضَلَّ عَن سَبِيلِهِ وَهُوَ أَعْلَمُ بِالْمُهْتَدِينَ) سورة النحل الآية 125

ولن يصيب طالب الحقيقة ضالته إلا أن يكون محايداً ومجتهداً في سبيل الوصول الى الحق ولو فرضنا أن تمسَّك عناداً بما يُقدَّم له إمّا عن طريق التقليد أو الوراثة وأمثالها فلا قيمة لذلك لأن المسلم الصحيح سواء كان رجلا أم امرأة يقتبس الحكمة والحقيقة أينما كانت من بعد كتاب الله وسنة رسوله وآل بيته وأصحابه عند أيّ مَن كان ويستوعبها بقدرة روحِه الباحثة عن الحقيقة والتي أودعها الباري عزّ وجل فيه فلا يتعصّب في سبيل اكتشاف العلم واكتسابه ولو فرضنا أن وجدها في أقصى بقاع المعمورة من العالم فسيسارع نحوها.

الواقع أن المسلم لا يحدُّه طلب الحقيقة لا بفترة معينة من عمره ولا بمنطقة خاصة من الأرض ولا الاقتصار على أشخاص معينين (مرتضى المطهري 32).

وهنا أقول لكم أن صديقي **حنّون** يسألني أسئلة كثيرة وهي مُكررة ومَطروقة سابقا لكن الأجوبة على أي أسئلة تتغاير حسب العصر الذي تم مناقشتها فيه رغم أن

الإسلام واحد من بعد الإله الواحد وجواب الإسلام عليها واحد لكن حلّته وشكله وكيفيته هي المتغيّرة.

وطلب **حنّون** هو أن أحتكم للقرآن فقط في جوابي وليس من مورد آخر وقد وافقته الرأي ففي كتاب الله الحكيم الجواب الوافي كل عصر ومكان فاختلاف التفاسير والأقاويل هو بسبب اختلاف العصر لكن المضمون هو مضمون واحد من مصدر نور واحد حبانا الله به عن رسوله المصطفى ص.

ويشترط **حنّون** في أسئلته المهمة والتي عليَّ الإجابة عليها ألَّا تكون أجابتنا عليها إجابة تبرير وإيجاد عذر وإنما علينا أن يجب أن تكون إجابة يرتضيها الإسلام والمسلمون اعتمادا أي أن أقدّم له المعتمد من الإجابات الحقيقية دون مراوغة وأقد وافقته الرأي لذا علينا أن نعترف بجرأة بالحقيقة لنفهم ونقيّم واقعنا وموضعنا من العالم الذي حولنا ونطرد الأقاويل والأباطيل التي تحول بيننا وبين التقدم واللحاق بركب التقدم ومواصلة التطور للوصول لمستقبل أفضل لنا ولفلذاتنا أجيالنا القادمة.

صابر

تسعينات القرن العشرين

3 البداية

صابر (يتأمّل): هذا صديقي العزيز ثائر يفكّر طوال الوقت وهو يمشي ويجلِس ويشرب ويأكل فتجده يُشاهد الكثير ويسأل أكثر مما يشاهد ليحاول إيجاد أجوبة لأسئلته الكثيرة ومعه صديق الذي هو أنا ... صديقه الذي لا يفارقه فيعتقد أنني أعرف الكثير وربما أعرف الجواب والحقيقة فتراني دائما هادئ وصبور لأسئلة ذلك الحائر الذي إسمه ثائر. (نديم الجسر 51).

ها قد بدأ يُفكّر مرة أخرى وسيتكلّم مجادلا وسيتخطى الخطوط الحمراء مرة أخرى! لذا سأقول له،

صابر يخاطب ثائر: إن كانت البداية في كلِّ قولٍ لا تعدو كلمة فهي لعمري صعبة على المَرء لا سيما أنت في سبيل ثَقف الحقيقة والحق لذا سنتكلم ونتناقش أنا وأنت ما بوسعنا وكأننا نتبارز بِراز فرسان القرون الوسطى لكن بالبينة والدليل والصالح بدل السيف والرمح والسهم.

ثائر: نحن في عالمٍ يسيرُ بخطّى تقدّم علمي وإنساني سريع فيسبر العلم كل مجهول ويحاول فَكَّ رموز الطبيعة لكن رغم ذلك ما زال بعض العالم أو بعض البشرية يعيش في وادٍ ثانٍ وأنا اعتقد أننا لو أردنا السير بسرعة أكبر نحو التقدم علينا أن نُسقِط عن أكتافنا ما قضَّ مضجعنا وأثقل كاهلنا من معتقدات بالية أكل الدهر عليها وشرب.

صابر (مغاضباً): ماذا تقصد؟

ثائر: كثيرٌ منّا يُفكّر بأشياء يُقال لها "روحية"، تأخذ من تفكيره حيزا كبيرا ولو أسقطنا هذا التفكير أصبح هناك حيز أكبر في العقل لسَبر أغوار المستقبل وتأمينِه.

صابر: لكن بهذه الأسس والدعائم الروحية يعيش كثير من البشر سعداء راضين بحياتهم!

4 يوجد قادة ومنقادون

ثائر: لكن المشكلة هنا هي أن سعادتهم هذه تكون على حساب الحقيقة.

صابر: ولماذا تجزم أن الحقيقة معك أنت فقط ولا أحد سواك يفهمها؟ لماذا الإصرار والإنكار لهذه الأمور الروحية المفيدة؟

وإن كان هؤلاء سعداء بكلمات لسانك فلماذا لا تتركهم وشأنهم بسعادتهم؟ فهم سعداء باتباع قادتهم في طريق صلاحهم الإلهي وصولا للجنة التي وعدنا الله بها.

ثائر: سعادتهم على حساب بؤسي في حياتي فإنا أعرف أن السعادة بالحرية والتقدّم الذي يفتقدونه وأما قولك هل أمتلك الحقيقة فهذا ما اعتقده ولست جازما! لكن دعني أجادلك فقد تقتنع بفكري وتجد كيف يمكن الوصول للسعادة كما وصلت أمم أخرى!

وكما أشرت أنت أن البشر نوعان، قادة وهم نسبة قليلة لنقل أنها تشكل 10% وهم يفكرون بالحقيقة كما هي، هم شجعان لايخافون، هم دائمي التفكير بالمستقبل وهم المخطّطين له، وهم في صراع فكري دائم فيما بينهم..

والباقي من البشر ولنقل أن نسبتهم 90% وهم المُنقادون المنصاعون، يرضون بحلول بسيطة ولا يعبهون للواقع وطلب الحقيقة فيتلقفون كل فكرة جاهزة حتى لو كانت زيفا وكذبا ليعيشون يومهم لا يفكرون بالبشرية وهذه المجموعة تكون دوماً وقود معارك الفئة الأولى "فئة القادة".

صابر: أصبح تقسيمك هذا للناس أشبه ما يكون بتقسيم الصَهانية للناس حيث يَقولون أننا شعب الله المختار وما عدانا هم الأميون "گويم".(العهد القديم) وهو مختلف عمّا قلته أنا عن اتباع السعداء المؤمنين أولياء أمورهم ممن يعرفون طريق الله حق معرفته فيأمرون بالمعروف وينهون عن المنكر كما أمر الله سبحانه وتعالى.

ثائر: بصراحة لا أجد من فرق جوهري فقد يكون هذا التقسيم جائر لكن به شيء من الحقيقة باختلاف، هو أن الصهانية يجعلون أنفسهم قادة لكل البشرية دون غيرهم (بروتوكولات حكماء صهيون) وأنا أتفق معك أن هذا جور. وما أجده هو أن كل الناس يمكن أن يكونوا قياديين بنظري فهم من جميع فئات البشر، قد يكونون صينيون أو عرب أو أوربيون أو أفارقة لا فرق وهؤلاء القياديون ليسوا بالضرورة ذوي أصل أو نسب أو عرقٍ خاص مُعيّن، إنما أي بشرٍ لكن يمتازون عن غيرهم بمقدرة اتّخاذ القرار وهم ليسوا بالضرورة أصحاب شهادات عالية، فقد يكون القائد منهم فلاح أو عامل بسيط لكنه يحمل تلك المقدرة.

أما المنقادون قد يكونوا أصحاب شهادات عليا وعلى سبيل المثال موظفون تكنوقراطيون لكنهم ليسوا سوى أدوات حكم وليس حكاما.

صابر: وحتماً يكون القادة في تقسيمك هذا من أخيار الناس الجيدين الذين يفكرون بمستقبل رعيتهم المنقادين؟

ثائر: واقعاً ليس بالضرورة أن يكون القادة جيدين لأنهم أيضا يُقسَمون الى مجموعتين، مجموعة جيدة تحب الآخرين ومجموعة أنانية تحب نفسها. العلاقات الإنسانية مبنية على الربح والخسارة والسيطرة والهيمنة طريقة المسيطِر المهيمن المحتكر للكسب والربح على حساب المسيطَر عليه.

عندما تكون صفة القيادة السيطرة على زمام الأمور لأجل المصلحة الذاتية تكون قيادة سلبية وذات طموح أناني وربما مدفوعة عنصريا وهذا هو الشر بعينه. لذا محاربة الأنانية فينا هي الطريق الأفضل للوصول الى حياة عادلة وأعرف أنني أتكلم هنا بمثالية ولكن تقليل الأنانية والجشع يصنع فرصة أفضل للآخرين بحياة كريمة وبهذا المنوال تكون قرارات القيادين قرارات عادلة.

وهذا هو صراع الخير والشر كما ورد في الموروث القديم وهذه هي المشكلة الأساسية في حياة المجتمع والإنسان، فاذا ما كانت المجموعة القيادية ذات نفس وروح خَيِّرة كان المجتمع سعيداً وآمنَ المستقبل.

صابر: هذه نظرة مثالية تعود بنا الى التاريخ القديم فالواقع يشير أن لم ينته الصراع بين الشر والخير وما أتيت بشيء جديد فالشيطان لازال موجودا لضلال البشر الى يوم الدين.

ثائر: ليس المهم أن آتي بشيء جديد لأن المهم هنا أن أعبّر عمّا بخلجات نفسي وما أفكّر به وما أراه من مؤثرات العصر عليَّ كإنسان ووقعها أبصرني ما لا يراه المنقادون.

هدفنا نحن البشر لنتقدم أن نزيد نسبة القياديين الجيدين فوق نسبة القادة الخطرين المخرّبين للمجتمع فيعم الخير في أرجاء المعمورة وذلك يتطلب أيضا عملية التخلص من القادة الخطرين الأنانيين وهي عملية صعبة.

فخصلة الأنانية وحالتها النفسية تخاطب النفس البشرية ولا يمكن التخلص منها ورغم أنها في بعض الأحيان تولّد السعادة لنا لكن تقليل منها يجعلنا ويجعل جميع البشر سعداء.

صابر: التفكير في الأنا حق من حقوق الفرد وبالمناسبة لا يخفى عليك أن هناك ثلاث حقوق يتداخل بعضها ببعض ويكمل بعضها الآخر وهي:

- حق الله، ومِن حقه أن يُعبد في الأرض.

- وحق الناس، ومن حَقهم أن تحترم عقائدهم وتوجهاتهم،

- وحق الإنسان الفرد، ومن حقّه أن يفعل ويقول ويُؤمن به دون ضغط أو تطاول أو مصادرة.

ففي العصور الوسطى قديما صُودرت حقوق الناس وحقوق الإنسان (الفرد) باسم حقوق الله

وفي العالم الشيوعي صودرت حقوق الله وحقوق الإنسان (الفرد) باسم حقوق الناس وخاصة حقّة في الامتلاك والملكية الفردية.

وأخشى اليوم أن تُصادر حقوق الله والناس باسم حقوق الإنسان.(هادي المدرّسي 53)

ثائر: أنا معك في الحقين الثاني والثالث فالمعادلة الأساسية هي كيف نوازن بين حقوق الفرد وحقوق الناس أمّا حق الله في أن يعبد، فالله الخالق العظيم لا تنطبق عليه صفات الإنسان، جلَّ شأنه، فالإنسان يطلب الشكر والثناء اذا ما عمل معروفا لأحد ما، أمّا الله فلماذا يطلب ذلك وهو الغني؟

هل يُعقل أن يخلقنا من أجل أن نشكره؟

وقد ذكرت في العصور الوسطى قديما أن قد صُودرت حقوق الناس وحقوق الإنسان باسم حق الله ولم تحدد قدم هذه العصور الوسطى فهل تعني بذلك عصر الديانات ومنها العصر الإسلامي؟

صابر: وما هي المشكلة في أن يخلقنا الله عز وجل كي نشكره؟! ودعنا من ذلك الآن ولنرجع الى موضوعنا الأول فقد كانت مجرد مداخلة.

قد ذكرت أنك تريد أن تزيد من القادة الجيدين وتقلل من القادة الخطرين المخرّبين فكيف يكون ذلك؟

ثائر: بالطبع لستُ الوحيد من يقوم بهذه المهمة بل يجب على كل المجتمع عن طريق التوعية الصحيحة والتربية الصحيحة وعليه يجب أن نقول بصراحة أن الصحيح صحيح والخطأ خطأ، وعندها تكون كل الأمور أو معظمها مكشوفة

فيسهل التعامل بها ويسهل تحديد المخطئ من المصيب ولكننا الآن وكما ترى، عالم تائه بين المضر والنافع أو الصح والخطأ والخطأ طاغٍ على الصح لذا يجب أن نسمي الأشياء والأسماء بأسمائها كما هي في الواقع.

صابر: هل تريد أن تعمل قاموسا جديدا؟

أنت قسمت الناس الى قسمين وأنا أقول أن الناس ينقسمون الى أربعة فئات:

يؤثر ويتأثر، يؤثر ولا يتأثر، ولا يؤثر لكن يتأثر وأخيرا لا يؤثر ولا يتأثر(أبو زهراء النجدي 5).

وأحمد الله أني صبور وقد صبرت عليك ولا زلت استمع لك.

ثائر: ممكن ذلك أيضا ولكن لابد أن جملتك "أحمد الله" لها مدلول كبير وحتى أنا لا أجد مرادفا آخرا يعطيني نفس المعنى وأنت تقول "أحمد الله" وإن حمدته فهل أنا سالم منك يوما ما؟

أو إن لم تحمده هل ستكون غير صبور وتقتلني؟

فكما يقول الحديث النبوي "مَن بدّل دينه فاقتلوه" وحديث آخر" مَن رأى منكم منكرا فليغيره بيده " وحديث آخر..

صابر مقاطعاً: ها قد بدأت تخطأ وتدخل الأمور في بعضها وقد اتّفقنا أنا وأنت على النقاش بأساس القرآن فقط وصحيح أن الحديث الشريف الثاني الذي ذكرته يبدأ هكذا ولكن له تكمله " فإن لم يستطع فبلسانه فإن لم يستطع فبقلبه وذلك أضعف الإيمان" ونحن في هذه الظروف الصعبة التي يعيشها العالم الإسلامي نعامل الناس حسب الإجراء الأخير من الحديث الشريف ثم اذا أردت المناقشة فيجب أن تذكر الآية أو السَند كاملا، لا أن تتعامل مثل الذي يقول "لا تقربوا الصلاة" ولا يكمل أو يقول "ويل للمصلين" ولا يكمل! لكن لماذا تستهدفنا نحن المسلمون في حملتك النقاشية المُغرِضة هذه الآن؟!

5 أساسيات النقاش

ثائر: هل تقصد أن تغيّر الظروف ستتصرفون بالأمر بالقتل لمَن تسمّونه مرتد بمصطلحاتكم؟ وأسئلتي ليست مُغرِضة بغير غرضي بالوصول للحقيقة والحرية الفردية ولأنني ولدت منكم وعشت معكم ولما رأيت الخلل حسب نظري يكون

واجباً عليَّ القول والإعلان والنقاش لأني أعتقد أن كل إنسان يفكر بالآخرين عليه مسؤولية إبلاغ رسالة والرسالة قد تكون صحيحة تنفع الآخرين وقد تكون خاطئة فينفع الشخص نفسه بمعرفة الصحيح من الرأي وعندها لا يُفسد الرأي في الوَدّ قضية وأرجو أن لا تستخدم معي أسلوب خنق الكلمات وتترك الموضوع الرئيسي وتركّز في كلمة واحدة قد تكون خاطئة أو تعتمد النقاش البيزنطي معي.

فليس المهم عندي أن أخسر النقاش، المهم إثراء النقاش والتمسُّك بروح الموضوع للوصول للحقيقة ورجاءً لا تكون مثل ذلك الذي تأخذه العِزّة بالأثم أو تعتمد على أسانيدك وكأنها كتبٌ مقدسةٌ فتنتصر لها بكل قوة حتى لو كانت خارج المنطق أي أن "تنصر أخاك ظالما أو مظلوما" بعصبية أو تعنّت!

صابر: هذا قول النبي الكريم ص ويعني أن تنصره ظالما بأن تدعو له الله أن يُجنّبهُ الظلم ويهديه نحو الحق والعدل.

ثائر: بهذا الأسلوب التبريري في التفسير يمكن أن تبرّر أي شيء وللإنسان القابلية على تبرير الخطأ أو ربما أنّك تعتمد أسلوب المُتنبي في استخدامه لسرعة البديهية، إذ قال "أنا نبي" فقالوا له كيف ذلك وقد قال رسول الله محمد (ص) أن "لا نبي بعدي" فقال لهم إن اسمي هو "لا".

لذلك أرجو أن يكون نقاشنا في صلب الموضوع المراد مناقشُه.

وأنا أناقشك عن عمد كما يناقش المسلم المسلم، وذلك لأننا نعيش نفس الظروف وتحديد الخطأ يفرض علينا البدء بأنفسنا وعندما تكون لنا جرأة في تحديد خطأنا أمكننا وضع حجر أساس جديد للتفكير في مستقبل سعيد قادم.

ولما أن الإيمان بالتجديد والحداثة شيء ضروري لأنه من مقومات المستقبل المزدهر.فهناك عند الرجعي أو المتخلّف أو العنيد عقدة خوف من التجديد وصحيح أن الخوف من أساسيات البقاء على الحياة وهو تصرف طبيعي غريزي وإنما الخوف من "شيء جديد" يحمل معه مجهول أمر طبيعي في البشر ولذا يكون اكتشاف الجديد مهمة القياديين والتي تحتاج الى شجاعة كافية لمحاربة المجهول. أمّا أن نعامل كل جديد بخوف أكثر من اللازم عندها ستتولد عقدة تجعلك تقول "لا" لكل شيء جديد وتلك هي الطامة الكبرى للتقدم في مجتمعنا.

ولهذا السبب يكون التجديد واكتشاف الجديد هي طبيعة الحياة وأمّا استقبال كل شيء جديد دون روية وتمعن هذا أيضا خطأ لذا كان وجوبا مناقشة كل شيء جديد

واعتماده طالما كان منطقيا لا يضرُّ أو يعتدي على حياة الآخرين كأفراد وحريتهم الفردية.

صابر: خوف الإنسان مسألة مذكورة في القرآن الكريم، (خُلق الإنسان هلوعا) (المعارج 19) لكن هل تعرف ما الذي يجعلني صبورا عليك؟

ثائر: ماذا؟

صابر: أنا أحسُّ أن هدفك هو كشف الحقيقة أو محاولة الوصول لها وأنا متأكد أنك إن وجدت الحق في جانبي سوف لا تُنكره أبدا وعسى أن يلهمنا الله صواب الطريق والعاقبة.

ثائر: أنا مع الحق أينما وجد وأنا اعتقد أن الدين أسهل نظام (ولو أنه خاطئ) يريده ويتبعه الناس المنقادون، بصراحة هذا الموضوع متشعب، وعليه أود أن أبدأ من قراءة القرآن فمن خلاله سوف نناقش المواضيع تباعا.

صابر: تفضل ماذا لديك؟

ثائر: هل تعلم أن أول سورة في القرآن هي سورة العلق

صابر: أعلم ذلك.

ثائر: تبدأ الآية بإقرأ فعل القراءة يتطلب شيئا مكتوبا فهل أعطى جبريل للنبي محمد شيئا مكتوبا وما هو؟ ولماذا لم تكن الكلمة "قل" أو "إبدأ" أو تكلّم أو أخبر أو أدعو .. الخ

صابر: إقرأ تعني "إقرأ القرآن الذي سيُنزل عليك".

ثائر: هذا يعني أن القرآن كان موجود كاملاً قبل أن ينزل على النبي! وهذا يرجح القائلين أن القرآن قديم محفوظ في اللوح المحفوظ وهذا يناقض المنطق ففي القرآن تم ذكر أحداث تدل على وقائع حدثت في زمن النبي وهذا يعني أنه من المكتوب لها أن تحدث وهنا ندخل في المثل المصري "المكتوب على الجبين لازم تشوفه العين"، يعني أننا مُسيَّرون أو على أقل تقدير الناس الذين كانوا مع النبي وفي زمنه مُسيَّرون فكيف سيكون حساب المسيَّر؟ وهذه الأسئلة ليس لها جواب محدّد عند المسلمين، لكن لماذا القرآن الموجود الآن يبدأ بسورة الفاتحة؟

صابر: وما علاقة ذلك بموضوعنا؟

ثائر: هذا يعني، أن القرآن عندما نزل على النبي لم يكن مرتّب بهيئة كتاب وقد أعيد ترتيبه فلماذا لم ينزل الكتاب بشكل مباشر ومرتب كما نزلت الوصايا العشر على الأسرائليين مثلا أو كترتيب التوراة والإناجيل فهي مرتبة حسب التاريخ من

القديم للجديد؟ أي لماذا لم يأتِ حسب التنزيل كتابا واحدا، ويمكن أن نأخذ فكرة عن تاريخ الرسالة البعثة المحمدية منذ البداية وعمر الرسول حوالي أربعين عاما حتى وفاته فإضافة الى ذلك يوضح هذا جانبا من فكرة الناسخ والمنسوخ وارتباطها الوثيق بتسلسل نزول آيات القرآن.

1. العلق مكية أول سورة بالقرآن في غار حراء
2. القلم مكية 17-33 و48-50
3. المزمل مكية 10و11و20
4. المدثر مكية
5. الفاتحة مكية
6. المسد مكية
7. التكوير مكية
8. الأعلى مكية
9. الليل مكية
10. الفجر مكية
11. الضحى مكية
12. الشرح مكية
13. العصر مكية
14. العاديات مكية
15. الكوثر مكية
16. التكاثر مكية
17. الماعون مكية 3-7 وأكثر من نصفها مدنية
18. الكافرون مكية
19. الفيل مكية
20. الفلق مكية
21. الناس مكية
22. الإخلاص مكية
23. النجم مكية 32
24. عبس مكية
25. القدر مكية
26. الشمس مكية
27. البروج مكية
28. التين مكية
29. قريش مكية
30. القارعه مكية
31. القيامة مكية
32. الهمزة مكية
33. المرسلات مكية 48
34. ق مكية 38

35. البلد مكية
36. الطارق مكية
37. الفجر مكية 44-46
38. ص مكية
39. الأعراف مكية 163-170
40. الجن مكية
41. يس مكية 54
42. الفرقان مكية 68-70
43. فاطر مكية
44. مريم مكية 58و71
45. طه مكية 130و131
46. الواقعة مكية 81و82
47. الشعراء مكية 197و224و227
48. النمل مكية
49. القصص مكية 53-55و58 أثناء الهجرة
50. الإسراء مكية 26و32و33و57و73-80
51. يونس مكية 40و94-96
52. هود مكية 12و17و114
53. يوسف مكية 1-3و7
54. الحجر مكية 87
55. الأنعام مكية 20و23و91و97و114و141و151و153
56. الصافات مكية
57. لقمان مكية 27-29
58. سبأ مكية 6
59. الزمر مكية 52-54
60. غافر (المؤمن) مكية 56و57
61. فصلت (السجدة) مكية
62. الشورى مكية 27-23

87. البقرة مدنية آخر آية نزلت بمكة بمنى حجة الوداع
88. الأنفال مدنية 30-36
89. آل عمران   مدنية
90. الأحزاب   مدنية
91. الممتحنة   مدنية
92. النساء مدنية
93. الزلزلة مدنية
94. الحديد   مدنية
95. محمد مدنية
96. الرعد مدنية
97. الرحمن   مدنية
98. الإنسان (الدهر)   مدنية
99. الطلاق   مدنية
100. البينة مدنية
101. الحشر مدنية
102. النور   مدنية
103. الحج   مدنية
52و55 بين مكة والمدينة
104. المنافقون   مدنية
105. المجادلة   مدنية
106. الحجرات   مدنية
107. التحريم   مدنية
108. التغابن   مدنية
109. الصف   مدنية
110. الجمعة   مدنية
111. الفتح مدنية نزلت   في الطريق بعد صلح الحديبية
112. المائدة مدنية 13   حجة الوداع
113. التوبة   مدنية
129و128 نزلت في حجة الوداع
114. النصر   مدنية

صابر: ولكن الذي أعاد ترتيبه، هو النبي نفسه. وطبعا هو مأمور، وقد تم إعادة ترتيبه بأمر رباني (وما ينطق عن الهوى، إن هو إلا وحي يوحى) في سورة النجم الآيتان 3 و 4 وحتى لو أنزل الكتاب مثل ما تريد، فأنت أيضا سوف تسأل سؤال تشكيكي آخر فهدفك هنا هو السفسطة واختراع الشبهات!

ثائر: أليس هناك تناقض بين ادعائِكم أن النبي لا يقرأ ولا يكتب من باب ومن باب آخر فهو يعتمد على الصحابة في كتابة القرآن فكيف لنا أن نعلم ما مقدار نزاهة هؤلاء الصحابة في كتابة شيء مهم كالقرآن؟

ولا يفوتني أن أطلب منك يا صديقي أن يكون نقاشك معي وأنت خارج دوحة القرآن وأن تناقش الإسلام من الخارج وليس وأنت داخله كالذي يدفع السيارة وهو داخلها، فلغرض دفع سيارة يجب علينا الخروج خارجها ليكون الدفع ممكنا!

صابر: هل تريد مني أن أناقشك ككافر بالقرآن وأنا مؤمن به؟!

ثائر: لا، أريدك أن تنظر للإسلام من الخارج فقط!

صابر: هذه سفسطة!

فنحن المسلمون نرى الإسلام جيدا ونهتم بتطبيقه على مدار الساعة والآن لنرجع لما طرحته في كلامك، أتريد القول أن القرآن ليس من الله وأنه لُقِّنَ للنبي؟ الله يعرف ذلك سبحانه وتعالى وقد ردَّ على شبهاتكم المسمومة هذه بقوله (وَلَقَدْ نَعْلَمُ أَنَّهُمْ يَقُولُونَ إِنَّمَا يُعَلِّمُهُ بَشَرٌ لِّسَانُ الَّذِي يُلْحِدُونَ إِلَيْهِ أَعْجَمِيٌّ وَهَٰذَا لِسَانٌ عَرَبِيٌّ مُّبِينٌ) الآية 103 من سورة النحل.

ثائر: هذه الآية لا ترد على الاتهام ردا قاطعا، وسأترك لك التفكر فيه.

الشك المنطقي أو التساؤل هو أساس اليقين والله في الأديان الأبراهيمية عندما يريد شيئا يقُول كُن فيَكُون، ووالله يقول أنه قام بتثبيت القرآن أي عدم ترك مجال تغيير شيء فيه بدليل الآية 9 من سورة الحجر (إِنَّا نَحْنُ نَزَّلْنَا الذِّكْرَ وَإِنَّا لَهُ لَحَافِظُونَ) وعليه اعتقد أن **إعادة ترتيب القرآن هو تدخُّل بشري،** فقد أعيد جمعة ونسخه في عهد عثمان بن عفَّان وقد أرسل الى كل الولاة بضرورة حرق كل نُسَخ القرائين الموجودة لديهم واعتماد النسخة الجديدة، فهل يعني

هذا أن النسخ الموجودة عندهم قد حُرِّفت ولم يحفظها الله بخلاف قوله في القرآن؟

صابر: أراك تعتمد على آيات قرآنية في نقاشك، والقرآن حفظ وهو محفوظ في قلوب المسلمين العامرة بالإيمان والله مسبب الأسباب فهو عندما يحفظ القرآن لنا فهو قد يتدخل مباشرة أو يسبب أفعالنا لحفظه وما بدلت أنت تبديلا بشبهتك هذه علاوة على أن مفردة الذكر قد تعني الكتب السابقة للقرآن كالتوراة أو تعني اللوح المحفوظ عند الله الذي جاء منه القرآن.

ثائر: من حقي أن أناقشك بما تؤمن أنت به من مبدأ أنَّ "غير المؤمن بعقيدة ما" أي الملحد بها يستطيع نقاش المسلم بأساس نصوص العقيدة وأولها القرآن في الإسلام ولا يستطيع بالمقابل المؤمن كالمسلم الاستشهاد بالقرآن أي الاحتكام له لأن الملحد لا يعترف بالقرآن وعليه على المسلم أن يناقش الملحد بواسطة المنطق المجرد وبنفس المنطق يناقش المسلم المسيحي ولكن يستطيع اعتماد نص الإنجيل لإثراء النقاش ولا يعتمد على القرآن لأن المسيحي لا يؤمن بالقرآن وكذلك اليهودي يناقش المسيحي على حدة والمسلم على حدة ويستشهد بالإنجيل والقرآن، وهم لا يستطيعون أن يستشهدوا بكتبهما لأنه لا يعترف بهما ومن هنا الملحد يستطيع الاستشهاد بكل الكتب أعلاه ويأخذها حجة على المؤمنين بها وهم لا يستطيعون ذلك لأنه ببساطة لا يعترف بها (محمد باقر الصدر 44).

أمّا التدخل البشري الثاني فحدث في عهد الحجاج حيث أعتمد وضع النقاط والحركات (أبو الأسود الدؤلي) على الحروف العربية فآية 32 من سورة النور تذكر (وَأَنكِحُوا الْأَيَامَىٰ مِنكُمْ وَالصَّالِحِينَ مِنْ عِبَادِكُمْ وَإِمَائِكُمْ ۚ إِن يَكُونُوا فُقَرَاءَ يُغْنِهِمُ اللَّهُ مِن فَضْلِهِ ۗ وَاللَّهُ وَاسِعٌ عَلِيمٌ). فعندها سوف لا نعرف أن كان انكحوا هو فعل أمر أو فعل مبني للمجهول هذا على سبيل المثال وكذلك الآية 81 من سورة يس (أَوَلَيْسَ الَّذِي خَلَقَ السَّمَاوَاتِ وَالْأَرْضَ بِقَادِرٍ عَلَىٰ أَن يَخْلُقَ مِثْلَهُم ۚ بَلَىٰ وَهُوَ الْخَلَّاقُ الْعَلِيمُ) ويتخذها دين "العلي-اللهية" فيقولون أن الأصل بقادر على أن يخلق مثلها (د.مصطفى الشكعة 19)، ويتخذ الشيعة من آية التوابين (وَإِذْ قَالَ مُوسَىٰ لِقَوْمِهِ يَا قَوْمِ إِنَّكُمْ ظَلَمْتُمْ أَنفُسَكُم بِاتِّخَاذِكُمُ الْعِجْلَ فَتُوبُوا إِلَىٰ بَارِئِكُمْ فَاقْتُلُوا أَنفُسَكُمْ ذَٰلِكُمْ خَيْرٌ لَّكُمْ عِندَ بَارِئِكُمْ فَتَابَ عَلَيْكُمْ ۚ إِنَّهُ هُوَ التَّوَّابُ الرَّحِيمُ) (البقرة 54) تبريرا للتطبير وإيذاء النفس وهناك أمثلة كثيرة.

صابر: ولماذا لا تنظر للحركات الموضوعة في النص لديك الآن وتنسى هذه الشكوك؟ ولاحظ أنني **صابر** عليك وعلى أفكارك المجنونة هذه، وحتى لا نخرج عن الموضوع الذي نحن الآن بصدده، أنا أتّفق معك في وجود تدخل بشري في القرآن، معاذ الله، ولكن كانت رغبة الله ومشيئته، وقد كانت، إضافة الى ذلك قال الله تعالى (إنّا أنزلنا الذكر وإنّا له لحافظون)، وإعادة الترتيب لا تؤثر في الحفظ ونقاش ذلك يدخلنا في مواضيع جانبية كثيرة وأريد أن أوضح لك، أنه عندما نقول أن القرآن كتاب الله، هذا لا يعني ان الله عنده مكتبة وأعار النبي محمد ص كتاباً وقد كان الكتاب مصنوع من مادة أو ورق. الموضوع ليس بهذا السطحية ومِن هنا سندخل في موضوع التفريق بين الظاهر والباطن ومِن الواضح أنه ما استعصى عليك فهمه في الفقه.

ثائر: لماذا هذا التعقيد والتسويف؟ كي نجعل نقاشنا بسيط واضحا ماضيا الى صلب الموضوع مباشرة، يجب أن يكون دليلك مِن القرآن مباشرة مبتعدا عن الأحاديث باعتبار أن القرآن كتاب متكامل وتام ومثالي وكذلك لا تدخل هذا الأفكار مثل الظاهر والباطن لتشويش ما حدث بشكل جلي وتغيير الواقع ليكون كيفما تريد عاطفتك ومشاعرك.

صابر: لا يمكن الرُكون الى ما تريد فالاستدلال يكون بالقرآن والسنة النبوية والاحتكام للسنة النبوية أساسي بدليل الآيات (مَّا أَفَاءَ اللَّهُ عَلَىٰ رَسُولِهِ مِنْ أَهْلِ الْقُرَىٰ فَلِلَّهِ وَلِلرَّسُولِ وَلِذِي الْقُرْبَىٰ وَالْيَتَامَىٰ وَالْمَسَاكِينِ وَابْنِ السَّبِيلِ كَيْ لَا يَكُونَ دُولَةً بَيْنَ الْأَغْنِيَاءِ مِنكُمْ ۚ وَمَا آتَاكُمُ الرَّسُولُ فَخُذُوهُ وَمَا نَهَاكُمْ عَنْهُ فَإنتَهُوا ۚ وَاتَّقُوا اللَّهَ ۖ إِنَّ اللَّهَ شَدِيدُ الْعِقَابِ) الآية 7 من سورة الحشر، (وما ينطق عن الهوى، إن هو إلّا وحي يوحى) الآية 3 و4 من سورة النجم،

(وَمَا كَانَ لِمُؤْمِنٍ وَلَا مُؤْمِنَةٍ إِذَا قَضَى اللَّهُ وَرَسُولُهُ أَمْرًا أَن يَكُونَ لَهُمُ الْخِيَرَةُ مِنْ أَمْرِهِمْ ۗ وَمَن يَعْصِ اللَّهَ وَرَسُولَهُ فَقَدْ ضَلَّ ضَلَالًا مُّبِينًا)

الآية 36 من سورة الأحزاب. فهذه ثلاث آيات تدل على ضرورة الأخذ بأقوال النبي.

ثائر: هذه الآيات يمكن أن تدل على القرآن فقط أي أن يقول الرسول نص القرآن فقط وهنا يأتي الدخول في شمولية التفسير أو خصوصيته ولكن المنطق يقول إن كان القرآن من الله فهو كامل لا شك فيه.

صابر: أنت لا تدقق في معاني الآيات! سأقول لك أن "لا شك فيه" فهو شيء مؤكّد ولكن سأسألك كيف كنّا لنعرف أن الصلاة الحالية يجب أن تكون بهذا الشكل دون اعتماد السُنَّة النبوية؟ ألم تكن الصلاة سُنّة؟ (وإن لكم في رسول أسوة حسنة) الآية 21 من سورة الأحزاب وهذا يدل على أن السيرة النبوية مهمة في أساس الإسلام وفرائضه وأصوله.

ثائر: ولكننا سندخل في موضوع هل الحديث مُسند أم لا وهذا يبعدنا عن الوصول الى الحقيقة.

صابر: أي حديث لا يعارض نص القرآن نأخذ به.

7 القرآن معجزة

ثائر: وهل هذا يعني إمكان أن نُنسِب كل حكم في حياة البشرية الى النبي، أهذا منطق؟ الله أنزل معجزات كثيرة على الأنبياء السابقين مثل معجزات موسى ومعجزات عيسى ومعجزات أبراهيم وكانت كلها واضحة ومجردة وظاهرة ولم يكن فيها "باطِن أو خفاء أو جوهر خفي".

صابر: وهل تعترف أنت بهذه المعجزات والأنبياء؟ هذه أخبار طيبة!

ثائر: أناقشك بما تعترف به أنت وتؤمن به، فالمهم هو أنك أنت تعترف به فهل غيَّر الله سياسته عندما أنزل القرآن وجعل فيه ظاهر وباطن؟ هذا يعني أن القرآن سوف لا يفهمه أحد لأن فيه تفسير باطن لا يفهمه إلّا أولو الألباب فما فائدة الرسالة الإلهية إن كانت غير واضحة للمرسل إليه؟ ألا ترى معي أن القرآن سوف يكون مقتصر الفهم على نخبة محدَّدة من الناس وبذلك المسلك سوف تكوّنت وتتكون السلطة الدينية تاريخيا والتي هي مَن قام باحتكار السيطرة وتحدد مسار الناس وتقريره حسب ما ترى وهذا يُرجعنا الى الوراء كما في عهد الفراعنة حيث كان الفرعون هو الإله أو ابن إله وبالتالي يأتي في المستقبل ديكتاتور ما مِن جرّاء هذه السلطة المتفردة.

صابر: لا هذا ولا ذاك القرآن لم يكن تغييرا في طريق الله (السياسة الإلهية)، معاذ الله ولكن رغبة الله في إيصال حكمه الى البشر فهو يخاطب الناس حسب مستوى إدراكهم وفي الزمن القديم عندما كان الله ينزل كتابا فيه هذا الكم الهائل من المعلومات والحِكم لا يفهمونه. لهذا كانت حكمة الله في توضيح الطريق أمام

الناس ولكل العصور حسب مستوى إدراكهم وهي ببساطة نظام متكامل من حيث:

الأحكام الشرعية وهي خمسة أنحاء:

واجبات ومُحرمات ومُستحبات ومكروهات ومُباحات.

الواجبات: الصلاة والصوم والحج والزكاة والخمس والأمر بالمعروف والنهي عن المنكر.

المحرمات: شرب الخمر والزنا والسرقة والتبذير والكذب، الخ.

المستحبات: الصدقة، النظافة، حسن الخلُق وقضاء حاجة المؤمن المحتاج وصلاة الجماعة واستعمال الطيب.

المكروهات: تأخير الزواج والغلو في المهر.

المباحات: الأكل والشرب والنوم والجلوس والسفر والسياحة.

وهناك أيضا العبادات والمعاملات.

أما أصول الدين فهي:

الإيمان بالله وتوحيده ونبوة محمد وإمامة الأثني عشر والمعاد. (عبد الهادي و محمد حسين فضل الله)

ثائر: لنترك مناقشة ذلك في الوقت الحاضر، فإن كان هذا النظام جيد "أيام زمان" ليس بالضرورة أن يكون مناسب لعصرنا الحاضر. إن القرآن يعترف بالإنجيل والتوراة على أنها كتب مقدسة ولكنها في نفس الوقت محرَّفة فكم هي نسبة التحريف فيهما؟ على الأرجح القليل فلو كان ذلك كثير لما استمرت على هذا الخطأ فترة حوالي الستة قرون على سبيل المثال وهي الفترة بين المسيح ومحمد وما ذنب الأجيال التي عاشت هذه الفترة؟!

صابر: إن الله يعترف بهما ولكن هما ليس كتابا الإنجيل والتوراة الذان كانا في عهد النبي لأنهما محرَّفإن حاليا وأمّا مسالة نزول كتب سماوية فهي أكيدة طبعاً.

ثائر: ولكن الإسلام قال أنها محرفة أي بها أشياء قليلة معرّفة وليست كلها وإضافة الى ذلك حفظ الله القرآن فلماذا لم يحفظ الإنجيل والتوراة على السواء؟

صابر: الله أعلم، فعلى سبيل المثال لا الحصر، في الإنجيل، عيسى (ع) حوَّل الماء خمرا ونحن نعرف أن الخمر محرّم في القرآن فهو إذن مُحرّم في الإنجيل الأصلي وهذا يثبت التحريف في الإنجيل الحالي وبالأصل التوراة أو الإنجيل لم تكن معاجِز كي يتوجَّب حفظها ولكن كانت هناك أشياء أخرى معروفة كمعجزات

عند النبي عيسى والنبي موسى وكان القرآن هو معجزة النبي محمد (ص) فحفظه الله.

ثائر: إن منطق التبرير الذي ذكرته حول التحريف غير مقبول حسب ما اتَّفقنا عليه في أساسيات النقاش حيث أنك تعتمد على القرآن في إثبات ما موجود أو غير موجود في الكتب السماوية الأخرى والقرآن جاء بعدها، فما هي المعجزة في القرآن سوى أنه كتاب لنص أدبي فيه حكم وتاريخ قديم ؟

صابر: القرآن آية ومعجزة حاضرة ملموسة في البلاغة والنص وهو دليل على نفسه وهو واضح والتفسير موجود فإن لم تقتنع فهذه مشكلتك أنت. فالقرآن معجزة في كل شيء مثلاً، الأسلوب لاحظ السور المكية تشبه شعراً وهي ليست بشعرٍ وأنظر ما بها من موسيقى والضحى والليل اذا سجى (الضحى 1)(مصطفى محمود).

ثائر: هناك كثير من الشعراء وكثير من الأنبياء الشعراء الكاذبين مثل مُسيلَمة الكذّاب وغيره.

صابر: وإقرأ أيضا (وَقِيلَ يَا أَرْضُ ابْلَعِي مَاءَكِ وَيَا سَمَاءُ أَقْلِعِي وَغِيضَ الْمَاءُ وَقُضِيَ الْأَمْرُ وَاسْتَوَتْ عَلَى الْجُودِيِّ وَقِيلَ بُعْدًا لِلْقَوْمِ الظَّالِمِينَ) سورة هود الآية 44 فأنظر كيف أنها سريعة في قصّ الأحداث بشكل متتالي كالتغراف. (مصطفى محمود، حوار مع صديقي الملحد)

ثائر: الرَجزُ والكلام التلغرافي الذي تعنيه هذا مشهور في الجاهلية ويمكنك أن تقرأ عنه في كثير من الكتب القديمة إضافة الى موضوع سَجع الكُهّان في الأدب العربي.

صابر: وأرسلنا الرياح لواقح (الحجر 22) يفسّرونها في الماضي على المعنى المجازي بمعنى أن الرياح تثير السحب فتُسقط المطر فيلقح الأرض أي يخصبها أما اليوم عرفنا أن السحب نوعين موجبة التكهرب وسالبة التكهرب وذلك أكّده الغرب منذ القرن التاسع عشر وهو موجود في القرآن قبل أن ينطقوا به!

ثائر: أنت هنا تعترف أن ما عُرِف اليوم من علم هو ليس من قِبل المسلمين وهذا دليل على أن المفسّرين يغيّرون التفاسير لتواكب العصر.

صابر: دعك من أوهامك هذه وإليك إعجاز جلي واضح، فالقرآن دائما يذكر السمع قبل البَصر (وجعل لكم السمع والبصر والأفئدة)(النحل 78)، (وجعلنا

لهم سمعا وأبصارا وأفئدة) (الأحقاف 26)، (اسمع وأبصر)(مريم 38) (إن السمع والبصر والفؤاد كل أولئك كان عنه مسؤولا)(الإسراء 36)، (وما كنتم تستترون أن يشهد عليكم سمعكم ولا أبصاركم)(فصلت 22) (ليس كمثله شيء وهو السميع البصير)(الشورى 11). ذكر القرآن السمع أولا دائما. ولا شك أن السمع أكثر رهفة من البصر، فنحن نسمع الجن ولا نراهم والأنبياء سمعوا الله وكلموه ولم يره أحد وقد تلقّى محمد (ص) القرآن سمعا والسمع يصاحب الإنسان في نومه وتشريح جهاز السمع أكثر دقة من جهاز البصر. أليست دقّة أختيار هذه الألفاظ معجزة علمية؟

ثائر: إن ما تقوله افتراض مِن باب المقارنة ليس فيه أي إعجاز! فهل السَمع أهم من النظر والعقل؟ وعلميا الضوء يسبق الصوت أي بخلاف افتراضك ودقة تشريح العين ليست أقل دقة وتعقيد من جهاز السمع في الأُذن لكن القرآن ربما يحتكم لمقارنة حال الشخص البصير مع الأصم فالبصير السامع يمكن التفاهم معه كلامياً بشكل أسهل من الأصم الناظر وطبعا ذلك كان في عهد سبق للغة الكلام بإشارات باليد الحالية.

صابر: أنا أتكلم وأبيّن لك المعاجز لا أن أُجيبك على كل أسئلتك السطحية هذه علّك تهتدي الى الله والإيمان من بعد ضلالك هذا! وإليك المزيد مما لا تستطيع الالتفاف عليه مثل (وترى الجبال تحسبها جامدة وهي تمر مر السحاب صنع الله الذي اتقن كل شيء) 88-النحل وهي نظرية زحزحة القارات أو حقائق الجيولوجيا حول تلاصق القارات وزحفها وتباعدها بعد ذلك.

ثائر: إن كان القرآن يعلم ذلك فلماذا لم يقُم المسلمون قبل باقي البشرية بجعل نظرية زحزحة القارات معلومة ينتفع بها في علم الجيولوجيا؟ إن تلك الآية حمّالة وجوه شأنها شأن الكثير من الآيات ولماذا لم يفسرها لهم النبي كما زعمت أنت كي يكون أول نبي متنبئ بذلك؟

صابر(متجاهلا): وإليك أيضاً (والسماء بنيناها بأيد وأنا لموسعون) 47-الذاريات. وهي نظرية تمدّد الكون!

ثائر: هذه مثل أختها! وما هي المعاجز التي حفظها الله لنا؟ نحن الآن نعرف "عجائب الدنيا السبع" فهل كانت هي من المعاجز التي ذكرها القرآن؟

صابر مقاطعا: لكن هذه عجائب الدنيا البشرية وليس الإلهية!

ثائر: أنا أقصد الآثار! أين هي آثار المعجزات التي أنزلها الله على أنبيائه وأين هي المخطوطات أو الرُقُم الطينية الآثارية التاريخية؟ هل لم تُحفظ لنا أي معجزة ذكرها القرآن أو هي وهم من الأساس؟ والقرآن ككتاب سماوي حُفظ شأنه شأن أي كتاب آخر إن كل ما ذُكِر من قصص الأنبياء ما هو إلّا قول عن قائل وأساطير تراكمت عند رجال الدين على مر الأزمان، فقد يكون هناك رجل مصلِحٌ تأثر به الآخرين وكبرت صورته بعد مماته وأصبح أُسطورة أو نبي أو أن هذا الرجل سيطر على رقعة من الأرض وأخضع الآخرين لحكمه وكان عادلاً فأصبح بعد مماته أُسطورة أو ملكا عظيما يحكم الجن والأنس وحتى النبي محمد فيه من الأسطورية شيء فعندما جُمعت الأحاديث قالوا كل ما طابق القرآن والحكمة (السُنَّة) فخذوه وعندها سوف تكون كل الحكم والأعمال الجيدة منسوبة إليه وكذلك الحال مع الإمام علي فهو مُؤسطَر حيث كثير من الحكم والنوادر الجيدة على مر الزمن نسبت إليه حتى ظهرت شخصيته موازية لشخصية النبي وخاصة لدى الشيعة. حُب الناس لمَوتاهم يجعلهم يذكرون حسنات أمواتهم ويُعظّمونها ويقول المثل الشعبي العراقي "مِن يموت تكبر كراعينه" وهكذا الأمر على مر القرون كبرت شخصية مُحبيهم ونُسب لهُم كل شيء جيد حتى أصبحوا شخوص أسطورية. إن الزمن قد اختلف كليا عمّا هو عليه أيام نزول القرآن فهذا يعني أننا نحتاج الى طريقةٍ أخرى لإدراك طريق الرب.

صابر: إن القرآن البليغ هو الطريق الأوحد والرسول(ص) هو خاتم الأنبياء ولا يوجد شيء أو سؤال ليس له إجابة في الإسلام لهذا لا نحتاج الى دليل آخر لمعرفة طريق الله فهو واضح ومثال ذلك **حادثة محمد عبده مع الأجنبي.** عندما سأله الأجنبي أنتم تقولون أن كل شيء يمكن معرفته من القرآن فهل تقدر أن تقول لي ومِن القرآن كم عدد الأرغفة في كيلو الطحين. قال نعم. فسأل الخباز هذا السؤال فأجابه فقال الأجنبي الخباز أجاب ولم يجب القرآن فقال "محمد عبده" أن هذا جواب القرآن (فاسألوا أهل الذكر إن كنتم لا تعلمون).

ثائر: بهذه الآية يمكن الخروج من أي سؤال صعب فتكفي أن تكون هي القرآن. وعندها يصبح القرآن مُفسَّر حسب الزمن فتارة يكون ميتافيزيقي اذا كان أهل الذكر وتارة يكون مادي اذا كانوا أهل الذكر كذلك (الخفاكِي). علما أن الشيعة يفسرونها بشكل آخر كما سيأتي لاحقا وأريد أن أسألك أيهما أكثر بلاغة هل لك أن تقارن بين الآتي:

وأمطرت لؤلؤا من نرجس فسقت وردا وعضت على العناب بالبرد

أم "يا أيها الذين آمنوا اتّقوا الله في أعمالكم فإن خيركم من اتقى النار التي وقودها الناس والحجارة والله عزيز حكيم"؟

صابر: هذا واضح كيف يمكن المقارنة بين هذين؟

ثائر: لا، أريد أن أعرف أيهما أكثر بلاغة وأكثر تأثيرا.

صابر: طبعا الآية.

ثائر: أي آية؟ أنا لم أذكر أي آية!

صابر: ماذا تعني؟!

ثائر: أنتم كلما سمعتم "يا أيها الذين آمنوا" قلتم هذه آيات قرآن! أنت لا تفهمون ما تسمعون! بل فقط تبجلون ما تسمعون دون فهم!

صابر: لا تحاول الإساءة والزم حدود الأدب، فهذه ألاعيب الشي اطين! و يبقى القرآن هو الشيء الكامل الذي لا يمكن لأي شخص مهما كان الانتقاص منه أو تقليده أو تبديله وقد أكون غير حافظا للقرآن أو غير سريع البديهية ولكن لا تستغفلني مرة أخرى ولا تحاول وإلّا تركت النقاش معك.

ثائر: أعتذر وأعدك بعدم إزعاجك. العجيب أن الله ينزل الأنبياء على اليهود بالجملة والنبوة وراثة عندهم كالملكية في استيراث العرش فأبراهيم أبو أسحاق وأسحاق أبو يعقوب ثم يوسف ومن نسل يعقوب وجاء أنبياء كثيرون مثل سليمان ابن داود ومن نسل اسماعيل (أخ أسحاق غير الشقيق) جاء النبي محمد وكان خاتم الأنبياء ومن ثم وراثة الإمامة لآل البيت فلماذا هذا التوريث أليسوا هم بشر مثلنا؟

فلماذا هذا الاحتكار أي لماذا فضّل الله قوم على قوم؟ أين هي عدالة الله؟

وهل علينا أن ننتظر الآخرة لتحقيق العدالة الإلهية هناك؟ فمن جهة يفرض علينا حكما غير عادل ويجعلنا طبقات ومن جهة أخرى يجعلنا ننتظر عدالته المطلقة في السماء وهذا ليس عدلا حقيقي أو إن الله لا تنطبق عليه صفة العدالة بالأساس.

هل علينا أن نتأمل أن ننتظر أن نعبد؟ كما فعل أصحاب زرادشت في رواية نيتشه حيث قال لهم زارا انتظروا وصبروا حتى يأتي المخلّص، فطال انتظارهم وتمسكوا بالصبر فعبدوا الحمار لأنه مثال للصبر(نيتشه)، المواجهة شيء صعب والتأمّل والتعبُّد مخدِّر ذو مفعول أكيد.

35

صابر: بل الحمار هو نيتشه لأنه كفر بالإيمان برحمة الله سبحانه حيث انتظار من يبعثه الله أو ما يبعثه الله لنا من رحمة أو خلاص فالله يقول (يَا بَنِيَّ اذْهَبُوا فَتَحَسَّسُوا مِن يُوسُفَ وَأَخِيهِ وَلَا تَيْأَسُوا مِن رَّوْحِ اللَّهِ إِنَّهُ لَا يَيْأَسُ مِن رَّوْحِ اللَّهِ إِلَّا الْقَوْمُ الْكَافِرُونَ) سورة يوسف الآية 87 وقل لي "ماذا تريد أنت بالضبط؟"

8   الحاجة الى نبي

ثائر: ألا ترى معي أن عصرنا الحالي بحاجة ماسة الى نبي جديد وهنا عندما يأتي هذا النبي سوف نسأله بكل ما أوتينا من أسئلة ثم نصوِّره بالكامرات ونعمل له مقابلات تلفزيونية حتى يراه كل من في الأرض وبذلك يؤمن به الجميع والأجيال المقبلة ستؤمن به حتما لأن كل شيء سيكون موثَّق وغير قابل للشك وليس هناك من يروي لك قصة تكون منقولة عن شخص آخَر وأنت تعلم أن عملية نقل الأحداث عن طريق الرواة تجعل من الحدث أسطورة وهذا ما نراه في سيرة بني هلال على سبيل المثال وهذا نراه أيضا في أحاديث الرسول وما جرى عنها من اختلافات بعد خمسين سنة من وفاة النبي فهذا حديث مسند وذاك حديث غير مسند فاذا ما جمعت أحاديث الرسول المسندة وغير المسندة سيحتاج الرسول الى مائة سنة وزمن لدعوة لم يتجاوز الثلاث والعشرين عاما.

صابر: إن المستقبل بيد الله، وهو الذي يُحدِّد ماذا ومن سيأتي من قبله وهذا لا يمكن لأحد أن يتنبأ به. أما عن أحاديث الرسول ص فهي واضحة ولا اعتراض عليها ما لم تعارض ما في القرآن الكريم. والأحاديث المسندة معروفة ولا اختلاف عليها وسوف يأتي في المستقبل من يملئ الأرض عدلا.

ثائر: لماذا أنزل الله الأنبياء بالأساس إن كانت هذه هي النتيجة أو النهاية في كل الأحوال؟

صابر: ليكونوا حُجة على الناس.

ثائر: ولماذا مات المسيح صلبا؟

صابر: لم يمت أبداً بَل شُبِّه لهم ولم يصلب ومحاولة قتل المسيح صلباً كانت كي يبتلي الناس بالحُجّة عليهم.

ثائر: افترض معي أن القصة المسيحية وقعت فعلا، لماذا لم يقم المسيح من الصلب ويصعد الى السماء من مصلبه حتى تثبت قدرة الحجة هنا بشكل أفضل وأوضح أمام الناس؟

صابر: يقول المسيحيون أنه صعد الى السماء بعد أن وضع في التابوت وفي القبر لكن المسيح في الواقع لم يُصلب وإنما تراءى لهم وهو لحد الآن حي حيث أنقذه الله كما أنقذ غيره من الأنبياء برفعهم للسماء أو تنجيتهم وربما بعثهم لأقوام أخرى.

ثائر: وهل المهدي حي أيضا والخضر حيّان أيضا؟! (الخوئي)

صابر: نعم طبعا.

ثائر: ألا ترى معي أن كل أمة على الأرض تنتظر شخص ما يأتي كمبعوث إلهي فالمسيحيون ينتظرون المسيح "مشيخا" واليهود ينتظرون "ها مشايخ" والصينيون ينتظرون بوذا والهنود ينتظرون كريشنا والمسلمون (الشيعة) ينتظرون المهدي ويسمّونه صاحب الزمان وحتى نيتشه انتظر الرجل المثالي سوبرمان. فكلنا ننتظر من يخلصنا وهذه الفكرة القديمة الحديثة هي مجرد وهم أو حلم لا يمكن تحقيقة لهذا علينا أن نقلّل من منسوب هذه الأفكار ونتعامل معها على أساس أنها حلم أو وهم أو سراب يريده التائه العطش المتهالك في الرمضاء وليست حقيقة ويستمر على وهمه هذا كي لا يموت الأمل في داخله من اليأس بالحياة.

صابر: لا يمكن أن تقول على شيء في المستقبل فالمستقبل غيب لا يمكن حدوثه فكل شيء مرهون بأمر الله وكما يقول الله عزّ وجل أن من ييأس من رحمته هُم القَوم الكافرون.

ثائر: لنقل إنَّ نسبة حدوث أي حدث في المسقبل مقدارها 50% وعليه فيمكن أن لا يحدث الحدث بمقدار نفس النسبة ولهذا لا يمكننا الاعتماد على هذه الأفكار ويجب أن لا نتعامل معها كحقائق ثابتة ونبني عليها معتقداتنا وحتى مستقبلنا وقد قال الزهاوي:

وأقمـت نفسك فِي مقام مُعلّل	لما جهلت من الطبيعة سرها
للمشكلات فكان أكبر مشكل	أثبت ربا تبتغي حَلاً به

صابر: ها قد بدأت بالكفر بقول الزهاوي وهذه ليست من مبادئ النقاش المحترم مي ومَن هو الزهاوي سوى شاعر! والشعراء يتبعهم "الغاوُون" كما قال الله في القرآن ونحن لا نتعامل مع المستقبل كمجهول لأن المجهول غير واضح

لدينا بل نعتمد على حقائق ثابتة نؤمن بها ما دُمنا نؤمن بالقرآن كدستور حياتي ثابت وحقيقة ربانية لا يدخلها الباطل أبدا.

وإن كنت أنت لا تعترف بخالقك فبماذا تعترف إذاً؟ ماذا تصدِّق وماذا تؤمن؟

أين عقلك! أيُعقل أن تكُ هذه الطبيعة العجيبة حولك دون خالق؟

وجسمك العجيب هذا ليس له خالق؟

وهذا النظام الدقيق للكون دون مُدبِّر؟

كيف لنفسك أن تستقر إن لم تؤمن بخالقها؟

9 فكرة الخلق

ثائر: أنا أؤمن بوجود خالق طبعا لكن ليس بعقليتك ودعني أسرد عليك رأي علماء الفيزياء في فكرة الخالق. هذه وجهة نظر هاوكنك حول الخلق ووجود إله وهي قابلة للنقاش علميا فقد ذكر هاوكنج في كتابه "موجز تاريخ الزمن" (المصدر: 57) في الصفحة 149 ما مضمونه أن (رغم نجاح النظريات العلمية في وصف الأحداث كان غالب الناس يؤمنون بأن الرب جعل الكون يتطوّر وفقا الى مجموعة قوانين دونما تدخل في الكون لكسر أو مخالفة هذه القوانين.
وفي كل الأحوال لا تخبرنا القوانين عمّا اذا كان الرب لا يزال يقوم بتزويد ساعة ميكانيكية بطاقتها الكامنة أو كيف ستبدأ الساعة الفلانية هذه بحركتها.
ومادام الكون ذا بداية سنستطيع افتراض أن له خالق لكن إن كان الكون برمته محتوي نفسه (يقوم بذاته ودوره اعتمادا على نفسه) ودون حدود أو حافات أي دون بداية أو نهاية فيكون ببساطة السؤال هو ما هو مكان الخالق فيه؟ (يقصد هاوكنج هنا ما دور الخالق أو عمله في الكون بعد ذلك؟)
صابر: كلام هوكنج هنا خاطئ فالإسلام يقول لنا أن الله يحصي كل شيء ويضع كل شيء في قدَر ولا يقوم الكون دونه فهو الذي يولج النهار في الليل والليل في النهار بمشيئته بخلاف قول هوكنج أن غالب الناس يؤمنون بذلك!
ثائر: هوكنج هنا يتكلم عن المؤمنين في أوربا والكثير من العلماء والفلاسفة ساروا ويسيرون على هذا المنحى ومنهم آينشتاين و سبنوزا وهم ريبيون أي ذلك أمر لا يتطلب دين ما بعينه وهوكنج في كتابه لا يقصد في نقاشه الخالق أنه الخالق في دين معيّن.

صابر: لست مقتنع بذلك فلا تحاول إقناعي لكن ماذا قال بعد؟

ثائر: أشار هاوكنج في الصفحة 183 من نفس الكتاب ما مضمونه (ستكون المتفرّدات واضعة لنهاية (يقصد أنها قاتلة) أي شخص يسقط داخل ثقب أسود وعند لحظة متفرّدة الانفجار العظيم والمتفرّدات الأخرى كانت كل القوانين الفيزيائية مكسورة لذا كان الرب حُرّاً تماما وقتها باختيار ما حَدَثَ وكيف بدأ الكون)

صابر: هذه أشياء خيالية فإنا الآن لا أرى أمامي الانفجار العظيم ولا أي ثقب أسود

ثائر: قد صوّر العلماء أكثر من مرة ثقبا أسود في قلب مجرّتنا ومجرّات أخرى!

صابر: هذا موضوع طويل معقد غير واضح المعالم خاصة لمن هو غير مختص بالفيزياء مثلي وإني لا أخفي عدم ثقتي بهاوكنج هذا لأنه ليس على نور ديننا ولنرجع لمَسألة الأديان هذه وقناعتك بها ثم نناقش البدائل.

ثائر: الوحدانية أمر يوجبه المنطق والشعوب القديمة قد فكّرت في هذا الموضوع. (قصيدة الخلق البابلية في القرن 11 ق.م. روجيه غارودي)

"اذا كان البشر قد تفرقوا فيما يتعلق بالإلهة، فإننا ومهما كانت الأسماء التي نطلقها عليه فليبق هو الله إلهنا.

أريد أن أحمد إله الحكمة، إن إلهي قد تخلّى عني، إني اتبختر كالإله وأسير مُطأطأ بمحاذاة الحائط.

كل يوم كحمامة بيضاء أجهش بالبكاء

وتحرق الدموع خدي

ومع ذلك كانت الصلاة لي حكمة

والتضحية قانون

كنت أظن نفسي مسخرا لخدمة الإله

ولكن من يستطيع أن يفهم الأقدار الإلهية

في الأعماق السحيقة غير مردوخ إله البعث

أنتم يا مَن خَلقكم من الصلصال البدائي   [قارن ذلك مع آيات الخلق من الصلصال في القرآن].

أنشدوا لمردوخ.

صابِر: وما دخل القرآن في الموضوع!

ثائر: هذه القصيدة أقدم من القرآن.

صابِر: القرآن أقدم لأنه كان في اللوح المحفوظ واذا ما ذكرت عند الحضارات الأخرى بعض ما فيه فهذا لا يعني أن القرآن نقل منها وإنما أرسل الله أنبياء كثيرين قبل محمد ص وقد قال لهم الله ما هو موجود في القرآن وتم التحريف الى أن أنزل القرآن الحجّة الفاصلة على الناس.

ثائر: أنا غير مقتنع بتفسيرك، ما هو اللوح المحفوظ هل هو شيء خيالي؟ أم ماذا؟! وكذلك خذ مثالاً في أناشيد تمجيد باشاماما للإلهة الأم أو إله قبائل الإنكا.(روجيه غارودي)

فيراكوشا ياجذر الكون

الإله دائما منكم قريب

الإله الذي يخلق قائلا

ليكن الرجل

لتكن المرأة   (أنظر تفسير القرطبي حول نفس الموضوع وقارن)

فيراكوشا الإله المنير

الإله الذي أوجد الحياة والموت.

والذي بعث الخلق من جديد وأوجد الموت

والذي يبعث الخلق من جديد

أحفظ مخلوقاتك

أياما طويلة

لتستطيع أن تتم كمالها

بالسير في الطريق القديم.

صابِر: ومن قال أن هذه القصائد قديمة حيث يمكن أن تكون حديثة وملفّقة بالقِدم لوضع الشبهات في الأديان.

ثائر: بدليل وجود النصوص الأصلية محفورة في الآثار أو مكتوبة في مخطوطات قديمة آثارية، لكن لماذا دائما تعتقد أن النصوص الدينية التي لديك في دينك هي الصحيحة فقط في هذا العالم؟

صابر: لأنها من الله.

ثائر(يبتسم ويضيف): أما في الهند (روجيه غارودي)

أنشودة ريگ فيدا

فريهاسباني، إلهنا الذي يسع كل الإلهة

إنه أبانا الذي خلق كل الإلهة ويشملها جميعا

إنه إله واحد خالق كل هذه الإلهة

وكل كائن موجود يعرف أنه سيده

هو خالق كل الأشياء

أنه هو نفسه الذي يعتمر داخلكم (أنه تعبير جميل كيف أن الله هو الضمير) وهذا التعبير موجود في القرآن أيضا "ونفخنا فيه من روحنا" ها قد تعددت الأسماء ولكن الله واحد أو الرب واحد!

كذلك أنشودة الشمس في زمن أخناتون القرن 13 ق.م. وقد درجت نصفها في المزامير للعهد القديم النشيد 104. (روجيه غارودي)

وكذلك أسفار الأوبانيشاد أقدم من أسفار موسى وهي موجودة في كتاب اسمه بهاجفادجيتا وهو كتاب الهندوس (ميخائيل نعيمه)، لهذا فالوحدانية موجوده قبل الإسلام أيضا، وما جاء القرآن بأي فكر جديد!

صابر: هذا ما تقوله أنت وحدك لهدم الإسلام ودعك من التاريخ فقد يكون مُزوّر ومحرّف هو أيضا لأن التاريخ يكتبه الغُزاة، فما هي عقيدتك؟ هل نُنكر الإله الواحد الخالق ؟ ومن قال لك أن الإسلام يقول أنه هو الدين الوحداني الوحيد بل كل وحدانية لعبادة إله واحد هي إسلام منذ خلق آدم فآدم كان مسلما ومن الطبيعي أن تجد بقايا للفكر الوحداني للإله الواحد هنا وهناك في ديانات وأديان هنا وهناك.

ثائر: لا يمكن لي أن أنكر ذلك فهناك خالق ومدبّر لهذا الكون وهذا ما لا يمكن إنكاره لأن فكرة الخالق أجدها قضية عقلية بديهية إضافة الى أن مَن سبقنا قد

فكّر بها أيضا فالحضارات بُنيت على أدوات الأستفهام (مَن، كيف،لماذا،أين،متى..الخ) وكان الإنسان دائم الأسئلة وهذه الأسئلة هي التي قادته لمعرفة الخالق ولكن تحميل فكرة هذا الخالق أفكار ومن ثم قوانين ومتعلقات أخرى كرسائل إلهية مقدسّة تتكون منها الأديان فالواقع أن كل دين يعتمد على عادات وتقاليد القوم الذين جاءت منهم هذه القوانين ولذلك هي ليست إلهية فعلا ورغم ذلك يصرّون على أنها جاءت من إله كي يشرّعوا ويشرعنوا شرائعهم ويُلزموا الرعية البسطاء بالطاعة لها والانقياد لها ولَعمري أني لاعتقد أن هذا ليس بحق أبدا بل هو البهتان والباطل المبين.

صابر: بل هو حق وكتاب الله حق ورسالته لنا برسوله الأكرم ص!

حنّون: إضافة الى ذلك فكرة عبادة الله والانقياد له هي رغبة الإنسان المنقاد داخلياً للانقياد لشخص (أو هي الكسل عن القيام بالقيادة فرديا)، لهذا فقد ملّ أو رغب ذلك الإنسان عن عبادة الملوك وتركهم لأنه أراد ملكا عظيما أكبر منهم ليس له أخطاء ولا يؤثر عليهم مباشرة، فيمارسون العبادة لإكفاء سخطه اذا ما اخطأوا ليشعروا بعد ذلك بالراحة بهذا المجال، فالدين والديانة وطقوسها هي ليست سوى وسيلةِ المنقادين التابعين لإرضاء انقيادهم.

صابر: رغم ذلك، ألا تعتقد أنها كانت مفيدة لتلك الأقوام لأنها كانت جميعها تأمر بالمعروف وتنهى عن المنكر وبالتالي تكون بجانب الخير وضد الشر وبذلك تتحقَّق العدالة التي يطلبها العقل والمنطق.

ثائر: نعم إن للأديان فضل في بناء الحضارة وأدناه نبذة عن آلهة وديانات العالم القديم فما أقوم به هنا محاولة إنسانيّة لحل ألغاز الكون المحيط.

فاهاديفي(آلهة الهند الكبرى)
أماتيراسو (آلهة الشمس عند اليابانيين)
ننماخ (آلهة الخصب السومرية)

الآلهة السومرية:
الأنوناكي (مجمع الإلهة في السماء ويضم سبعة آلهة هم آنو، إنليل، إنكي، إننا، نمّو، نانا، أوتو)
إنكّي (إله الماء والحكمة والفكر عند السومريين)،
أپسو إله المياه العذبة،

تيامت إلهة المياه المالحة،
ممو أله الضباب،
آنو إله السماء،
كي إلهة الأرض،
الآلهة البابلية:
مردوخ (الإله الحارس لبابل)
لخمو إلهة الطمى، لخامو إله الطمى أيضا،
أنشار إلهة الأفق الأعلى، كيشار إلهة الأفق الأسفل،
ليليث (إلهة الأرض)
وأما الآلهة الآشورية:
آيا إله الماء الآشوري.

جوبتير(أله الرومان)، فيسيتا إلهة الموقد
أيوس إلهة الفجر المجنّحة عند الاغريق.
ديونيس(إله الخمر)
كين (خالق أساطير هاواي)
بيلي ألهة النار في بولينيسيا
تاروا الكائن الأعلى لسكان تاهيتي
هاكيا ربة ديار الموتى في جزر الهاواي.
كونغوم الروح العظمى عند القبائل الأفريقية.
قشنو الإله الراقص الكوني عند الهنود
سد هارتا 563 – 479 ق م هو أمير من شمال الهند أصبح بوذا أو الشخص المستنير.
موكورو إله السماء البعيد عند شعب هربو جنوب غرب أفريقيا.
مولوكو الرب الأعلى في موزنبيق.
أورو إله الحرب في تاهيتي.
أودن إله المعركة ذو العين الواحدة عند الجرمانيين.
بيرونو إله الرعد القديم عند السلافيين.
رع إله الشمس عند المصريين، هاثور البقرة التي عبدها المصريون القدامى.
كاتوندا الإله الأعلى في أوغندا.
أجي سيت الإله القابلة الأم لشعب الياقوت التركي.

هناك إلهة المايا للانتحار.

ماماكويلا ربّة القمر الإنكية.

أوميتوكتلي خلّاق الكون الأزتيكي و تزكايلتبوكا الإله الأكبر

هوتاكا آلهة السكر والعربدة عند قبيلة الجبجا في كولومبيا.

رانغي إله السماء عند شعب الموراي.

تسوهانوي إله الشمس لقبائل الناڤاهو (أريزونا). هوتونينلي ألّه المطر

نابي الإله الخالص عند الهنود الحمر.

نونكومالا في الأسطورة الكوستاريكية أرسل الطوفإن (عدنان الصائغ)

سوكو الإله الخالق عند قبائل النوب شمال نيجيريا.

نلاحظ، تعددت الأسماء ولكن الله واحد رغم ذلك!

أقصد أن كل هذه الآلهة تمثل في رأيي الإله الواحد أو جاءت من إله واحد بشكل أو آخر بأساس أن الإحساس الفطري بوجود رب هو إحساس واحد لكن تم تنويعه لربطه ماديا بالمحيط المباشر.

ولكن مع ذلك يجب أن نضع النقاط على الحروف!

إن الله أعظم من أن يُنزل شيء للناس يكتنفه خلل أو أدنى خطأ والأديان بها استطراد وتطرُّف حتى باتت تؤثر على حياتنا اليومية **كما في مسألة القدر والذي نحتاج للكلام عنه الآن، أقصد الإيمان بالتخطيط الإلهي أو التدبير الإلهي.**

صابر: " فهل القدر موجود وأي شيء يُتخذُ ودعنا ننظر في حياتنا لنرى ماذا تَبقّى من خططنا العزيزة على أنفسنا وما بقي من أحلام شبابنا فلسنا من يتحكم بحياتنا!

هناك قوة كونية تتحكم بنا.

ألم نأتي الى هذا العالم بلا حول ولا قوة في ذلك ثم واجهنا تركيبتنا الشخصية ومُنحنا قدرا من الذكاء قلَّ أو كثر مع ملامح جذّابة أو منفِّرة وتركيبة بدنية رياضية أو قزمية ضعيفة وأيما مكان نشأنا، في قصر ملك أو كوخ حقير لمسكين فقير في أوقات عصيبة أو زمن سلام تحت سلطان طاغية جبّار أو أمير نبيل وفي ظروف اجتماعية وجغرافية وتاريخية ولم يتم استشارتنا بشأنها؟ وحتى أسمائنا ليست ملكنا فنحن وجدناها أمامنا. كم هي محدودة تلك التي نسميها أرادتنا وكم هو هائل قدرنا! لذلك كنتيجة لاعتراف الإنسان بعجزه وشعوره بالخطر وعدم الأمن يجدُ أنّ التسليم لله في حد ذاته قوة جديدة وطمأنينة جديدة.

ثائر: إنشاء مدارس جميل ولكن هذا لا يقنعني بالإيمان بالخرافات.

لنقل أن هناك إله للقدر هذا أو أن هن هذا القدر الذي افترضت وجوده أنت يشير لوجود إله لكن هذا لا يحتم أن يكون الإسلام دين صحيح بل يدل فقط على وجود إله للقدر.

ببساطة كل ما قلته أنت وارد ولكن ليس بالضرورة أن يكون الإسلام من الله فإن فكرة الله أو الإله أو الرب أو الخالق فكرة مجرّدة صنعها الإنسان ليصل الى الاطمئنان والاستقرار النفسي بتخلُّصه من القلق واستمرار التفكير بذلك.

لهذا إبقاء هذه الفكرة في حجمها يُجنبنا كثير من التطرُّف أو الغلو والذي هو موجود في الإسلام وباقي الأديان الأخرى فهي كلها ليست من الخالق الله!

صابر: لا أتّفق معك طبعا لذلك أدخل في الموضوع رجاءً وبين لي وجهة نظرك تجاه خالقك الذي تتكلم عنه!

ثائر: سأقول لك رأيي في نص سأقرأه عليك وأنا لست تماماً مثل القائل ولكني معه في ثورته الفكرية:

لا الله اختار، ولا الشيطان، كلاهما جدار

كلاهما يُغلق لي عيني، فهل أبدل الجدار بالجدار

وحيرتي حيرة مَن يُضئ..

حيرة من يعرف كل شيء،

وفي مكان آخر يقول

مسافر تركت وجهي على زجاج قنديلي

خريطتي أرض بلا خالق والرفض إنجيلي (أدونيس العرب، علي أحمد سعيد)

وبصراحة أقول لك يا **صابر** أنني أؤمن أن الله موجود فهو في عقلي دائما وفي ضميري وهو مُوجِّهي نحو الصواب.

صابر: هل أنت مسيحي ملثّم ويتكلّم الآن عن الروح القدس في عقله؟

ثائر: لا لست كذلك!

صابر: بل أنت كذلك!

ثائر: لماذا؟ عقيدة وجود "إله في العقل" موجود عند كل الديانات والأديان والمسلمون يقولون على سبيل المثال الله يهديك وكيف يهديك إن لم يتكلم مع عقلك أولا؟

صابر: لكنك لا تتكلم عن ذلك أن تتكلم دون ناموس تتبعه! كيف تكون ما لم تكن لديك معرفة أو لديك نور من السماء أو لديك دستور شامل فيه كل ما تحتاجه؟

ثائر: احتاج الى ذلك حتماً ولكن ليس بالضرورة أن أقول أنه مُرسل من السماء وعندها يتوّلد عندي كم من الأسئلة كيف جاءت وما هي السماء ومَن فيها وعندها سأدخل في دوّامة من الأسئلة لا طائل لها ولا إجابة لها فعندها سنتذكر ما قاله الزهاوي "الله وراء كل شيء مجهول".

صابر: وعند اكتشاف ذلك المجهول؟!

ثائر: لنقل كما أرى أن الله هو كل "ما لا نعرف".

صابر: إذن هو الغيب وهنا السؤال كيف توصل الرسول (ص) الى هذه العلاقة المنطقية في أن الله موجود وهو وراء كل شيء مجهول؟

إذن وجود الغيب يدل على الله و وفقا للإسلام في القرآن والسنّة النبوية المطهّرة!

ثائر: ما تقوله صحيح وأنا لا استغرب فالاستنتاج يكون منطقياً وهو ضِمن حُدود قابليات التفكير الإنساني فوجوب وجود الله حاجة عاطفية للإنسان.

فمثلاً، عدم وجود الثقة في التعامل بين الناس تستدعي وجود شاهد بين الطرفين ولعدم ثقة الطرفين بعدالة الشاهد يوجِب وجود شاهد أعلى أو شاهد كوني ومن هنا جاءت فكرة الله فوق الجميع وهو يشهد على أعمالنا وأخطائِنا كما وإن وجود خطأ يستوجب عقاب المخطأ ولهذا أوجدت الجنة والنار بعد محاكمة متخيّلة. فكرة العدالة العقاب والثواب اللا نهائي هي لوازم (إجبارية) لاثبات وجود الله كحلٍّ لهذه الحاجة أو الغرض حسب العقلية البشرية البسيطة.

صابر: وكيف يُمكن أن يكون الله وكيف يُمكن معرفته والاستدلال عليه سوى عن طريق المنطق الإنساني؟ الدكتور ألكس كاريل زلد بفرنسا 1873- 1944 حائز على جائزة نوبل يؤمن أن الرب أي الله "لازم" لوجود الإنسان كالماء والهواء.

إن كل خلية في الجسم تُهدى بالعقل الأبدي الى موضعها من البُنية المرسومة وتعمل في كل خطواتها كأنها ترى تكوين الجسم كله ماثلا أمامها.(محمد جواد مغنية).

ثائر: يشير القرآن الى أن معرفة الله توجب الإيمان بالغيب ففي سورة البقرة الآية 3 نجد (الَّذِينَ يُؤْمِنُونَ بِالْغَيْبِ وَيُقِيمُونَ الصَّلَاةَ وَمِمَّا رَزَقْنَاهُمْ يُنفِقُونَ) فكثرة الغيبيات أفسدت روح القرآن لأنها جعلته غير واقعي وما أجده هو أن، **الله موجود ومجهول ولم يُعلن عن وجوده لحد الآن وهو في أعماقنا ما دمنا نفكّر.**

وأمّا الأسئلة: كيف هو؟ وأين هو؟ من الأسئلة المتعلقة بشأن الله هي أسئلة لا وجود لجواب عليها فكل ما نعرفه أن فكرة وجود الله واجبة أي أنه واجب الوجود ولهذا تكون منطقية التفكير بالله هي الإيمان بوجود الغيب لكن دون غلو أو تطرُّف.

إركان كل شيء مجهول لا نعرفه للغيب خطأ فادح فالغيب متعلق بوجود الله فقط وما عداه من أسئلة يجب أن نحاول إيجاد الأجوبة عليها وعدم إرجاعها الى فكرة الغيب. فأي شيء آخر عدا الله يجب البحث عنه، أما التساؤل عن وجود الله، فجوابه عنده فهو الوحيد القادر على إعلان وجوده، أي أن إثبات وجوده رهين بمشيئته هو مباشرة (المصدر: 55). لهذا فالله واقعيا هو فكرة مجرّدة في عقولنا ولا يمكن إنكارها أبداً فهو لم يعلن عن وجوده وعندما يُعلن عن وجوده يكون واجباً علينا أن نؤمن بكل ما يقوله سواء أدرك العقل يومها ذلك أم لا.

صابر: إنك قاب قوسين أو أدنى من الإيمان وهذا هو الإسلام وهذه هي الأديان وقد آمن الذين كانوا قبلنا لأنهم أدركوا أن الله موجود وقد أعلن الله عن وجوده وأعطى أدلّة كثيرة تؤكّد ذلك على مدى الأجيال والعصور ومَن لديه قريرة صادقة صافية غير معقدة سوف يدرك الله حتما وليس على الله أن يُعلن عن نفسه دائما في كل صغيرة وكبيرة فعندها ما فائدة العقل اذن؟ وما فائدة التفكير والتفكُّر؟ وما قيمة الإيمان؟ فكيف تريد لله أن يعلن عن نفسه؟ بأن تراه أمامك وتكلمه مباشرة مثلا؟ والمثل العراقي يقول لك "الله شافوه بالعين لو بالعقل؟" لتتذكر أن الاقتناع بوجود الله وفهمه حقا يكون بالعقل فقط وليس بالبحث عنه لرؤيته أو سماعه مباشرة كما تطلب أنت في كلامك هذا الذي لا يقبله العقل!

أنت فقط لا تعترف ولا تريد الاعتراف وتواصل المراوغة، ولكننا نحن المسلمون أفضل منك لأننا نعترف ونؤمن به من دون أن نراه وبذلك نستحق الجنة وأنت لا تستحقها الآن وإن شاء الله تترك غيك هذا لتكون مؤمنا مثلنا وما نؤمن به موجود ومذكور في الكتب المقدسة غير المحرّفة والقرآن وكثير من المعجزات أثبتت صدق الرسالات حتى كانت خاتمة الرسالات بالرسالة المحمدية.

ثائر: أنا مؤمن ولكن ليس على طريقتك! فالإيمان بالغيب لغرض إثبات وجود الله فقط وليس لكثرة الغيبيات فوجود الله واجب منطقيا وأنت لا تستطيع معرفته ولا تستطيع إنكاره!

ألا ترى معي أن الله لم يقطع وصله عن بني أسرائيل، لماذا؟ وحتى في الإسلام الله لم يقطع وصله عن التقاة فهو قريب وحتى عند المسلمين الشيعة روح الله مع أئمتهم دائما ولم تفارق أولياءهم أبدا لكنهم ليسوا بأنبياء (حسب معتقدهم) ولو كان هناك تعارض مع الآية (لئلا يكون على الناس حُجة بعد الرسل)(النساء 165)

صابر: الرسل حُجة من الله على الناس والأئمة حجة الله على الناس(محمد حسين فضل الله).

ثائر: هل هذه حُجة نسبية أم هذا نوع من التبرير؟

صابر: ألا ترى أن الحاجة الى إمام أو ولي أمر ضروري؟ ودليلنا على عدم انقطاع الوحي الإلهي ما يستدل عليه هنا من القرآن (وأطيعوا الله ورسوله وأولي الأمر منكم) سورة النساء الآية 59 وهذا منطقي لأن أمورا كثيرة قد تغيرت وذلك يفرض الحاجة الى مَن يُفتي بها.

ثائر: ولكن وهذه الأفكار تتعارض مع روح القرآن الذي هو كتاب سماوي كامل وصالح لكل الأزمان والعصور فاذا كان كذلك وكان القرآن هو آخر الكتب السماوية فمنطقياً يكون كامل وشامل.

10 الفتاوى

صابر: كيف للعقل أن يتصور ذلك؟ هذا بالطبع تصوُّر مُجرَّد وفي القرآن مفهوم ظاهر يفهمه الإنسان البسيط ومفهوم باطن لا يدركه إلّا الراسخون في العلم وهذا المنطق صحيح لأن الله لو أعطانا كل شيء واضح وظاهر لما بقى شيئا

للعقل كي يفكّر به. وإضافة الى ذلك الله ذكر في كتابه أشياءً كثيرة تجيز الفتوى لأنه على علمٍ جلَّ شأنه بأن المستقبل سيكون مختلفا نوعا ما، ومن هنا جاءت الفتاوى لتسهِّل شؤون المسلمين وتساعدهُم في تقوى وذكر الله حتى لا ينتهوا الى طريق الشيطان.

ثائر: وكيف لي أن أُزكّي الشخص الذي يُفتي ويحق لي مناقشته؟! وأنا اعتقد أن الذين يفتون لهم سلطة دينية كبيرة فاذا ما سنحت الفرصة ليستلم أحدهم سُلطة الحكم هنا تكون الطامة الكبرى، ستتولد الدكتاتورية والتفرد بالحكم باسم الله.

صابر: طبعا يمكنك أن تعطي رأيك في الذي يفتي وفتواه ومناقشته اذا كنت أعلم منه في علمه الرباني وهو يفتي فتاواه اجتهادا في الفقه وهي حتما لا تعارض روح القرآن واذا ما عارضته وجب على كل مسلم التصدي لهذه الفتوى والقضية الفتوى هذه خالية من أي تسلُّط أو تفرُّد.

ثائر: كلام جميل وأذكر لي فتوى واحدة قام الشعب المؤمن بالتصدّي لها سلما أو حربا فلن تجد سوى فتوى تصارع فتوى! وعلاوة على ذلك واقعيا وما حصل ويحصل أن اذا ما تسلَّم فقهاء الدين (العلماء) السُلطة ستبدأ سُلطة مُسلَّطة على رقاب الناس لتحكم بأحكام الله التي لا يمكن مناقشتها وعليه حتى إن حاول أحد الاعتراض على فتوى فسيتم قمعه أو قتله!

صابر: هذا ما تقوله أنت وهذا رأيك الشخصي الخاطئ فالشعب ليس بمستوى حكمة أي فقيه كي يعترض عليه! وهذا هو عدم رؤيتك لرفض لأي فتوى.

ثائر: وحتى اذا افترضنا تسلُّم المتدينون السلطة، هم سيتصارعون فيما بينهم من باب الفتوى للأصلح ولولاية المُتغلِّب وهذا أيضا يفسّر الموجود حيث هناك أكثر من 159 فرقة إسلامية كلُّها تدعي أنَّ معها الحق وهُم كالتالي:

أباضية في عمان، أزارقة ينكرون على الله رجم الزناة، مرجئة يتركون ليوم القيامة قائمة المعصيات ليشطب منها الذي شاؤه الله يوم الحساب، جناحية سيحلون روح الإله بعبد الإله على جبل أصبهان، محكمة، حشيشية، ثمامية، خياطية، جبائية، بهشمية، صيامية، بيانية، مغيرية، عبيدية، خطابية، خلالية، دكينية، رشيدسة، زيادية، يزيدية، سليمانية، سميطية، سنوسية، شريعية، ضحاكية، ضرارية، عجاردة، عميرية، غمامية، عللاهية، قضائية، ناووسية، واقفية، فطحية، يونسية، يعمرية، يعقوبية، يعفورية، ياروسية، واصلية، واحدية،

هيصمية، هزيلية، هاشمية، نونية، نميرية، نجدية، نعمانية، نجارية، ميمونية، موسوية، منصورية، مكرمية، مفوضية، مفضلية، معلومية، معبدية، معاذية، مزدارية، مختارية، محمدية، مجهولية، متبرئة، مبيضة، مباركية، ماتريدية، مالكية، كيسانية، كيالية، كلابية، كريبية، كرامية، كاملية، قطعية، قرامطة، قدرية، فضلية، فديكية، غيلانية، غسانية، غرايبة، عوفية، عليانية، عقبية، عاذرية، عابدية، ظاهرية، صلتية، صفرية، صرخابية، صباحية، صالحية، شيبانية، شمرية، شعيبية، شبيبية، شافعية، سبئية، زيدية، زعفرانية، زرينية، رزامية، راوندية، راجعة، دروزية، خلفية، خازمية، حنفية، حنبلية، حمزية، حلولية، حفصية، حشوية، حسينية، وحسنية، حربية، حبية، حازمية، حارثية، حائطية، جواليقية، جهمية، جعفرية، جحدرية، جبرية، جازمية، جارودية، جاحظية، ثوبانية، ثعالبة، بيهسية، بكرية، بطيخية، بشرية، بزيغية، برغوثية، بدعية، بترية، أشعرية، أطرافية، أسوارية، اسماعيلية، أسكافية، أسحاقية، أحمدية، أخنسية، مجسمة، مشبهة، مريسية، معطلة، نظامية، نصيرية، كسنسانية، شميطية، شمراخية، ونعيمية، زرارية، هشامية وإمامية.

فكيف لهم أن يحكموا الشعوب؟

صابر: الجواب تعرفه أنت جيدا! حكم الإسلام هو القرآن ولا يكون إلّا به.

ثائر: القرآن جاء قبل 14 قرن وفيه أحكام كثيرة لا يمكن تطبيقها الآن، إضافة الى ذلك هو كتاب قديم، ومبدأ الحياة التطور والتغيير والتغيُّر، فكيف يمكن لدستور ثابت أن يواكب التطور ما لم يتحرك ويتغيَّر ويواكب التطور؟

القرآن كتاب مقدس، كل شيء فيه مقدس لا يمكن لمسه أو تغييره، فحتى اللغة العربية تعتبر مقدسة بأساس كونها لغة القرآن وهي لغة أهل الجنة برأي الإسلام وهذا يناقض الحياة العملية، فكل شيء يتغير حتى اللغة، فمثلا اللغة الأنجليزية الآن ليست هي نفسها لغة شكسبير فلماذا نفترض أن لغتنا بقيَت ثابتة للأبد دون تغيير؟ بل ونفترض أنها يجب أن لا تتغير أيضا وهذا ما جعلها صعبة حتى على العرب، والحقيقة الواضحة لتطور اللغة هي توالد اللهجات بين أفراد المجتمع، فالعراقي يتكلم بلهجة تختلف عن لهجة المغربي وعندما يريد الأجنبي تعلم اللغة العربية فإنه يتعلم اللغة العربية الفصيحة، وعندها لا يجد من يتكلم معه في الشارع العربي الناطق باللهجات.

صابر: القرآن ليس كتاب قديم ولا حديث لأن لا يمكن للمرء تحديد قدمه أو حداثته عمليا لأنه كتاب مقدس أبدي. أما هل هو مواكب للتطور البشري؟ فهو صالح لكل زمان ومكان ولم يظهر لحد الآن من يقول إن كتاب الله باطل خلال كل هذه القرون الذي مضت. وأما ثبات اللغة العربية فهو ضروري لأن المعلوماتية يجب أن تكون بلغة ثابتة حتى يمكن تناقلها بين الأجيال ومن ثم هدف البشرية أن يتكلموا بلغة واحدة وعندما يحصل ذلك ستكون حتما لغة ثابتة وأن اللهجات الموجودة الآن هي حتمية الوجود لأن اللهجة تتكون من تقارب واختلاط مجموعتين (أو أكثر) مختلفتين في اللغة.

11 الملحدون

ثائر: أنتَ لم تفهم ما أقصد! فحتى لو كانت اللغة العربية هي اللغة الوحيدة في العالم فهي أيضا ستحتاج الى إضافات أو تغيير بسيط مثلا إلغاء جمع التكسير الذي ليس له قاعدة محددة. وهذا ما لا يسمح به القرآن. ومَن قال أن التاريخ لم يذكر أحد عارض ما جاء في القرآن فهذا قد حَدث فعلا! وهناك الكثيرون مِمَن قالوا رأيهم، وكثير منهم قُتلوا قبل أن يُعرَفوا، لأن قتل الكافر حلال وأما الملحد فكيف سيكون حكمه؟ لا أعرف !

صابر: (إن الذين يلحدون في آياتنا لا يخفون علينا أفمن يلقى في النار خير أم من يأتي آمنا يوم القيامة إعملوا ما شئتم أنه بما تعملون بصير) الآية 40 من سورة فُصّلت

ثائر: فقد كانَ هناك كثيرين عبر التاريخ ممن عارضوا الأحكام الدينية ومنهم القرطبلي وابن أبي الأزهر والمتنبي وصالح بن عبد القدوس والصناديقي وربيعة بن أمية الجمحي والوليد بن يزيد (محمد عزت نصر الله).

وقال أبو العلاء المعري (باعتباره ملحد كما ذكر في كتاب لكراشكوفسكي):

أي رب كلمني فإنا أفصح من عبدك موسى،

ثم يستطرد ويقول،

نار لو نفخت بها أضاءت   ولكن ضاع نفخك في رماد

قد اسمعت من ناديت حيا   ولكن لا حياة لمن تنادي

وقد قال:

وهل أبيحت نساء الروم عن عمد   إلا بأسباب أصحاب النبوات

ثم:

في اللاذقية مرج ما بين أحمد والمسيح
هذا بناقوس يدق وذا بصومعة يصيح
كل يعظم دينه ياليت شعري ما الصحيح

وقد قال آخر: (د. كمال اليازجي).

دين وكفر وأنباء تقص وفر   قان ينص وتوراة وأنجيل
في كل جيل أباطيل يدان بها   فهل تفرد يوما في الهدى جيل

وقد قيل:

ما الخير في صوم يذوب الصائمون له   ولا صلاة ولا صوف على الجسد
إنما تركك الشر مطرحا و نفضك   عن الصدر من غل و من حسد

فلم يخل مجتمع من المعارضة ولكل فكرة لها معارضين وهذا التعارض هو الذي يجعل من الفكرة صافية أقرب الى الحقيقة المطلقة أما أن يأتي أحد ويقول أن هذا جاء من الله ولا يسمح للآخرين بمناقشته بل ويأمر بقتلهم اعتقد هذا هو الإرهاب بعينه. النقاش ضروري والمعارضة ضرورية ما دام الهدف هو إرساء الحقيقة والعدالة وكل جيل له عاداته وتقاليده المناسبة لعصره فليس هناك قانون ثابت وخاصة القوانين الاجتماعية فهي تتغير حسب متطلبات العصر فالقوانين الاجتماعية التي كانت تحكم أباءنا ليست صالحة لنا بالضرورة والقوانين الصالحة لنا ليست صالحة لابنائنا وهكذا دواليك، فعليه لكل جيل قوانينه الوضعية القابلة للتغيير حسب المتطلبات المفروضة. وبذلك ستكون فكرة إنزال قوانين سماوية تحكم كل الأجيال فكرة غير منطقية والله جل شأنه يتنزّه أن أن يرسل لنا قوانين غير منطقية.

صابر: هذه فرضيات وأنت تفرض أن القوانين السماوية غير قابلة للتطبيق في كل عصر لذلك تكون غير منطقية وطبعا الله جل شأنه أكبر وأسمى من أن يوجّهنا بتوجيه خاطئ!

فيا أخ.. يا عزيزي، القوانين السماوية ثابتة وليس فيها أي خطأ.

ثائر: أراك قد ترددت أن تقول أخي وهذه المخاطبة عادية جدا بين المسلمين فلماذا لم تخاطبني بها؟ يا أخي.

صابر: لا، أنت لست لي بأخ وأنت لا تؤمن بالإسلام دينا فلماذا أناديك "أخي"؟

ثائر: ولكني مؤمن بالحقيقة، وهي هدفٌ سامٍ، والله هو الحق والحقيقة أليس كذلك؟

صابر: تكون أخي إن شاء الله عندما تؤمن أن لا اله إلّا الله وأنّ محمد رسول الله.

ثائر.: وإن آمنت بالشطر الأول هل يكفي؟

صابر: طبعا لا ... لا يكفي.

ثائر: من هذه المداخلة أتمنى أن يبقى نقاشنا بروح الأخوة وأن لا يكون الحقد والتفسير السلبي لمعنى الكلام هو السائد فنقاشنا يحتاج الى طول بال فإمنع كراهيتك الدينية لي عن نقاشنا فإنا من جانبي أناقشك دون كراهية ولا حكم شخصي مسبق.

12 الله يهديك

صابر: أنا معك وعسى الله أن يهديك اذا كنت تريد الوصول الى الحقيقة وأنا لست معك اذا كان هدفك المناقشة من أجل النقاش فحسب وعليه أتمنى من الله أن يكون نقاشنا ذو فائدة لك والله يهديك.

ثائر: أتمنى ذلك حقا. ولكن أعذرني اذا ما كانت أفكاري لها صوت عالي. وأعرف إنَّ المسلمين حسّاسون من النقد المباشر لدينهم، وهذا من باب الحرص والغيرة على دينهم. ولكن لماذا يردّد المسلمون كلمة الله يهديك؟ هل هذا يعني أن السقابل على ضلال؟

صابر: أكيد، إن الذي لا يؤمن فهو على ضلال.

ثائر: ولماذا تزعمون أن الحق معكم دائما وأن الآخرين على ضلال أليس هذا تعصب فكري؟

صابر: لا طبعا، لأن أدلتنا دامغة ولا يرق لها الشك لأنها من عند الله.

ثائر: جميع المتدينين في العالم يقولون نفس هذا الكلام، البوذيون والمسيحيون واليهود وحتى الوثنيون.. الجميع يزعم أن الحق بجانبه ولكن اذا كان التعصب في الحوار والمناقشة هو الأساس فعندها لا يمكن أن نصل الى حقيقة! لأن كل طرف يرى الطرف الآخر في ضلال. هدفنا إذن تحديد هذا الضلال وتجنيب الناس من الدخول فيه لكن عن طريق الحوار المفتوح دون تعصب.

صابر: ولكي أبرهن لك أن أيماننا ثابت لا يهتز بما يقوله الآخرين، قُلْ ما بدى لك! تكلم بكل ما تريده بحرية!

13 أبو الصعاليك ودعوته الخيّرة

ثائر: القرآن كتاب وضعي بشري ليس به أي معجزة ومحمد رجل ذو روح قيادية خَيِّرة، رجل مصلح ولو أراد ما أراد من إرشاد الناس بطريقة عادية كأن يعرض على الناس مبدأه في ذلك الوقت فعند ذاك لا يؤمن به أحد ولا تستمر دعوته الخيرة وهذا ما جرى في قصة عروة بن الورد (أبو الصعاليك) حيث كانت دعوته دعوة خيرة ضد الفقر والعبودية لكن محمد كان أذكى فقد أسند ما يؤتى إليه الى الله وبذلك كسبَ سُلطة معنوية كبيرة تساعده على نشر دعوته لاسيما وأن الدعوة الشائعة الى الله آنذاك كانت لنشر الديانة المسيحية وكان الموحدون الأبراهيميون ذوي أفكار مسموعة لأنها بديهة ذلك العصر وتدعوا للرحمة والحب والعدالة وهذه الأشياء تخاطب النفس البشرية وخاصة الفقراء المعذبين وكانوا في ذلك الوقت كثيرون فآمن به الفقراء وبعض الأغنياء الذين لهم روح قيادية خيرة وكانت دعوة ناجحة.

صابر (مقاطعا): هل تعني أن القرآن ليس من عند الله؟ (قل لئن اجتمعت الإنس والجن على أن يأتوا بمثل هذا القرآن لا يأتون بمثله ولو كان بعضهم لبعض ظهيرا) سورة الإسراء الآية 88.

و مَن تكون أنت حتى تقول هذا؟

وكيف آمن الناس بالقرآن على مر العصور؟ هل تحسبهم كلهم دون بصيرة أو عقل؟

ولعلمك حاليا عددُ المسلمين يتجاوز المليار نسمة وسيكونون في غضون السنين القادمة مليارين فهل يُعقل أن يكون كل هؤلاء غير واعين بما يفعلون؟

ثائر: بأساس مبدأ بسيط ولنتفق عليه كلانا وهو أننا اذا وجدنا تناقض بين الآيات أو وجدنا أدنى خطأ يكون القرآن كتاباً وضعياً لأن القرآن اذا كان مرسلاً من السماء يجب أن يكون كامل وغير ناقص خالٍ من التزوير والتحريف والزيادة والنقصان. من باب (إنّا نحن أنزلنا الذكر وإنا له لحافظون) سورة الحج الآية 9. ونسمة الشعوب ليست مقياسا فيمكن أن يكون الناس بكثرتهم على ضلال مِن أمرهم

صابر مقاطعا: قال رسول الله "لا تجتمع أمّتي على ضلالة!

ثائر مستمراً: لنفترض أن الكثرة هي المقياس، لنأخذ الصين كمثال فسكّانها تجاوزوا المليار نسمة وهم بوذيون وهناك آخرون كثيرون في العالم بوذيون أيضا والذين يدينون بالبوذية هم الأكثر عدداً على الكرة الأرضية فهل هذا يعني أنهم على حَق في دينهم فلماذا لا تتحول لدينهم الأصح بأساس عدده أم ستفترض أنهم ضالون لعدم وجود أيُّ شخص لديهم يعلمهم بوجود الإسلام ليُعلِّمهم طريق الصواب؟ وبنفس الشاكلة مع المسيحيين فعددهم أكثر من المسلمين حول كوكبنا هذا. وأريد التحول لموضوع أسلوب القرآن أو نوعه!

صابر: تفضل والقرآن له أسلوب واحد

14 قرآن مكّي وآخر مدني

إضافة الى ذلك القرآن نزل بأسلوبين مختلفين، قرآن مكي من مواصفاتة أنه أشبه بالرجز والشعر والآيات قصيرة وفيها كثير من الترهيب بالآخرة والترغيب بالجنة بينما القرآن المدني أسلوبه مختلف معتمد على السرد وقصص الأنبياء والأوامر الحياتية السلوكية المباشرة بما يتعلق بالقتال والسياسة وغير ذلك.

صابر: هو قرآن واحد إلّا أن سبب اختلاف الأسلوب في القرآن هو أن الفترة المكّية كانت مرحلة نضال سلبي والفترة المدنية مرحلة استقرار وتشريع. فمِن أين لهذا النبي الأُمّي كل هذه المعرفة وهذا العلم بالماضي وأمور الحاضر والمستقبل؟ علما أن ما كُتب في القرآن آلاف المجلدات.

ثائر: هذه تسمّى سياسة! أي الله كان يلعب دور السياسي في اختلاف توجيهاته حسب الحال!

صابر: حاشى لله عمّا يصف مَن هُم مِن أمثالك! هي مشيئة الله وتوجيهه!

ثائر : ولماذا يختلف أسلوب القرآن عَن باقِ الكتب المقدّسة إن كان كل منها منزَّلاً من الله أي أن المصدر واحد فعلا؟

صابر: لأن شعوب الأرض مختلفة العقلية ومختلفة اللغة!

15 النبي الأُمِّي

ثائر: قبل ذلك، يكون لزاماً أن نعرف معنى كلمة "أُمّي" فهي من الأميين وهم "الگويم" أي من غير بني أسرائيل. (هو الذي بعث في الأميين رسولا منهم يتلو عليهم آياته) سورة الحج الآية الأولى.

بالإضافة لكونه رجل قيادي وتاجر ناجح كان على علاقة وطيدة بالأبراهيميين الذين لهم معرفة بالأديان كورقة بن نوفل وزيد بن عمرو بن نفيل عم عمر بن الخطاب وعثمان بن الحويرث وعبد الله بن جحش. فلماذا لم يُذكر في التاريخ الإسلامي أن هل أسلموا أم لا؟ أو حتى هل يُعتبرون مِن الصحابة، أم لا؟

صابر: ما تلمّح له وما تذكره أنت من أشخاص هو بهدف النيل من الإسلام وسلاحك هو تاريخ مزوَّر، فأين لهذا النبي الأمي الذي لا يقرأ أو يكتب أن يعرف كل هذا؟ (أَمْ يَقُولُونَ افْتَرَاهُ قُلْ فَأْتُوا بِسُورَةٍ مِّثْلِهِ وَادْعُوا مَنِ اسْتَطَعْتُم مِّن دُونِ اللَّهِ إِن كُنتُمْ صَادِقِينَ) سورة يونس الآية 38 لذلك القرآن معجزة في اللغة والعلم.

ثائر: هل تدعي أن التاريخ الذي تستند عليه أنت هو فقط هو غير المزوَّر؟! الأُمِّي تعني غير يهودي أي مِن الگويم (goyim) كما تُسمّيه اليهودية حيث كأنما تعتبر اليهود أشراف ومن نسل خاص أو إلهي وما عداهم أناس يسمون الگويم (محمد خليفه التونسي) وبنفس الشاكلة هم يعتبرون أن الابن المهم للنبي أبراهيم هو اسحق وليس إسماعيل بأساس اختلاف الأم فأم إسماعيل لا تعتبر يهودية في رأيهم ولنفس السبب يعتقدون أن الابن الذي تم فداؤه بالكبش هو اسحق ولو أخذت بعين الاعتبار نسب النبي محمد المعروف تاريخيا والذي يرجع الى النبي إسماعيل لحصلت على نفس الاستنتاج وهو أنه سيعتبر من عامة الأمّة من غير اليهود أي هو "أُمّي" اختصاراً وبذلك سوف لا يكون نبياً بنظر اليهود ولهذا تشير لهم الآية القرآنية الى قرار الله إرسال نبي جديد في الأميّن وليس في اليهود ولاحظ معي الآية التالية فهي تشير الى سلوك التمييز العنصري لبعض اليهود في الأمانات (وَمِنْ أَهْلِ الْكِتَابِ مَنْ إِنْ تَأْمَنْهُ بِقِنْطَارٍ يُؤَدِّهِ إِلَيْكَ وَمِنْهُم مَنْ إِنْ تَأْمَنْهُ

بِدِينَارٍ لَا يُؤَدِّهِ إِلَيْكَ إِلَّا مَا دُمْتَ عَلَيْهِ قَائِمًا ذَلِكَ بِأَنَّهُمْ قَالُوا لَيْسَ عَلَيْنَا فِي الْأُمِّيِّينَ سَبِيلٌ وَيَقُولُونَ عَلَى اللَّهِ الْكَذِبَ وَهُمْ يَعْلَمُونَ) الآية 75 من سورة آل عمران.

صابر: لا يمكن اتّباع غير المسلمين في شؤون الإسلام لذلك لا آخذ بأفكارهم التي تنقلها عنهم وتحاول لصقها لصقا بسياق القرآن لتثبتها! أمّي لا تعني سوى كونه لا يقرآ ولا يكتب!

فهناك آية واضحة تقول (وَمَا كُنتَ تَتْلُو مِن قَبْلِهِ مِن كِتَابٍ وَلَا تَخُطُّهُ بِيَمِينِكَ إِذًا لَّارْتَابَ الْمُبْطِلُونَ) سورة العنكبوت الآية 48 وهذا يعني بوضوح أنه لا يقرأ ولا يكتب!

ثائر: ليس بالضرورة أن يكون هذا هو التفسير فقد يكون يقرأ ويكتب وحتى يمكن أن يكون يعرف لغات أخرى لأنه كان تاجرا والتاجر عادةً ما تكون لديه ثقافة عالية في "أيام زمان"، من جرّاء الاتصال بالآخرين والمكاتبة والتعاقد وتبادل الرسائل والأخبار. فقد يكون يقرأ ويكتب ولكنه لم ينشر ما يكتبه إضافة الى ذلك عمره فقد كان عند إبلاغ الدعوة كان حوالي الأربعين سنة وهي العمر التي غالبا ما يكتُب الإنسان فيها بعد أن يجمع خبرة حياته ليكتبها أو يتكلم بها بعد أن يشعر بأن شبابه قد ذهب دون رجعة!

صابر (مقاطعا): لا يأخذك الغرور والاستهزاء فهل من المنطق أن إنسانا يكتم معرفة القراءة والكتابة لأكثر من عشرين عاما ثم يقول ما أتاني هو من عند الله؟

ثائر (مستغربا): وهل من المنطق أنّ القرآن يشجّع القراءة والكتابة والنبي لا يقرأ ولا يكتب أو بالحقيقة يرفض أن يقرأ ويكتب؟!

صابر: في الآية آية نزلت على النبي من القرآن كانت القراءة تعني التبليغ وليس مجرّد قراءة لنصوص وهذا يعكس جهلك بالقرآن وإضافة الى ذلك هناك كثير من التعاريف لكلمة "أُمِّي". الأمي هو الذي لا يقرأ ولا يكتب حسب الآية التي ذكرتها سابقا وكانت علاقة النبي جيدة بالناس جميعهم حى لُقّب بالصادق الأمين أي انهم يصدقونه ويعلمون بحاله فهو لن يخفي عليهم مقدرته بالقراءة والكتابة.

ثائر: لو كان لا يقرأ ولا يكتب لماذا يقول للأسرى في معركة بدر من يُعلّم عشرةَ مسلمين القراءة والكتابة يُطلق صراحه، فذلك يعني أنه يعرف قيمة وتأثير الكتابة والقراءة وعليه يكون الأجدر به معرفتها وممارستها بنفسه هو أولًا!

صابر: النبي ص لم يكن يحتاج للقراءة والكتابة لأن لديه علم رباني هو علم الوحي ويمكن أن ينصح شخص رشيق صحيح الجسم صديقه السمين أن يلعب الرياضة ليترشق رغم أنه لا يمارسها

والنبي يعرف أهمية الكتابة للناس وهو لا يحتاج أن يمارسها بنفسه فمهمته الأساسية هي النذر والبلاغ بالإسلام وليس تعليم الخط أو الكتابة أو القراءة!

16 اللُغة

ثائر: ما دمنا بمجال الكتابة لماذا الحرف العربي مُقدَّس؟
صابر: من قال ذلك؟ كيف يكون الحرف مقدسا؟
ثائر: لماذا هذا الموقف الإسلامي تِجاه تغيير الحرف العربي؟ ولماذا لا نغيّره الى حرف أنكليزي حتى نواكب تطور العلم وخاصة في مجال المعلوماتية والكومبيوتر.

صابر: هذا الموقف مستحب وليس واجب ولا اعتقد أنَّ العلماء المسلمين يقدّسون الحرف نعم أنهم يعتزون به لأنه الحرف الذي اُعتُمد في كتابة أعظم كتاب في الوجود وهو كتاب الله. ثم وما هو عيب الحرف العربي فأنت تكتبه بيدك وما هي أفضلية الحرف الأنجليزي عليه مثلا؟

ثائر: ليس فيه عيب ولكن اللغة العربية جامدة غير قابلة للتطوير وذلك لأن القرآن محافظ عليها أو يقوم بتجميدها أو جعلها من المتحجّرات وأما الحرف اللاتيني فهو يتغير أو يمكن تغييره حسب متطلبات الحاجة لأنه من وضع الإنسان وهو ليس ثابت.

وهناك أفكار كثيرة لتغييره نحو الأفضل أو الأسهل مثل فكرة الكاتب جورج أورويل الإنجليزي فقد أقترح في كتابه المسمى 1984 أنه في المستقبل سوف تجرى عملية تغيير للغة فمثلا سوف يُلغى التفضيل في اللغة مثال good، better ،best وتصبح good ،good 2، good 3

(جورج أورويل) وهكذا دواليك الى أن تتغيير اللغة لتصبح سهلة يمكن التعامل معها في ذلك الوقت. إضافة الى ذلك اللغة الإنجليزية لغة سهلة وأصبحت عالمية وجميع الأعمال التجارية والعلمية وأغلب المخاطبات العالمية ولغة الإنترنيت فهي لغة العالم الآن وأنا لا أطلب تغيير اللغة العربية ولكن فقط الحرف العربي حتى نقلل من الهُوَّة العلمية بيننا وبين باقي العالم.

فكل العالم حاليا متجهٌ نحو التقدُّم ونحن واقفين في مكاننا لم نأخذ موقف وهذه هي عادةُ العربِ والمسلمين فهم لا يرضون بالحلول البسيطة وخاصة تلك التي تمس حتى ولو بشكل بسيط عقيدتهم ولكن بعد فوات الأوان يرضخون للأمر الواقع وعندها يأتي من يبرر ويخالف الموضوع في أول أمر ليُبرر موافقته بالتغيير وكأن شيئا لم يكن.

صابر: إنك تهجم علينا بعنف فنحن لسنا كذلك وهل أيضا تتنصل من كونك عربي؟! ألا ترى أن اللفظ العربي لا يتناسب مع الحروف اللاتينية التي تطبل وتزمّر لها فبالله عليك كيف تكتب الحروف العربية الآتية: ح خ ض ط ظ غ ع ق ء.

ثائر: اعتقد أن هذه مشكلة تقنية (تكنيكية) يمكن إيجاد حل لها أو حتى يمكن اعتماد قواعد اللغة العربية في الكلمات والأفعال الأنجليزية مثلا.

صابر: ولماذا لا نعتمد اللغة العربية ما دامت قواعدها جميلة، وهي حقا مضبوطة حيث السواد الأعظم من الكلمات لها جذر ثلاثي مثل ذهب (على وزن فعل) ومنها نستخرج يذهب، ذهاب، يذهبون،، الخ فقط بإضافة حروف أو حركات على الحروف كالموسيقى ليتغير معنى الكلمة.

ثائر: أنا لا أقول أن اللغة الأنجليزية أفضل من العربية، ولكنها تقدّمت على اللغات الأخرى لوضوحها وسهولتها فلماذا لا نعتمدها ونُغيّرها (أي نضيف على لغتنا من تطورها)؟

صابر: العالم لم يتوحد ولم تصبح اللغة الإنجليزية هي اللغة العالمية الوحيدة فهناك مئات من اللغات العالمية الحيَّة لحد الآن واذا ما أصبحت اللغة الإنجليزية هي لغة العالم فهذا لا يغيِّر شيء من عقيدتنا فلماذا هذا الفرض ولماذا لا تفرض العكس ستكون اللغة العربية هي اللغة العالمية الوحيدة ووهي لغة أهل الجنّة حتماً ولحاصة وكما تدري الدين الإسلامي آخذ بالانتشار في شتى أرجاء العالم حتى أن اسم الله يذكر في كل ثانيه على مدار الأربعة والعشرين ساعة يوميا من على المآذن الإسلامية المنتشرة في كل بقاع الأرض. وكثير من العلماء أعلنوا إسلامهم. وبصراحة ما دمت أنك بدأت بالعنف فإنا أقول لك أنت عربيا رغم أنفك حتى لو كتبت العربية بحروف أخرى وأنك كنت مسلما ولا تستطيع نكران ذلك والآن أنت لست كذلك وهذا يجعلك مقطوع الشجرة كضائع يتيم وبالمناسبة أمرك هذا يذكرني بقصة **حنّون** والقول،

ما زاد حنّون في الإسلام خردلة   ولا للنصارى شأن بحنّون

ولذا عليك أنت كـ**حنّون** آخر جديد أن لا تنتقص مِن الإسلام لأنه أعظم مِنّي ومِنَّك فمن تكون أنت وعلماء المختبر حول العالم يتحوّلون للإسلام حاليا يوما بعد يوم!

17 الخلق من تراب

ثائر: أنا آسف أن بدى مني شيئا من العنف الكلامي ولكني باحثٌ عن الحقيقة، عن الله، عن الحق وأنا لم أجده لحد الآن وإن كانت الحقيقة في الإسلام فإنا على قولكم الأقربون أولى بالمعروف، وأنا لا أمانع أبدا إن اسميتني بـ**حنّون** ما دمت تفهم وجهة نظري.

وأما عن العلماء الذين أسلموا ومثال عليهم أحد الأطبّاء اليابانين، فقد شاهدت فلما له بالفيديو وهو ينطق بالشهادة وذلك لأنهم أخبروه أن الجنين يمر بأدوار معينة وهذه مذكورة في القرآن في سورة الحج أية 5 وفيها يقول القرآن:

(يَا أَيُّهَا النَّاسُ إِن كُنتُمْ فِي رَيْبٍ مِّنَ الْبَعْثِ فَإِنَّا خَلَقْنَاكُم مِّن تُرَابٍ ثُمَّ مِن نُّطْفَةٍ ثُمَّ مِنْ عَلَقَةٍ ثُمَّ مِن مُّضْغَةٍ مُّخَلَّقَةٍ وَغَيْرِ مُخَلَّقَةٍ لِّنُبَيِّنَ لَكُمْ ۚ وَنُقِرُّ فِي الْأَرْحَامِ مَا نَشَاءُ إِلَىٰ أَجَلٍ مُّسَمًّى ثُمَّ نُخْرِجُكُمْ طِفْلًا ثُمَّ لِتَبْلُغُوا أَشُدَّكُمْ ۖ وَمِنكُم مَّن يُتَوَفَّىٰ وَمِنكُم مَّن يُرَدُّ إِلَىٰ أَرْذَلِ الْعُمُرِ لِكَيْلَا يَعْلَمَ مِن بَعْدِ عِلْمٍ شَيْئًا ۚ وَتَرَى الْأَرْضَ هَامِدَةً فَإِذَا أَنزَلْنَا عَلَيْهَا الْمَاءَ اهْتَزَّتْ وَرَبَتْ وَأَنبَتَتْ مِن كُلِّ زَوْجٍ بَهِيجٍ)(الحج 5) وفي تفسير القرطبي ينقل عن الصحيح عن أنس بن مالك قال: إنَّ الله قد وكّل بالرحم مَلَكا فيقول أي رب نطفة. أي رب علقة. أي رب مضغة. فاذا أراد الله أن يقضي خلقا قال الملك أي رب ذكر أو أنثى شقي أو سعيد. فما الرزق فما الأجل. فيكتب كذلك في بطن أمه. وفي الصحيح أيضا عن حذيفة بن أسد الغفاري قال: سمعت رسول الله (ص) يقول: اذا مر بالنطفة أثنتان وأربعون ليلة بعث الله أليها مَلَكاً فصوّرها وخلق سمعها وبصرها وجِلدها ولحمها وعظامها ثم يقول أي رب أذكر أم أنثى. ومهما تكن الروايات فإن خلق الجنين (حسب القرآن) يمرّ بمراحل بعضها يكون قبل بعث الروح ومن ثم يقر الله في الأرحام ما يشاء أي أن صفات الإنسان تحدد بعد فترة من تلقيح الحَيمن للبويضة وهذا يُنافي ما توصل إليه العلم الحديث من أن صفات الإنسان تحدِّدها الجينات الموجودة في الكروموسومات والتي يأتي نصفها من الحيمن والنصف الآخر من البويضة قبل

الإخصاب. وأما جنس المولود فيحدده نوع حيمن نوع الرجل. ولم يأتي في القرآن أن الجنين هو جزء من المرأة والمعنى اللغوي للنطفة هو مني الرجل والفكرة العربية السائدة سابقا هي أن المرأة عبارة عن وعاء للنسب وأن أصل الجنين هو الرجل فقط والنطفة والعلقة وأدوار الجنين كانت معروفة منذ القِدم فلا توجد قابلة أو مُولّدة للنساء لا تعرف هذه الأدوار. وهذه الخبرة أخذتها النساء من حالات الإسقاط الطبيعي التي كانت تعاني منه النساء وما زالت تعاني منه ليومنا هذا.

علاوة على ذلك الجنين لا يتكون من ماء الرجل (منيِّه) وإنما من موَرِّثات محمولة في ماء الرجل وبويضة المرأة وليس ماء المرأة وأن مني الرجل أو ماء الرجل لا يخرج من صلب الرجل وسائل عضو المرأة أو ماء المرأة لا يخرج من ترائب فالصُلب هو العمود الفقري والترائب هي الصدر أو منطقة القلادة كما تم تفسيرها. وأمّا من يُسلم من علماء المختبر فهو لا ينطق بالعربية وتتم الترجمة له بشكل مُحرَّف المعنى ففسروا له معنى النطفة ومعنى المضغة بحيث يواكب المعنى الذي توصل إليه خلال أبحاثه هو لمدة أربعة سنوات وعندها أسلم (أو استسلم عقليا) ولكنهم لم يفسروا له إنّا خلقناكم من تراب ولم يفسروا له ونقرُّ في الأرحام ما نشاء. والعلم الحالي يستطيع للمفاجأة أن يقر في الأرحام ما يشاء أي أصبح ذلك ليس بالأمر الإلهي فقط وذلك يتم حاليا في المختبر بالأنابيب (أطفال الأنابيب واختيار جنس الطفل).

فلماذا لا يكون هذا الطبيب منقادا فهو رجل علم ولا يعرف العربية وهو منقاد أو مغرر به ويرضى بالحلول الجاهزة لهذا تراه أسلم دون الدخول في دراسة علمية للقرآن ويمكن أن تكون هناك أسباب أخرى دعائية أو سياسية..الخ

صابر: لا اعتقد أن الأمور بهذه السطحية أو الاستسخاف الذي تقوم به فأما مسألة إنا خلقناكم من تراب فمن الثابت علميا كيميائيا الآن أن العناصر المكوِّنة لجسم الإنسان من الحديد والفسفور والكبريت وغيرها هي نفسها العناصر المكونة للتراب وبنفس النسب ألا ترى أن في ذلك إعجاز علمي وتدّكر أن التّراب مكون من 16 عشر عنصرا. وهذا إعجاز قرآني.

حنّون (ثائر سابقاً): التراب مكوَّن من عناصر الجدول الدوري لمندليف. وليس 16 عنصر فقط.

فالتراب كيميائيا هو الطين أي كأؤلين الصلصال الذي يتم صنع الفخار منه بالدرجة الأولى ولا وجود له في جسد الإنسان وجسد الإنسان مكوّن كيميائيا بما هو غير موجود في التراب فغالبه مكوَّن من الماء (هيدروجين وأوكسجين)

والكاربيون والنيتروجين والفسفور وعناصر أخرى أقل نسبة وكل ذلك غير موجود في التراب!

صابر: **في سورة الزمر** آية 42 (اللَّهُ يَتَوَفَّى الْأَنفُسَ حِينَ مَوْتِهَا وَالَّتِي لَمْ تَمُتْ فِي مَنَامِهَا ۖ فَيُمْسِكُ الَّتِي قَضَىٰ عَلَيْهَا الْمَوْتَ وَيُرْسِلُ الْأُخْرَىٰ إِلَىٰ أَجَلٍ مُّسَمًّى ۚ إِنَّ فِي ذَٰلِكَ لَآيَاتٍ لِّقَوْمٍ يَتَفَكَّرُونَ) ثم ذكرت أن النائم لا يسمع الأصوات.

حنّون: فكيف يسمع صوت الساعة المنبهة ليصحوا بعدها في الصباح؟

صابر: (يتجاهل السؤال) دماغ الإنسان جهاز عجيب طبعا وينظم كل فعاليات جسم الانسان كما يقول العلماء، أليس له خالق؟

حنّون:هل لك أن تذكر لي آيات تدل على أن الدماغ هو الذي يسيطر على فعاليات الجسم؟

صابر:(يتجاهل السؤال) جسم الإنسان تموت فيه في كل ثانية 125 مليون خلية وتولّد فيه أكثر من ذلك.

حنّون: ما ذكرت ليس علميا. يصح ذلك في فترة النمو البيولوجي للإنسان حتى الثلاثين سنة. وبعدها تتغيير الأرقام. فكيف في سن الشيخوخة للإنسان؟

صابر: (يتجاهل السؤال) يستلم الدماغ الملايين من الإشارات ويترجمها بأسرع من لمح البصر للنفس الحياتية وتبدأ النفس الحياتية بإرسال ملايين الأوامر لكل أنحاء الجسم أليس هذا بعجيب؟

حنّون:أنت فرضت وجود النفس الحياتية وأسندت لها عملاً. فلماذا لا يقوم الدماغ مباشرة بهذا العمل يستلم الإشارات ويرسل إشارات أخرى، أليس فيه منطقا عقليا؟

صابر متجاهلا: كيف نفسر الألكترونات والنواة والكواكب والمجموعة الشمسية أليس لهذا التوافق خالق؟

حنّون: للأسف التفسير الديني في هذا المجال هو تفسير غير علمي وخاصة التفاسير الإسلامية فهي تفاسير جامدة. ولحد الآن لم يثبت علميا أن كل شيء حول هذه المواضيع ثابتا. وكثيرا ما تفرض النظرية النسبية علاقاتها في التعامل مع ثبوتية ما وردنا من معلومات لحد الآن، فالنسبية هي التي تحكم الكون وإن كان ما تقول صحيح فقد أثبت شيئا عظيما يمكن تسجيله كاكتشاف علمي. وأريد أن أسأل ما هو تفسير الأشياء التالية ومن وجهة نظر القرآن؟ السماء، الشهب والنيازك. طبيعة الغيوم، كروية الأرض، الرعد، البرق، الإثبات العلمي للجن، النجوم، حركة الشمس والقمر، اعتماد التقويم القمري بدل التقويم الشمسي، الأهلة، الروح؟

صابر: هل نبدأ بالتراب الذي خلق الله منه آدم. ومنه خلقت البشرية؟

حنّون: التراب يختلف في نسبة مُكوِّناته بين منطقة وأخرى فأي تراب تقصد أصفر أم أحمر أم أسود، ثم الخلق من تراب المقصود به خلق آدم من تراب. لماذا لا تذكر هذه القصة كإعجاز علمي لتفسير أختلاف ألوان البشر فلماذا تضيع هذه الفرصة من نقاشك؟

بل كيف تفسر اختلاف الأجناس حسب النظرة الإسلامية؟

فلو نظرت الى تفسيرِ العلماءِ المسلمين القدماءِ لماذا اختلفت الأجناس وهم من بطن واحدة وترى العجب فهم يفسرون اللون الأسود على أنه من تأثير حرارة الشمس وليس لاتقاء شرها الى آخره من الترقيعات، أنظر الى مؤلفات كاتب قصة حي بن يقظان على سبيل المثال ثم كيف تفسر، " والله أنبتكم من الأرض نباتا" (17- نوح)

صابر: آدم هو جدنا جميعا، فإن خلق هو من تراب، سنكون نحن أيضا مخلوقين من تراب لأننا منه.

حنّون: أنك تُرقِّع قصة خلق آدم بما توصل إليه العلم الحديث. فلماذا لم ينتبه الى ذلك علماؤنا المسلمون خلال ألف وخمسمائة سنة؟ يقول القرآن وجعلنا من الماء كل شيء حي. وفي أخرى وخلقنا الإنسان من تراب.

صابر: الله عزّ وجل خلق كل الأشياء الحية من الماء وخلق الإنسان من تراب وخلق الجن من مارج من نار.

حنّون: هذه المعلومات لدى المسلمين من المُسلَّمات فلا داعي في التفكير فيها أي طرحها عليَّ كمواضيع قابلة للنقاش والإقناع وهي غير قابلة للمداولة والمجادلة.

صابر: نعم، إضافة الى ذلك المسألة الثانية ونقر في الأرحامِ ما نشاء والعلم الحديث يقر في الأرحام ما يشاء كما أخبرتني. ولم يقل الله جلَّ وعلى أنه وحده **الذي يستطيع أن يقر في الأرحام ما يشاء مثلا في أيه أخرى أن الله يأمر بالعدل والأحسان فهذا ليس معناه أن الله وحده هو الذي يأمر بالعدل والأحسان. إضافة الى ذلك الله تعالى يختص بعلم الأرحام بلا أي وسيلة. والعلماء الآن تعلموا مما جعله الله في أيديهم من وسائل العلم فعلموا كيف يفعلون ذلك وهذا هو الفرق وهذا من فضل الله عليهم.** (محمد حسين فضل الله) وعلاوة

على ذلك ذكر الله عزَّ وجلَّ في القرآن أنه خلق كل شيء حي من الماء وهذا إعجاز علمي.

حنّون: جوابك ذكي، لكنه مراوغة، فهل هذا يعني أن الحيوانات والنباتات خُلِقَت من الماء؟ وهي تتقارب من نظرية داروين فقد ذُكر أن أول الكائنات كانت في الماء.

وقولك أنه ليس وحده يختص بمعرفة الجنين بأساس النص القرآني فهنا أقول لك أن (فَسُبْحَانَ الَّذِي بِيَدِهِ مَلَكُوتُ كُلِّ شَيْءٍ وَإِلَيْهِ تُرْجَعُونَ) سورة يس الآية 83 **فهل هذا يعني أيضا احتمال أنه ليس بيده وحده ملكوت السموات والأرض؟** الكائنات الحية هي من تراب أمنا الأرض فالأرض حية بترابها وهذه الفكرة هي أقرب ما تكون الى نظرية داروين منها الى الخلق من تراب. فنرى اختلاف الأجناس على الكرة الأرضية مردّه الى اختلاف طبيعة الأرض أو تراب الأرض من منطقة الى أخرى. فأفريقيا سوداء وأسيا صفراء، وهذا نتيجة الى اختلاف مكونات التراب في تلك المناطق وفي المستقبل سوف يصبح جميع "التراب" أقصد البشر متشابهون نتيجة أختلاط الأجناس نتيجة تقدم وسائط النقل بين البشر والكائنات وهذا التجانس والتزاوج سوف يجعل الجنس البشري متشابه في الصفات ويمكن أن يكون اللون الغالب على سبيل المثال لا الحصر هو اللون الناتج من خلط ألوان الأصفر والأحمر والأسود والأبيض من البشر وكأنما هم تراب فعلا. وهذا يمكن أن أقربه الى المثال التالي: لنأخذ صينية ونضع فيها أكوام من التراب ولنقل أنها متساوية الحجم والكمية وفيها الألوان أعلاه ونقوم بتحريك الصينية بجهاز هزاز بحركة بسيطة ثم نزيد الاهتزاز نلاحظ بعد حين أن أكوام التراب قد اختلطت وتولدت صبغة جديدة له هذه الرؤيا الى المستقبل وذلك يعني أن أمّنا الأرض هي أساسنا ولا فرق بين جنس وآخر والمستقبل للجميع أي لجميع البشر.

فمثلا هذه الفكرة لا يمكن أن تطرأ على بالي إن كنت أؤمن بأن الله خلق آدم من تراب. ولكن نظرية داروين يمكن أن تجعلك تستطرد في أفكارك حول التراب حيث لكل منطقة من العالم سأفترض أن التراب صنع بشرا مختلفين عن المنطقة الأخرى وتطوّروا الى وصلوا للأجناس المختلفة من البشر، افترض ذلك كتهجين بين فكرة الانسان من طين والداروينية وفكرة الانسان من طين موجودة قبل الديانات في الحضارات القديمة كالسومرية والفرعونية والاغريقية.

صابر: نظرية داروين تنافي التاريخ الديني الذي يمثل الحقيقة ولا تنافي خط الدين العقائدي في وجود أصل واحد أو مصدر واحد ولو أن داروين لم يقل أن

الأصل الواحد وهو الله (محمد حسين فضل الله). لنرجع الى موضوعنا لنرجع إلى الدكتور الذي أسلم فهل يعقل أن يسلم عالم ذو فكر ويفكر بهذه البساطة والسذاجة؟ أكيد أنه مطّلع، واستفسر قبل أن يتخذ قراره ولم يضربه أحد على يديه إجبارا.

حنّون: ولكنه ياباني لا يعرف اللغة العربية فكيف آمن بالقرآن بأنه كتاب سماوي؟ هناك كثير من العلماء الآخرين يؤمنون بالقرآن والإسلام وخاصة الأجانب لأنهم كانوا يؤمنون بأفكار معينة وأكتشفوا أن في الإسلام أفضل منها في جوانب معينة، فغيروا عقيدتهم. وعندما دخلون في البحث في معاني القرآن دخلهم الشك مرة أخرى و غيروا عقيدتهم مرة أخرى. فإنا عربي وعندي كل هذا الشَك فكيف بغير العرب؟

صابر: المشكلة ليست باللغة العربية فيمكن أن تُترجم له. فقد آمنت كثير من الشعوب بالقرآن وهي لا تتكلم العربية؟ أما أنت يا صديقي فأنت تعاند فقط وتكابر وتحب الجدل الفارغ، النقاش من أجل النقاش للتبختر بمعلوماتك وحتى لو عرفت الحقيقة فإنك سوف تشكك بها أيضا فالمحتمل أنك مجبول خلقا على ذلك.

حنّون: أنت تريد أن تثيرني لأفقد اتّزاني، ولكني أود أن أعرف كيف آمنت هذه الشعوب بالإسلام؟!

بالعنف جاءها الإسلام بالسيف تحت شعار أسلم تسلم وقول الرسول "بعثت بالسيف، والخير في السيف، والخير في السيف "وأيضا "لا تزال أمتي بخير ما حملت السيوف "(محمد عزت نصر الله)، ولو أن نقاشنا لا يعتمد على الأحاديث، وهكذا جاءهم بنظام جديد وطبقه عليهم على أنه من عند الله وهكذا رضخوا وكانت كذلك من بعدهم الأجيال اللاحقة تابعة منقادة منصاعة عندها كتاب من عند الله لا يمكنها الإحاطة به لأنه حصر على الراسخين بالعلم والذين يعرفون اللغة العربية ولو بشكل بسيط فَلهم السلطة الدينية لأنهم هم الوحيدون القادرون على قراءة القرآن وأمّا الباقون فهم منقادون حتما ولا خيار لهم أمام حكم الله الذي ينفذه هؤلاء الذين يعرفون العربية فيقرأون القرآن.

ولنتكلم عن

إسلام "أسلِم تسلَم"

إلى قيصر الروم 17.1.1.1.1

بسم الله الرحمن الرحيم، من محمّد رسول الله إلى قيصر عظيم الروم، سلام على من اتبع الهدى، أما بعد فإني إدعوك بدعاية الإسلام، اسلم تسلم يؤتِك الله أجرك مرّتين، فإن تولّيت فإن عليك ثم الأريسـين و (يا أهل الكتاب تعالوا إلى كلمة سواء بيننا وبينكم ألا نعبد إلا الله ولا نشرك به شيئاً ولا يتخذ بعضنا بعضاً أرباباً من دون الله فإن تولوا فقولوا اشهدوا بأنا مسلمون)

إلى هرقل

بسم الله الرحمن الرحيم، من محمّد رسول الله عبده ورسوله إلى هرقل عظيم الروم، سلام على من اتبع الهدى، أما بعد فإني إدعوك بدعاية الإسلام، أسلم تسلم يؤتك الله أجرك مرتين، فإن تولّيت فإن عليك إثم الأريسـين و (يا أهل الكتاب تعالوا إلى كلمة سواء بيننا وبينكم ألا نعبد إلا الله ولا نشرك به شيئاً ولا يتخذ بعضنا بعضاً أرباباً من دون الله فإن تولوا فقولوا اشهدوا بأنا مسلمون)

إلى قيصر

من محمّد رسول الله إلى صاحب الروم، إنّي إدعوك إلى الإسلام، فإن أسلمت فلك ما للمسلمين، وعليك ما عليهم، فإن لم تدخل في الإسلام فأعط الجزية، فإن الله تبارك وتعالى، يقول: (قاتلوا الذين لا يؤمنون بالله ولا باليوم الآخر ولا يحرمون ما حرم الله ورسوله ولا يدينون دين الحق من الذين أوتوا الكتاب حتى يعطوا الجزية عن يد وهم صاغرون) وإلا فلا تحل بين الفلاحين وبين الإسلام أن يدخلوا فيه، أو يعطوا الجزية .

صابر: هناك من يُضعِّف سند هذه الروايات عن الرسول ويقول أنها مختلقة لدعم الفتوحات والجهاد (فراس السوّاح) والإسلام انتشر في جنوب شرق أسيا دون حروب وفي القرآن الآيات " لا إكراه في الدين"و "وإدع الى سبيل ربك بالحكمة والموعظة الحسنة" .

حنّون: بل حتى في جنوب آسيا انتشر بالعنف! وهنا أسباب إضافية للخوف للدخول في الإسلام لكن أنا لم أقل أن الإسلام غير مفيدا للبشرية، فهو كنظرية اجتماعية أفضل من غيره في عصره وهو من الناحية العقائدية وعقيدة الوحدانية أفضل من الوثنية لأنه لا يأمر بالتضحية بالبشر للآلهة مثلا رغم أن القتال في سبيل الله هو ليس سوى تضحية بالبشر في سبيل الدين! وحتى أن

قصة انتشار الإسلام في جنوب شرق آسيا عن طريق التجار الأفغان والعرب، كان بديهيا وهو أفضل لهم من عبادة الأوثان ولهذا أسلموا كما أصبح منهم مسيحيون كثيرون أيضا بنفس الشاكلة لكن فكرة انتشاره بالسيف ثابتة مؤرّخة فلماذا تنكرها ؟

صابر: نحن لسنا بموقع المحاكمة والحكم على أمّة الإسلام كي نعترف أو ننكر شيئا، فيكفي الإسلام أن يعتنقه كل البشر على اختلاف أجناسهم ولو كان ديناً غير سوي صحيح لما استمر وجوده، فحتى المغول الذين هدموا بغداد أسلموا، فإنظر لتأثير هذا الدين وقوته في الإقناع! (أَنزَلَ مِنَ السَّمَاءِ مَاءً فَسَالَتْ أَوْدِيَةٌ بِقَدَرِهَا فَاحْتَمَلَ السَّيْلُ زَبَدًا رَّابِيًا وَمِمَّا يُوقِدُونَ عَلَيْهِ فِي النَّارِ ابْتِغَاءَ حِلْيَةٍ أَوْ مَتَاعٍ زَبَدٌ مِّثْلُهُ كَذَلِكَ يَضْرِبُ اللَّهُ الْحَقَّ وَالْبَاطِلَ فَأَمَّا الزَّبَدُ فَيَذْهَبُ جُفَاءً وَأَمَّا مَا يَنفَعُ النَّاسَ فَيَمْكُثُ فِي الْأَرْضِ كَذَلِكَ يَضْرِبُ اللَّهُ الْأَمْثَالَ) سورة الرعد الآية 17

حنّون: لماذا بقي الشر والأشرار إذاً إن كان ذلك صحيحاً؟

صابر: غير الموضوع!

18 الوطنية والعالمية

حنّون: الإسلام كفكرة تؤمن بالعالمية أفضل من غيرها من الأفكار. وبالمناسبة كل الأفكار القديمة والأديان القديمة كانت تؤمن بالعالمية وإن فكرة ترسيخ الأفكار القطرية والقومية والوطنية وجعلها ترتبط بقطعة أرض هي أفكار وليدة العصر الحالي وبالتحديد ظهرت الأفكار الوطنية بعد الثورة الفرنسية.

كل قومية تحتاج الى تقديس طموحاتها وبالتالي تتحول الى عالمية عن طريق نشر هذه الفكرة وتدعي كل الدول القومية لنفسها وإنها وريثة المقدسات وأنها تسلَّمت الولاية من الله فصارت فرنسا ابنة الله الكبرى وبها تكتمل رسالة الرب وألمانيا فوق الجميع لأن الله معها. وتعلن أيفا بيرون أن رسالة الأرجنتين هي حمل رسالة الله الى العالم واليهود شعب الله المختار والمسلمون خير أمة أخرجت للناس وهذه الولاية اللإلهية هي أفضل بكثير من عبادة الأوثان. ولكن هل ترتقي الى حقيقة؟

صابر: نعم بدأت تعترف بأن في الإسلام نظام ديني أفضل من غيره وقد قال الإمام علي(ع) (خير البلاد ما حملك). وهذه هي العالمية.

حنّون: وأنا لم أنكر أبدا ذلك، ولكن يظل القرآن بنظري كتابٌ غير مُنزَل من الله.

صابر: سأصبر عليك الى حين ولكنك ذكرت أن الفكر العالمي فكر ايجابي وهذا ما أقره القرآن قبل ألف وخمسمائة سنة أليس هذا مدعاة الى التعجب والتساؤل أن هذا الرجل الأمّي قادر لوحده أن يعلن عن الفكر العالمي هذا؟

حنّون: الفكر العالمي أو العالمية فكرة قديمة قِدم الإنسان والإنسان القديم لم يعرف حدوداً لمكانه فكان دائم البحث عن أراضٍ جديدة ليضمها لسلطانه وهكذا كان تناقل الحضارات من هجرة الأوربين أبان العصر الجليدي الى المناطق الحارة وغزو الاسكندر المقدوني العالم ثم الرومان ثم الإسلام ثم المغول وهكذا تناقلت الحضارة. الأرض محدَّدة الوجود وهي ببساطة عبارة عن كرة نعيش عليها. لهذا فمن الطبيعي أن تكون العالمية هي الفكرة المنطقية لهذا العالم. وما الحدود الموجودة الأن ما هي إلّا أسوار سجون مطبقة على العالم حتى تسهل السيطرة عليه. فليس هناك وطن وكما يقول غابريل غارسيا "الوطن هو المكان الذي ينبت لك الحب". أما أفكار القومية وأفكار الوطنية ما هي إلّا أفكار عنصرية تهدف بالنهاية الى تفريق الناس حتى تسهُل السيطرة عليهم ومص دماءهم تحت مبدأ فرِّق تسُد لهذا فالعودة الى المبدأ القديم مسألة طبيعية ولكن ليس بالسيطرة القسرية من خلال فرض الرأي وفرض النفوذ وإنما من خلال المحاورة والإقناع حتى يمكن الوصول الى حياة أفضل تضم الجميع. في هذا العصر الحالي لا مجال للحروب، لأنها ببساطة لو حدثت سوف تكون كارثة عالمية حيث وجود الأسلحة الفتّاكة النووية والبايلوجية والكيميائية، وليست كالعصر القديم، رجل يحل سيفه مقابل آخر ثم يموت أحدهما ويعلن الآخر نصره أما الآن فالحرب حرب أزرار وعندما يمحى الطرف الآخر سيكون المتبقي غير منتصرا فألى مَن سيعلن انتصاره؟ ثم تليها مشاكل لا تنتهي لهذا الباقي على قيد الحياة من جراء تلوث البيئة وانعدام الأسواق العالمية.

الحرب الآن تبدأ بالتأثير على أصحاب القرار من خلال الضغط عليهم. لهذا فعلى العناصر القيادية الجيدة النضال من أجل أخذ مناصب حساسة في القيادات حتى يمكنها اتخاذ القرار الصحيح ولو أن هذه العناصر ليس من طبيعتها حب المناصب ولكنه نوع من النضال الضروري ثم التوعية المستمرة من خلال أجهزة الأتصالات المتوفرة وكشف الحقائق بصورة مستمرة حتى ينتج جيل قيادي واعٍ قادرٍ على التصدي للعناصر القيادية الخطرة وقيادة باقي العناصر المنقادة.

صابر: إنّك تحلم. هذه الأشياء تحتاج الى جهد البشرية جمعاء.. ولن تحقق البشرية ذلك أيضاً

حنّون: قد تكون هذه مثالية لكن عندك في الدين الإسلامي مثاليات أو أحلام غير قابلة للتطبيق كثيرة أيضا على السواء.

19 مقارنة الدين بالمادية

صابر: الإسلام دين الله وما يأمره به الله ليس أوهام أو أحلام غير قابلة للتطبيق (مِثاليات كما بلغتك) إنما أوامر عملية مسددة والمثالية الإلهية واقعية وهي أساس لقياس وتطوير الواقع غير المثالي ليكون مثالي كما يريده الله، لنأخذ نبذة تاريخية عن تطور الفكر الإنساني.

"أننا اذا أردنا أن نحيط بأصل القوانين السارية اليوم في العالم وخاصة الغربية فإنه يتحتم علينا أن نعود الى الفلسفة الاغريقية للإنسان بصفته كائنا فردا مستقلا ذا سيادة في حقل توتر الدولة والمجتمع فقد وصف أفلاطون وأرسطو الإنسان بأنه كائن عاقل وأنه يجد تحقيق ذاته باشراكه في الدولة.

أما معيار أي نظام سياسي ينبغي أن يكون القانون الطبيعي الناتج عن ماهية الإنسان وذاته ووفقا لذلك قام القانون الوضعي أي القوانين الايجابية التي وضعها الإنسان وفي هذه الصياغة تتضح فكرة كون الإنسان نفسه هو الذي صاغ القوانين.

ونظرا الى أن نظام امتلاك الرقيق (العبيد) كان أمرا طبيعيا لدى الاغريق فإن المساواة بين القانون الطبيعي والوضعي أُتخذ أساسا لمقولة "عدم تساوي الناس" ولم يغير الاغريق نظرتهم تلك إلّا بعد أن شكَّكت الفلسفة الرواقية في صورة الإنسان مُنظّرة بذلك تقييم الاغريق والرومان للمواطن المتمتع بحقوقه الكاملة فنادت بمساواة الناس وأمسى ذلك من تعاليمها.

لقد أتبعت المسيحية الأولى (أو المسيحية الأولية) تعاليم الرواقين هذه كما وأكَّد العهد القديم أن الله (خلق الإنسان على صورته) وهذا الأصل الإلهي يشترط الحرية المبدئية والمساواة لكافة البشر وكذلك يؤكد القرآن "وبعثا فيه من روحنا" أي البشر متساويين أمام الله وفضلا عن ذلك فإن كرامة الإنسان وشأنه يزدادان علوا لا يدانيه شأن لدى المسيحيين قولهم أن الله جعل ابنه الإلهي يسوع (عيسى في الإسلام) يتجسد بشرا ويعاني الصلب ليخلص الخطاة من خطاياهم فداءً لهم.

هذه العقيدة المسيحية تقوم على تصور عالمين عالم الخير وعالم الشر تماما كما كان تصور الفلاسفة الرواقيين فهي ترى أن الإنسان ابتعد عن الله بارتكابه

الخطيئة الأصلية. وأن ملكوت السلاطين الأرضي ليس مطابقا لملكوت الله المثالي لهذا فإن تلك القوانين البشرية الوضعية والتي يرجع تشريعها وسنّها الى الصلة الوثيقة التي تربط الإنسان بالله لا يمكن لها لأن تحقق الفاعلية التامة أو الكمال.

وعندما صارت النصرانية دين الدولة الرسمي أخذت تصورات وعناصر من التراث العتيق ومن تراث الشعوب الجرمانية. ووفقا لذلك كان على المحكوم واجب الولاء للحاكم ولِقاء ذلك يتكفَّل الحاكم برعايته وحمايته. وفي أفضل الأحوال كان النبلاء يسمحون للمحكومين من رعاياهم بقدر ضئيل من التكريم أو الحياة الكريمة اللائقة بالبشر لكنهم نجحوا وبدعم الكنيسة في ترسيخ فكرة عدم تساوي البشر على الأرض رغم عدم تطابق ذلك مع المسيحية.

حنّون مقاطعاً: أليس في الإسلام تفرقة بين البشر هذا ذي قربى وسيد وهذا لا، وهذه امرأة ناقصة وهذا رجل، وهذا حر وذلك عبد؟

صابر: لا تخلط الأمور، ودعني أكمِل كلامي، وفقا لتلك القوانين أيضا اقتصرت الحرية الشخصية والاستقلال الاقتصادي على عدد ضئيل من الرجال فقط وعلى عكس ذلك كانت حرية العفّة الدينية ونقاء السريرة للجميع. لكنها مع ذلك كانت غير مطلقة وإنما في الإطار الذي كانت الكنيسة تحدده وأمّا غير النصارى فهم زنادقة أو مرتدون عصاة ويسري عليهم الحكم الكنسي " لا خلاص أو نجاة خارج الكنيسة الكاثوليكية ".

حنّون مقاطعاً: أليس هذا مثل ما جرى للدين الإسلامي وللمسلمين؟

صابر: دعني أكمِل! وفي القرن الخامس عشر ثارت الحركة الإنسانية على هيمنة الكنيسة المسيطرة وطالبت بتحرير الفنون والعلوم من رِبقَة الأسر الكنسي ثم راود الناس الأمل أن يبلغوا التكريم المنشود للإنسان وكرامته بواسطة النهضة والتي تعني اليقظة وبعث التراث العتيق وبناء فكرٍ متطورٍ قائمٍ على العقل والتجريب. وهكذا أمست الحركة الإنسانية الممهدة الفعلية لحركة الإصلاح الذي زعزع الأساس العتيق للكنيسة البابوية. الفكر الغربي الجديد لم يفض الى تحرير استقلالية الإنسان من الوصايا الكنسية وولاية الحكومة بل أسهم بشكل كبير في ميلاد سلطان الدولة الحديثة وهكذا طور نيكولو ميكيافيللي 1469- 1527 م نظريته "مبررات الحكم " والتي تصرح بأن الدولة ليس عليها أية التزامات أخلاقية معينة. وإنما عليها أن تتولى حماية المواطنين من شرور أنفسهم وأن توفر نظاما معتدلا مقبولا وبعد ذلك بسنوات قليلة طور الحقوقي جان بودين فكرة " السيادة" ومؤداها أن حماية المجتمع تتطلب دولة حاكمة

ذات سلطان فعّال نافذ. فالملك ذو السيادة له السلطة العليا على كافة الرعية وهي سلطة عليا غير مقيَّدة بأية سلطات أخرى فهي ليست متقيِّدة بالقوانين لكنها تخضع للقانون الإلهي وبالتالي للحق الطبيعي لهذا تتولى حماية الأنظمة البشرية الأساس للحكم المطلق ومع أن الحاكم المطلق مقيَّد بالخضوع الإلهي فإنه كان يحكم كما يحلو له لأنه لا يعترف بأية رقابة أرضية يخضع لها.

حنّون: ألم يكن النبي كذلك حينما عزل لنفسه خُمسَ غنائم بدر وجاء بآية الخمس ومبدأ العصمة ليكون مثل "قيصر" فوق القانون؟

صابر: أسكت ولا تتجاسر وإلّا أنهيت النقاش!

الحدود بين الحق الطبيعي والحق الايجابي أو الوضعي كانت سائبة متداخلة فلا توجد مقارنة بينها وبين النظام الإسلامي.

ثم كانت الخطوة التالية حيث نقلت فلسفة الدولة السُلطة الى الفرد بمؤازرة الحق الطبيعي فتطورت نظريتان أساسيتان بين الطرفين المتعاقدين، عقد الحاكم وعقد المجتمع. كلتا النظريتان تنطلقان من كَون الناس في الأصل متساوين في الحرية لكنهم عند تأسيسهم جماعة تضمهم فإنهم يتركون للحاكم أو لطائفة من المجتمع القيام على حقوقهم كلها أو بعضها.

أما "هوبز" الذي أنطلق من نظرته المتشائمة الى طبيعة البشر فقد رأى أن من الضروري أن يَكِل الناس بحقوقهم كافة الى الحاكم وذلك لحماية البشر من ظلمهم أنفسهم "إن الإنسان كان ظلوما"

ثم تلا تلك خطوة التنوير الغربي والذي أراد تحرير الناس وتخليصهم من أغلال الوصاية الدينية الكنسية والسلطة الحاكمة واثقا تمام الثقة بأهلية العقل البشري وقدرته لذلك يضع جون لوك وجان جاك روسو اتفاق الناس بمحض حريتهم على تكوين جماعة واحدة تضمهم. أي عقد الجماعة قبل عقد الحاكم وينبغي على عقد الجماعة هذا حماية الحقوق الأساسية للبشرية في حالة خضوع الجماعة لحكومة ما وبأفكارهما هذه يعتبر لوك وروسو مدافعين بشدة عن نظرية سيادة الشعب فاذا حاولت سلطات الدولة التصرف عنوة في البت في حريات الشعب مثل حق الحياة الحرة والحريات الأساسية والملكية وغيرها فإن للشعب الحق في فسخ العقد بينه وبين الدولة أو النظام الحاكم.

ولما كانت تلك الإمكانات لقلب نظام الحكم غير متوفرة إلّا نادرا وفي الضرورة القصوى فقد فكر مونتسكيو في أمثل طريقة لحماية الحريات وانتهى الى أن ذلك ممكنٌ وفقَ مبدأ تقسيم مراكز القوى الى ثلاث: تشريعية وتنفيذية وقضائية. على أن تخضع هذه منفصلة بعضها عن بعض لأجهزة وهيئات مستقلة بالدولة.

متكافئة الأوزان بحيث لا تطغى سلطة منها على الأخرى وعن هذه الأفكار تطورت فيما بعد أهم الأجهزة والهيئات لضمان الحقوق المدنية الأساسية وعليها قام النظام الذي تعرفه مثلا ألمانيا.

وأدناه فقرة من كتاب " علم الحقوق لكل قارئ " لمؤلفه فالتر يوت فريدرش.

"الوضع القانوني للإنسان في هذا الكون والذي منحته أياه الطبيعة يتضمن المعرفة المتيقنة بأن الإنسان يحمل القانون في نفسه وهذه معلومة مدرَكة معروفة في كل الدول ذات الحضارات فاذا انطلقنا من النظرية الاغريقية (التي ترى أن هناك قانونا قاهرا عاما ساريا وعشوائيا) مرورا بالنظرة الرومانية (التي ترى ضرورة التوافق التام والانسجام بين القانون وبين طبيعة الإنسان) ثم الكنيسة (التي تتحدث عن القانون الإلهي البشري المتقلب زمانيا) لرأينا أنه قد تطور عن ذلك المذهبان النقلي والفكري وبذلك صار القانون يقاس بالنسبة الى الإنسان بصفته كائنا عاقلا موهوبا وأخيرا صِيغَ القانون في شكل معايير يُحتكَم إليها في قياس السلوك الاجتماعي المنتج أو المفيد لأفراد المجتمع.

فمن حيث الشكل القانون الطبيعي يعني حماية الحريات الأصلية لكل شخص والتي لا يمكن التصرف بها أو توارثها وحقوق الإنسان مقابل الدولة بينما ينطلق التطبيق العملي دائما في أن الحق الطبيعي المفهوم يجب توجيهه سياسيا واجتماعيا.

أما كيفية ومدى تحول معنى مفهوم الحرية الشائع الاستعمال فتتضح مما شاع في القرن الثامن عشر حيث كانت لفظة حر تعني الإنسان الذي يخضع للقانون وليس للحاكم وأما الشائع اليوم حيث يُقال "الحر هو كل من يفعل ما يشاء. لأنه حر".

حنّون مقاطعا: مجرد مداخلة بسيطة، لاحظ كيف تتغيير معاني الكلمات، حتى أن الغزو أصبح تحريراً، ومقاوم الأحتلال يعتبر إرهابيا، لهذا فما دام التغيير المستمر هو صفة الحياة، لهذا علينا التغيُّر حسب متطلبات الوضع، فنسميها مُساومة بدلا من مقاومة، ويكون تعريف البطل هو الباقي على قيد الحياة، إنسان حي خير من بطلٍ ميت، كل ما أريد قوله يجب علينا معايشة الأوضاع بأقل الخسائر، على أن لا ننسى مبادئ الخير والمحبة.

صابر منزعجاً: لا تتفلسف! فالبطل الميت أكثر حياة في البشر من الجبان الحي الميت القيمة والشأن عند البشر ولنتعرف على:

20 التأثير التاريخي للتنوير

في عصر التنوير ابتعد العالم عن دور الإيمان الديني في التشريع، كالتالي:

1- حقوق الإنسان لا يمكن التصرف فيها، وهي ليست مرتبطة بمكان أو زمان وهي بذلك أقدم من جميع الدول.

2- لا يجوز أن تتعلق حقوق الإنسان بالمشرع كما هي الحال في القانون الايجابي الوضعي ولا يجوز أن يكون نطاق سريانها محدودا.

3- لأول مرة في تاريخ الفكر يقف التنوير في صف العقل وينتصف له باعتباره وحده المعيار في تقرير القانون الطبيعي وبهذا تقف حركة التنوير ضد تقرير مصائر الفرد بواسطة التعاليم الدينية والسياسية.

4- "لا ينبغي أن تسري إرادة أو عقلية الأقلية من الصفوة وإنما إرادة الجماعة".(علي عزت بيكوفج)

حنّون: إن ترويج هذه الأفكار هو ضمن سياسة الاحتواء التي تتبعها الامبريالية وذلك لتشجيع الأفكار الوثنية والدينية القديمة كي تحِدَّ من تفكير الشعوب وبالتالي السيطرة على قدراتها.

فأمريكا تدعم السعودية والأخيرة تدعم الفكر الإسلامي أي أن أمريكا تدعم الإسلام. لماذا؟(هوفمان).

صابر: أمريكا لا تدعم الإسلام رغبة به وإنما للتخلّص من الشيوعية الملحدة المخرّبة لنظامها الاقتصادي! ما أريد قوله لك هو أن الإسلام أفضل نظام اذا ما قورن بباقي أنظمة الأديان كالمسيحية أو اليهودية، فهو نظام شامل لا نقص فيه. اليهودية أقرب الى المادية والمسيحية أقرب الى الروحية والمثالية غير الواقعية (الدين المجرَّد مِن الواقع) والإسلام نظامه ما بين الأثنين لهذا بشّر المسيح بقدوم النبي محمد (ص) (واذ قال عيسى بن مريم يابني اسرائيل إني رسول الله اليكم مصدقا لما بين يدي من التوراة ومبشرا برسول يأتي من بعدي اسمه أحمد)6-الصف.(علي عزت بيكوفج).

حنّون: لكن النظام الإسلامي مُشابه لليهودية وخاصة في العقوبات "العين يالعين والسن بالسن" وتحريم لحم الخنزير، والختان (لدى الرجال وقصة الختان لدى اليهود قصة خسيسة حيث يستغل اليهود دخول إحدى القبائل الفلسطينية الدين اليهودي ولدى موعد ختان الرجال قتل اليهود رجال الفلسطينيين وسبوا نسائهم).

صابر: كل ما قلته أسرائيليات!

حنّون: فمن أين جاء الرسول بالختان إذن؟ عموماً هناك تناقض بين الآيات.

(إِنَّ الَّذِينَ آمَنُوا وَالَّذِينَ هَادُوا وَالنَّصَارَى وَالصَّابِئِينَ مَنْ آمَنَ بِاللَّهِ وَالْيَوْمِ الْآخِرِ وَعَمِلَ صَالِحًا فَلَهُمْ أَجْرُهُمْ عِندَ رَبِّهِمْ وَلَا خَوْفٌ عَلَيْهِمْ وَلَا هُمْ يَحْزَنُونَ) 62-البقرة

(إن من أسلم وجهه لله وهو محسن فله أجره عند ربه ولا خوف عليهم ولا هم يحزنون) 113-البقرة

(ومن يبتغ غير الإسلام دينا فلن يُقبل منه وهو في الآخرة من الخاسرين)85-آل عمران

صابر: الآيات السابقة نُسِخَت بفعل الأخيرة وقد أبقاها الله في القرآن للدلالة التاريخية فقط.

حنّون: أن هذا التفسير غير مقنع، القرآن يعتمد مبدأ التجريب الواقعي للخطأ والصواب لهذا يقول شيئا تراه ثم ينسخه عند ظهور فشله أو خلله، فهو يأخذ من الأديان السابقة التاريخ والحكمة ويطبقها على الناس الذين يعيشون حينها فياخذ بالصحيح وينسخ غير القابل للتطبيق فلو أتيح للنبي محمد العيش في وقتنا الحاضر لغيّر القرآن كله مرّة أخرى، أليس كذلك؟

صابر: لا أرد عليك لأنَّ هذه وجهة نظرك وحدك وفيها من التنجني الكثير، فالتشابه (أو كما تسميه أنت الأخذ بلغتك وهو ليس بأخذ) من الأديان السابقة كان مسألة طبيعية لأنها من مورد واحد، "أما مسألة التعلم والحضارة لدى الإنسان وهي موجودة مع وجود الإنسان قديما وحديثا قدم وجود الأخلاق وهذه الصفة غير موجودة عند الحيوانات".(علي عزت بيكوفج)

حنّون: ولكننا نرى أن الحيوانات أيضا يمكن تعليمها، مثلا يمكن أن يقود كلب مُدرَّب إنسانا أعمى ويمكن تعليم ببغاءٍ القراءة، شاهدت فلما علميا حول هذا الموضوع، نجح الببغاء بتعلم القراءة. وهذا يعني أن الحيوان والإنسان لهما صفات مشتركة بسبب أصل الخلقة الواحد. هُما نتاج هذه الأرض فالأرض هي حية بذاتها. وكل ما عليها حي أيضا ولكن بمواصفات معينة. وهذا يعزز نظرية دارون في أصل الحيوان. وأن نظرية الإنسان أصله حيوان نظرية فيها كثير من المنطق. فاذا عملنا تشابهاً صورياً بين الحياة على الأرض وبين شجرة تكون الأرض هي الجذع وجذر الشجرة فتكون الكائنات الحية متمثلة بالفروع والأغصان وأعلى الشجرة غصن هو الإنسان. قد يكون هذا التشبيه غير جيد بما فيه الكفاية. ولنفترض أن كل غصن يحمل أوراق وأثمار تختلف عن الغصن الآخر

وبالتالي نحصل على شجرة غريبة ولكن المثال هو مُجرَّد تقريب وجهة نظر في أن أصل الحياة هو واحد.

وهذه النظرية بكل ما فيها من أخطاء هي أفضل بكثير من قصّة الخلق الإلهي الموجود في الكتب السماوية، فهل هناك منطق علمي في خلق الإنسان من آدم وحواء وما هي الإثباتات العلمية حول هذا الموضوع علما أن ما ذُكر في الكتب السماوية ما هو إلّا أقاويل وكلام مسند لله دون دليل علمي أو أثري فهم قالوا أن ما جاء في الكتب السماوية هو من عند الله وآمنوا بذلك ثم أصبح ما قالوا من أقاويل حقيقة ثابتة. قد يكون هذا الكلام جارح لأفكار المؤمنين به، لكن الواقع المجرَّد الماثل أمامنا واضح وهو مختلف عن ذلك.

صابر: ماذا تقول؟، إنه حكم الله وهذه ليست مثاليات بل واقع ونحن مؤمنون به لأنه الواقع ولكنك عديم البصيرة.

21 النظام الاشتراكي والنظام الرأسمالي

حنّون: أيهما أفضل الفكر الاشتراكي أم الرأسمالي؟

صابر: لا أعترف بكلاهِما. الأول شعاره يعمل الإنسان لأنه موجود والثاني يعمل الإنسان لكي يعيش والإسلام له اشتراكيته الخاصة وهي أفضل من كلاهما.

حنّون: في النظام الاشتراكي لا مسؤولية للفرد، المسؤولية على المجتمع ويشجّع على العلاقات الرسمية كالزواج مثلا. فالفرد سوف لا يفكر في مسؤولية أولاده مثلا. وذلك أقرب ما يكون الى الجنّة في الإسلام (فتعريف الجنة مختلف حسب الدين). وأما النظام الرأسمالي فهنا مسؤولية حياة الفرد على نفسه لذا لا يشجع على العلاقات الرسمية لأن الزواج مسؤولية وسيكون صعب على كاهل الفرد ولهذا تظهر علاقات الصداقة والجنس المبذول، لكنه يُخاطب النفس البشرية في صفات التنافس والغيرة والنظام الاشتراكي يحد من هذه الخصلة. لذلك أنا أرى أن النظام الإسلامي الاقتصادي أقرب ما يكون الى الرأسمالية في الحياة الدنيا لأنه نظام يؤمن بالتفاوت الطبقي لكن رغم ذلك هو نظام اشتراكي في الحياة الآخرة في الجنة والنار فهناك الطموح في أن يكون جميع البشر متساوون.

صابر: لا أتفق معك فالبشر عبيد متساوون أمام الله والآن ما هو النظام الاشتراكي الذي تريد أن تطرحه؟

فاشتراكية الإسلام أشمل وأعمق فهي تأخذ أحكامها من وحي إلهي لا يُخطأ فهو العادل الحكيم.

ثائر: ما تقوله هو هو كلام إنشائي ونحن بحاجة الى تحليل اقتصادي واقعي كالذي في النظرية الماركسية مثلا والتي تحاول أن تجد حلولا لمشاكل الواقع المباشر، فلم يدعِ ماركس أنه نبي، وأن ما جاء به للناس من الله، فما يذكره هو وجة نظر فقط، وعلينا الرد عليها، لا الوقوف أمامها موقف الذي يكابر أو يشتم أو يصرخ أو يهدد ويستنكر فعدم ادّعاء ماركس النبوة يحتسب له بعكس ما يفترض المؤمن الديني في أن كل ما هو غير إلهي البضاعة لا داع لتقليبه وقرائته بل وضريه عرض الحائط فإن كان لديك رد اقتصادي كالطرح الّذي سأورده الآن فهو أفضل للنقاش وليكن في بالك أنا لست متفقا مع ماركس في كل ما يقوله، ولكن علينا سوية أن نناقش فكرته ونفهمها نطوّرها أو نجد ما هو أفضل منها.

22 الفلسفة الماركسية

صابر: ومن هو ماركس هذا، سوى يهودي دعمته الصهيونية العالمية وبذلك غذّت أفكاره الحركة الشيوعية في روسيا، والحركة الشيوعية في روسيا هي ثمرة من ثمار الصهيونية (بروتوكولات حكماء صهيون)

حنّون: لا بأس دعنا لنرى بدقة ما هي هذه الفلسفة التي معظم الناس يحكمون عليها دون معرفة والتي شأنها في ذلك شأن القرآن عندما يتكلم عنه كل من قرأه صوتا دون فهم أي لم يقرأه بتمعن وفهم أو لم يقرأه أبداً،

صابر: حتى أوفر عليك الجهد والوقت، الإسلام بالنهاية هو الحل الوسط بين الشيوعية والرأسمالية (وكذلك جعلناكم أمة وسطا) 143-البقرة (مصطفى محمود) وخير الأمور أوسطها

حنّون: كيف؟ لا تتسرّع!
أليس من حقنا أن نعرف ما هي هذه الشيوعية تماماً ثم نقرر الحكم عليها؟ وللبدء يجب أن نفهم بعض التعاريف من مفاهيمها،
المادية الجدلية هي الإطار الفلسفي او الأساسي العقائدي للماركسية والفلسفة هذه عموما هي تفسير وتغيير، أي تقوم بتفسير الوجود بُغية إحداث التغييرات اللازمة فيه.

والفلسفة المثالية عموما هي تلك التي محورها الاعتقاد بوجود خالق، يعتبر مصدر الوجود ومصيره وهي تستند الى القوى الغيبية في تفسير الظواهر المادية أو ترى وجود الفكر متقدما على وجود المادة وهي في إيغالها في التصورات الخيالية قد بَعُدَت عن الواقع حتى أفسدته.

ومهما تباينت المذاهب المثالية فيما بينها بشكل ديانات سماوية أو فلسفات أرضية كلها قامت كتعبير عن العجز العلمي عن تفسير الظواهر الطبيعية بإحالة ذلك الى قوى غيبية وكلها بعد ذلك حُملت كسلاح معنوي في يد الطبقة المالكة المستغِلّة بالقهر والتخدير للطبقة المعدومة المستغَلَّة.

أما **الفلسفة المادية** فهي تبدأ من المادة بدرأستها ومعرفة قوانينها معتمدة في ذلك على المنهج التجريبي فكانت وحدها القادرة على تفسير جميع ظواهر الوجود تفسيرا علميا صحيحا ومن ثم فهي بحق الجديرة بالوصف أنها الفلسفة العلمية.

والفلاسفة الماديون يذهبون الى أن المادة وُجِدَت أولا وأن الفكر تلاها وأنها في رأيهم أزلية لم يخلقها أحد وأنها أبدية ولا توجد أي قوة فوق الطبيعة أو خارج العالم.

صابر: هل تؤمن بذلك؟

حنّون: لا طبعا، لكن دعني أكمل..

وهناك بالطبع فلسفات ثنائية لا تقول بأولوية المادة أو أولوية الفكر وإنما تثبت للعالم أساسين منفصلين ومختلفين في طبيعتهما (المادة والروح)، (الطبيعة والفكر)، (الجسم والعقل) والأخيرة هي نظرة ديكارت الفلسفية وهناك الفلسفة الوضعية المنطقية أو الإيجابية المنطقية والتي تكتفي ببحث الحقائق التي تصلح أن تكون موضوعا للملاحظة دون البحث فيما وراءها سواء كان ماديا أو روحيا.

وكما مرَّ سابقا الفلسفة المادية من دون ذلك كله هي الفلسفة العلمية.

وقد عُرِّفت المادة قديما بأنها كل ما تقع عليه الحواس وعُرِّفت حديثا بأنها الوجود الموضوعي خارج الذهن وللمادة في الفلسفة المادية **ثلاث قوانين:**

1_ المادة سابقة في الوجود على الفكر، بمعنى أن الفكر هو نتيجة التطور التاريخي للمادة أن، خاصة، الجسم مادي مركب تركيبا معقدا وغير عادي هو الإنسان.

2_ برغم أسبقية المادة للفكر وولادتها له إلّا أن الفكر يُشكِّل المادة ويغيّرها.

3_ المادة تخضع لقوانين عامة ثابتة تسمى قوانين الجدل (الديالكتيك) وهي:

أ_ قانون التناقض: أي ظاهرة وجود الشيء ونقيضه في وحدة واحدة تسمى وحدة الأضداد: السالب والموجب، الحرارة والبرودة، النور والظلام، الألكترون والبروتون في الذرة، كرات الدم الحمراء والبيضاء في بلازما الدم، الذكورة والأنوثة، وهكذا.

ب_قانون الحركة: كل شيء متحرِّك (نشط) وهذه الحركة هي نتيجة صراع الأضداد فالحركة تأتي من الداخل لا من الخارج وهي تسير في خط حلزوني متزايد.

ج_ قانون التغيُّر: الصراع حركة حتى اذا ما أضيف شرط خارجي الى الحركة تبدأ ظاهرة التراكمات الكمية أو ما يسمى بالتغيُّر الكمي الى أن يتكون ما يسمى بالكم الثوري أي القدر الكافي من التراكمات لإحداث تغيُّر مفاجئ في الظاهرة المادية. فعندها يسمى بالنتوء أو نقطة الصفر أو باللحظة الحرجة وعندها يحدث التغيُّر المفاجئ أو الثورة فنحصل على حالة جديدة تصير إليها الظاهرة المادية وهو ما يسمى بالتغيير الكيفي أو النوعي وهو مفهوم التطور أي دوام الانتقال بالحركة من التغير الكمي الى التغيير الكيفي وهكذا الى ما لا نهاية فاذا أوقدنا على إناء فيه ماء كانت النار هي الشرط الخارجي الذي يدفع حركة جزيئات الماء حتى تصل الى الكم الثوري وعند اللحظة الحرجة (100) درجة مئوية تنقلب بخارا أي تصير كيفا آخر أي تتطور أو تتغيّر.

والقوانين الثلاثة هذه تعمل في إطار القانون الأخير قانون التغيُّر (عبد الحليم خفاجي)

منهج البحث: ما سبق ذكره هو المنهج العلمي في البحث فالفلسفة المادية هي الفلسفة العلمية والمنهج الجدلي هو المنهج العلمي وهذا المنهج ينطبق على المادة في مراحل تطورها وينطبق أيضا على الإنسان باعتباره ظاهرة مادية فمن خلال التطورات الجيولوجية _ التي تقلبت الأرض فيها من خلال تفاعلات كيميائية وبيولوجية في عصور جيولوجية سحيقة _ نشأت الخلية الحية، وظلت تتطور بدورها من خلال ظاهرة النشوء والارتقاء وبفعل قوانين الجدل حتى وصلت الى الإنسان باعتباره قِمَّة هذه السلسلة الطويلة، والفكرة علمية مادية متطورة بل هي أرقى ما وصلت له المادة من تطور وهي حصيلة تجارب مختزنة ولدت القدرة على ربط النتائج بالمقدمات والأسباب بالمسببات، فالإنسان من ثم لم يخرج عن كونه ظاهرة مادية على قمة سلسلة التطور. سعادته في إشباع رغباته المادية وحريته في تحقيق ضرورياته. أي تحريرها من أسر الطبيعة بالعلم أو من قبضة المستغلين بإدراك قوانين التطوّر الاجتماعي.

والمنهج العلمي في البحث هنا يتلخص في البحث عن الأساس المادي أولا في الظاهرة محل الدراسة لنحقق بذلك قانون المادة الأول وهو أسبقية المادة على الفكر ثم بعد ذلك نبحث قوانين الجدل داخل هذه الظاهرة ونبدأ بالكشف عن قانون التناقض ثم نتابع الصراع بين النقيضين أو نزكّي بينهما وهذا هو مدى الدور البشري في الفعل حتى يتحقق التغير الكمي فالتغير الكيفي كل هذا من خلال إدراك قانون الترابط.

وبتطبيق هذا المنهج المادي الجدلي على التاريخ أي على المجتمعات البشرية باعتبارها ظاهرة مادية يمكن تقسيمها الى عصور مختلفة من خلال ما يُسمى بالتفسير المادي للتاريخ أو المادية التاريخية.

23 التاريخ البشري لأنّگلز كما تحكيه الماركسية أو الشيوعية

مر التاريخ البشري بالعصور التالية:

أولاً: **عصر المشاعية البدائية**: هو عصر انتشار ظاهرة القبائل على سطح الأرض وعصر الرعي والصيد والأساس المادي للقبيلة في هذا العصر كان يتمثل في وسائل الانتاج البدائية كالعصا والرمح حيث تتملكها القبيلة كلها على سبيل الشيوع.

كان المجتمع البشري مجتمع القبيلة طبقة واحدة من الناحية الاقتصادية وكلٌ حسب قدرته ولكلٍ حسب حاجته ومن ثم فلم يكن في هذا العصر أي استغلال بكل مساوئه الاجتماعية بل كان الموجود مجرد تقسيم للعمل بين أفراد القبيلة حيث أنه لم يكن هناك صراع طبقي داخل القبيلة لعدم وجود ملكية الخاصة وما توجبه من استغلال لذلك كان التناقض الرئيسي بين المجتمع البشري والطبيعة من أجل الحصول على الرزق وتفسير ظواهرها.

ولم تظهر في هذا العصر سلطات الدولة إذ كان شيخ القبيلة يقوم بحل التناقضات الثنائية بين الأفراد عن طريق المصالحات في الأغلب والجزاء الأبوي (الباتريارکي) في الأقل.

كانت المشاعية في الممتلكات والعلاقات ومنها مشاعية الجنس إحدى الملامح الاجتماعية لهذا العصر فالمرأة لم تدفعها الحاجة الاقتصادية الى التبعية للرجل ولم يظهر شكل الأسرة إلّا في العصور التي عرفت مبدأ المُلكية الخاصة حيث

سَرت عدواها وانتقلت من الأرض الى الأدوات والدواب ومن ثم الى امتلاك النساء بصيغة الزوجة في منظومة العائلة أو الأسرة.
كانت عبادة الطوطم والطواطم هي أول مراحل تطور المعتقدات وقد نشأت نتيجة عجز الإنسان عن تفسير الظواهر الطبيعية فاختلطت الرهبة في نفسه بالإعجاب والاندهاش فعرف معنى التقديس والتحريم واتخذ من بعض هذه الظواهر كالأشجار والحيوانات والأحجار معبودات يتقي شرها أو يرجو خيرها ويقدِّم لها القرابين والتحريم للمساس بها.
وهذا العصر يعتبر عصرا نموذجيا في علاقة الإنسان بأخيه الإنسان رغم شحة الموارد تلك العلاقة الخالية من أي صراع طبقي وبالتالي من جميع صور الاستغلال. البشرية في تطورها الدائم ترنو الى الوصول إليه مرة أخرى في صورة الشيوعية العالمية.(خفاكي)
صابر: لو قلت أنا هذا القول لقلت عني رجعي! أليس كذلك؟ الشيوعية هنا تدعو للرجعية أليس كذلك؟
حنّون: نحن هنا نشرح ونفصل وجهة نظر ثم نتناقشها بعد ذلك ولنا الحق في رفضها طبعا.
لكن!
(في بعض الأحيان عندما تضيق بي الدنيا أقول لو عشت في إحدى الجزر النائية مثل حي بن يقظان، ولكن معي زوجة! فأتذكر قول أمي عندما تكون عصبية "أريد أعيش بجزيرة ما بيها آن ولا ودان" أو كما يغني كاظم الساهر جزيرة ما يمرها بشر بس آني وحبيبي!
لنتوقف هنا عن التطرف أو الغلو فيما نرغب وما يصلح لنا، هل العودة الى الوراء شيء صحيح؟ هل يمكن توظيف عناصر العصر المشاعي في عصرنا الحالي دون الرجوع الى الوراء؟
فإنا أتفق معك أن ذلك رجوع للوراء طبعا.
دعنا الآن نرجع الى الموضوع وهو فهم التعاريف أو الأسس للماركسية،
ثانيا: **العصر العُبُودي:** بدأ باكتشاف الزراعة من خلال العلاقة الجدلية بين الإنسان والطبيعة وكانت الأرض وسيلة الانتاج الطبيعية أي هي الأساس المادي لذلك العصر وباكتشاف الزراعة عُرِف فائض الانتاج الذي أثار غرائز المستغلين الى تسخير الآخرين في العمل للعيش على فائض انتاجهم.
فبتملك وسيلة الانتاج الجديدة التي هي الأرض نشأت الملكية الزراعية وبدأ انقسام المجتمع الى طبقتين: طبقة الأسياد وطبقة العبيد ونشب بينهما الصراع

فكانت مصلحة السيد هي الملكية وتأكيده لها والحصول على فائض الانتاج منها وفي مقابل هذا يقوم بترضية العبيد بالقليل وكانت مصلحة العبيد في التحرر من ذلك طبعاً.

وفي هذا العصر نشأت سلطة الدولة كسلاح مادي في يد الأسياد المستغلين لقهر طبقة العبيد كما استخدموا ظاهرة الدين كسلاح معنوي لنفس الغرض ولترضية طبقة العبيد بالواقع ولهم العزاء في مكان آخر هو الدار الآخرة حيث يُعوَّضون فيها عن حرمانهم في الحياة الدنيا.

ونشأت ظاهرة الأسرة في علاقة الرجل بالمرأة وتتلخص في ملكية السيد لعدد من النساء في إطار ملكيته لوسيلة الانتاج الطبيعية التي هي الأرض مما أستدعى لحسن أستثمارها أن يقوم السيد بتملك وحدة اجتماعية تساعده على ذلك متمثلة في ملكيته لبعض الآلات والدواب والنساء وكان حجم الأسرة يتناسب طرديا مع حجم الملكية.

صابر: هل يعني هذا، أن حب سيطرة الرجل على المرأة يعطيه نوع من المتعة وهي حاجة، إذن، حب السيطرة شيء غريزي!

حنّون: هي شيء ليس غريزي إنما قادم من الحاجة للسيطرة على وسيلة الانتاج وهل للمرأة غريزة السيطرة وهل تولد لها متعة؟ فعندها يكون الصراع واضح وهو بين مصلحة الرجل ومصلحة المرأة وهنا يكمن تقييم المسألة من جانب ضرورة المساواة بين الرجل والمرأة.

صابر: لا، هي شيء غريزي فطري!

حنّون مقاطعا: لنكمل، كانت الدولة المصرية الفرعونية القديمة والأمبراطورية الرومانية من نماذج العصر العُبُودي وبفعل قوانين الجدل أشتد الصراع بين الأسياد والعبيد كطبقتين متناقضتي المصالح ... فشلت بعض حركات التحرر التي قام بها العبيد مثل ثورة أسبارتكوس. الذي ثار على رأس مائة ألف عبد ضد الأمبراطورية الرومانية. وأخيرا تم التغيير بعد أن أصاب هذا التغيير الأساس المادي أولا في المجتمع العبودي أي بعد أن تغيرت وسيلة الانتاج، وهي العبيد هنا، باعتبارهم وسائل انتاج كالآلات والدواب حيث تراكمت مشاعر السخط في نفوسهم حتى أصبحت مهيأة للثورة على أسيادهم وكانت لحظة الصفر في استجابتهم لغزو خارجي قام فيه الجيش الفاتح بتقسيم البلاد على الأسياد الجدد الذين عُرِفوا بالإقطاعيين ونال العبيد في ظل هذا الوضع الجديد بعض الحرية المتمثلة في السماح لهم بتملك قطعة صغيرة من الأرض لكل منهم بجوار عمله في مزرعة الإقطاعي. وهذا ما يميز عصر الإقطاع عن العصر العبودي

فالإقطاعيون والأقنان هما الحالة المتطورة للأسياد والعبيد أي متقدمة على الحالة البدائية السابقة.

ثالثا: **العصر الإقطاعي**: أساسه المادي وسيلة الانتاج الطبيعية أي الأرض والعلاقة الانتاجية بين الإقطاعيين ورقيق الأرض أو الأقنان وتطورت هذه العلاقة الانتاجية من العلاقة السابقة بين الأسياد والعبيد حيث سُمِحَ للعبيد بتملُّك أجزاء محدودة من الأرض لكن الأمر لا يخرج في مجموعه عن قبضة الإقطاعي وكلا العصرين العبودي والإقطاعي يوصفإن بعصور الرِق وأساسهما المادي واحد هو الأرض.

ويُعرَف عصر الرِق بأنه ذلك النظام الذي يستطيع فيه شخص، نظرا لتملكه وسائل الانتاج، أن يتحكم في أرزاق الآخرين، ويحمل العصر الإقطاعي ملامح العصر العبودي من حيث مظاهر الصراع الطبقي ولكن في صورة أكثر تطورا.

وباستخدام منهج المادية الجدلية لمعرفة كيفية تطور هذا العصر حتى وصل الى العصر الرأسمالي يلزمنا أولا البحث عن أو إيجاد سبب مادي ثم البحث عن فعل قوانين الجدل فيه (لأن الفلسفة الماركسية تعتمد هذا الترتيب المنطقي) أي يلزمنا البحث عمّا أصاب وسيلة الانتاج من تطور أولا.

وقد تطورت وسيلة الانتاج بالفعل.

فعندما خصّص الإقطاعيون فريقا من الرقيق للقيام بالخدمات الحرفية والتجارة كَبُرت هذه الفئة وخاصة ما كان منها بالمدن محيطا بالملك وحاشيته وقادته وسُمِّيت بطبقة البرجوازية (سكان المدن) أو الطبقة الرأسمالية نسبة الى رأس المال الذي أخذ شكلا جديدا بين هذه الطبقات الوليدة وهو رأس المال السائل (النقود) أو رأس المال الثابت كالورش والمصانع وهذا هو التطور المادي الذي أصاب وسيلة الانتاج حيث أخذت شكلا جديدا متقدما وقائدا هو رأس المال بدل الأرض، وحينئذ تعارضت مصلحة الطبقة الوسطى البرجوازية أو الرأسمالية مع مصلحة طبقة الإقطاعيين ولا تنسَ أن هؤلاء الرأسماليين هم في الأصل من نسل رقيق الأرض الذي كان مخصصا لخدمة الإقطاعيين.

اشتدَّ الصراع بين الطبقتين فكانت مصلحة الرأسماليين هي هدم هذا الشكل الاجتماعي وتمزيق هذا الغلاف الذي يُعيق حركتهم ولا يخدم إلّا مصلحة الإقطاعيين فتجارة الرأسماليين تتعرض للمخاطر أثناء مرورها بالإقطاعيات فضلا عن دفعهم كثيرا من الضرائب على عبورها من إقطاعية الى أخرى، كما أن الرأسماليين يحتاجون الى الكثير من الأيدي العاملة من الريف لتشغيل مصانعهم

التي اتّسعت بعد الاكتشافات العلمية ولكن الإقطاعيين لا يأذنون لهم بمغادرة الإقطاعيات.

كما أن استمرار القيود الاجتماعية والتشريعية التي تميز بين طبقة الأشراف وطبقة الرقيق في الوظائف والتقاضي والتعليم وكافة مظاهر الحياة كانت تنطبق أيضا على الرأسماليين باعتبارهم أمتدادا عضويا لطبقة الرقيق ووراثي لأوزارهم.

لذلك أشتد الصراع بين الطبقتين ورفعت البرجوازية من خلال الثورة الفرنسية شعارات "الحرية والمساواة والاخاء" و"دعه يعمل دعه يمر" و"أشنقوا آخر ملك بأمعاء آخر قسيس" واستُخدمت كافة الأسلحة المادية والمعنوية بين الطرفين وتحالفت الكنيسة مع الإقطاع وتراكم الكم الثوري في الطبقة البرجوازية حتى اكتمل بقيام الثورة الفرنسية بشعاراتها المعروفة الآنفة الذكر والتي كانت أول انتصار للطبقة البرجوازية على طبقة الإقطاعيين فكانت بداية العصر الرأسمالي وتصادف في هذه الفترة وجود بعض الشخصيات التاريخية، ولكن المادية الجدلية أو المادية التاريخية لا تنظر لهم وإنما الى حركة الطبقات وتفاعل الطبقات فحسب في التسبب.

رابعا: **العصر الرأسمالي:**

وهو أهم عصر من عصور التاريخ، وقد قال ماركس "الرأسمالية جاءت نتيجة لتحول طبقة الفلاحين الى طبقة البروليتارية الصناعية، وما تبع ذلك من استغلال استعماري وصراع من أجل المستعمرات" ولقد رأينا من عرض العصور السابقة كيف أن العوامل الاقتصادية لها تأثير شامل على تاريخ البشرية وكيف أن المجتمعات تسير في عملية مستمرة من التغيير والتطور يسبِّبها التناقض والتوافق بين عوامل متضاربة وكيف أن الهيكل الاقتصادي للمجتمع هو الركن الأساسي في التطورات الاجتماعية وهذا الهيكل تحكمه التطورات في الأساليب التي يتبعها الفرد في الانتاج وهذه بدورها هي التي تحدد طبيعة الأفكار والاتجاهات، وقد أجمَل أنجلز ذلك في قوله "الأسباب المباشرة والنهائية للتطورات الاجتماعية والثورات السياسية ليس مردها الى تفكير الأفراد وتعمّقهم في البحث عن الحق والعدالة وإنما مردها الى تلك التغيرات التي تطرأ على نظام الانتاج والاستبدال".

وفي عصر الرأسمالية هذا الذي نتكلم عنه، نشاهد أن الآلة هي وسيلة الانتاج الرئيسية، والعلاقة الانتاجية تقوم بين العمال والرأسماليين، وفي الصراع الناشب بين هاتين الطبقتين تتكتل طبقة العمال في النقابات والأحزاب العمالية، وتتكتل طبقة الرأسماليين في النوادي والأحزاب المحافظة كأدوات سياسية.

وتستخدم كل طبقة كافة الأسلحة المادية والمعنوية في صراعها الدموي مع الطبقة الأخرى ولكن الصراع الدموي مع طبقة العمّال الأكثر عددا والأسوء حالا سينتهي بانتصار حتمي لطبقة العمال وقد قال ماركس "صراع الطبقات حقيقة تاريخية متأصلة في طبيعة نظامنا، فلا حاجة للدعوة إليها ولا جدوى من إنكارها ولكن مسؤولية تلك الحرب تقع على عاتق مَن تدفعهم الأنانية الى المحافظة على ما يمتلكون".

وقد كشف ماركس عن القوانين التي ستقوّض النظام الرأسمالي بحكم منطق التطور الحتمي ومن ثم جاء بنظرية فائض القيمة أو بتعبير أدق القيمة الفائضة التي تكشف عن أن استمرار حرص الرأسمالي على الربح (آفة النظام بنظر ماركس) يؤدي الى حدوث قوانين حتمية تُعجِّل بنهاية الأسلوب الرأسمالي في الانتاج وتختم عصور الصراع الطبقي وتفتح الطريق الى مجتمع جديد خال من الطبقية والاستغلال.

لقد بيَّن ماركس أن العمل أساس القيمة، أي هو المعيار الوحيد للقيمة واذا كان العمل هو أساس القيمة، فيُقصد به حاليا العمل اللازم اجتماعيا.

ففي عصور الرق (الأسلوب العبودي والإقطاعي في الانتاج) كان الاستغلال ويتم باستحواز(الحيازة) الطبقة المالكة على فائض انتاج طبقة العبيد أو الأقنان.

أما في ظل الرأسمالية التي تتميز بظاهرة الانتاج السلعي فإن الاستغلال يتم بالاستحواز على فائض القيمة ولتوضيح ذلك:

قيمة السلعة تُحدَّد بوقت العمل اللازم اجتماعيا لانتاجها أي اللازم في ظل الظروف التقنية (التكنيكية) العادية للانتاج في فترة معينة طبقا لمتوسط مهارة وجهد المُنتِج وهذا لا يعني أن كل سلعة تُقايَض فعلا بما يساوي قيمتها تماما لأنه يعبر عنها بالسعر الذي يتذبذب حول القيمة ارتفاعا وانخفاضا.

والإنسان في ظل عصور الرق ملك صِرف لسيده أمّا في ظل عصر الرأسمالية فإنه يبيع قوة عمله فقط التي تعتبر سِلعة مثل أي سِلعة أخرى لها قيمة معينة هي قيمة تلك السلع التي يحتاجها العامل كي تكفل معيشته وتجدّد قدرته على العمل وبعبارة أخرى، قيمة قوة العمل هي قيمة وسائل المعيشة اللازمة للحفاظ على حياة صاحب قوة العمل.

صابر: ألا تلاحظ أنّ في النظام الرأسمالي العامل يعمل ليأخذ راتب قليل من الدولة، والدولة تأخذ كل نتاج عمله إذن هو عبد للدولة، وما تغيَّر شيء أبداً ولذلك الإسلام هو الحل لأنه لا يتفق مع استغلال الجهد!

حنّون: الآن بدأت تفهمني لكن دعني أكمل دون أن تغيّر الموضوع لنقاش الإسلام.

فعندما يشتري الرأسمالي قوة العمل التي يعتبرها قيمة استهلاكية عنده، فإنه يدفع العامل الى العمل، فيُنشئ هذا العمل قيمة جديدة أكبر من قيمة "سلعة قوة العمل" وهذه الخصوصية لسلعة قوة العمل هي التي تعطينا المفتاح لفهم آلية الاستغلال الرأسمالي وعليه تكون قيمة السلعة التي يبيعها الرأسمالي تتضمن:

أولا: قيمة المواد الخام والجزء المُستهلَك من المَعدات المستخدمة في العمل.

ثانيا: قيمة عنصر الخدمة (العمل من جانب العمّال لإعداد هذه السلعة).

والقيمة التي تنتج بواسطة فائض عنصر العمل من جانب العمال تسمى فائض القيمة واستيلاء الرأسمالي عليها تحت ستار (في ذريعة) الربح هو جوهر الاستغلال وسبب حرص الرأسمالي على زيادة الربح يُفضي الى ثلاثة قوانين حتمية تؤدي في النهاية الى تقويض النظام الرأسمالي:

1_ قانون تراكم رأس المال:

بزيادة اللآلات في الانتاج يتم الاستغناء عن عدد من العمال فيُضافون الى جيش العاطلين وزيادة المكننة (استخدام الآلات واعتمادها) تخفض نفقات الانتاج، ونتيجة المنافسة الحرة ينخفض سعر السلعة عن ذي قبل مما يترتب عليه انخفاض فائض القيمة على مدار المجتمع، أي انخفاض ربح طبقة الرأسماليين، مما يُحفِّزهم الى زيادة الأساليب الاستغلالية لتعويض هذا الانخفاض فيلجأون الى تشغيل مَن لم يُطردوا من العمال ساعات أكثر ويُشغّلون الأطفال والنساء بأجور منخفضة وأخيرا يتكتلون لفرض أسعار احتكارية للتحكم في الأسواق وهذا كله يؤدي الى تراكم رؤوس الأموال في أيديهم.

2_ قانون تركيز المال:

هو نتيجة حتمية للقانون الأول، لضمان استمرار الرأسماليين في استغلال الطبقة العاملة، نشأت لذلك الاحتكارات، ذات الصور المختلفة. (كارتلات وترست).

والاستعمار بحد ذاته هو أعلى مراحل الرأسمالية والأمبريالية مرحلة متقدمة في الرأسمالية.

3_ قانون زيادة البُؤس:

تزداد حالة العمال سوءا فيتكتلون، وتشتد حالة الصراع بينهم وبين الرأسماليين، الى أن يتحقَّق الكم الثوري اللازم لقيام الثورة، وبذلك يزول التناقض بين الملكية

والعمل، حيث يصبح في نهاية الأمر الذين يعملون هم الذين يملكون، ويعود الحق المسروق الى أصحابه الشرعيين.

ولذا كانت الرأسمالية التي تطورت الى الاحتكارات العالمية، والأمبريالية تعمل ما في وسعها للحيلولة دون تفاقم الأزمات التي تُقوِّض بُنيانها فتعمل على تأخير هذا اليوم المحتوم بمحاولات شتى من تحسين أحوال قيادات النقابات العمالية كمخدر ومثبّط للوعي وكذلك بعض الضمانات الاجتماعية للعمال لتثبيطهم عن الثورة.

وكذلك، الاندفاع للاستعمار ثم أشعال الحروب المحلية كمثال من العصر الحالي في الحرب الكورية والفيتنامية والعراقية الأيرانية والأفغانستانية ... الخ لضمان إحياء السوق للبضائع للأسلحة وغير ذلك.

خامسا: مرحلة الاشتراكية

وهي مرحلة وليست عصر، لتأكيد الإحساس بأنها وصلة بين عصرين متتاليين، عصر الرأسمالية وعصر الشيوعية العالمية. هي مجرد جسر بينها، وهي تسمى أيضا بالشيوعية الأولى، وفي كل هذه التسميات لا تسمى عصرا لأنها فترة انتقالية، وكل ما في هذه المرحلة من أمل الشيوعية العالمية هو في تقرير الملكية العامة لوسائل الانتاج، وفي إسباغ صفة أو تسمية الشيوعية على الحزب ومن ثم فالنظام يحمل الواقع الاشتراكي، والحزب يحمل الاسم المستقبلي وهو الشيوعي.

وتختلف مرحلة الاشتراكية عن عصر الشيوعية العالمية بما يلي:

1_ في ظل الاشتراكية، مِن كلٍ حسب قدرته لكلٍ حسب إِنتاجه، ومن ثم فقد تفاوتت الأجور (وهي مِن أسباب الخلاف بين ستالين وتروتسكي)، أما في ظل الشيوعية فسيكون من كلٍ حسب قدرته لكلٍ حسب حاجته.

2_ في ظل المرحلة الاشتراكية، يكون الإبقاء على سلطة الدولة في شكل ديكتاتورية الطبقة العاملة (البروليتارية) رَيثما يتم القضاء على أعداء الثورة في الداخل أي على الثورة المضادة وريثما يُدفَع عنها خطر المعسكر الرأسمالي في الخارج أمّا في ظل الشيوعية فستذبل سلطات الدولة حتى تختفي ويحل محلها لجان المصالحات لحل التناقضات الثنائية.

3_ في مرحلة الاشتراكية، يظل الإبقاء على بعض الأشكال الاجتماعية كالأسرة أو الأشكال الاقتصادية كالنقود، والحوافز المادية، والملكيات الصغيرة، مما قد يشكّك في جدية التحول الى الشيوعية العالمية، ولكن ذلك الإبقاء يكون ريثما يتوفر الأساس التقني (التكنيكي) للانتقال للشيوعية وريثما تتلخص النفس

البشرية من رواسب القِيَم البرجوازية ويظهر الإنسان الجديد أو الإنسان الشيوعي.

سادسا: **عصر الشيوعية العالمية:**

هو عصر الاشتراكية العالمية بمعناها الحقيقي وفيها يصير الناس طبقة واحدة خالية من الصراعات وينتقل التناقض الرئيسي من داخل المجتمع البشري ليصير بين الإنسان والطبيعة كما كان في عصر المشاعية البدائية الخالية من الصِراع الطبقي ويَحل محلَّه النقد الذاتي كبديل وكعامل حركة للمشروع.

ويحل العلم محل العقائد والفلسفات في صراع الإنسان مع الطبيعة في تفسير ظواهرها واستخدام هذه الظواهر في توفير ضروريات الإنسان، أي في تحريره، حيث يصير مِن كل حسب قدرته لكل حسب حاجته وحيث تذبل سلطات الدولة. وحيث تقوم المعاشرة الاختيارية (المشاعية الجنسية) في علاقة الرجل بالمرأة، محل الشكل الأسري المليئ بالقيود، وفي ظل هذا العصر تتغيير الطبيعة البشرية وتتطور وتعيش في مشاعية الوفرة والغنى آمنة من الاستغلال والعَجز.

صابر: هل تؤمن بالمشاعية الجنسية وهي إباحية ما عاذ الله أجبني هنا لأني أراك تراوغ ولا تجيبني؟

حنّون: المشاعية الجنسية وجه من وجوه الشيوعية والتي لا يمكن أن تُطبّق في الوقت الحاضر الا اذا مرَّ المجتمع بالمرحلة الاشتراكية فأي تصوُّرٍ لهذه المرحلة مع العقلية المحمولة الآن خاطئ، والشيوعية لها قوانين خاصة بها وسأسألك هل هناك مشاعية جنسية في جَنة الإسلام،

صابر: كل ما وَردنا عن الجنة أنه مكان جميل لا مشاكل فيه.

حنّون: وهذه هي الشيوعية في عين الشيوعيين فلماذا يكون ما يحق لك كمسلم لا يحق لغيرك كحال الشيوعي مثلاً؟

صابر: لكن في الجنة يكون ذلك بعد الموت.

حنّون: وفي الشيوعية يكون ذلك قبل الموت يعني أن الفرق هو في التوقيت فقط.

صابر: لا يعجبني ذلك!

حنّون: لماذا ؟

صابر: لا أدري ذلك، أقصد لأن الجنة تكون مكافأة.

حنّون: وفي الشيوعية الحالة المشاعية هذه هي مكافأة أيضا على نصر الفكر.

صابر: لا أتفق معك لأن هذا يغضب الله.

حنّون: لنعد للموضوع

24 تعاريف ماركسية

مفردة الجدلية أو الجدل: معناها البحث أو المناقشة للوصول الى الحقيقة وذلك يكون بالكشف عن التناقضات التي تنطوي على حجج المتنازعين.

ومفردة النقيض ليست سوى مقولة عقلية مجرّدة ابتدعتها الفلسفة لتفسير الظواهر المختلفة، وقد استخدم سقراط الجدلية في محاورات أفلاطون وعندما وضع أفلاطون نظريته المشهورة: الأفكار وحدها هي الحقيقة والظواهر هي مجرّد انعكاس لها أطلق اسم الجدلية على العلم الذي يصل الى معرفة طبيعة الأفكار.

وقد استخدم الفيلسوف الألماني المثالي "مبدأ النقيض" للتدليل على أصالة العقل الإنساني وأسبقيته في الوجود وأنهُ الوجود الحقيقي الذي لا يتوقف وجوده على غيره وأن له القدرة على الخلق وأن حريته مطلقة لا يحدُّها شاهد ولا حِسٌّ ولا وحيُ. وأن المجتمع الإنساني والقانون والدولة والخليقة من آثاره وأن هدفه الأخير إقامة الروابط الأخوية بين الناس في ظل دولة عالمية.

وكان هدف نيتشه هو التخلص من إله الكنيسة فأقام العقل إلها فلا سدنة ولا كهنة ولا كرادلة ولا باباوات له وهو الأمر الذي هدف إليه التيار الثاني للفلسفة المثالية والذي نادى بسيادة العقل على النص والطبيعة معا.

واستخدم نفس المبدأ الفيلسوف الألماني المثالي هيجل في توضيح قيمة العقل الإنساني وقيمة فكرة الإلوهية وذلك على اعتبار أن الله هو العقل.

صابر: ذلك غير صحيح لأن الله هو خالق العقل وهو أكبر وأعظم من العقل لأنه هو العليم.

حنّون (يواصل كلامه): دعني أكمل لك كلام الفلسفة المثالية الألمانية **الفكرة** في نظر هيجل انتقلت من ذاتها كعقل مطلق الى نقيضها وهو الطبيعة (أو العقل المقيَّد)، إضافة الى ذلك انتقلت الفكرة من النقيض الى جامع يلتقي فيه الشيء بنقيضه، وهو العقل المجرّد، والذي يكون اتصال العالم بعضهُ ببعضٍ، سواء ما يأخذ منه طريقه الى الظهور (ما يظهر بالفعل) وهذا العقل المجرّد يتمثل في القانون والأخلاق والفن والدين والدولة والجماعة والفلسفة.

فإذن العقل المجرّد الذي يتحقَّق في أي واحد من هذه القيم العامة المذكورة جامع للمتقابلين، فالجامع للفكرة في العقل المطلق هو الله والجامع للفكرة في العقل المقيد وهو الطبيعة، إذ ليس له إطلاق العقل المطلق ولا تحديد عقل

الطبيعة بل فيه إطلاق بالنسبة الى الطبيعة وفيه تقييد بالنسبة الى العقل المطلَق.

أن **اصطلاح الجدلية عند هيجل** يُطلَق على عملية التنازع والتوافُق التي تجري ضمن الواقع ذاته وداخل الفكر البشري بشأن الواقع.

صابر: الله خلق العقل بعد أن خلق القلم (كتاب القدَر للفريابي).

حنّون: هل القلم الذي تتكلم عنه مطلق أم محدد؟ هل هو قلم كأي قلم؟

صابر: الله وحده يعلم ذلك فلا تتعبني بأفكار هيجل عن العقل المطلق والمقيَّد والمجرَّد!

حنّون: لنعود لنقاش النظرة الماركسية للأسرة تاريخياً

25 الأسرة والتاريخ

يقول فردرك أنجلز أن الأبحاث التاريخية والجغرافية كشفت عن حالة مشاعية جنسية عاشتها البشرية في عصورها الأولى، وأنها لم تعرف نظام الأسرة إلّا تحت تأثير الظروف الاقتصادية.

صابر: ما هو دليلك على ذلك؟

حنّون: سأقول لك لكن دعني أكمل كلامي ..

ظهور فكرة الملكية الفردية لوسائل الانتاج سواء في الأرض أو في أدوات الحرفة هو الذي دفع الى الحياة الأسرية، باعتبار أن الأسرة هي وحدة اجتماعية تعين على حُسن استغلال وسيلة الانتاج المَملوكة فمن بعد ذلك وقعت المرأة في قبضة الاستغلال من جانب الرجل ويوم ما تعود فكرة الملكية الجماعية وتتغير كل الأشكال الاجتماعية الطبقية ستتغير أيضا طبيعة هذه العلاقة الأسرية حيث تتحرر المرأة وتعود إليها شخصيتها وتقوم علاقتها بالرجل على أساس من المعاشرة الاختيارية وهو التعبير المهذَّب لفكرة المشاعية الجنسية.

صابر: ما عاذ الله !

حنّون: تناقشنا في ذلك في أن ذلك يشبه حالة الجنة الإسلامية!

ويسندون هذا القول بما ورد في كتاب أصل العائلة لفردرك أنجلز، الذي استمد بدوره سندا علميا لرأيه من كتابات علماء الاثنوجرافيا في عصره مثل مورغان وباخوفيه أي العلماء الذين يبحثون في النظم الاجتماعية للشعوب البدائية.

فقد قال أنجلز عن مورغان "هو أول شخص ذو معرفة صحيحة حاول أن يقدم تقسيما دقيقا لمراحل حياة الإنسان فيما قبل التاريخ، فهو يتحدث عن

العلاقات الأسرية في هذا العصر فيقول: كان أساس الجماعة الأولى التي تم عن طريقها الانتقال من الحيوان الى الإنسان هو التحرر من الغيرة والتسامح المتبادل بين الذكور فالشكل القديم جداً للعائلة الإنسانية البدائية وهو الشكل الذي توجد عليه دلائل لا تنكر ويمكن اليوم مشاهدته بين قبائل عدة في أماكن مختلفة، هذا الشكل هو الزواج الجماعي الذي تكون فيه جماعات بأسرها من الرجال وجماعات بأسرها من النساء في علاقات جنسية مشتركة وهو ما لا يترك إلّا مكانا ضئيلا للغيرة والاستحواذ أو الاستحواز.

ويسمح أنجلز لنفسه على ضوء ما قاله مورغان أن يُحدثنا هو الآخر في "أصل العائلة" عن مستقبل العلاقات الأسرية بعد زوال الملكية الخاصة وتصفية علاقات الانتاج الرأسمالي فيقول: "وما نستطيع استنتاجه حاليا عن تنظيم العلاقات الجنسية بعد تصفية علاقات الانتاج الرأسمالي يعتبر استنتاجا ذا طابع سلبي، يحدد ما سيختفي من الزواج، ولكن ما الذي سيزيد على الزواج، هذا هو ما سيستقر بعد نمو جيل جديد، جيل من الرجال لم تسنح الفرص أن يشتري استسلام المرأة سواء بالمال أو بأي وسيلة أخرى من الوسائل السيطرة الاجتماعية وجيل من النساء لم يضطررن أبدا للاستسلام لأي رجل لأي سبب، سوى الحب الحقيقي، ولن تخاف المرأة حينئذ أن تمنح نفسها لمن تحب خشية النتائج الاجتماعية، وعندما يظهر هذا الجيل فإنه لن يهتم أبداً بما نعتقد اليوم أنه يجب عليه عمله، فسيتبع طريقه الخاص وسيكون له رأيه الخاص دون اكتراث لما نعتقد".

نظرية الربح لماركس:

يرى ماركس أن للسلعة قيمتين: قيمة تبادلية، وقيمة استعمالية وأن التبادل هو الذي يجعل العملية مربحة من حيث الكَيف وأن كانت متساوية من حيث الكَم والكم هو مقدار وقت العمل الذي بُذِلَ لإنتاج السلعة، والعمل المنتج الذي يعتبره ماركس أساس القيمة هو ليس العمل الحقيقي أي هو ليس عدد ساعات العمل المبذولة، لأن ذلك سيواجه إشكالاً، إذ تكون السلعة التي بُذل فيها جهد ومشقّة تلزم بالضرورة بيعها بثمن أكبر من السلعة التي أُنتجت بالوسائل الفنّية في وقت أقل، ولذلك يرى ماركس أن القيمة لا تعتمد على المجهود الذي يقاس بالوقت، بل يقيسها في حدود ما يسميه (بالعمل اللازم اجتماعيا) أي اللازم في الظروف التقنية (التكنيكية) العادية للانتاج في فترة معينة طبقا لمتوسط مهارة

وجهد المنتج فاذا استطاعت الاختراعات أن تخفض مِن هذا المعدل الزمني فإنه لابد أن تهبط القيمة بالتالي.

والفرق بين الجهد الفني وغير الفني، والعقلي منه واليدوي، فرق كمي لا كيفي، مرجعه ما سبق أن أُنفق من قوة العمل في سبيل إحالة الجهد الى فن ولذلك مِن المُمكن القول بأن العمل غير الفنّي يمثل وحده واحدة والعمل الفنّي يمثل أكثر من وحدة وبهذا يمكن قياس ما في الجهد الإنساني من قوة عاملة.

ويعتبر ماركس أن عمل العامل هو وحده العمل المنتج وهو وحده أساس القيمة ويطلق عليه أصطلاح رأس المال المتغير وأمّا رأس المال الثابت المتمثل في الآلات والمباني والمواد الخام فلا يدخل في تكوين القيمة لذلك يعتبر ماركس دور الرأسمالي والتاجر والمُقرِض كلها أدوات أو أدوار طفيلية لا تقوم بأي عمل منتَج وهذا له تشابه في الفكر مع تحريم الربى في الإسلام أي هنا بالضبط نجد بعض سبب التقارب بين الإسلام والشيوعية والذي يبدو غامض أو غريب في بداية الأمر. وبالتالي فهم يحصلون على دخول استغلالية كالربح والفائدة والريع، أما الدخل الوحيد المشروع عنده فهو دخل العامل الذي جاء مقابل عمله المنتَج، والمتمثل فيما يحصل عليه مقابل بيع السلع بمقدار ما بذل فيها من عمل، ولكنه يرى أن الرأسمالي لا يعطي العامل قيمة عمله كاملا، وإنما يعطيه جزءا منه في صورة أجر، ويحتجز لنفسه بقية القيمة، وهي التي يسميها (فائض القيمة) ويعتبرها اغتصابا، وهذه العملية الانتاجية الرأسمالية ستؤدي في نظره الى ثلاث قوانين حتمية في تقويض وهدم النظام الرأسمالي في نهاية الأمر تاريخياً وهي:

أولا: **قانون تجميع رأس المال**: يرى أن زيادة رأس المال الثابت ونقص رأس المال المتغير تؤدّي الى نقص نسبة الربح، لأن العمل أي (رأس المال المتغير) هو مصدر القيمة الوحيدة عنده. والمنافسة القائمة تؤدّي الى زيادة تشغيل الآلات التي توفر العمل، لِيضمن فائض القيمة نسبيا، وبالتالي مزيدا من الربح.

ويدلل ماركس رياضيا على أن رأس المال المتغير هو وحده أساس القيمة، حتى اذا حدثت ابتكارات أدّت الى توفير العمل، فإن ذلك سيكون له نتيجة واحدة هي انخفاض فائض القيمة، التي يحصل عليها الرأسمالي ... وكل ما هنالك أن المنتج الذي استخدم الابتكارات لأول مرة تكون لزيادة التركيب العضوي لرأس المال بالنسبة له نتائج تختلف عن أثارها فيما يتعلق بطبقة المنتجين عموما ... (وهنا نأتي لمسألة أو مشكلة الحقوق الفكرية وبراءات الاختراع للمخترِع والمكتنِشف)

الرأسمالي ينتج كمية أكبر من السلع بنفقات أقل من متوسط النفقات السائد في السوق، ويبيعها بالثمن الذي ينبني على نفقات المنتجين الآخرين ولكن سرعان ما تعمل المنافسة على تعميم وسيلة الانتاج الجديدة، ومعنى ذلك أن النفقات تنخفض عموما لدى جميع المنتجين، ويصبح كل منتج في نفس حالة المنتج الأول فتنخفض الأسعار الى الحد الذي فيه السلع تباع بقيمة ما بذل فيها من عمل، أي من رأس مال متغير ورأس المال المتغير قد نقص على مدار المجتمع لأن الاختراعات الجديدة وفَّرت القوة العاملة، ومعنى ذلك أن فائض القيمة الذي سيحصل عليه المنتجون سيقل، لذلك يقرر ماركس وجود قانون تميل نسبة الأرباح تبعا له الى الانخفاض نتيجة لزيادة التركيب العضوي لرأس المال وتنافس المشروعات والتقدم الفني (التقني).

ثانيا: **قانون تركيز المال:**

يرى ماركس أن المنافسة ستقضي على المنتِج الصغير الى أن تتركز رؤوس الأموال في أيدي قليل من المنتِجين ويتحول هؤلاء المنتجون الصغار الذي قضت عليهم المنافسة الى أُجَراء. وهذا مما يعمق الصراع بين طبقتي العمال والرأساليين ولذلك يقول ماركس "أن رأسماليا واحدا يقتل كثيرين".

ثالثا: **قانون زيادة البؤس:**

والنتيجة أن البؤس يأخذ في الأزدياد المستمر، فكلما زاد رأس المال الثابت، أي كلما زاد التركيب العضوي لرأس المال كلما كان ذلك على حساب طرد عدد جديد من العمال، يضافون الى جيش الأحتياط الصناعي، وهذا يمكن صاحب العمل من زيادة تخفيض الأجور ليحصل على فائض قيمة أكبر، كما يلجأ الى مختلف وسائل الاستغلال من نحو تشغيل العمال ساعات أكثر أو استخدام الصبيان والنساء، أو البحث عن احتكار جديد لتعود نفس الكرة. فكلما هبطت أرباحه نتيجة زيادة التركيب العضوي، كلما لجأ الى مختلف الوسائل الاستغلالية والاحتكارية، لتعويض هذا الهبوط والنتيجة مزيد من الثراء لطبقة الرأسماليين ومزيد من البؤس لطبقة العمال.

أما احتمال تجمع العمال في نقابات تدافع عن حقوقهم، وتوفر لهم شروطا أفضل في العمل، فلم يرى ماركس أن ذلك سيكون له نتائج جدّية، وإنما هي محاولات يائسة، ستتغلب عليها رغبة الرأسماليين النهِمة في الربح كما أن سلطات الدولة لن تكون إلّا في جانب هؤلاء الرأسماليين ضد طبقة العمال وضد مطالبهم في حقوقهم. ولهذا يقول ماركس "التناقض المُستمر في عدد الرأسماليين الذين يستغلون ويحتكرون جميع مميزات عملية التحويل هذه يقوم

الى جانبه نمو في البؤس الجماعي والاضطهاد والاستعباد والتحقير والاستغلال ولكن تنمو معه أيضا ثورة الطبقة العاملة، وهي طبقة تتكاثر في العدد على الدوام، وينظّمها ويُوحّدها النظام الآلي لعملية الانتاج الرأسمالي نفسه.

ويقول ماركس عن العامل "أنهم يعملون على تشويه العامل، حتى يصير شبحا لإنسان ويهبطون بمكانته الى مستوى تابع حقير للآلات، ويقضون على ما تبقى له من لذة يشعر بها في عمله، ويحيلون حياته الى كد متواصل كريه الى نفسه".

ويتكلم ماركس عن الآلة باعتبارها عدوا للعامل فيقول "الآلة أعظم سلاح لقمع إضراب العمال، والإضراب أحد مظاهر الاحتجاج الذي يعلنه العمال بين آن وآخر ضد سيطرة الرأسماليين، وأنها من بدء استعمالها خصم عنيد للعمال، استطاع بها الرأسماليون أن يطأوا بأقدامهم كل مطلب من مطالب العمال التي تهدد بإيجاد أزمة".

ويتكلم ماركس عن الملكية الرأسمالية (الجزء الثاني من كتاب رأس المال، ص223-225) يقول "الملكية الخاصة الرأسمالية المتولدة عن طريق الانتاج الرأسمالي هي السلب الأول للملكية الخاصة القائمة على أساس العمل الفردي، ولكن الانتاج الرأسمالي يولد بقوة القانون الطبيعي، الذي لا تتغير القوة التي تسلبه أي تنفيه وهذا سلب السلب (نفي النفي)، هذا السلب الثاني لا يؤدي الى عودة الملكية الخاصة، ولكن يعيدها على أساس التعاون، والملكية المشتركة للأرض والأدوات الانتاجية التي ينتجها العمل نفسه، أن تحول الملكية الخاصة المبعثرة القائمة على العمل الفردي الى ملكية رأسمالية عملية أطول أمدا وأشد وأكثر صعوبة من تحويل الملكية الخاصة الرأسمالية الى ملكية اجتماعية عنفا وكان الأمر في الحالة الأولى متعلقا باستيلاء البعض على ملكية جمهور الناس. أما في الحالة الأخيرة فالذي يعنينا هو الاستيلاء على تملك نفر قليل، بواسطة جمهور الناس ". (خفاجي)

صابر: لكن هل تعلم أنت بعد كل الذي ذكرته عن الماركسية أن الثورة الشيوعية 1905 ضد القيصر هي صناعة صهيونية وجميع قادتها من أصل يهودي حيث أن الثورة تم تهيئتها إعلاميا من قبل: أسحاق موتيمر وشستر وليفي وردن وشيف وقد رصدوا لها مليار دولار بذلك الوقت (محمد خليفه التونسي) "إفلاس النظامين الرأسمالي والشيوعي من انتشال الإنسان من وهدة الخوف وأسر الحاجة هو الذي فضح نتانة هذه الأفكار".

حنّون ساخراً: وماذا فعل الإسلام من تقدم خلال 1400 سنة إن لم تعجبك الرأسمالية ولا الشيوعية والتي تعتبرها كلها مؤامرات على نظامك وفكرك المثالي الإسلامي؟

صابر: بل إقرأ التاريخ: "تتميَّز الملكية الخاصة الإسلامية عن الرأسمالية في مصادرها وحركتها وفي آثارها الاجتماعية والسياسية. ومع كونها الأصل إلّا أن الضرورات قد توحي بالملكية الجماعية في صورة لا تشتبه مع مثيلاتها في البلاد الشيوعية في جميع أبعادها العقائدية والاجتماعية والسياسية"(الخفاكي)

حنّون متهكّماً: ما هذا الكلام غير الواضح؟ ما هي النظرية الاقتصادية الإسلامية؟ هناك في الإسلام زكاة وخُمس وجزية وتحريم ربا ودين وهي من القرآن وهناك الخَراج وهو ليس من القرآن.

كيف يمكن أن تبني نظام اقتصادي دون التضحية بقسم منها؟

أنها مسألة صعبة لا يمكن تطبيقها.

فهل يعقل أن يدفع سنويا 20% من ما يربحه المسلم من كدَّه كخُمس ونسبة أخرى من راتبه الشهري كزكاة؟!

إن ما يفرضه الدين الإسلامي على الفرد من ضرائب أكبر من أكثر الدول الرأسمالية في العالم.

صابر: هذا نقاش يطول وأنت تبدو لي غير مطّلع على الإسلام جيداً!

حنّون: وماذا في ذلك ما دام الهدف هو وضع النقاط على الحروف؟!

صابر: إن نظرية ماركس نظرية مثالية ولا يمكن تطبيقها والدليل على ذلك انهيار المجتمع الشيوعي داخل الاتحاد السوفيتي.

حنّون: الشيوعيون يقولون أن الشيوعية لم تطبق لحد الآن فهذا ليس وقتها!

إن ما أطلبه منك هو أن تقدم نظرية تحليلية إسلامية موازية في الطرح للذي قدمته للنظرية الماركسية. وأكون شاكرا.

صابر: أن هذا يحتاج الى ذوي اختصاص من الفقهاء العباقرة في الاقتصاد! فالإسلام فيه التوازن الاقتصادي الذي تكلم عنه المختصون الاقتصاديون الإسلاميون. ودعني أقول لكَ أليس الأفضل هو اقتصاص أو قلع الاشتراكية من الشيوعية وخلطها مع الدين كما فعلت بعض التجمعات المسيحية المنعزلة في الغرب من تطبيع وتطويع الشيوعية الكافرة الملحدة الإباحية بالتخلص من كل فحواها وأخذ الاشتراكية منها دون سواها؟ فحتى الصهيونية استخدمتها لتكوين

تجمعات الكيبوتز الفلاحية؟ بل حتى الأحزاب القومية العربية ولا يخفى عليك مثل حزب البعث فعلت ذلك فلا داع لتطبيق الشيوعية برمتها! فما أقصده أن الشيوعية أصبحت كأحجية الأطفال في السمسم حيث يسألون لو أكلت نصفه عِشتَ ولو أكلته كله مُتَّ! وإعلم أن الإسلام دين متسامح ومرن لذلك نستطيع خلط الاشتراكية مع الإسلام دونما الإباحية التي تطمح لها الشيوعية ناهيك عن الكفر أو الإلحاد الشيوعي.

حنّون: الاشتراكية مرحلة ابتدائية تتقدّم الشيوعية أي هي بداية الشيوعية وكذلك هي مرحلة انتقالية بين الرأسمالية والشيوعية، لذا الاشتراكية ليست فكر وإنما هي تحضير لتطبيق الفكر الشيوعي المحض.
والأديان الأبراهيمية كلها (اليهودية والمسيحية والإسلام) أنظمة فكرية شمولية وهي أنظمة قديمة لا تصلح للتعايش مع أي فكرة جديدة وذلك بالضرورة يؤدي لتعذر خلط الاشتراكية مع المسيحية ناهيك عن خلط الشيوعية مع الإسلام لعدم وجود علاقة بين هذه الأفكار. كما أن الإسلام ليس مرنا كما يُعلن بأنه يحوي الشريعة السمحاء بل هي شريعة جامدة لا تسامح ولا مرونة لها و الإسلام يكون دين إباحي جنسيا إن تم تطبيقه حرفيا وقد خبرنا ذلك من حال حياة التنظيمات الجهادية قاطبة حيث تعدد الزوجات إضافة للسبايا اللاتي هن ما ملكت الأيمان!

صابر: لا تخرج عن الموضوع وعليك عدم ادّعاء خرافات حول الإسلام الحنيف فهو دين العصر والمستقبل الآخذ بالتزايد فلا يخفى عليَّ غَيُّك لتشويهه هكذا وأمّا التنظيمات الجهادية فهي ليست دليلاً أو بينة تستخدمها لضرب الإسلام حيث يمكن اعتبارها خاطئة كلها أو كونها عميلة لجهات مغرضة تريد هدم الإسلام الصحيح القويم الذي يريده الله لنا في كتابه.

حنّون: حسناً لنعد للموضوع، فحسب تعبير الماركسيين "البشرية كلها (مجتمع الإنسان) تسير تاريخيا نحو الشيوعية أي المشاعية في كل شيء".
والشيوعية في واقعها الفكري لا تدعوا الى الإباحية مباشرة لكن الشيوعية تقول أن إباحية الجنس تجعل الشعوب سعيدة (وذلك يشابه سعادة المؤمنين في الجنة في القرآن بالجنس) وأما كيف ستكون هذه الإباحية الشيوعية؟ وهل سنرجع لنكون مثل الحيوانات؟ أم يمكن أن سنقنن الجنس بحيث نجعله ممارسة طبيعية وتمارس بمسؤولية فهذا غير محدّد بنص أو منطوق شيوعي.
والواقع يشير الى أن المجتمع يسير نحو التكامل والوحدة فالأخلاقيات تتوحد حاليا وتتكامل ضمن أُطُر وقوانين جديدة تجعل المجتمع الإنساني سعيد وهذا

ليس بالضرورة يحتاج أو يوجب أن يكون مشاعي أو إباحي كالفكرة التي دعى لها الماركسيون أيام زمان.

صابر: وماذا عن تقاليد العشائر والقبائل العربية والكردية والتركية وغيرها أليست هذه اشتراكية من قبل أن ينطق وَيَغرّد علينا ماركس وإنگلز فلماذا تعترض على تقاليدنا القبلية الرائعة التي لا تتعارض مع الإسلام؟ والله تعالى يقول في الآية 13 من سورة الحجرات

(أَيُّهَا النَّاسُ إِنَّا خَلَقْنَاكُم مِّن ذَكَرٍ وَأُنثَىٰ وَجَعَلْنَاكُمْ شُعُوبًا وَقَبَائِلَ لِتَعَارَفُوا ۚ إِنَّ أَكْرَمَكُمْ عِندَ اللَّهِ أَتْقَاكُمْ ۚ إِنَّ اللَّهَ عَلِيمٌ خَبِيرٌ) لذلك الشريعة الإسلامية تحوي بداخلها كل فوائد الاشتراكية من خلال إقرار العيش بشكل قبائل وبما يتماشى مع القرآن.

حنّون: ليس معنى الاشتراكية تعارف وتزاوج القبائل بما يرضي الله، فالاشتراكية هي مرحلة انتقالية بين الرأسمالية والشيوعية هذا مضمونها!

عموما الاشتراكية لم تنجح بالعالم بأساس أن الشيوعية لم تنجح عالميا أو أمميا رغم نجاحها في إبقاء أنظمة تحتسب على الشيوعية حاليا مثل الصين وكوريا الشمالية وغيرها

الرأسمالية استفادت من بعض الافكار الشيوعية ووظفتها في العلمانية الحديثة ولهذا تعتبر العلمانية الحديثة آخر ما توصلت له الحداثة من أسلوب ناجح ومجرّب عالمياً.

صابر: الإسلام أفضل اقتصاديا لأنه وسطي بدليل أنه يكون اشتراكي عند زيادة الفقر ورأسمالي عند الرفاهية أي منظومته غير جامدة لذلك هي متطورة أكثر من الماركسية والاشتراكية والرأسمالية وهذا بالضبط معنى الآية 143 من سورة البقرة والتي تقول (وَكَذَٰلِكَ جَعَلْنَاكُمْ أُمَّةً وَسَطًا لِّتَكُونُوا شُهَدَاءَ عَلَى النَّاسِ وَيَكُونَ الرَّسُولُ عَلَيْكُمْ شَهِيدًا ۗ وَمَا جَعَلْنَا الْقِبْلَةَ الَّتِي كُنتَ عَلَيْهَا إِلَّا لِنَعْلَمَ مَن يَتَّبِعُ الرَّسُولَ مِمَّن يَنقَلِبُ عَلَىٰ عَقِبَيْهِ ۚ وَإِن كَانَتْ لَكَبِيرَةً إِلَّا عَلَى الَّذِينَ هَدَى اللَّهُ ۗ وَمَا كَانَ اللَّهُ لِيُضِيعَ إِيمَانَكُمْ ۚ إِنَّ اللَّهَ بِالنَّاسِ لَرَءُوفٌ رَّحِيمٌ) **فنحن وسط** في كل شيء أليس كذلك؟

حنّون: وجعلناكم "أمّة وسطا" أي يتقبلكم اليهودي والمسيحي ولأن الإسلام هو دين أبراهيم فهو يتوسط اليهودية والمسيحية بواسطته بأساس أنه أبو الأنبياء. أمّا تأويل الآية بأنها تعني أن الإسلام أمّة وسط بين الماركسية والرأسمالية فهذا هذا كلام غير صحيح!

الإسلام قوانينه جامده وثابته وغير متغيرة لأنه من مصدر إلهي واحد والقرآن يقول أن لا تبديل لكلام الله وشريعته ثابتة فقطع يد السارق ثابت لا يتغيَّر رغم من أنها فكرة خاطئة عند البشر الأسوياء وحتى أن بعض الفقهاء قاموا بتغيير التفسير للتملص من ذلك أو تقليل مقدار القطع للابتعاد عن المعنى الحرفي قدر الإمكان فهو يتنافى مع العصر في عدم احتواءه على إعادة التأهيل للسارق وكذلك كيف يعمل السارق بعد قطع يده!

صابر: هذا موضوع آخر وأنت لست فقيه لتناقش معنى القرآن حرفيا أو مجازيا في عقوبة قطع يد السارق ولا تتخذ ذلك حجّة لاعتبار الإسلام غير مرن تجاه تطبيقه العملي فالفقهاء يسعون للتطبيق العصري للإسلام.

صابر: لماذا أنت مهتم بمنظومات حياتية ليست لنا فأنت لست أوربي أو صيني كي تتكلم عن الشيوعية أو الماركسية، فلماذا لا تأخذ بما هو مرتبط بتراثك الإسلامي والعربي الذي هو هويتك التي ولدت في كنفها وأرضها فالعالم اليوم هو نحن والآخرون ونحن لا نريد أن نخسر هويتنا وفلسفتنا واقتصادنا الإسلامي المتطور، أليس كذلك؟

حنّون: الإسلام دين لكل العالم ولهذا فهو شامل لكل البشر ولهذا عندما نناقش الإسلام لا نفكر بالعنصرية الكل سواء الصيني والعربي والامريكي بأساس الإسلام نفسه فلا تسبح عكس التيار طالبا أسس لا يسمح بها دينك لتدافع عن دينك. ولهذا نضع شريعة الإسلام بميزان الانسانية جمعاء لنعرف النتيجة، خاصة ونحن الآن نتجه نحو نظام القرية العالمية أي أن العالم كله أصبح من خلال العولمة قرية واحدة فنختبر الإسلام وصلاحيته وصلاحه للبشر جميعهم على السواء رغم اختلاف تقاليدهم وعاداتهم والعلم يقول أنها ستتحد مستقبلا لتندمل بثقافة بشرية واحدة.

ولذا يكون ما قدمه ماركس من معلومات هو من فكر ذوي اختصاص وعلى أقل تقدير يجب أن نحترم وجهة نظره ونناقشه فيها بدلا من قفل العقل تجاهها.

النظام الإسلامي يؤمن بالاشتراكية والعدالة الاجتماعية ولكن في الآخرة لأنه يعتقد أنه لا يمكن تطبيقها في الحياة الدنيا لكنها بنفس الوقت هدفٌ سامٍ فلماذا يعيبُ المسلمون الاشتراكيين والاشتراكيون يريدون أن يطبقوا عدالة السماء على الأرض.

صابر: لأنه لا يمكن!

حنّون: لكنهم يعملون لأجل هدف سامٍ!

صابر: ها قد بدأت بالتنظير مرة أخرى! لا توجع لي رأسي بهذه الخرافات الشيوعية!

حنّون: إنّ مسألة الجنة والنار العقاب والثواب مسألة التي لا يمكن نفيها فمنطق العقاب والثواب منطق إنساني وأمّا الجنة والنار والغيبيات المتعلقة بهذا الموضوع فهذه هي البدعة التي أوجدها الإنسان لكي يُعاقب الذين لا يمكن معاقبتهم كالمجرمين المجهولين والطغاة والظالمين لهذا فهي كفكرة الجندي المجهول في مجهوليتها وبالمقابل أيضا يغوي الشيوخ الشباب بالموت كي يذهبوا الى الجنة (في ما يُسمى بالجهاد والاستشهاد).

صابر ضاحكاً: أضحكتني هفوتكَ هذه تقصد يغوونهم بالجنة ليذهبوا للموت.

حنّون: لقد قصدت ذلك فهم يفعلون في بداية الأمر العكس عن ما هو متوقع وهو تكريههم بالحياة هذه باعتبارها زائلة وتحبيب الموت لهم باعتباره عالم مثالي للحياة الأبدية وكل ذلك قبل الكلام عن مغريات الجنة الجنسية والطعامية!

صابر: وماذا في ذلك؟ أما كنت قبل برهة تتكلم عن الجنة الشيوعية والتي يضحي الشيوعيون بحياتهم لأجلها؟ وهنا يضحي المسلمون بحياتهم للوصول لجنتهم دفاعا عن دينهم فإن قبلت بنموذج الشيوعية عليك القبول بنموذج الإسلام على السواء!

حنّون: للناقش قضية التضحية بالنفس لأجل عقيدة أو هدف، أقصد الاستشهاد أو الشهادة بكلام الإسلام.

26 الجهاد والاستشهاد وأسبابه

صابر: كما يتضح من القرآن والسنة في أن هناك جهادان، أكبر وأصغر.
الجهاد الأكبر هو جهاد النفس.
الجهاد الكبير: هو نشر السلام بالحكمة والموعظة لا بإكراه الغير على اعتناق الإسلام و
الجهاد الأصغر: هو الذود عن حرية العقيدة والتدخُّل بقوة السلاح لانصاف الملاحقين والمضطهدين.

حنّون: بل هذه طريقتك لتلطيف المعنى وما وجدته فقهيا هو التالي وهو أن مفردة الجهاد تصف جهداً فردياً وما يميزه عدم وجود صيغة جمع له في العربية

(أي أنه على وزن "فِعال" لا يجمع كمثل الكلمات وداد عناد عماد نهاد ...الخ)فما هذا التبرير الذي تبررونه من خلال اللغة؟!

فالواقع أن الجهاد بسيط المعنى وواضح بما مذكور في القرآن وهو نشر الإسلام بالقوة (وأعدوا لهم ما استطعتم من قوة ومن رباط الخيل ترهبون به عدو الله وعدوكم)60-الأنفال(هوفمان)..

صابر: الدين هو الفكر الوحيد الذي يدفع الإنسان بأن يضحِّي بنفسه ويستشهد ففي كل العقائد هناك هدف يستحق الإنسان أن يضحي من أجله وهذا موجود في الدين الإسلامي فالإنسان المسلم يستشهد دفاعاً عن وطنه وشرفه وعقيدته والجنة هي النتيجة أو المكافأة.

حنّون: فكرة الاستشهاد هذه، فكرة أنانية تخاطب النفس البشرية والنزعة الفردية الأنانية لأن الدين سوف يثيب من يستشهد بالجنة فنرى أن الجندي يضحي بنفسه لأنه يؤمن أنه سوف يذهب الى الجنة حيث لا يوجد هناك ظلم وهو مقتنع بذلك خاصة عند تخيله حاله الحالي بما سيحصل عليه في الآخرة.

وغالباً ما يكون الإنسان مُنقاد يفكر بميزان الربح والخسارة والجهاد أي الاستشهاد لربح الجنة التي هي أفضل بكثير من حياته البائسة فهل يجب أن تكون حياة الإنسان بائسة ليكون أكثر اقتناعاً بذلك؟ هل توجد مؤامرة للبؤس لجعلنا أكثر تعلق بهذا الفكر؟

هذا هو غسيل الدماغ وهذا هو الخداع والنفس البشرية لها كل الحق في العيش بكرامة. وبالتالي لا يمكن أن نخدع الإنسان بوجود حياة أخرى ونجعله يموت لهذا السبب فهذه جريمة إن حدثت وإن لم تحدث بعد ففي الكذب تحفيز على الانتحار وهو جريمة.

ويمكن أن نحوّل مفهوم الاستشهاد عبر منطق الربح والخسارة وذلك بجعل الاستشهاد يكون لأجل هدف نبيل وتقديم وتوفير حياة جديدة وجيدة لأطفالك وللآخرين الطيبين معك وهناك حياة واحدة وهي ممتدة عبر أجيالنا القادمة وهذا هو الهدف الوحيد الواجب الدفاع عنه والاستشهاد من أجله أو حمايته بأي وسيلة.

صابر: ليس الأمر هكذا دائما بالإسلام، فمثلاً سيد الشهداء الحسين (ع) عندما صرّح بأسباب خروجه التي أدّت الى استشهاده وكانت (الإصلاح بالأمر بالمعروف والنهي عن المنكر) وليس الجنة كما تدعي وهنا قد ابتعدنا عن الموضوع الأساسي الذي نحن بصدده الآن.

حنّون: أقصد أنه حارب في سبيل هدف إسلامي لكن أرجو أن تقرأ التاريخ القديم حول هذه الحادثة فيكفي أن أقول أن أهل السنة يقولون أن سيدنا يزيد قتل سيدنا الحسين فأي منطق هذا والواقع ببساطة هو صراع من أجل السلطة. لنبدأ من ملاحظات عامة حول الإسلام وأريد منك الأجابه عليها.

صابر: لا باس، لكني لا أتفق معك في قضية أن كل ما حدث هو مجرّد صراع لأجل كرسي الحكم!

27 التقويم القمري

حنّون: (ويسألونك عن الأهلة قل هي مواقيت للناس والحج)189-البقرة. (إن عدة الشهور عند الله أثنا عشر شهرا في كتاب الله يوم خلق السموات والأرض منها أربعة حرم ذلك الدين القيم فلا تظلموا فيهن أنفسكم)36-التوبة. (هو الذي جعل الشمس ضياءا والقمر نورا وقدرة منازل لتعلموا عدد السنين والحساب)5-يونس. ومن هنا بدأ التقويم الهجري القمري وتُرك التقويم الشمسي والذي هو ضروري للزراعة والتنوع المناخي لأنه مرتبط بالطقس على مدار السنة فالشتاء مثلا سيكون دائما في نفس الشهر من التقويم كل سنة.

فكيف ينصح الدين بذلك والتقويم القمري لا ينفع في تنظيم الحياة اليومية كتنظيم إجراءات الزراعة مثلا؟

صابر: التقويم القمري هو للعبادات وليس للأعمال ولا ضير أبداً في استخدام التقويم الشمسي. فمثلا شهر رمضان يتغير وقته حتى تتم حكمة الله في اختبار طاعتنا في كل الظروف ومنها الحر والبرد. وكذلك حج البيت لمَن استطاع إليه سبيلا فيتغير موعده صيفاً وشتاءً حتى يُختبر المسلم في أداء الفريضة والأجر على قدر المَشقَّة.

حنّون: (ولبثوا في كهفهم ثلاث مائة سنين وأزدادوا تسعا)25-الكهف..(غلبت الروم ببضع سنين) (الف سنة مما تعدون) فهل هذه السنين قمرية أم شمسية؟ ما هو تعريف السنة في القرآن؟

صابر: لاحظ المعجزة في أن 309 سنين قمرية تعادل 300 سنة ميلادية تماما لذلك هي سنين قمرية! أما الآيات الأخريات فلا فرق في كونها شمسية أم قمرية فالمعنى واحد!

حنّون: قل لي أليست هي مفارقة في أننا نُعيب على السيخ مثلا طوافهم حول معبدهم الذهبي، أو نعيب الوثنيين في طقوسهم والحجاج المسلمون بنفس الشاكلة يطوفون حول الكعبة ويسجدون ويصلون باتجاهها وهي نفس حركات عبدة الأوثان ونفس حركات الذين يقدمون الولاء للملوك في قديم الزمان؟

28 الحج، لماذا؟

صابر: هناك اختلاف طبعا لأن فريضة الحج التي يقوم بها المسلمون هي حُكم رباني لدين الله الحق وذلك مختلف عن نيّة الكافرين والمشركين والمتلمقين في حركاتهم وكلامهم. فعلامَ بكَ؟! أما تدري أن الالكترون يدور حول النواة والقمر يدور حول الأرض والأرض حول الشمس والشمس حول المجرة الى أن تصل الى الأكبر مطلقا وهو الله (مصطفى محمود) (وكلٌّ في فلكٍ يسبحون)، سُبحان الله، فالبيت الذي يحج إليه المسلمون هو بيت الله.

حنّون: وكيف صدّقت مشابهة المسلمين بالألكترونات والكواكب هذه؟ وماذا يعني قولك "بيت الله" هل الله ساكن فيه مثلا؟

صابر: هذا رمز لوجود الله ومكان اختاره هو لنا لنتقرب له وندعوه منذ النبي أبراهيم ع!

حنّون: وهل التماثيل أو الأصنام في السابق كانت رمز لوجود الله أيضا؟

صابر: شتان بين أثنين قد حمى الله بيته من أبرهة الحبشي (أصحاب الفيل) قبل أن تأتي الرسالة المحمدية وأرسل الله لهم طيرا أبابيل ترميهم بحجارة من سجّيل فجعلهم كعصف مأكول.

حنّون: فلماذا لم يحمه الله من الحجاج بن يوسف الثقفي عندما ضرب الكعبة بالمنجنيق وهدم جزءا منها وهذا كان بعد الدعوة المحمدية؟!

صابر: لكل حادث حديث!

حنّون: أنت متباسط في الموضوع كثيرا!

فالغرض من فريضة الحج جعل مكة مركز تجاري لأنها كانت كذلك قبل الإسلام ولغرض بقاءها بهذا المركز الاقتصادي بقيت فريضة الحج مستمرة لما بعد الإسلام بتغيير هو أن للحج رب واحد وليس لعدة أرباب كما كان في السابق!

فكيف تفسر عطلة الاسبوع عند المسلمين هي في يوم الجمعة؟

علما أن لا عطلة في الإسلام (يأيها الذين آمنوا اذا نودي للصلاة يوم الجمعة فأسعوا الى ذكر الله وذروا البيع ذلكم خير لكم أن كنتم تعلمون فاذا قضيت الصلاة فانتشروا في الأرض وابتغوا من فضل الله وأذكروا الله كثيرا لعلكم تفلحون)10-الجمعة

صابر: وماذا بها لم أفهم سؤالك؟

29 الجمعة

حنّون: العالم الآن متصل بعضه ببعض وعليه تكون الاتصالات لتسيير وتيسير العمل في هذا العصر السريع الحركة ولذلك قامت تونس وتركيا بجعل العطلة عندهما يوم الأحد حتى تتواصلا بالاتصال مع بلدان العالم فقامت الدنيا عليهما ولم تقعد ولكن قرارهم صحيح ولماذا لا يتبع كل العالم الإسلامي ذلك حتى لا يخسر ثلاثة أيام في الأسبوع وهي الجمعة (عطلة المسلمين) والسبت والأحد (عطلة باقي العالم غير الاسلامي)؟

صابر: لم تقم الدنيا أبداً!

ويوم الجمعة ليس بالضرورة أن يكون عطلة فقد قال الباري عز وجل ذروا البيع أي أتركوه لفترة الصلاة ولم يقل أنه عطلة رسمية!

حنّون: وهذا ما قصدته وأنت تبدو متسامح كثيرا كما قلت لك ولكن العالم الإسلامي لا يرضى بذلك. فلماذا هذا التزمّت؟ كل جيل يفسر القرآن بما يراه فما فائدة كل هذه التفاسير لابن كثير والقرطبي وذو الجلالين والبلاذري والطبري وابن شُبَّر والميزان وكل من له إمكانية في تفسير القرآن يفسره حتى أصبحت التفاسير متباينة عن بعضها البعض ولكل له مريديه ومتبعيه؟

صابر: كثرة التفاسير تدل على القيمة القرآن الكبيرة وهو كالبحر فالجميع يستطيع الإبحار فيه وكلٌ حسبَ قدرتهِ في سَبر أغواره.

حنّون: ها قد أصبح القرآن بذلك صعب الفهم وأصبح مجموعة أحاجي أو طلاسم غير مفهومة وكل شخص يفهمها على قدر قابليته فكيف لي مثلا أن أجد الحقيقة من خلاله فربما أنا أقتنع لفترة به أو أُقنع نفسي به ولكني لا أصل للحقيقة حقا.

صابر: هذه مشكلتك لفهمك القاصر هذا ورؤيتك السطحية التي ذكرتها للتو.

30 التارك لدينه

حنّون (يغير الموضوع): لماذا يُحكم على المسلم الذي يترك دينه بالقتل أو التفريق عن زوجته المسلمة كما في قضية الدكتور نصر أبو زيد؟ (يأيها الذين آمنوا من يرتد منكم عن دينه فسوف يأتي الله بقوم يحبهم الله ويحبونه يجاهدون في سبيل الله ولا يخافون لومة لائم أذلة على المؤمنين أعزة على الكافرين)54-المائدة. فهذا الحال هو مثيل حال عصابات المافيا بقتلهم من تركهم بذريعة عدم إفشاء أسرارهم وعذرا على هذا التشبيه.

صابر: لا عذر لك ولا أتقبل عذرك هذا. بل سأسألك إن كان لديك قطيع أغنام، وإحداها مريضة فقد تُعدي الآخريات فهل تقتلها لأجل سلامة الآخريات؟ إضافة الى ذلك القرآن فيه آيات كثيرة بالمقابل لترك المختلف دينيا وشأنه مثل (وقل الحق من ربكم فمن شاء فليؤمن ومن شاء فليكفر)29-الكهف. (أفأنت تكره الناس حتى يكونوا مؤمنين) 99-يونس. (إنك لا تهدي من أحببت ولكن الله يهدي من يشاء) (إن الله يضل من يشاء ويهدي من يشاء)8-فاطر.

حنّون: الآيات التي ذكرتها تبين تناقض القرآن معنويا وهناك إجماع إسلامي حول قضية المرتد من قبل كل طوائف المسلمين إضافة الى ذلك الناس ليسوا كالخراف فلو كان أحدهم مريض يجب أن يعالج لا أن يُقتل! وإلّا لتم قتل كل الناس الموجودين في المستشفيات وخاصة مرضى الأيدز، ثم لماذا لا تعاملني حسب مقولتك "ما زاد **حنّون** في الإسلام خردلة" فعلى أقل تقدير يكون لي أفضل من القتل كالخراف!

31 العبيد

لننتقل الى موضوع آخر، لماذا يعترف القرآن صراحة بأن العبيد شريحة اجتماعية؟ (يا أيها الذين آمنوا كتب عليكم القصاص بالقتلى الحر بالحر والعبد بالعبد)178-البقرة وأيضا (وإن خفتم ألّا تقسطوا في اليتامى فإنكحوا ما طاب لكم من النساء مثنى وثلاث ورباع فإن خفتم ألّا تعدلوا فواحدة وما ملكت أيمانكم ذلك أدنى ألّا تعولوا)3-النساء، (والمحصنات من النساء إلّا ما ملكت

أيمانهم)24-النساء. (وليستعفف الذين لا يجدون نكاحا حتى يغنيهم الله من فضله والذين يبتغون الكتاب مما ملكت أيمانهم)33-النور. (ضرب لكم مثلا من أنفسكم هل لكم من ما ملكت أيمانكم)28-الروم. فهل هم كذلك؟ وكيف ترضى أنت أن تكون عبدا بأي شكل من الأشكال فإنا لا أرضاها لنفسي فهي ليست بعدالة إنسانية فكيف تكون العدالة الإلهية إذن؟ وهذا يذكرني كيف أن في جزء من الهند هنالك اعتقاد سائد أن شريحة من المجتمع يجب أن تُعامَل كعبيد لأنهم مخلوقين للخدمة وحتى ابناؤهم وبناتهم يُربَّون على هذا الأساس، فكيف لي أن أكون عبدا أو يكون ابني كذلك!

صابر: كيف افترضت ذلك؟! قد قال عمر ابن الخطاب (متى استعبدتم الناس وقد ولدتهم أمهاتهم أحرارا)(علي عزت بيكوفج)

حنّون: نحن لا نريد أن نستند على ما قيل وقال من البشر لأننا اتفقنا على أولوية القرآن، فإن نفس هذا القول موجود عند الرومان وهم أقدم من الإسلام "قانون الرومان أعلن مبدأ حرية الإنسان (جميع الناس منذ البداية مولودون أحراراً) ".

صابر: الإسلام هو الدين الوحيد الذي دعا الى نبذ الرق، وأمّا في الإنجيل ففي رسالة بولس الى أهل أفسس "أيها العبيد، أطيعوا سادتكم بخوف ورعدة في بساطة قلوبكم كما الرب".

حنّون: ذلك بشاكلة الآية 59 من سورة النساء (يَا أَيُّهَا الَّذِينَ آمَنُوا أَطِيعُوا اللَّهَ وَأَطِيعُوا الرَّسُولَ وَأُولِي الْأَمْرِ مِنكُمْ ۖ فَإِن تَنَازَعْتُمْ فِي شَيْءٍ فَرُدُّوهُ إِلَى اللَّهِ وَالرَّسُولِ إِن كُنتُمْ تُؤْمِنُونَ بِاللَّهِ وَالْيَوْمِ الْآخِرِ ۚ ذَٰلِكَ خَيْرٌ وَأَحْسَنُ تَأْوِيلًا) فإنها نفس الدعوة للطاعة وأنت عندما تطيع دون نقاش تكون عبدا سواء أن قلت ذلك أم لم تقُل حرفيا. أنا أريد تصريح واضح لتحرير العبيد.

صابر: "إن تسريح العبيد في ذلك الوقت يعني كارثة اجتماعية". (مصطفى محمود)

حنّون: على مَن تكون هذه الكارثة الأسياد أم العبيد؟

صابر: علينا أن نحدِّد ما نقول في مسألة الرق! العبيد كانوا شريحة اجتماعية قبل الإسلام وقد جاء الإسلام وقلّل من حِدّتها وقلّص مصادر الرق فدائما يَذكر الإسلام "عتق الرقبة" كحسنة يكسبها المسلم لكن العبودية استمرت لأسباب لا علاقة لها بالإسلام فأهم مصادر الرق هي:

1- في العهد الروماني كان الفلاحين يعتبرون نوع من العبيد (الأقنان) لمالك الأرض بحيث يجوز له بيعهم وشراؤهم مع الأرض

2- كان سواد لون الجلد عند الفرس والرومان وغيرهم صفه تبيح الاسترقاق، فكلُّ أسود عندهم هو عبدٌ يجوز بيعه وشراؤه مهما كانت الوسيلة التي تم الحصول عليه بها.

وكان هذا النظام سارياً حتى في الأمريكيتين حيث نهب النَّخَّاسون الغربيون (في ظرف خمسين سنة) من الأفارقة السود حوالي خمسة عشر مليونا ونقلوهم عبيدا الى الأمريكيتين وظلوا عبيدا الى أيام أبراهام لنكولن حيث أعلن تحريرهم ولكنهم رغم هذا الإعلان ظلوا في مرتبة عبيد بسبب العقلية السائدة وهذا أدّى بهم الى تطوير التشريع فيما بعد ليحصلوا على حريتهم فعليا.

3- كانوا في أوربا وفي كثير من بلدان العالم يسترقون المدين مقابل الدين الذي يعجز عن أداءه ويقر لهم القانون على ذلك.

4- أباح النظام الاجتماعي لكثير من شعوب الشرق الأقصى بيع أطفالهم وحتى زوجاتهم وتم سَوقهم بذلك للعبودية.

5- كما أن هناك نوع من الرق عند الهندوس وهو برأيي أحط الأنواع وهو رق المنبوذين حيث يعتقد الهندوس (حتى هذا اليوم) أن هذا العِرق من البشر "المنبوذين" هم أرقاء أبديون خلقوا هكذا ولا يمكن تخليصهم من الرق حتى الممات وهذا هو النظام الديني عندهم، ويُلقّن هؤلاء المنبوذون بالعبودية كقاعدة من قواعد دينهم بل التي لا يجوز الخروج عنها.

6- ولكن المصدر الرئيسي الأكبر للاسترقاق في العالم هي الحروب (الغنائم)(محمود الخطيب)

ولقد أبطل الإسلام كل أنواع الرق عدا النوع الأخير وهو الناتج من الحروب العادلة المشروعة التي يخوضها المسلمون ضد أعداءهم دفاعا عن حرية نشر الإسلام (التبليغ أو الدعوة) ودفاعا عن أنفسهم وعِرضهم وممتلكاتهم فحتى ماركس قال " طالما كان نظام الانتاج ضروريا، فإن استغلال الإنسان للإنسان ضروري أيضا ".

حنّون: لا يخفى عليك طبعا ما حصل من استعباد البشر من قبل داعش (تنظيم الدولة الإسلامية) فهل تؤيد ما فعلوا دفاعا عن الإسلام في قولك عن الحروب العادلة المشروعة؟

وأمّا التسخير فهو موجود في آية التسخير في القرآن.

وهذا مبدأ غير مقبول حاله في عدم مقبوليته في استعباد الأسرى الذين تم سن قوانين الأمم المتحدة لمعاملتهم معاملة إنسانية تناقض شرعنة الاستعباد إسلاميا.

باختصار أول من نجح في إرساء المساواة بين البشر هو تنفيذ مبادئ الثورة الفرنسية.

واذا أردنا أن نقييم الثورة الفرنسية بالحقائق التالية:

إسقاط السلطة المستبدة المتعسفة للكنيسة و

إسقاط السلطة المستبدة المتعسفة للنبلاء حيث

اكتشاف حقيقة أن الناس كافة متساوون أمام القانون وتحقيق ذلك واقعيا وبدء الناسُ في تنظيم شؤونهم على الأرض بأنفسِهم مستقلين بصفتهم أكفاءَ متساوين.

صابر: ولكن هذه الأهداف إسلامية في روحها وموجودة في الإسلام قبل الثورة الفرنسية التي بدأت للتو بتبجيلها!

حنّون: ما أذكره موثق تاريخيا، بينما الإسلام تاريخيا لم يحرر العبيد بمثل ذلك حتى لو دعا لعتق الرقبة مقابل حسنات إلهية وقد كان للثورة الفرنسية الفضل الأكبر في تحريرهم للوصول لواقعنا الحالي الخالي من الاستعباد تقريبا ولم تكن هناك علاقة للثوارِ الفرنسيين بالدين حيث كان لهم شعار "أشنقوا آخر ملك بأمعاء آخر قسيس" أي أنهم حاربوا الملكية ورجال الدين على السواء أي لم يتفقوا مع الفكر الديني بالضرورة.

إضافة الى ذلك، ما أجده هو أن الناس غير متساوون أمام الشرع أو التنظيم أو القانون الإلهي

صابر: كيف بالله عليك ؟

حنّون" هناك أهل البيت في الأرض وهناك باقي المسلمين في الآخرة ومن يبتغِ غير الإسلام دينا فلا يُقبل منه وهو في الآخرة من الخاسرين وهناك أهل البيتَ الذين لا تحل عليهم الصدقة ويأخذون الخمس وهناك في الآخرة نظام الواسطة أقصد يشفع النبي للمسلمين عند الله. (هوفمان).

صابر: أنك تخلط الأشياء خلطاً وكلامك غير مربوط ربطا واقعيا.

32 الأسود والأبيض

حنّون: ما قولك في مسألة اللون الأبيض والأسود مازال تأثيرها عند المسلمين مستمراً فهناك فرق بين جلدٍ أسود وأبيض. (يوم تبيض وجوه وتسود وجوه)105-آل عمران فأما الذين أسودت وجوههم أكفرتم بعد إيمانكم وأما الذين أبيضت وجوههم ففي رحمة الله (آل عمران 106)

صابر: أنت تفهم القرآن سطحيا! مَن قال لك أن هذا يعني أن الأسود هو الذي لون وجهه أسود؟! فالقرآن يشير الى ذلك مجازا كما في الآية 58 من سورة النحل (وَإِذَا بُشِّرَ أَحَدُهُم بِٱلْأُنثَىٰ ظَلَّ وَجْهُهُ مُسْوَدًّا وَهُوَ كَظِيمٌ) وتفسيرك هذا تفسيرٌ ظاهري وإلّا لما كان بلال الحبشي أحد الصحابة (محمد حسين فضل الله) وفي الوقت الحاضر الملاكم محمد علي كلاي الأسود أصبح داعية مسلم مبجل في كل مكان عند المسلمين.

حنّون: ما أراه أن إسلام محمد علي كلاي ليس على أساس فهم للدين الإسلامي وإنما نكاية بالدين الذي يدين به البيض المسيحيون لا أكثر.

صابر: لكن هناك من المسلمين من هو أبيض أيضا. ماذا عن مسلمي الشيشان أو البلقان؟

حنّون: إن الله ميَّز الأبيض كميزة حسنة على الأسود. فهل تقبل أن تُزوِّج أختك أو بنتك أيها المسلم برجلا أسود.

صابر: لم لا إن كان مسلما حقا.

حنّون: أنت تُكابر، الأبيض من صفات الجمال لدى المسلمين.

صابر: وأن يَكن فالأسود صفة جميلة أيضا فقد قال عنترة بن شداد المسك لوني.

حنّون: عنترة ليس بمسلم وهذا أكبر مثال لمعاناة الفرقة العنصرية والعبودية من قبل ومن بَعد الإسلام.

صابر: قبل نعم لكن ليس "بَعد"!

حنّون: وأما مسألة ما بَعد الإسلام، فاسأل العبيد والجواري في عهد الدولة الإسلامية فلم يصلنا شيء من معانتهم لأن صوتهم أمسى غير مسموع كأنين المساجين في سجون الظلام.

صابر: و لِمَ لا تفترض أنهم كانوا سعداء، حالهم حال الخدم في زماننا الحاضر ولم يصل منهم أنين أو شكاية فلا تتكلم وتتهم دون إثباتات.

حنّون: كل ما مضى من مصادر الرِق هو مِن صُنع الإنسان فهي قوانين وضعية يمكن تغيرها ولكن أن تأتي من الله كما تقول فحتى لو كانت جَزّاء الحروب فهذا لا يعني أن الإسلام أغلق سوق النخاسة.

لا يمكن لي أن أصدق أن هذا التشريع من عند الله! فالله لا يمكن أن يكون ظالما ليدعم العبودية تحت أي ذريعة.

لماذا إذاً يوجد الآن قانون أسرى الحروب وهو قانون وضعي قابل للتغيير وهو أفضل بكثير وأعدل بكثير من استرقاق الأسرى فهل كان الله (معاذ الله) غافل عن هذا؟!

صابر: يا صديقي لم يثبت ذلك لحد الآن! فالعبيد هم ليسوا سوى شريحة اجتماعية وأنت في بداية نقاشنا قسَمت البشر الى نصفين، أُناس مُنقادون وأُناس قياديون، والمنقادون هم بمثابة العبيد وقد أنصف الإسلام العبيد بأفضل مما تتصور أنت لدرجة أنني أتمنى أنا أن أكون عبدا في ظل الإسلام على أن أكون حرا في عصرنا الحالي! لكنها مجرّد أمنية مستحيلة التحقيق ولله الأمر.

إضافة الى ذلك أنت واقعيا كموظف دولة تعمل لتأخذ راتبك من الحكومة وهذا الراتب لا يغنيك أبدا لأنه محسوب مسبقا لسد رمقك فقط وهذه أيضا عبودية فلماذا لا تصب غضبك عليها؟!

حنّون: أسأت فهمي فالمنقادون ليسوا عبيدا أبدا وإنما بشرٌ لا يمتلكون القدرة في اتخاذ القرار وليس من حق أحد أن يعتدى على حقوقهم الإنسانية أبدا. أما أن أصب غضبي على الحكومة فإنا أعمل ذلك ويمكن أن نغير القوانين الحكومية لأنها وضعية، لكن كيف يمكن تغيير حكم الله؟ لا يمكن أبدا.

صابر: الإسلام ساعد على تحجيم هذه ظاهرة الرقيق وأخذ يشجع على تحرير العبيد!

حنّون: الإسلام اعترف بهذه الشريحة الاجتماعية لكن ينهيها أبدا، فالعبيد كانوا يُباعون ويُشترون في البلدان الإسلامية حتى منتصف هذا القرن كما في المغرب (عبد الكريم غلاب) ولحد الآن تمارس هذه النخاسة في موريتانيا، ولو بشكل غير رسمي حيث الناس هناك مصنّفين حسب لون البشرة. القادمون من النيجر

وأرياف السنغال وبعض الناس الأفارقة الهاربين من مناطقهم تتم الحيازة عليهم من قبل القبائل الموريتانية فيُعاملون كعبيد ولم يساعد الإسلام في كل العصور الإسلامية على رفض هذه الظاهرة وإنما واقعيا أدى الإسلام الى تشجيعها، وأنه من باب عتق رقبة، يشجع مَن لا يملك رقيقا أن يمتلك، وبذلك تزدهر سوق النخاسة وكانت مزدهرة فعلاً قبلاً، ومَن قال أن التجارَ المسلمين ساعدوا على بيع الرقيق الى الأوربيين فيه احتمال كبير من الصحة لأن أحكام الإسلام لا تمنع تجاره الرقيق! قد ظل العبيد يعانون تحت وطأة هذا القانون "الإلهي" قرونا عديدة وتاريخنا العربي زاهر بهذه الأحداث فأبراهيم السفاح والي فلسطين أيام حكم المماليك كان عبدا أو مملوكا ألباني. وغيره كثير. ولنستذكر الشاعر أبو العلاء المعري حين قال:

وهل أبيحت نساء الروم عن عمد   إلا بأسباب أصحاب النبوات

أمّا ما ذكر في القرآن فهو كثير يمكن الرجوع إليه بفرز الآيات التي تطرق فكر الاستعباد والعبودية.

صابر: لا أتفق معك وأنت لا تبدو لي بفهمك للقرآن قد فهمت إلا السطح فالعبيد أو ما وملكت اليمين لهم من الحقوق الكثير، ونحن عندما نقارن ما ملكت اليمين في عهد النبي وعهد الإسلام الأول نكون غير منصفين فمثلا كان بلال الحبشي عبدا وتم عِتقه وأصبح من الصحابة رضوان الله عليهم وكثير من ما ملكت اليمين تم عتقهم في بيت النبوة ولكنهن ابن العِتق وفضَّلن العيش مع أهل البيت وذلك لقاء المعاملة الحسنة التي حظين بها وحتى أن الرسول تبنّى مولاه زيد بن حارثة وقام بتزويجه ابنة عمته زينب بنت جحش لأن هذه هي المعاملة الصحيحة فهل يبقى المعنى الخاطئ أو الواهم الذي ذكرته عن العبيد في كنف الإسلام؟ اعتقد أن حياتهم كعبيدٍ أو مُنقادين (رغم رفضك لاعتبار المنقادين عبيد) أفضل من حياتنا الآن كأحرار.

33 زيد بن حارثة

حنّون: بالنسبة لبلال الحبشي فلك حق فيه فهو شخصية يمكن أن يُقال عنها "قيادية" فقد أخذ القرار الصحيح باعتناقه الإسلام فما جاء به الإسلام له خير له من عبوديته والمسلمون دائما عندما يذكرون اسم زيد بن حارثة يقولون مولى الرسول وهذا اسم آخر للعبد، فلماذا لا توجد الجرأة ويلقبونه بالعبد؟!

التاريخ لا يذكر لنا كثيرا عن هذا المَولى، وهو من أوائل المصدقين بالدعوة.

لكن كيف يأمر الرسول زيدا بتطليق زوجته (زينب بنت جحش) ليتزوجها؟ **(وَإِذْ تَقُولُ لِلَّذِي أَنْعَمَ اللَّهُ عَلَيْهِ وَأَنْعَمْتَ عَلَيْهِ أَمْسِكْ عَلَيْكَ زَوْجَكَ وَاتَّقِ اللَّهَ وَتُخْفِي فِي نَفْسِكَ مَا اللَّهُ مُبْدِيهِ وَتَخْشَى النَّاسَ وَاللَّهُ أَحَقُّ أَنْ تَخْشَاهُۖ فَلَمَّا قَضَىٰ زَيْدٌ مِّنْهَا وَطَرًا زَوَّجْنَاكَهَا لِكَيْ لَا يَكُونَ عَلَى الْمُؤْمِنِينَ حَرَجٌ فِي أَزْوَاجِ أَدْعِيَائِهِمْ إِذَا قَضَوْا مِنْهُنَّ وَطَرًاۚ وَكَانَ أَمْرُ اللَّهِ مَفْعُولًا)(الأحزاب 37).**

ولماذا هذا الإكرام من قبل الرسول لأسامه بن زيد بحيث يوليه قيادة الحملة الى اليمن ويكون تحت إمرته كل الصحابة حتى أن الصحابة ومنهم عمر بن الخطاب رفض الذهاب تحت إمرة أسامه بن زيد الذي لم يبلغ العشرين من عمره وذهبت الحملة بعد وفاة الرسول ومعظم الصحابة أرادوا تغيير قيادة الحملة ولكن أبو بكر قال أنا لا أخالف ما أمر به رسول الله.

لنرجع الى موضوعنا حول العبيد فالاسلام لم يساعد أبدا على تحريرهم وهذه حقيقة يجب الاعتراف بها وهذا ليس إنصاف إطلاقا ولا يمكن للعقل أن يتصوّر أن الله الذي خلق عباده يقوم بتقسيمهم الى سادة وعبيد.

صابر: أنت تذهب بعيدا في استطرادك، وما قُلته غير مُسنَد بالقرآن، فالتاريخ منه كثير مُحرَّف ولكن عندما تناقشني لا تعتمد على ما قيل وقال فقد يكون فيه تضليل وفي التاريخ كثير من التشويه. فإنا استطيع أن أنكر عليك كل ما قلت.

و أما في مورد النص لا اجتهد أبدا حيث لا اجتهاد في مورد النص فما ورد في القرآن قطعي الثبوت أما ما ورد في الأشعار وفي الروايات وحتى في قسم من الأحاديث فهو ظني الدلالة وما ورد في القرآن الكريم كما في الآية "37- الأحزاب" فهو أن الله يريد اثبات قانونا وهو زواج الرجل من طليقة ربيبه (ما تسمّونه "ابن بالتبني" وهو ما لا يرضي الله) حتى يقطع ألسنة الآخرين المترّبصين بالدعوة الإسلامية وأن يبجل أسامه بن زيد ليكون كأنما "بمنزلة" أهل البيت أي له حقوق أهل البيت من جهة ومن جهة أخرى كي يكون الرسول أوّل من نفّذ حكم الله في إزالة التبنّي الذي هو سلوك خاطئ ولنا في الرسول أسوة حسنة والله أعلم.

حنّون: قل لي بوضوح ما هو موقف الإسلام من التبني؟ فالأب والأم هما البايولوجين فقط " أن أمهاتهم الا اللاتي ولدنهم" 2- مجادلة. فأين مكانة عمل الانسان الذي يُربّي الطفل؟

صابر: وماذا بذلك؟ فهذه كلمة حقٍّ لا تُغضب أحداً وذلك أفضل من اعتبار أطفال الزنا أطفالاً شرعياً فتنتشر الفاحشة ويضيع الأصل وتضيع قيمة الزواج والعائلة الشرعية بما يرضي الله والأخلاق الإنسانية البشرية!

حنّون: يستطيع الرجل أن ينكح ما ملكت أيمانه والذرية تخرج عبيدا لاخوانهم من الأمهات الحرّات وحتى إن أعتقوا فسيظلون بمستوى "مواطنين درجة ثانية" بالنسبة الى اخوانهم الأحرار وحتى في الميراث هم ليسوا اخوانهم.

صابر: اذا تزوج الرجل من أمَة(عبدة) فمجرد أن تحمل لا يستطيع بيعها لأنها تعتبر "أم ولد" واذا ولدت فسيكون ابنها حُرا. فلو طُبّق الإسلام بطريقة صحيحة لما وجدت شيئا تظنُّ به سيئاً ولكن الخطأ ليس في الإسلام ولكن في التطبيق والمُطبّقين.

34 الرجعة للحياة بعد الموت

حنّون: حسنا. ما هو تفسيرك في الإيمان بالرجعة: " قالوا ربنا أمتنا أثنتين وأحينا أثنتين فاعترفنا بذنوبنا فهل الى خروج من سبيل " 11-المؤمن.
" قل من يحي العظام وهي رميم قل يحيها الذي أنشأها أول مرة وهو بكل خلق عليم " 79-يس.

" أنى يحي هذه الله بعد موتها فأماته الله مائة عام ثم بعثه " 259-البقرة

صابر: هذه هي الحياة بعد المَمات في الآخرة.

حنّون: هناك "المذهب السبأي" مؤسسه عبد الله بن سبأ ابن السويداء من اليهود الذين أسلموا، نشر دعوته ضد خلافة عثمان في البصرة ويؤمن بالرجعة " أن الذي فرض عليك القرآن لرادك الى معاد"85-القصص

صابر: ها أنت تقول أنه يهودي فكيف تريدني أن أصدق ما يقول؟! فكلُّ ما يقال هنا عن الحياة في الآخرة.. هو

حنّون مقاطعاً: هذا تفسيرك الشخصي. فهناك من يفسِّرها الحياة للميت في الدنيا.

وفي المعاد الجسماني:
" أيحسب الإنسان أن لن نجمع عظامه بلى قادرين على أن نسوي بنانه " 3-القيامة
" وأن تعجب فعجب قولهم اذا كنا ترابا أنا لفي خلق جديد "5-الرعد

" أفعيينا في الخلق الأول بل هم في لبس من خلق جديد " 14-ق.
موضوع الرجعة مُختلَف عليه من قبل كثير من الطوائف الإسلامية، فلماذا الاختلاف؟ الاختلاف واضح لأن الرجعة تصور غير منطقي فإن مَّن يموت فإنه يموت وانتهى ولم يرجع أي أحد من بعد مماته أبداً.
صابر: لِمَ لا؟ فهناك كثير من الحوادث تحكي أن أناسا ماتوا وخرجوا من أجسادهم ثم رجعوا الى الحياة! وتشتهر هذه الحالات باسم تجارب أو حالات الاقتراب من الموت.
حنّون: ناسا وكالة الفضاء الأمريكية فسَّرت ذلك بأنه مشابه لتجربة رائد الفضاء في جهاز الطرد المركزي أي مجرّد فقدان لوعي وصحوة بعد ذلك.
ولنتكلم عن موضوع آخر وهي الجزية.
ما أراه أنها نظام ضريبيٌ جائر يُفرَض على الشعوب المغلوبة لاستغلالها.

35 الجزية

صابر: ليس كذلك! فقد خرجت مواكب النور الاسلامية لتخلص الشعوب المقهورة التي تنتظر المخلِّص والخلاص فيا لسماحة الإسلام!
حنّون: من الذي أعطى الإسلام هذه الصورة الوردية غير الواقعية؟ ولنفرض أن هذه هي الحقيقة ونعتبرها واقع المفروض الإضافة الى ذلك قول ما حصل من تاريخ الإسلام؟ فما هذه التغطية والتزييف في رسالة الإسلام؟! " أسلم تسلم وإلا عليك الجزية وإلا فالحرب". فهذه الدعوة استفزازية متعصبة لا تختلف عن دعوة أي محتل أو غازي على مر الأزمان!
لماذا نجمِّل التاريخ لماذا لا نواجِهُه ونكشفه ونقول ما حصل فعلا؟
صابر: هؤلاء كفرة، لم يقبلوا دعوة الإسلام وذلك يعني أنهم أرادوها جحيم القتال بمحض إرادتهم عداءً للإسلام فكانت عاقبة أمرهم أن فُتحت بلادهم عنوة وكُسرت حواجز الطواغيت وتحطَّم هذا السور العالي من حول الشعوب فسرى فيها النور بعد ذلك دون سيف ولا إكراه.
حنّون:ما هذا الأسلوب التزويقي التبريري؟!
كان هناك حرب وكان هناك إكراه دائما على دخول الدين وإلّا فدفع الجزية.
خُذ مثلاً، دخول عمر بن العاص دون أمر خليفة المسلمين. لماذا نقض المسلمون العلاقة الطيبة مع النظام القبطي في مصر؟ خاصة عندما أرسل المقوقس الهدايا الى النبي ومن بينها الجارية ماريا القبطية التي أصبحت زوجة

النبي ثم بعد ذلك تم غزو أرض مصر ونقض العهد فذلك مجرد فرض رأي أو قهر واحتلال لا أكثر.

صابر: بنى المسلمون مدنهم خارج مدن المناطق المفتوحة مثل البصرة والقيروان ....الخ فكيف تقول عنهم أنهم محتلون كأي محتلين في هذا العصر؟!

حنّون: طبعا يفعلون ذلك لأنها قواعد أساسية ضرورية للحماية وتحتاج لحماية وتأمين من العدو وهذا ما يعمله أي محتل في تأسيس قواعده العسكرية في بقاع فارغة أو نائية أو صعبة الوصول للعدو.

صابر: اكتفى المسلمون الفاتحون بأخذ مبلغ بسيط من المال وهو الجزية!

حنّون: هذه ليست أمانه تاريخية منك بل هي ملاعبة بالألفاظ فالأراضي قد صُودرت من أصحابها وأصبح هناك خَراج (وهو من تشريعات عمر بن الخطاب وهي غير موجودة في القرآن) ففي القرآن يوزع الفَيء على الفاتحين أما الجزية فهي على أهل الذِمَّة وعموما هي ضرائب اذا ما حُسِبت فهي كثيرة لذا هي جائرة ولكن اذا ما قُورنت بما كان قبلها فهي قد تكون أفضل بقليل ولكنها تبقى ظالمة.

حتى إذا أحد الأمراء رَغِب في إيقاف هجرات الناس نحو المدن الإسلامية في المناطق المفتوحة حتى لا يضع الجزية عن مَن يُسلم.

وكان هذا في عهد عمر بن عبد العزيز أي بعد حوالي 60 سنة من الفتوحات أي بعد جيلين ومسألة طبيعية أن يعمل الأحفاد على استرجاع ما فقده الأجداد نتيجة إصرارهم على عدم دخول الإسلام والتمسُّك بديانتهم رغمَ فقدهم أرضهم، لذلك فكر الأحفاد باعتناق الإسلام لاسترجاع أراضيهم وذلك مسألة قياس مادي وهذا ما نراه بعد ذلك في تشرذم الدولة الإسلامية لأن معتنقي الإسلام لم يدخلوه عن قناعة فكانت دولةَ الفاطميين والأيوبيين والمماليك والتتر والسلاجقة والأتراك ...الخ.

صابر: انتشر الإسلام بغير لسان عربي في بعض الدول أي بدون حروب لقد دخلت كثير من القبائل العربية و البربر والأتراك والتتار الإسلام عن طريق رؤسائهم.

حنّون: إذن، لم يدخلهم الإسلام عن قناعة كما أسلفت! وإنما جيء بهم بطريقة الانقياد الأعمى فما هي قناعة الذين أسلموا بهذه الطريقة؟ وما هو اختلافهم عن الوثنيين؟ للعلم دين الإسلام يعتمد على القراءة والعربية بالذات، وكل من لا يعرف العربية لا يعرف الإسلام، لأنه لم يعرف القرآن، فهو لم يقرأ العربية..

ثم اذا أصاب أحد المسلمين في شيء تقولون هذا شاهدٌ على سمو دين الاسلام وعظمة رجاله واذا حدثت مشكلة للمسلمين تقولون هو استدراج من الله لهم وعقاب من الله للمسلمين على غفلتهم، ما هذا التناقض؟

صابر: وهل المجتمع الغربي جيد؟! فما لديهم هو علم جديد ظهر قسرا في أوربا صنعته في البداية وفقدت السيطرة عليه في النهاية!

حنّون: كيف ظهر قسرا. لماذا نبخس حق علماء أوربا في خدمتهم للإنسانية. وكيف فقدت السيطرة عليه وهي الآن على قمة التطور الإنساني والتكنلوجي. فإن قلت أنهم وصلوا الى النهاية الآن فأين وصلت البلدان العربية الأن؟!

صابر: عندما أذكر المجتمع الإسلامي لا أقصد به البلدان العربية! فتخلف الدول العربية هو نتيجة سياسة حكامها ولكن دار الزمن دورته وتلاحم المجتمع الإسلامي والجاهلي مرة أخرى كما هو الآن في أوربا أو أمريكا.

حنّون: وأين تأثير هذا العدد الضخم من المسلمين في ألمانيا؟ لماذا هذا التناقض؟ ولماذا تعتبر المجتمع الأوربي عالم جاهلي؟ فقد تقول لي أن حضارتهم العمرانية ليس لها علاقة بالحضارة الإنسانية وأن الله قد دمر حضارات سابقة متطورة لأنها لم تكن ملتزمة بقوانين الله، أليس كذلك؟ المعلومات المستقاة من تدمير الله للحضارات السابقة ثمود وعاد وعدن...الخ هي معلومات دينية ليس لها تاريخ علمي أو أثري سوى القرآن الذي يرجع تاريخه الى ألف وأربعمائة سنة. وأن الحضارة العمرانية لا يمكن أن تتطور دون حضارة إنسانية فالمجتمع السليم يخلق حضارة وقوانين صحيحة وعادلة وهي ما خلق ويخلق الحضارة لأن الإنسان اذا ما أنعم بحياة اجتماعية وإنسانية جيدة قام بالعمل بنشاط. وبتكافل الأعمال عن طريق النشاط الإنساني تتكون الحضارة.

صابر: فكيف تفسر إسلام كثير من الأجانب؟

حنّون: مسألة إسلام أفراد من الأجانب ليست مسألة دقيقة للمقارنة فيجب حساب عدد المسلمين الجدد من الأجانب بالنسبة الى عدد الولادات ثم مقارنة هذا العدد بالمسلمين الذين يتركون دينهم خِفية ودراسة الأجانب (غير العرب) منهم الذين يؤمنون بالإسلام فكثير من المسلمين الأجانب يسلمون دون ايمان كامل نتيجة مقارنة قاموا بها بين دينهم المسيحي والدين الإسلامي مثل الألمانية "زيجرد هونكة" أو لغرض بناء صرح إعلامي مثل دخول "غارودي" الإسلام، ولإثبات كلامي حول غارودي هو يعتمد أسلوب المقارنة بين الأفكار الإسلامية والشيوعية والرأسمالية ألخ وعندها وجد أن الإسلام له الأفضلية في بعض الأمور

كما تم تصويرها له من قبل مفسري القرآن فهو لا يعرف العربية بصورة جيدة فهو عندما يقال له مثلا أن القرآن يقول أن الأرض كروية من خلال "آية الدحية" تجده يُصدِّق ذلك لعدم معرفته بمعنى الكلمة بالعربية. وهكذا ترى أفكاره مُتشتِّتة على مدار عمره فعندما وجد شيئا لم يعجبه في المسيحية أصبح شيوعيا وعندما وجد شيئاً في الشيوعية لم يعجبه أصبح مسلما واعتقد عندما أنه لو قرأ القرآن بعين الباحث سيترك الإسلام ربما ليتخذ سبيلا آخر إن وجد سبيلا آخر أي أن ما يفعله هو المقارنة للعقائد فيرتمي بما يجده أفضل برأيه!

صابر: بدأ أبراهيم الخليل ع دعوته في العراق وانتهت في المسجد الحرام وموسى ع بدأ في مصر وقام ملك أسرائيل في الشام وعيسى ع قام دعوته في الشام وقامت أول دولة نصرانية في روما وسيدنا محمد ص بدأ دعوته في مكة وأول دولة إسلامية في المدينةوالدعوة الفاطمية بدأت في العراق وانتهت في شمال أفريقيا وحتى الدعوات الأرضية مثل ماركس وأنجلز بدأت في ألمانيا وانتهت في روسيا. وهذا يعني أن من الممكن أن تنبق الدعوة الإسلامية من أي مكان في العالم لنقل من داخل ألمانيا مثلا!

حنّون: ما تقوله ليس واقع فالضرورة التاريخية لا يمكن معرفتها بالتكهُّن بها في المستقبل من خلال استقراء التاريخ وحده بعمل مقارنة للأحداث ورغم ذلك، يمكن الاعتماد على القراءة التاريخية في قياس احتمالية حدوث حدث في المستقبل ولكن هذه الاحتمالية لا تتجاوز 10%. أما اعتبارها حقيقة أو جعل الاحتمالية أكثر من 50% فهذا تزييف للواقع العلمي الدراسي وبالتالي يجعلنا لا نستقرأ المستقبل بشكل جيد وبالتالي يؤدي ذلك الى هدر طاقتنا في هذه الأحلام بل الهلاوس الدينية بالوقت الذي نحتاجه لتطوير حياتنا بتطبيق العلم الحديث كما تتقدم باقِ الدول.

صابر: بل المسلمون أثبتوا للعالم حضارتهم ولكنك أنت كما يبدو بوق وطبل للغرب!

حنّون: أي حضارة هذه؟!

هل ما تقوله هو عندما ذهبت الدولة الأموية ليد الدولة العباسية على أكتاف الفرس أم عند بروز العنصر البربري في الغرب حتى بلغ في الأندلس 26 أمارة عربية و10 بربرية و5 للصقالبة ثم قاوم المماليك الحملات الصليبية ثم التتار المسلمين فتَبعهم الأتراك السلاجقة؟

كيف يمكن تبرير التفكك الحضاري بهذا الشكل؟ هذا تزييف للحقيقة!

صابر: أولا عليك أن تعلم أن المسلمين هم مسلمون ولا أهمية للعنصر العربي فالمسلمون سواسية إضافة الى **أن** انشغال الدولة الإسلامية في الحروب الصليبية هو السبب فقد "خاضت الخلافة الإسلامية العثمانية ما يزيد على 104 معركة لمواجهة أوربا الصليبية

36 دين السَلام

حنّون: وهل هذا دِين سَلام؟!

أحداث حرب أفغانستان تدل بشكل قاطع على أسلوب المسلمين في التعامل مع الأمور فإن لم تنصاع الى رأيي فإنها الحرب، هو ذا الأسلوب الإسلامي المتبع في الإسلام فأي جهاد هذا هداك الله؟!

صابر: لن تستطيع هزيمة الإسلام بتشويهك له هكذا فالإسلام لا يُهزم أبدا في حوار مفتوح ولا نقاش، لأنه فكر يؤمن بالحرية الفكرية ويقدم لك البينة ثم البينة على شبهاتك التي تبتكرها أو يبتكرها الشيطان لك.

حنّون: تقصد لا يُهزم بالإرهاب! فكل مَن يُعارض الإسلام يُكفَّر ليتم قتله حتى إن كان مسلم، كمثال، د. نصر حامد أبو زيد، أو يُهدر دمه لأنه كتب قصة كما في حادثة سلمان رشدي. فلماذا يفهم المسلمون أن ما ورد في قصته هو إهانه لهُم إن لم تمسَسهُم بحق؟ فكيف إذن تستطيع أن تناقش مسلم؟ المسألة مخاطرة إذن، فيمكن أن يُهدر دمي وهذا ما يذكره القرآن في الآية "ألا أن يصلبوا أو يقطعوا" 33-المائدة.(عبد الحليم خفاجي)

فلماذا يحق للمسلمين قتل كل من يعارض القرآن ولا يحق لغيرهم أن يقتلوا المسلمين اذا ما عارضوهم في أمر؟

فما هذا التصريح أو التفويض الرباني الذي يُجيز للمسلم قتل غير المسلم ولا يتاح لغيره ذلك وفقا للإسلام؟

صابر: دفاعا عن دين الله الحق ودفاعا عن الدعوة له كما يريد الله في كتابه وذلك يتضمَّن جهاد الطلب وهو السعي للوصول للكافرين لقتالهم سعيا.

37 العصمة (المعصومية)

حنّون: دعني أغير الموضوع!

لماذا لا يكون النبي بشر مثلنا وقد ذكر إنما أنا بشر مثلكم فلماذا تجعلون الأنبياء معصومين ولا ينطق عن الهوى وإنما وحي يوحى؟ فعلى سبيل المثال يقال عن علي كرم الله وجهه فلماذا لم يقولوا أن النبي محمد كرّم الله وجهه؟

صابر: وهل يحتاج الرسول محمد ص فعلاً الى هذه المقولة؟!

حنّون: أريد أن أعرف هل الأنبياء معصومين قبل النبوة أم بعدها؟ فإن كانوا قبلها أي مولودين على العصمة، كيف كانت حياة الرسول قبل الرسالة؟ ذُكِرَ أن الرسول ذات يوم قبل الدعوة كان يأكل ذبيحة قرب الكعبة وقد رأى زيد بن عمر بن نُفيل فأرسل له عبده زيد بن حارثة يدعوه فرفض الدعوة لأنه لا يأكل ما ذُبِح للأصنام وعندها امتنع الرسول عن الأكل(محمد عزت نصر الله). أمّا اذا كانت المعصومية بعد الرسالة فكيف عبس وتولى أذ جاءه الأعمى؟ فهذا يعني أن علياً كرم الله وجهه أكثر معصومية من النبي وهذا تناقض!

صابر: لا اعترف بما ذكرته، فالتاريخ قد يكون مزيَّف وأما مسألة عبس وتولى فهي لمخاطبة الشخص الثالث وليس المخاطب؟!

حنّون: أي أنه ليس النبي محمد لنقل أن التاريخ مزيف وكلام المفسرين مزيف أيضا. ماذا عن التالي (إنّا فتحنا لك فتحا مبينا ليغفر لك الله ما تقدم من ذنبك وما تآخر)(الفتح 1). (عفا الله عنك لم إذنت لهم)(التوبة 43). (يا أيها النبي لم تحرم ما أحل الله لك تبتغي مرضاة أزواجك) (التحريم 1). إضافة الى ذلك جاء القرآن بما يشبه المثل الشعبي العربي "إياك أعني واسمعي ياجارة" (محمد حسين فضل الله) وأخرى بصيغة المخاطب المباشر فأي صيغة نعتمد ؟؟!.

صابر: أنت تذكر الآيات بدون علم وبدون ربط ودون فهم للفقه. (وإنّك لعلى خلق عظيم)(القلم 4) (لقد كان لكم في الرسول أسوة حسنة)، هذا هو الرسول! والكلمات المذكورة في الآيات هي من باب أصلحك الله ماذا تفعل؟!، لقد كان لَكُم في رسول الله أسوة حسنة لمن كّان يرجو الله واليوم الآخر.

حنّون: كَيف تفسّر حادثة النبي في ضربه أحد المرافقين له بالسوط عندما حزّ الأخير بنعله على رجل النبي عندما كان النبي على راحلته، وقد فداه النبي بثلاثين نعجة بعد ذلك؟ (الطبري) النبي هنا أخطأ فهو غير معصوم!

صابر: دعنا لا ندخل بالأحاديث، أنت تريد أن تفتري هذا على خير الخلق الرسول الأُمّي الكريم ص.

حنّون: لماذا عندما تصفون النبي تجعلونه وكأنه ملاكا؟ أليس هو ذلك النبي الذي قضى عشر سنوات في المدينة، ليجهِّز فيها 65 غزوة وسَرية حربية وقاد بنفسه 27 منها؟ (هادي المدرسي). فكيف تكررون أن الإسلام انتشر بالدعوة كلاما وليس بالسيف؟

صابر: إن الإسلام انتشر بالدعوة وهذا ما نراه الآن، أنت تحاول أن تجد خطأً في الإسلام ولكن الإسلام كامل ومثالي واذا ما وجدتَ أي خطأ فالسبب هو التطبيق الخاطئ وعدم فهم القرآن، فالقرآن من الله وهذا يجعله مطلق وصالح لكل زمان ومكان.

حنّون: لماذا هكذا ترمون الأخطاء دائما على التطبيق؟ ولماذا لا نَسأل؟ لماذا لم يُطبَّق الإسلام بحذافيره خلال فترة ألف وأربعمائة سنة؟

دعني أغير الموضوع مرة أخرى، لا جَرَمَ أن الرجل في الإسلام ينام مع جارية وتذكرون ذلك في معظم التفاسير ولكن التفاسير لا تذكر اذا ما ملكت امرأة عبدا وفي نص القرآن تستطيع المرأة التكشُّف على العبد فهل تمارس الجنس معه؟ وكذلك هل يجوز نكاح العبد من قبل الرجل وعليه اشتهر نكاح الغلمان في العصر العباسي؟

شدني الشوق لأبي طوق   فتدحرجت من تحت الى فوق

صابر: ما تقوله لا يدخل العقل أبدا هل أنت مجنون، كيف تفسر الأمر هكذا؟ القرآن دائما يحث على العلاقات الإنسانية الأخلاقية السوية الصحيحة والله قد عاقب قوم لوط فكيف تدعي ذلك؟

أما مسألة أن ينكح العبد مولاته فكيف يكون هذا؟

فذلك مُناقِض لكل الموضوع وعليه لا يمكن تفسير الآية بهذا التبسيط الساذج والتطرُّف والتجرُّد.

38 قوم لوط والغلمان

حنّون: عاقب الله قوم لوط لأنهم كانوا مثليين ومهملين حق المرأة في النكاح، (أتأتون الفاحشة ما سبقكم أنكم لتأتون الرجال شهوة دون النساء بل أنتم قوم فاسقين)الأعراف 80،81. هناك آيات كثيرة عن الترغيب في نكاح الذكر فمثلا هناك آيه فيها غلمان كأنهم دُر مكنون وهناك أخرى جواري كأنهن الدر المكنون

وهذا التساوي في التشابه في الوصف يتيح التفسير بكلا الاتجاهين بالإشارة للمعنى الجنسي ونكاح الدبر مكروه وليس محرم (عند بعض الفقهاء) فلماذا هذا الموقف من نكاح الذكور (الخميني). كما وأن هناك لحد الآن في بلدان الخليج مذاهب تجيز ذلك. هنا الموقف، لماذا لا يوجد اعتراف بذلك؟

هل هو من المحرمات أم من المكروهات أم ماذا؟ وحتى التاريخ العربي زآخر بهذه الأشكال من الممارسات والممارسين أمثال تأبّط شرا ويقال أبو نؤاس. حيث كانت العادة في نكاح الغلمان فأين كان الإسلام من ذلك أبّان الدولة الإسلامية التي نفتخر بها من الأندلس الى الصين. (وَأَنكِحُوا الْأَيَامَى مِنكُمْ وَالصَّالِحِينَ مِنْ عِبَادِكُمْ وَإِمَائِكُمْ إِن يَكُونُوا فُقَرَاءَ يُغْنِهِمُ اللَّهُ مِن فَضْلِهِ وَاللَّهُ وَاسِعٌ عَلِيمٌ) 32-النور، وهذا دليل آخر على إتيان الذكور.

صابر: إن تحريم اللواط موجود في القرآن وفي السنة النبوية وهذه بعض الآيات

(إنكم لتأتون الفاحشة وتأتون في ناديكم المنكر) العنكبوت 28، 29،

(أتأتون الفاحشة ما سبقكم أنكم لتأتون الرجال شهوة دون النساء بل أنتم قوم فاسقين) الأعراف 80،81

(التي كانت تعمل الخبائث أنهم كانوا قوم سوء فاسقين) الأنبياء 74

(أَتَأْتُونَ الذُّكْرَانَ مِنَ الْعَالَمِينَ ، وَتَذَرُونَ مَا خَلَقَ لَكُمْ رَبُّكُم مِّنْ أَزْوَاجِكُم ۚ بَلْ أَنتُمْ قَوْمٌ عَادُونَ) سورة الشعراء الآية 165و166. وما تذكره لا يمكن الجزم به والممارسات أبان الدولة الإسلامية آنذاك ليست إسلامية فعلا أي متخالفة مع نص القرآن وعليه لا يؤخذ بها فالقرآن حجة عليهم وليس العكس.

حنّون: أنت تعرف أن القرآن نزل بلغة المذكر!

صابر: وماذا به هذا فهو لسان العرب وذلك لا ينتقص من المرأة كما تلمّح الآن!

حنّون: حسنا، لكن حال المرأة في الجنة غير واضح أو مبهم!

فهل نفترض أن لهم نصيب في الغلمان المذكورين في سورة الطور الآية 24 (وَيَطُوفُ عَلَيْهِمْ غِلْمَانٌ لَّهُمْ كَأَنَّهُمْ لُؤْلُؤٌ مَّكْنُونٌ)

صابر: الغلمان للأناث وهم للخدمة وليس للجنس كما تلمّح فلربما افترضت ذلك! والجواري للرجال لكن الزوجات يبقين مع أزواجهن في الجنة ولذلك لا داعٍ لما تلمّح له ومن ليس لديها زوج فسيكرمها الله بزوج في الجنة بمشيئته.

حنّون: وماذا عن الخمر؟

صابر: في الجنة كل المحرمات تُباح ففي الجنة أنهاراً من خمر.

حنّون: أي أن أنهار الخمر من صنع الرحمن! وذلك متناقض مع فكرة أن الخمر في الدنيا رجس من عمل الشيطان!

صابر: وماذا في ذلك؟ أين التناقض هذا في الحياة وهذا في الجنة وهذا عكس ذلك وهذا هو المنطق السوي! الآن افتح موضوع آخر!

حنّون: لا لنواصل نفس الموضوع الجنسي هذا، هل إيتاء المرأة من الدُبر محلل في الإسلام؟

صابر: الجماع بين الرجل والمرأة وإن لم ينزل ويتحقق بغيبوبة الحشفة في القُبل أو الدبُر وهو سبب الجنابة" "الجماع ذكرا كان الموطوء أو أنثى إنسانا كان أم حيوانا قبلا كان أم دبرا حيا كان أم ميتا فهذا مُبطِل للصيام"(الخميني).

حنّون: هل ما ذكرت محلَّل أم محرَّم ؟

صابر: الواضح لكل مسلم هو "أن كل مبطِل للصيام محرم" وأنت لست مسلم ولذلك لم تفهمها،

حنّون: لكن الماء مبطل للصيام وهو غير محرّم!

واذا ما أتفقت معك بمعنى تحريم الآيات للواط فكيف أفسّر الآيات التي لا تحرم ذلك مثل "فيها غلمان كأنهم الدر المكنون" و"تأتون الرجال شهوة دون النساء"، فهذا تناقض لأن هذا يشير الى أن القرآن يفترض وجود فطرة أو عقلية المثلية في الرجل إضافة الى تلبية هذه الشهوة في الجنة!

وأنت تُذكرني بقول لميخائيل نعيمه "فما أفلح أي دين إلّا في فَجرِ دعوته".

صابر: على العكس القرآن يشير الى كون ذلك فكرة منحرفة عن الفطرة والغلمان في الجنة ليسوا للجنس فالآية القرآنية لا تقول ذلك وأما بالنسبة لميخائيل نعيمة فهل هذه فتوى جديدة ومن شخصٍ غير مسلم! ومن هو هذا النصراني حتى تُسنِد إليه حديثك وتريد من مسلم أن يتبعه والله نهانا عن اتّباع غير المسلم؟! وخير ما يقال:

وقالوا فقيه والفقيه مموه   وحلف وجدال والكلام كلوم

أتوك بأصناف المحال وإنما   لهم غرض في أن يقال علوم

والكلام موجه لك ياصديقي!

هناك تفسير لهذه الآيات يمكن الرجوع إليه.

حنّون: أنا لست كما تلمح في شعرك هذا وأنت لست بفقيه أيضا لتفتي في خطأ اتباع غير مسلم في فكره، وهذه التفاسير المستورثة لا أعترف بها إطلاقا، فماذا يقدم هذا الفقه الذي تسمونه علم للناس سوى تركيب وموائمة التفاسير حتى تواكب العصر ولو كان على حساب المبدأ أو الحقيقة!؟

صابر: أنت مغرور علاوة على كونك كافر فلا يجب أن يأخذ أي مسلم بكلامك! فما تقوله زندقة!

حنّون: تاريخيا أدّت الزندقة والهرطقة لتطوير تطبيق الدين وسأذكر لك مثال بسيط حول ذلك وأدعوك لنقاش ذلك من خلال قراءة الآيات تِباعا. فقد توصّل العلم الحديث ومِن خلال أبحاث العالم كوبرنكوس وتجارب العالم غاليلو الى عدم مركزية الأرض للكون إضافة لكون الأرض كروية الشكل ولذا قامت عليهما الدنيا أيامها ووقفت الكنيسة موقف النِد والمضطهِد والمُعذِّب والقاتل، ويذكر التاريخ الأوربي ذلك، وكان العالَم الإسلامي في تلك الفترة تحت وطأة الحكم الإسلامي العثماني ولنقل أنه لم يُبدِ رأيه يومها فما هو موقف الإسلام من ذلك الآن؟!

39 الدُحيَة والأرض المُسطّحة

صابر: أراك تذكر مثالاً محسوم ضدّك! ففي القرآن الكريم قال الله عز وجل أن الأرض ليست مسطحة وليست مركز الكون وإنما مثل الدحية وهي البيضة والعلم أثبت أنها إهليلجية الشكل فهي تشبه البيضة وهذا إعجاز علمي لكونها كروية مع عدم الإشارة لمركزية الأرض!

حنّون: هذا ترقيع لسعاني الكلمات، ذكر ثعلبة بن صغير المازني في كتاب اللسان في ذكر الظليم والنعامة أنهما تذكرا بيضهما في أدحيهما (الباقلاني) فكيف يكون ذلك؟ تكون البيضة في الدحية أي نفسها إلا اذا كان للدحية معنى آخر، فهذا كتاب عربي قديم، فلو كانت الدحية بمعنى الكرة أو البيضة لكان ثعلبة مكتشف كروية الأرض. وإضافة الى ذلك المفسرون جميعاً مثل الطبري وابن كثير والبلاذري وابن شبر وذو الجلالين وغيرهم يفسرونها ببسط الأرض، وذكر معنى

التكوير في (يكوّر الليل على النهار ويكوّر النهار على الليل) 5-الزمر بأنه الانطفاء أو الانكدار للشمس يوم القيامة وليس كروية للشمس. وهناك آيات كثيرة تُؤكّد انبساط الأرض ويكفي ذكر واحدة فقط فبذلك يتم مبدأ التناقض وتنتهي مسألتنا المطروقة الآن (والأرض وما طحاها)(الشمس 6)، (طحاها: بسطها)(الجلالين) (والى الأرض كيف سطحت)(الغاشية 20)، (واذا الأرض مدّت)(الانشقاق3)، (والأرض بعد ذلك دحاها)(النازعات 30)(دحاها: بسطها)(الجلالين) وتقول العرب: دحوت الشيء أدحوه: اذا بسطته. ويقال لعش النعامة أدحي، لأنه مبسوط على وجه الأرض)(القرطبي) والأرض مددناها وألقينا فيها من كل زوج بهيج)(ق 7). (أن الأرض والسماء كانتا رتقا ففتقناهما) أي أن الأرض والسماء متساويتان لأنهما منطبقتان على بعضهما ولذلك هما متساويتان في المساحة (أكبر أو أصغر بقليل لكنهما متقاربتان بدليل معنى النص) ثم تباعدتا بقوة ربانية وكانت المسافة بين السماء والأرض وهذا أيضا يشير الى كون السماء حد أو سقف صلد وفي آيات أخرى يشير القرآن الى كون السماء سقف مرفوع وخالٍ من الفطور كما في الآيتين (وَالسَّقْفِ الْمَرْفُوع) سورة الطور الآية 5 و(اَلَّذِى خَلَقَ سَبْعَ سَمَٰوَٰتٍ طِبَاقًاۖ مَّا تَرَىٰ فِى خَلْقِ ٱلرَّحْمَٰنِ مِن تَفَٰوُتٍۖ فَٱرْجِعِ ٱلْبَصَرَ هَلْ تَرَىٰ مِن فُطُورٍ) سورة الملك الآية 3.

صابر: وهذا ما أكتشفه العلماء الفلكيون الآن وهي غير ما تفترض أنت فنظرية الانفجار الكوني العظيم هي عملية انفتاق الرتق. (أَوَلَمْ يَرَ الَّذِينَ كَفَرُوا أَنَّ السَّمَاوَاتِ وَالْأَرْضَ كَانَتَا رَتْقًا فَفَتَقْنَاهُمَاۖ وَجَعَلْنَا مِنَ الْمَاءِ كُلَّ شَيْءٍ حَيٍّۖ أَفَلَا يُؤْمِنُونَ) سورة الأنبياء الآية 30.

حنّون: وهل هذا يعني أن نظرية انفتاق الرتق التي أكتشفها علماء الفلك الآن هي علم إسلامي وأن المسلمين اليوم يسبقون أمم الأرض بعلمهم؟ فالمهم أن يقولوا أن كل ذلك موجود في القرآن استرضاءً لعواطفهم المنهارة أمام تقدّم البشرية المضطرد!

ودعني أقول لك أن ما يفعله مسوّق بضاعة الإعجاز العلمي هذا هو مطاردة كلام العلماء فقط لإلغاء أهمية العلم فعندما قال العلماء أن الكون سينقبض في الثمانينيات تم التلويح بآية طي السجل (يَوْمَ نَطْوِي السَّمَاءَ كَطَيِّ السِّجِلِّ لِلْكُتُبِۚ كَمَا بَدَأْنَا أَوَّلَ خَلْقٍ نُّعِيدُهُۚ وَعْدًا عَلَيْنَاۚ إِنَّا كُنَّا فَاعِلِينَ) سورة الأنبياء الآية 104 لكن ومنذ التسعينيات حيث استنتج علماء الفلك في أبحاثهم أن الكون لن

ينكمش أو ينقبض أو يطوى كالسجل وإنما سينتفخ دون توقُّف تم التلويح بآية "فتق الرتق".

الآن ركز معي أن كلتا الآيتين هما من سورة الأنبياء وآية طي السجل أتت بتسلسل 104 وآية فتق الرتق هي 30 وذلك يشير من سياق تسلسل الآيات أن الله في القرآن يقرُّ ضرورة انكماش الكون أي "طي السجل بأساس" أن الكلمة الأخيرة في السورة هي للانكماش وإنما الأعمال بخواتيمها كما يقول الحديث النبوي وليس استمرار الكون بالانتفاخ كما تسندون قولكم في آية الأيدي التي تقوم بتوسيع الكون (وَالسَّمَاءَ بَنَيْنَاهَا بِأَيْدٍ وَإِنَّا لَمُوسِعُونَ) سورة الذاريات الآية 47 أي أن القرآن يخالف نتائج العلم التجريبي! فما قولك؟

صابر: لا أتفق معك فأنت غير دارس للفقه ولا يُؤخذ بكلامك ولا شبهاتك وكما قلت لك القرآن كامل ومثالي وإن خالف العلم حاليا فهو لخطأ العلم وسيكتشف العلماء بالضرورة صحَّة القرآن وخطأهم هم!

حنّون (مستمرا في نفس الموضوع): انتفاخ الكون (أو انفتاق الرتق كما تسمّيه أنت) نتج عنه كواكب في أرجاء الكون مثل الأرض وعددها 40 بليون في مجرتنا منها في ظروف صالحة للمعيشة و11 بليون كوكب في ظروف صالحة للمعيشة يدور حول شمس تشبه شمسنا فهل هذا يتطابق إلى الآية أيضا أو تجد له ذكر في القرآن؟

فكما تلاحظ رجاءً أن الكلمة العربية "الدحى" تم تحوير معناها حتى تواكب متطلبات العصر كحال كلمتي المضغة والعلقة في موضوع الجنين، وهذه بدايات لتغير كثير من الكلمات في المستقبل فلو كانت الدحى هي البيضة وأن الأرض بذلك بيضوية لكان التنبوء يرجع الى عمر بن زيد بن نفيل(عم عمر بن الخطاب بن نفيل) قبل الإسلام وليس للقرآن!

حيث قال:

أسلمت وجهي لمن أسلمت   له المزن تحمل عذبا زلالا

وأسلمت وجهي لمن أسلمت   له الأرض تحمل صخرا ثقالا

دحاها فلما أستوت شدها   سواء وأرسى عليها الجبالا (محمد حسين هيكل)

والدحى في العربية ما يتركه أثر راحة اليد على التراب الناعم أو الطحين.

صابر: الشاعر من الموحّدين في الجاهلية أي هو يعتبر مسلم أيضا فالتوحيد هو الإسلام وفي ذكر مثال ثعلبة، أدحيهما تعني المكان الذي تضع فيه البيض لأنه مسبوق بالهمزة يمكن القول تترك الدحى في أدحيهما ثم ذكرت بعدها أن اللغة العربية لا تواكب العصر!

ولا تتغير مع الزمن وها أنت تعطي مثالا مناقضا لفكرتك!

لهذا أنت دائما تفسر الأشياء من وجهة نظرك والتي هي خاطئة منحازة بالتأكيد وتلويها كيفما أراد هواك.

حنّون: ماذا كان اسم الدين في مكة، هل هو دين محمد أم الأبراهيمية أم ماذا؟ حيث من المعروف أن بعد الهجرة سُمّي الدين الجديد بالإسلام أي الاستسلام والسلم وسمي ابناءه بالمسلمين(هادي المدرسي) السؤال لماذا لم يكن الإسلام اسم الدين في الفترة المكية؟!

صابر: لم يتبلور الإسلام في ذلك الوقت الى دين بعد وإضافة الى ذلك هذه الأشياء قضايا أوامر ربانية لا علاقة لك بها،

40 بيت العنكبوت

حنّون: ومثال آخر على ذلك (إن أوهَن البيوت لبيت العنكبوت) 41-العنكبوت

الوهن بمعنى الضَعف لكن في الواقع الشبكة التي تنسجها العنكبوت هي ليست بيتها وإنما هو إما مفقس بيوض أو مصيدة لقنص الحشرات وحتى أن بعض العناكب لا تحتاجها فهي تمسك بفريستها قفزا وهي ليست شبكة ضَعيفة بل قوية نسبة الى ثقل ما تصطاد به أي أن هذا مثال مخالف للحقائق العلمية وهناك مثال آخر (مثلهم مثل الكلب إن تحمل عليه يلهث وإن تتركه يلهث)176-الأعراف واللهاث في العربية معناها التنفس بعد التعب ولهاث الكلب في الواقع ليس من تعب وإنما لحاجته لتبريد جسمه وهذا ما اكتشفه العلم مؤخرا وهذا ما تفوّق به البشر على الحيوان أيضا حيث يعرق كل جسد الإنسان ويبرد بما لا يستطيعه غالب الحيوانات خاصة وهو عديم الشعر مقارنة بهم.

صابر: هذا ما لا يعقل! هل مسكت بيدك يوما بيت عنكبوت ورأيت كم هو ضعيف؟ فهل وهل أنت عنكبوت لتفرض عليَّ منطق العناكب هذا بأن تقول

لي أن شبكتك تلتقط الثقيل من الحشرات نسبة لحبالك في شبكتك؟! أين عقلك؟!

إضافة الى ذلك الله خلقنا دون شعر قبيح كالحيوانات وهذا من فضله وقولك أنه يبرّدنا بواسطة العرق فهو من فضل الله وحده وإيّاك أن تتكلم بالتطوّرية والانتخاب الطبيعي أمامي فأنت قلت لي أنك تؤمن بأن الله خلقنا!

حنّون: حسناً، لنعد لقضايا التسطح والتكوير والكروية، أفتى مفتي السعودية "ابن باز" قبل سنوات على كل من يقول أن الأرض كروية أنه كافر ولكن يقال أنه تراجع عن ذلك، وأنا أقول أن فتواه هذه صحيحة كل الصِحَّة فهي من باب الالتزام بمعنى القرآن ورغم أن القرآن يذكر في سورة التكوير الآية 1 (اذا الشمس كوّرت) والتكور هنا ليس من الكرة وإنما من الانطفاء أو الانكدار وفقا للتفاسير. ثم آية (الشمس ضياءً والقمر نورًا) 5-يونس

صابر مقاطعا: الشمس تصدر الضوء فيسمى ضوءً والقمر يعكس الضوء فيسمى نورا وهذا ما أكتشفه علماء اللغة العربية وهو إعجاز اللغوي وفيزيائي.

حنّون: إن كان النور هو انعكاس للضوء فكيف تفسر (الله نور السموات)35-النور فيكون معناها أن نور الله منعكس من نور آخر أي ليس منه! وهنا سيبدأ الشرك فهذا يعني وجود إله آخر بأساس أن الإله مصدر نور بأساس نص القرآن!

يجب أن نتيقّن أيضا أن القرآن كتاب نازل على اللغة العربية وليس اللغة العربية نازلة على القرآن!

صابر: كيف يخبر القرآن أن الشمس مُكوّرة؟ هذا إعجاز آخر!

حنّون: لم يقل المفسّرون في السابق أن هذا هو المعنى وإنما المعنى أن الشمس انطفأت أو ضعفت أو انكدرت في يوم القيامة كما قلت لك لكنك لم تصدّقني! لننتقل لموضوع آخر،

41 الحروف البادئة

في القرآن (إِنَّا أَنزَلْنَاهُ قُرْآنًا عَرَبِيًّا لَّعَلَّكُمْ تَعْقِلُونَ)2-يوسف لكن رغم ذلك نجد فيه كلمات كثيرة غير معروفة لحد الآن ومثال ذلك الحروف البادئة "الم، كهعيص ...الخ" وهنا بدأ الفقهاء والمفسرين قصارى جهدهم لفك رموز هذه الكلمات ومنهم من قال أنها أرقام تحدد قيام الساعة، ومنهم من قال أنّ الحروف الموجودة في البادئة لها علاقة رقمية بعدد الحروف في السورة، ويستطرد

أحدهم أن في القرآن إعجاز رقمي حيث أُدخِل القرآن الى الحاسِب وحَسب عدد الحروف وظهر له أنها تقبل القسمة على رقم معين وهذا الكلام يسير على الناسِ المنقادين ببساطة فيتأثّرون به ولكن فات علماؤنا أن القرآن لم يكتب إلّا في عهد عثمان بن عفّان وللقرآن قراءات كثيرة وهناك على سبيل المثال كلمة "بسم" لماذا تكتب هكذا ولا تكتب باسم و"الرحمن" كذلك. وكيف أدخل علماؤنا الفطاحل الكلمات؟ أبما نطقت أم بما كتبت؟ ثم كلمة ببكة التي أصبحت اسم آخر لمكه وفاكهة و"أبّا" ويفسرونها بعض العلماء الحديثين بأنها إحدى معجزات الرسول لأنها فاكهة معروفة في بلاد أجنبية لم يكن العرب يعرفونها وتكرار كلمات مثل "فبأي آلاء ربكما تحدثان" أو "قُل يا أيها الكافرون لا أعبد ما تعبدون" فالى متى سنسمع ونصدق ما يقال دون نِقاش بأساس أنه من عند الله والله عنه بريء؟!

صابر: كل مُجتهد له حسنة وقد يجوز لنا أن نفسر الحروف البادئة على أساس إن كنتم تستطيعون أن تأتوا بمثله فالمواد الخام المكوّن منها القرآن الكريم هي الحروف الأبجدية فها هي أمامكم (ا،ب.ل.ن، ..الخ). كمثل شخص يريد أن ينتقد فنّاناً معماريا هندسيا فيُقال له هذه حجارة واسمنت وحديد فتفضل أعمل لنا بناءً هندسياً مثله إن كنت قادرا وهذا تحدي لك!

حنّون: لماذا لا تقولون أن النبي كان عندما يبدأ بقراءة القرآن أول نزول السورة يرتجف ويُخرج الحروف البادئة للتخويف والتهويل والترهيب بعظمة ما سيأتي؟!

صابر: احترم نفسك ولا تستهزئ وليكن نقاشنا أكثر علمية فلا تُدخل عواطفك الشخصية البلهاء وخرافاتك المريضة هذه وبالنسبة للنص "فلا اجتهاد في مَورِد النص" وهنا عندما نريد الدخول في تفسير الآيات القرآنية علينا معرفة الناسخ والمنسوخ فكثير من الآيات نُسخت بأفضل منها مثل الآيات التي ورد فيها ذِكر الخمر. والظاهر والباطن مثال عليها (يد الله فوق أيديهم)الآية 10 من سورة الفتح

والخاص والعام والخاص لا ينسِخ العام ومثال ذلك الآية 39 من سورة التوبة (وَقَاتِلُوهُمْ حَتَّىٰ لَا تَكُونَ فِتْنَةٌ وَيَكُونَ الدِّينُ كُلُّهُ لِلَّهِ فإن انتَهَوْا فإن اللَّهَ بِمَا يَعْمَلُونَ بَصِيرٌ) [عام] وأما في الآية 191 من سورة البقرة(وَاقْتُلُوهُمْ حَيْثُ ثَقِفْتُمُوهُمْ وَأَخْرِجُوهُم مِّنْ حَيْثُ أَخْرَجُوكُمْ وَالْفِتْنَةُ أَشَدُّ مِنَ الْقَتْلِ وَلَا تُقَاتِلُوهُمْ عِندَ الْمَسْجِدِ الْحَرَامِ حَتَّىٰ يُقَاتِلُوكُمْ فِيهِ فإن قَاتَلُوكُمْ فَاقْتُلُوهُمْ كَذَٰلِكَ جَزَاءُ

الْكَافِرِينَ) [خاص] وفي التخيير والتسيير وهناك معايير كثيرة للدخول في التفسير. فأنت لا يمكنك ذكر الآيات والتعليق عليها مباشرة دون علم بالفقه!

حنّون: ولماذا هذا التعقيد؟

كيف لله أن يُنزل آية ثم ينسخها ثم يُنزل آية وأخرى تختلف معها أي يغير رأيه! فيأتي عباقرة التفسير ليكتشفوا مبادئ جديدة فيسمونها علم الفقه وتفسير لترقيع ذلك؟

هنا سوف يكون فهم القرآن محصور بمجموعة مُحدَّدة من الناس التي نسميها الفقهاء أو العلماء، "علماء الدين" ومهمتهم التفسير لما يواكب العصر وعندما يكتشف العلم شيئا ما يأتي المفسرون فخورين ليقولوا "سبحان الله" هذا موجود في القرآن من قبل ولم ندري بمعناه في السابق! فإن كانت هذه هي الحقيقة لماذا لم يكتشف ذلك أحد من المسلمين قبل أن يكتشفه غيرهم من غير المسلمين فيحققون سبقا علميا ودليلا خارقا للإسلام؟

لماذا لا يستغلون مواهبهم الفذة هذه في التفسير ليكتشفوا لنا أشياء وعلوم جديدة تنفع البشرية اليوم فنحن بأمس الحاجة للتقدّم؟

صابر: القرآن معجزة بكل معنى الكلمة، وهذه العلوم التي أنت تقلل من قيمتها بسبب جهلك بها هي علوم منطقية اسلامية، وكل النقاشات تُقام على هذه العلوم اليوم حتى يتم الوصول الى الحقيقة بالتفكير السليم والمنطق الحكيم الذي يعتمده العاقلون وهو ليس لأمثالك ممن يرفضون الفكر السوي الذي سار عليه الحكماء من كل البشرية.

حنّون: كلامك هذا يتشابه مع كلام فلاسفة اليونان الذين تركوا الواقع التجريي الملموس وذهبوا للتمنطق دون واقع

صابر: غيّر الموضوع بدلا من تبادلنا الاتهامات الشخصية!

42 الرُقُم الطينية والكتابات الآثارية والأدلة الآثارية

حنّون: اسمح لي أن أدخل في موضوع الأنبياء حيث تقول الآية (والذين يؤمنون بما أنزل أليك وما أنزل من قبلك وبالآخرة هم يؤمنون)(البقرة 4).

صابر: تفضّل.

حنّون: أول الخلق كان أدم ومن ثم تبعه البشر أجمعين وهو رسول من الله ولكن الى مَن؟ وهل كان مَعصوما؟

صابر: آدم ع أُنزل على الأرض ليُعمِّرها وليذكر اسم الله فيها وكل الأنبياء معصومون.

حنّون: (وعهدنا الى آدم من قبل فنسي ولم نجد له عزما)(طه 115).

صابر: الأنبياء مأمورون حتى في أخطائهم ليُبينوا لنا الخطأ من الصواب!

حنّون: ولكن حتى الملائكة تعرف أن الإنسان خطّاء (إني جاعل في الأرض خليفة قالوا أتجعل فيها من يفسد فيها ويسفك الدماء) 30-البقرة، فمن أين للملائكة معرفة الغيب؟!

صابر: لا يعلم الغيب إلّا الله.

حنّون: هل يمكن أن تكون الملائكة لها خبرة سابقة أي هل هناك خلق قبلنا وكما مذكور في القرآن (قالوا ربنا أمتنا أثنتين وأحيينا أثنتين فهل الى خروج من سبيل)(غافر 11)، (كنتم أمواتا فأحياكم ثم يميتكم ثم يحييكم)(البقرة 28).

صابر: ليس هناك خلق قبلنا والآيتان أعلاه لا تدلان على وجود ناس قبل بني آدم.

حنّون: ولكن قد يفسر ذلك التناسخ بالأرواح!

لنرجع للتاريخ الديني كي لا ندخل في الميتافيزيقيا، عاش النبي يوسف 3044 منذ آدم وسليمان بن داود 4204 منذ آدم ويوليوس قيصر 5140 منذ آدم وسقراط 4851 منذ آدم(أوستريوس) واذا عرفنا أن سليمان بنى هيكله 1000 ق.م. (حسين عمر حمادة) لوجدنا أن بداية الخلق بدأت قبل حوالي 4204+1000+2006=7210سنة فقط من الآن، ولكننا نعرف أنَّ الرُقم التاريخية وتاريخ الآثار يرجعان الى أقدم بكثير فالسومريون كانوا قبل أكثر من ستة آلاف سنة من الآن وكان قبلهم كثير في محيط أرض الشام وأعالي وادي الرافدين ووادي النيل وشمال شرق الهند وأمّا الحضارات الأخرى في باقي بقاع العالم ولا أريد أن أذكرها الآن.

أما الأنبياء لم نعرف عنهم سوى قصص دينية لكن أين أثارهم الملموسة؟! (نقاشات وكتب خزعل الماجدي حول عدم وجود آثار ملموسة تذكر للأنبياء)

فقد قيل أن آدم كان عملاقا وكانت حواء كذلك فكيف خرجنا نحن البشر الآن متساوون تقريبا في الحجم الصغير هذا كالأقزام نسبة لهم؟!

وأين كان يسكن وفي أي بقعة مقدسّة كان آدم يعيش وكيف يُفسر الدين اختلاف اللون للبشر وأشكال الوجوه في فترة التسعة آلاف سنة وقد ذكر أن نوح كان قد صنع سفينة خلّصت البشر من الانقراض فأين هي آثارها أو بقاياها؟ وهل يُعقل أن كل هذا التنوّع للكائنات جاء من حفنة أزواج من الحيوانات كانت على سفينته مهما كانت عملاقة وكيف لم تلتهم الحيوانات بعضها البعض وكيف كان يطعمها؟

ولماذا لم تصمد أمام هذه الفترة الزمنية القليلة مقارنة الرُقم الطينية التاريخية لحضارة أور وكيش ولكش الباقية لحد الآن؟!

وكذلك أين هي آثار الملك سليمان الذي يقال أنه كان يُكلّم الطير والجن فقد كان مُلكه كبيرا فأين هي آثاره؟

فلم نعرف أن اسمه ذكر عبر التاريخ الآثاري سوى في التاريخ الديني علما أنه كان في سنة 4204 منذ آدم؟

وذكر النبي يوسف سنة 3544 منذ آدم أنه كان في زمن أحد الفراعنة فمن هو وتاريخ الفراعنة أقدم من ذلك؟ فلماذا لم يذكر في تاريخهم؟ والفراعنة أكثر الحضارات كتابة لتاريخهم. وكيف ينسون شخصية وزير الاقتصاد في زمنهم الذي أنقذ مصر من المجاعة لفترة سبعة سنوات؟ وشخصية النمرود الملك وحواره مع النبي أبراهيم فأين أثاره ؟

صابر: أثار النمرود موجودة في العراق قرب الموصل وزقورته التي بناها من نوى التمر مازالت لحد الآن (كالخو) أو هي قرب بغداد (عكركوف) والتي أراد النمرود أن يبلغ بها السماء ولكنه لم يفلح.

حنّون: تسمية كالخو بالنمرود لا أساس آثاري لها وليكُن لك ذلك ولو أن الأتراك في تركيا يقولون أن أثار النمرود عندنا في تركيا، لكن لماذا لم يذكر التاريخ شيئا عن النبي أبراهيم؟ وقد كانت حادثة النار حيث كانت عليه بردا وسلاما أحرى أن تُذكر في التاريخ الذي وصلنا من النمرود وماذا عن الأنبياء أسحق واسماعيل ما هي نبوتهم؟ ماذا عملوا للناس في وقتهم وما هي إنجازاتهم ولماذا لم تبقى في الآثار؟

صابر: إنهم الأنبياء أولاد أبراهيم عليه السلام وماذا يهمك من تاريخهم؟ الله أعلم بما عملوا. إضافة الى ذلك هذا علم لا ينفع من علمه ولا يضر من جهله فناقش ما بين يديك من العلم أفضل ولا تكن مثل اليهود الذين يسألون النبي عن عدد أهل الكهف أو كمثل أصحاب البقرة وأسألتهم التي لم تعجز الله عن تبيان شكل البقرة!

ويكفي أن هؤلاء الأنبياء حاملين نور النبوة وجاء من نسلهم كل الأنبياء.

حنّون: ولكن من حقي أن أحقّق للوصول لحقيقة مقنِعة فكذلك مَن هم قوم لوط؟ وأين هي آثارهم وأين هم قوم عاد وقوم ثمود؟

صابر: في الأردن طبعاً لماذا تنكر ذلك؟
وأنت تسأل عن آثار أمم خسف الله بها وأزالها عن الوجود عقابا لها في الدنيا قبل الآخرة فكيف لك أن تجدها؟! (تلك أمة خلت لها ما كسبت ولكم ما كسبتم) البقرة 141، (لقد كان في قصصهم عبرة لأولي الألباب) يوسف-111
حنّون: ماذا عن آثار الأمم التي لم يخسف بها الأرض مثل مملكة سليمان أومملكة داود أو يوسف الوزير..الخ فأين هي آثارهم من آثار البتراء وغيرها من آثار الأردن التي بقيت بل وتم اعتبارها من أعاجيب الدنيا السبع الجديدة وأين هي من آثار الأهرامات وآثار بابل..الخ! إن التوراة والملحقات التاريخية ليست إلّا تجميعا لموروثات شفهية جمعها مؤرخون في القرن الثالث الميلادي وكان همهم إضفاء الشرعية على غزوات داود وأمبراطورته. إنها سرد لحوادث تاريخية تفتقر الى الدليل لحدوثها فعلا ولم تؤيد أي اكتشافات أثرية أو وثائق عدا التوراة أنها حصلت فعلا، ثم جاء القرآن ليؤكدها بإعادة سردها بالقول أن الأنبياء التي ذكرتهم التوراة كانوا موجودين، وأن الله بعث النبي محمد آخر الأنبياء وهنا، فالمسلمون اذا ما سمعوا هذا الكلام من أحد لقالوا عنه كافر وأمروا بتكفيره.
وقد ذكر ذلك روجيه غارودي في كتابه صفحة 51.
فلماذا لم يقرأ المسلمون هذا؟
هل لأنه غارودي فيجدون له العذر بأساس أنه يحارب فكر اليهود في كتابه فهو حارب ديانة أبراهيمية وهي مذكورة في القرآن على السواء؟!
وفي سورة البقرة الآية 4 (الذين يؤمنون بما أنزل إليك وما أنزل من قبلك) فهل تجعل هذه الآية غارودي بموقع الكافر؟

صابر: لا تحوّل الموضوع لموضوع عاطفي وغارودي ليس فقيه يُتبع اتّباعاً من الفقهاء في التفسير وأعتقد أنك لن تصل أبدا لنتيجة من خلال أسئلتك هذه فهي أسئلة إبليس الذي كان يرويها على لسان اليهود والمشركين أيّام الرسول وكان لكل شيء جوابا له وإلّا كيف استمرت الدعوة لحد الآن؟

اذا كان عندك مصدر تاريخي ينافي هذه الأشياء فأذكره فنكرانها دُون دليل أمر لا يستحق الاهتمام أما مسألة غارودي فيستطيع هو الرد عليك بها إن شاء فهذا شأنه وليس شأن المسلمين!

حنّون: كانت الأجوبة مقنعة للناس في وقت مضى ولكل وقت أسئلته وعليه أريد أجوبة لهذه الأسئلة في هذا العصر، الآن!

صابر: ومن أين لنا بنبي ليُجيب أسئلتك هذه!

فكُل ما عندنا الآن هو القرآن والعقل الدارِك وأنت كما يبدو لا تمتلكه وإلا لآمنت بالقرآن وتوقفت عن التشكيك بهذه الأسئلة.

حنّون: أجبني من ما موجود عندك من علم !

ثم جاء يعقوب وماذا عمل أيضا سوى حمله لنور النبوة التي هي وراثية وأنجب إثنا عشر ولدا من زوجتين وجاريتين فكان يوسف وبنيامين من أمهات من الجواري وقد كان اخوانهم من الأمهات الحُرّات فرموا يوسف في الجُب كرها ثم كانت قصته وقضية تفسير الأحلام وأصبح ذو شأن في عهد الفرعون فلماذا لم يقف موقف ديني أمام الفرعون ويقول له أن إلوهيتك ليست بحق وإني رسول الله وأن الله واحد؟

واعتقد أن الدعوة الإسلامية تكون أقوى هناك اذا ما أراد الله أن تكون هناك، حيث وجود الحضارة والسلطة والتاريخ العريق إضافة الى ذلك قبوله لوظيفة في عهد الفرعون هي ولاء لحكم الفرعون الإله البشري وهذا مناقض للمنهج العقائدي أو خيانة له ونفاق.

صابر: معظم ما ذكرته اسرائيليات وغير موثوق بها وهناك أسرار كثيرة الله أعلم بها فربما أراد الله أن يتم نوره بما حصل بأفضل مما تتوقع أنت في فكرتك السطحية هذه.

حنّون: ثم جاء موسى، وأيضا لم يذكره تاريخ الآثار الفرعوني ويقال أنه من نسل يعقوب الذي سمح لهم يوسف بالإقامة في دلتا النيل ولم يذكر الفراعنة

معجزات موسى وهي تستحق أن تُذكر اذا ما كانت موجودة فعلا، فمثلا لم يذكروا أن أمطرت السماء دماءً وغيرها من أشياء ولم يذكروا أن أنشق البحر ودخل به قوم موسى عندما هربوا من الفرعون

وماذا عن قصة قتل موسى للمصري؟ أين هي معصوميته عن الخطأ كنبي معصوم ومن الخمسة ذوي العزم كما تصفونه؟!

الفراعنة في تاريخ نفرتيتي وغيرها يذكرون أبسط وأدق الأشياء عن حياتهم والعجيب لماذا رحل اليهود؟

وذهبوا لأرض الميعاد بفلسطين وعندهم القدرة الربانية التي بها يستطيعون أن يغيروا ما موجود من نظام في مصر وثم تأتي وراثة دينية ويخلف موسى هارون ومن بعده تبدأ عملية غزو فلسطين واستباحة دم الفلسطنيين (أو العمالقة كمات يسميهم التوراة) وفي (العهد القديم) أمثلة كثيرة وعندما نناقش هذا العهد القديم نخرج بشيء واحد أن السُلطة الدينية متوارثة ولذلك أصبح داود ملكاً بالوراثة وليس بالنبوة كما نفهمها في الإسلام أي أنه يكون مختار مصطفى من بين الناس.

صابر: نحن لا نعترف بالتوراة الموجودة الآن لأنها محرّفة وما وصلنا من تاريخهم نؤمن به (وما كان لمؤمن أو مؤمنة اذا قضى الله أمرا أن يكون لهم الخيرة)36-الأحزاب

حنّون: ثم نأتي الى النبي داود وكيف ينظر نظرة جنسية لإمرأة متزوجة لأحد قادة جيشه (أوريا بن حنان الحتي) في جيش داود ضد العمالقة، فيأمر داود أن يحمل هذا القائد الراية أثناء الهجوم بشكل يؤدي به الى الهزيمة بالمعركة وبذلك قتل فعلا ومن ثم تزوج النبي داود هذه الإمرأة وقد كان متزوجا يومها كما تقول الرواية من 99 امرأة فأين هي معصوميته في هذه الجريمة والخيانة لجيشه وقيادته؟ وبعدها يأتي النبي سليمان ويقال أنه ابن تلك المرأة.

صابر: من قال لك أنه ابنها وهذا ما أقول عنه "إسرائيليات" لهذا فهناك كثير من الخطأ بها. والآية في القرآن التي تذكر 99 نعجة لا تشير الى قضية نفس العدد من الزوجات في القصة التوراتية فقد كن نعاج فقط والتوراة محرّفة!

حنّون: قد تكون التفاصيل بها خطأ ولكن سياق القصة بصورة عامة متفق عليه ثم جاء وورث داود في ملكه وتقول الإسرائليات أن سليمان خلف داود وهو على قيد الحياة وكانت هناك معركة دامية خسر فيها داود مُلكه واعتزل داود الناس وبعدها أصبح سليمان ملكا وكيف كانت قصته مع بلقيس ملكة اليمن وكيف أتاه

عرش بلقيس برمشة عين كلها قصص ولم نعرف لها آثار ملموسة، فلا لملك سليمان في آثار فلسطين ولا للملكة بلقيس في آثار اليمن سوى القصص الدينية المتوارثة ثم جاء من بعده أنبياء كثيرون بالوراثة فماذا فعلوا سوى "أساطير" فكيف يمكن أن نصدق مثل ذلك؟

وقصة شمشون ودليله وقصة شعره الطويل ومقولته "عليَّ وعلى أعدائي"

صابر مقاطعا: شمشون غير مذكور في القرآن لكن أكمل هجومك هذا!

وأخيرا جاء النبي عيسى (يسوع بكلام المسيحيين) ولا أذكر قصته فأفضل أن يذكرها شخص مسيحي فهي قصة موثقة قبل القرآن عبر اللأناجيل فقط وأيضا لم تكن هناك أي كتابات تاريخية عن هذا النبي في التاريخ الروماني ولم تتبلور قصة النبي عيسى إلّا بعد جمع الأناجيل الأربعة لوقا ومرقص ويوحنا ومَتّى لذلك هذا تاريخ ديني اسطوري فحسب ولم يذكره التاريخ الآثاري الروماني آنذاك.

ولماذا كل الأنبياء من الشرق الأوسط فقط؟

ما ذنب باقي العالم الذي لَم يُكرَّم بأنبياء أو مُعجزة؟

صابر: (وما من أمة إلا خلا فيها نذير) 24-فاطر (ولقد بعثنا في كل أمة رسولا)26- النمل (منهم من قصصنا عليك ومنهم من لم نقصص عليك)78- غافر.

المعجزة لا تنزل رحمة على الناس وإنما نقمة وويلا لكل من شاهد ولم يؤمن (مصطفى محمود).

حنّون: إن ما تقول يتعارض مع الآية (وما كنا معذبين حتى نبعث رسولا) 15- الإسراء.

صابر: هنا يدخل الموضوع بقضية الخاص والعام.

حنّون: لا أريد دخول هذا الباب مرة أخرى، فأنت تعرف رأيِي فيه ويبقى سؤالِي لماذا لم يذكر التاريخ الروماني شيئا عن الأنبياء؟

صابر: كيف يذكر التاريخ الروماني شيئا عنهم وهو معارض كارِه لهم فلا يوجد من يمتدح عدوه؟ ألا تعرف عقلية الإعلام الموجّه للحكومات الى يومنا هذا فهي لا تذكر شيئا عن معارِضيها وفي ذلك العصر كان الأمر كذلك أيضا!

حنّون: لأول مرة أسمع منك كلام منطقي لكنه لا يكف لإقناعي وأريد أن أذكر شيئا جانبيا حول موضوع أسماء الأنبياء فقد ذُكرت في القرآن أسماء مثل آدم وحواء نوح وأبراهيم وموسى وعيسى ومريم فيقال أن نوح هو نفسه الذي ذكر في ملحمة كلكامش باسم أوتنابشتم، أو هو الحكيم زيوسدا وهو حاكم مدينة شروباك الذي توجّه الى المعبد فرأى إنكي ليقول له (يا زيوسدرا أصنع سفينة ضخمة وأحمل بذرة من كل ذي حياة لقد قررت الآلهة إرسال طوفإن عظيم على الأرض)(عدنان الصائغ)

وآدم وحواء (باسم إيف) وأبراهيم (أبراهام) وموسى (موسَس) وعيسى (يسوع) ومريم (ماري) فإن كانت الأسماء بتسمية واحدة كما ذكرها الله في كتابه الكريم القرآن فكيف تتغير ولماذا لم يذكرها بأسماءها المتعارف عليها في كل العالم ليومنا هذا؟ (أنبياء سومريون لخزعل الماجدي)

صابر: لا اختلاف بين أبراهام وأبراهيم وأبرام ولا بين صالح وشالح فكل قوم لهم لسان ومقدرة معيّنة في نطق الحروف ومن طبيعي أن يكون هذا الاختلاف في النطق حسب شعوب الأرض! وأشار الله الى ذلك في سورة الحجرات آية 13 (يَا أَيُّهَا النَّاسُ إِنَّا خَلَقْنَاكُم مِّن ذَكَرٍ وَأُنثَىٰ وَجَعَلْنَاكُمْ شُعُوبًا وَقَبَائِلَ لِتَعَارَفُوا ۚ إِنَّ أَكْرَمَكُمْ عِندَ اللَّهِ أَتْقَاكُمْ ۚ إِنَّ اللَّهَ عَلِيمٌ خَبِيرٌ)

حنّون: حسنا حسنا! وماذا صنع هؤلاء؟ كل ما فعله هؤلاء الأنبياء في تاريخهم هو أنهم عرفوا الله حق المعرفة وكانت أفعالهم غير مؤثرة في مجرى التاريخ فلم يضحّوا بأنفسهم من أجل تلك الحقيقة ولم ينشروا دعواهم بأرواحهم كما فعل المسيح مثلا.

صابر: قلت لك سابقا أنّك مسيحي ملثّم فعيسى لم يُصلب وإنما شُبّه لهم لكن الحمد لله فها أنت تعترف أنه نبي الآن أو ربما تعتبره إله متجسد كأي مسيحي!

حنّون: لا أقبل منك هذه الاتهامات فأنت تعلم أني لست بمسيحي ولنقل أن المسيح قد خضع لمحاولة قتل، فثباته على مبدأه يُحمد وأن السياسة في النضال لنشر المبدأ تطورت فكل الأنبياء الذين قبله كانوا يُهزمون في مناطق دعواهم كالنبي أبراهيم فقد هاجر الى مصر واستقر في بلاد الشام ورجع للعراق وأما النبي موسى فقد هاجر الى سيناء بأهله اليهود رغم أن انتصار المسيحية هنا حدث بعد أختفاءه أو صعوده أو مقتله لا يهم ما حصل فلا تتهمني اتهاماتك

بالمسيحية وأنا حر إضافة الى ذلك في اعتباري له بنبي أو إله متجسد فأنت لست وصياً عليَّ !

صابر: لا توجد أي هزيمة فهذا فهمك القاصر لمسألة طبيعية في الانتقال من مكان الى مكان وذلك طلبا للأمان وهذا توجيه رباني لهم وبه حكمة وإلا لكان كل الأنبياء يموتون لأجل مبدأهم وفالتنوّع هنا حكمة لتقديم حكم متنوعة نستقيها من حياتهم وأعمالهم.

حنّون: أريد أن أقول أن الأنبياء لم يكونوا بمستوى معرفتهم لله ومعرفتهم للحقيقة وفي تاريخ الأنبياء كثير من القصص ما يؤيّد كلامي هذا كقصة النبي نوح، يونس، صالح... الخ.

صابر: (إِنَّ اللَّهَ اصْطَفَى آدَمَ وَنُوحًا وَآلَ أبراهيم وَآلَ عِمْرَانَ عَلَى الْعَالَمِينَ) سورة آل عمران الآية 33 وقال الله في القرآن (وَإِذَا جَاءَتْهُمْ آيَةٌ قَالُوا لَن نُّؤْمِنَ حَتَّى نُؤْتَى مِثْلَ مَا أُوتِيَ رُسُلُ اللَّهِ اللَّهُ أَعْلَمُ حَيْثُ يَجْعَلُ رِسَالَتَهُ سَيُصِيبُ الَّذِينَ أَجْرَمُوا صَغَارٌ عِندَ اللَّهِ وَعَذَابٌ شَدِيدٌ بِمَا كَانُوا يَمْكُرُونَ) سورة الأنعام الآية 124 وهناك آيات معجزات في القرآن مثل:
(سبحان الذي أسرى بعبده ليلا من المسجد الحرام الى المسجد الأقصى الذي باركنا حوله لنريه آياتنا أنه هو السميع البصير) 1-الإسراء.

حنّون: ماذا رأى؟ هل ما كتبه ابن عبّاس عن سورتي الإسراء والمعراج منطقي؟!

صابر: المعجزات غير منطقية لمن هو غير مؤمن والقرآن ورسولنا نذير لنا لنؤمن (وقوم نوح لما كذبوا الرسل أغرقناهم وجعلناهم للناس آية وأعتدنا للظامين عذابا أليما)37-الفرقان.

حنّون: وحتى بعد استخدامك هذه الآية الترهيبية الإرعابية! قل لي هل هناك أثر ملموس آثاريا للسفينة؟

صابر: الله أخبرنا أن أثرهم سيزول مع زوال الكافرين بنوح ع
(وَقَالَ نُوحٌ رَّبِّ لَا تَذَرْ عَلَى الْأَرْضِ مِنَ الْكَافِرِينَ دَيَّارًا ، إِنَّكَ إِن تَذَرْهُمْ يُضِلُّوا عِبَادَكَ وَلَا يَلِدُوا إِلَّا فَاجِرًا كَفَّارًا) الآيتان 26 و27 من سورة نوح.
(وَاصْنَعِ الْفُلْكَ بِأَعْيُنِنَا وَوَحْيِنَا وَلَا تُخَاطِبْنِي فِي الَّذِينَ ظَلَمُوا إِنَّهُم مُّغْرَقُونَ) سورة هود الآية 37.
(حَتَّى إِذَا جَاءَ أَمْرُنَا وَفَارَ التَّنُّورُ قُلْنَا احْمِلْ فِيهَا مِن كُلٍّ زَوْجَيْنِ اثْنَيْنِ وَأَهْلَكَ إِلَّا مَن سَبَقَ عَلَيْهِ الْقَوْلُ وَمَنْ آمَنَ وَمَا آمَنَ مَعَهُ إِلَّا قَلِيلٌ ، وَقَالَ ارْكَبُوا فِيهَا بِسْمِ اللَّهِ مَجْرَاهَا وَمُرْسَاهَا إِنَّ رَبِّي لَغَفُورٌ رَّحِيمٌ) الآية 40 و41 من سورة هود.

حنّون: فلماذا بقيَ الشر مستمرا مادام الله قد أغرقه بإبادة قوم نوح الذين ولم يكن غيرهم أشرار في العالم في ذلك الوقت؟

إضافة الى ذلك هذه الحادثة ليست مذكورة في القرآن وحده!

قارن معي نص القرآن بنص العهد القديم:

(وَلَقَدْ نَادَانَا نُوحٌ فَلَنِعْمَ الْمُجِيبُونَ ، وَنَجَّيْنَاهُ وَأَهْلَهُ مِنَ الْكَرْبِ الْعَظِيمِ، وَجَعَلْنَا ذُرِّيَّتَهُ هُمُ الْبَاقِينَ ، وَتَرَكْنَا عَلَيْهِ فِي الْآخِرِينَ، سَلَامٌ عَلَى نُوحٍ فِي الْعَالَمِينَ ، إِنَّا كَذَلِكَ نَجْزِي الْمُحْسِنِينَ ، إِنَّهُ مِنْ عِبَادِنَا الْمُؤْمِنِينَ ، ثُمَّ أَغْرَقْنَا الْآخَرِينَ) الآيات من 75 الى 82 من سورة الصافات مع الإصحاح السادس من سفر التكوين من الآية 13 الى نهاية الإصحاح:

13 فقال الله لنوح: نهاية كل بشر قد أتت أمامي، لأن الأرض امتلأت ظلما منهم. فها أنا مهلكهم مع الأرض

14 اصنع لنفسك فلكا من خشب جفر. تجعل الفلك مساكن، وتطليه من داخل ومن خارج بالقار

15 وهكذا تصنعه: ثلاث مئة ذراع يكون طول الفلك، وخمسين ذراعا عرضه، وثلاثين ذراعا ارتفاعه

16 وتصنع كوا للفلك، وتكمله إلى حد ذراع من فوق. وتضع باب الفلك في جانبه. مساكن سفلية ومتوسطة وعلوية تجعله

17 فها أنا آت بطوفإن الماء على الأرض لأهلك كل جسد فيه روح حياة من تحت السماء. كل ما في الأرض يموت

18 ولكن أقيم عهدي معك ، فتدخل الفلك أنت وبنوك وامرأتك ونساء بنيك معك

19 ومن كل حي من كل ذي جسد، اثنين من كل تدخل إلى الفلك لاستبقائها معك. تكون ذكرا وأنثى

20 من الطيور كأجناسها ، ومن البهائم كأجناسها، ومن كل دبابات الأرض كأجناسها. اثنين من كل تدخل إليك لاستبقائها

21 وأنت، فخذ لنفسك من كل طعام يؤكل واجمعه عندك، فيكون لك ولها طعاما

22 ففعل نوح حسب كل ما أمره به الله. هكذا فعل

ويبقى السؤال كيف ولماذا استمر وجود الشر وإلا ما هو جدوى وحكمة عمل الله في إغراقهم وقتها؟

صابر: أولا وقبل كل شيء هل تعترف بالله قبل أن تتجادل في حكمته سبحانه عمّا يصفون وقبل أن تقارن بين التوراة والقرآن وقبل أن تدرك أن الدين عند الله الإسلام أي أن اليهودية هي إسلام بالأصل لكن تم تحريفها؟

حنّون: سبق وقلت لك نعم! ولكن الله لم يكشف عن نفسه **(المصدر: 55)** وحتى إن كان فعلا قد كشف عن نفسه فيما مضى فالذي وصل لنا محرّف كله وليس هو الحقيقة وهذا يعني أن يستدعي الكشف عن نفسه الآن مثلا.

صابر: وهل تعترف بالعمل الصالح؟ فقد قال الله في محكم كتابه (مَن آمن بالله واليوم الآخر وعمل صالحا فلا خوف عليهم ولا هم يحزنون)62-البقرة.

حنّون: نعم أنا أؤمن بالعمل الصالح فهو أساس العدالة والسعادة لكني لا اعترف باليوم الآخر لأن قانون الآخرة هو عملية تعذيب جسدي وعقاب أبدي ولا أؤمن بذلك!

صابر: لو نظرنا لآيات الجنة والنار لرأينا الأصل هو عدم العذاب والله يُعذّب الجاحد بدينه (ولنذيقهم من العذاب الأدنى دون العذاب الأكبر لعلهم يرجعون) 21-السجدة وكذلك يرحم الجاهل بالجحيم تأديبا وتعليما كما يُرحم العارف بالجنة فضلا وكرامة (عذابي أصيب به من أشاء ورحمتي وسعت كل شيء) الآية 156 من سورة الأعراف فجعل الله رحمته تسع كل شيء حتى العذاب (مصطفى محمود).

حنّون: انا لا أريد أن أدخل بتفسير هذه الآيات فالنار والجنة غيبيات، وهذا يكفي كأساس لعدم مناقشتها علميا. كما وأن من المضحك اعتبار العذاب رحمة!

صابر: ولكنك تعترف بالله وتؤمن بالعدالة!

حنّون: وما الضير من ذلك!

صابر: كيف؟! فالعدالة الكاملة المطلقة هي في الآخرة بعد الحساب والوصول إما للجنة أو النار، فالله هو الكمال المطلق وهو عادل بلا أدنى شك والحياة الدنيا فيها اختلافات كثيرة غير عادلة فعلى سبيل المثال وجود بصير وأعور وأبكم وأصم وقبيح وأي من ذوي الاحتياجات بالولادة إضافة الى نسبية الجمال وتفاوت الرزق بين البشر فهل يُعقل أن يخلق الله الخلق ولا يعدل بين خلقه؟

لهذا توجد حكمة في هذا التفاوت إضافة الى أن وجود الآخرة منطقي وحتمي لإقامة العدالة بين البشر وحساب كل بشر بما لديهم من أعمال صالحة وأعمال غير صالحة فهذه الآخرة المثالية في العدالة والتي لا تعترف أنت بها هي التي بها تهدأ نفوس البشر وتشفى وتُبشِّر بحياة أفضل مما هي عليه بعد الممات وبالتالي سوف يعمل كل إنسان بما يتاح له من عمل صالح ابتغاء مرضاة الله وبالتالي يُبعد النظر عن الآخرين ويبعد روح الحسد عن نفسه ويرتضي قسمته التي قسمها الله له. ويدخل ضمن حياة البشر ذلك الذي يحس أن عنده نقص أو الذي له عوق جسماني فيدخل الآخرة دون عقدة نقص.

حنّون: لا توجد حكمة في عدم المساواة بين البشر! فهذا يجعلهم يتطلعون لها الآن وهي غير منطقية رغم ما تقول أنت!

صابر: لماذا؟ فإنا أجدها منطقية!

حنّون: خذ مثالا بسيطا في رجل غني يعرف الله ويقوم بواجباته تجاه ربه ورجل فقير عنده من المشاكل جراء الفقر ما لا يعد ولا يحصى و يعرف الله ويقوم بواجباته ويقوم بها بنفس ما يفعل الغني لكن بعد الممات الى ما يذهبان، الى الجنة أم النار؟

صابر: **للجنة** كلاهما طبعا والله أعلم.

45 صفات الله

حنّون: هذه ليست عدالة! لأن الفقير خسر الحياة وربح الجنة والغني ربح كلاهما الحياة والجنة معاً وهذا ضمن الفرض الذي فرضته فقط وأنت فرضت أن الله عادل دائما لكن ما الذي يجعل هذه الفرضية صحيحة عندك؟

إنكم تفترضون أن الله هو ذلك الذي له صفات الإنسان المطلق مِن عدل وصدق وقوة وهذه عقيدة قديمة قدم التاريخ البشري فالفراعنة كان لهم آلهة وملوكهم آلهة أو ابناء آلهة، فكيف بالله أن يكون بهذه الصفات البشرية؟! ولو فرضنا جزافاً أن هذه الصفات هي صفات الله، فهل كل من يتصف بها يكون إلهاً أيضا؟

صابر: مستحيل أن يوجد إنسان بهذه الصفات المطلقة وإلا لما وُصِفَت بالإطلاق:

شعر غوته وسأنقل عنه لأن ما يبدو عليك أنك تستمع لما في الغرب أكثر ولأنه غير مسلم:

أن من يعرف ذاته وذوات الآخرين
يعلم الآن هنا علم اليقين
أنه لا فضل بين الشرق والغرب الى يوم اليقين

إن لله المشارق
إن لله المغارب
في يديه أمن هذا الملكوت
من شمال وجنوب وهو حي لا يموت.
ويقول هوفمان:
عبث ما يدعي كل فريق
أنه الأهدى وما ضل الطريق
إن يك الإسلام معناه القنوت
فعلى الإسلام نحيا ونموت

حنّون مقاطعا: دعني أعطيك مثلا. لنفترض أن هناك من يعيش وحيدا في محمية طبيعية فسوف يعيش مع حيواناته ونباتاته دون أخطاءٍ بشرية فهل يكون هو إلهُهم؟

صابر: لكنه لم يخلقهم فكيف تعتبره إلههم!

حنّون: لنقل أن لديه من العلم الحالي الشيء الوفير فهو يدخل الى مختبره ويحسّن الجينات ويناسل الحيوانات وتظهر له نتائج أفضل تطويرا.

صابر: وهل يستطيع هذا الشخص العيش لوحده؟ فسوف يموت في نهاية الأمر.

حنّون: لنقل أنه يعيش مع عائلته ومعه زوجة ولهم أطفال وهؤلاء الأطفال سوف ينهجون نهج أبيهم وبذلك ستبقى الإلوهية والسيطرة على هذه الحيوانات مقتصرة في هذه العائلة.

صابر: هذه سيطرة بشرية على الحيوانات وي بفضل الخالق الله عز وجل فمن وجد أول حيوان بل وأول نبات في فرضك هذا؟ أليس له خالق؟ أليس لكل شيء مُوجد؟

حنّون: هنا رجعنا الى أول سؤال حول من خلق أول الأشياء.

العلم الوضعي يقول أنها الطبيعة وأن حامض الدنا DNA أدينوسين ثلاثي الفوسفات هو أول مركب عضوي حي. وقد تم تحضير أولياته أي أجزاءه من مواد عضوية وأحماض أمينية مختبريا في الستينات من هذا القرن بتهيئه نفس الظروف المناخية والكيميائية التي كانت على الأرض قبل آلاف السنين في تجربة ستانلي ملر حيث خلط الماء والهيدروجين والأمونيا والميثان في حجرة مقفلة وصعقها باستمرار لمدة أيام.

صابر: ومن أوجد هذه المواد الأولية؟ من خلقها؟

حنّون: كانت موجودة على كوكب الأرض والذي هو كوكب حي صالح للحياة ولذلك تتوالد الحياة فيه.

صابر: مَن أوجد هذا الكوكب الذي تفترضه صالح للحياة حتى لو كانت فرضيتك في التوالد التلقائي للحياة صحيحة ومن هيّأ الكوكب ليكون مناسب للحياة هكذا؟ ها؟

حنّون: موقعه! فهو موجود ضمن المجموعة الشمسية في بعد مناسب للحياة عن الشمس على الأرض والتي بدورها موجودة ضمن مجموعة أو كيان أكبر هي مجرة درب التبانة وهذه الأخيرة ما هي إلّا مجرة من المجرات الكبيرة الموجودة في الكون الذي قد تسميه أنتَ "سماء" كما في القرآن.

46 مَن خلق السماء؟

صابر: ومَن خلق السماء هذه أليس هو الله؟ ومَن الذي خلق أساس المادة (الذرَّة) التي يؤمن بها الماديون أليس هو الله؟

هذه الذرة العجيبة ذات النواة المتكونة من نيوترونات متعادلة الشحنة وبروتونات موجبة الشحنة وحولها تدور جسيمات صغيرة الحجم الإلكترونات السالبة الشحنة فلماذا لا تسقط في النواة طالما هي مختلفة الشحنة؟

ولماذا تدور الإلكترونات في مدارات محددو الطاقة أي بطاقة معيَّنة فهذه قُدرة الله وهذه هي علوم الغيب ونحن مخلوقون ولنا قابلية محدودة مِن العِلم والفَهم:

حنّون: عقلياً نعم ربما! فنحن محدودون عقليا ربما رغم أن التاريخ والواقع أمامنا يثبت استمرار عقل الإنسان بالتقدم والمقدرة وأما وجود الله فنعم لكن ليس بالصفات التي تذكرونها وأعماله كخلْق سبع سموات في ستة أيام (وَهُوَ ٱلَّذِى خَلَقَ ٱلسَّمَـٰوَٰتِ وَٱلْأَرْضَ فِى سِتَّةِ أَيَّامٍ وَكَانَ عَرْشُهُ عَلَى ٱلْمَآءِ لِيَبْلُوَكُمْ أَيُّكُمْ أَحْسَنُ عَمَلًا وَلَئِن قُلْتَ إِنَّكُم مَّبْعُوثُونَ مِنۢ بَعْدِ ٱلْمَوْتِ لَيَقُولَنَّ ٱلَّذِينَ كَفَرُوٓاْ إِنْ هَـٰذَآ إِلَّا سِحْرٌ مُّبِينٌ) الآية 7 من سورة هود، وهو (إِنَّمَآ أَمْرُهُۥ إِذَآ أَرَادَ شَيْـًٔا أَن يَقُولَ لَهُۥ كُن فَيَكُونُ) سورة يس الآية 82، (يا معشر الجن والأنس أن استطعتم أن تنفذوا من أقطار السموات والأرض فإنفذوا لا تنفذوا إلا بسلطان) الآية 33 من سورة الرحمن هذه الآية غير منطقية!

وما هو تفسير "الأرضين السبع" المذكورة في الأحاديث النبوية "والسماوات السبع" اللاتي ذكُهرن القرآن؟

وهل هنا أيضا تفسرون ما وصل إليه العلم حسب معتقداتكم؟

فماذا قدّم المسلمون للحضارة العالمية؟ لا شيء حتى الآن!

الله بكلامكم وراء كل شيء مجهول وبهذا تنتفي قاعدة البحث العلمي والحاجة للعلم أيضا طالما الجواب حاضر دائما وهو سبحان الله، الله هو الخالق وهو بيده كل شيء وهو العليم وكل شيء غير معروف لنا وهو العالم بالغيب وهكذا دواليك. فأنت سألتني كثيرا مَن ومَن ومَن، فهل لك أن تفسّر لي القول في الآية 54-الأعراف أو 3-يونس أو أن نور الله كمشكاة وهي كوكب دُرِّي زيتونة لا شرقية ولا غربية في 35-النور. فقولي أن الله لم يُعلن عن نفسه **(المصدر: 55)** خَير من اعترافي به من خلال ألغاز أو أحاجي لا أعرف لها حل! فعندما تُسألون يا أصحاب العلم الربّاني من هو الله تدخلون في دوامة من الفرضيات والكلام وترجعون وتقولون أنه هو هو

"وكأننا والماء سن حولنا   قوم جلوس حولهم ماء   أو فسّر الماء بعد جهد بالماء"

فلا أنتم عندكم تعريف لله، ولا نحن عندنا جواب لأسئلتكم حول مَن الذي خلق الكون ذا المجرات ولكن الفرق بيننا هو أنكم تدعمون حقائقكم باطلاق صِحتها وإثباتها الأبدي وألّا تتغير فيها لنزول حُكم بها من الله أما نحن فحقائقنا تتقبل النقاش ويمكن أن نعترف بخطأها إن كانت كذلك وإضافة الى ذلك نواصل البحث عن إجابة كيف جاء الكون أو مَن الذي خلق السماء؟

أما أنتم فالجواب موجود لديكم جاهزا لإيقاف التساؤل فقط فترموه بوجهنا دونما بحث أو تساؤل ولهذا مصادر البحث العلمي عندكم مغلقة ولا يمكن أن تكتشفوا أي شيء جديد في هذا المجال فالإجابة متوفرة لديكم والبحث عن شيء متوفر الإجابة عليه عقليا يكون مضيعة للوقت ظنيّاً فلا خير أن تضيع وقتك في شيء لا جدوى منه، أذهب وأذكر الله وصلي له في النهار خمس مرات واذا كنت ذا مقدرة فقم الليل صلاة ودعاءً فهو أفضل لك.

صابر: أنت تخلط الأمور بشكل متناقض في الفهم، فمن باب تقول أنك لو عرفت الله لجندت نفسك ووقتك لما تؤمر به ومن باب آخر تمنع الذين وجدوا الحقيقة الإلهية وآمنوا بها من ذكر الله والعمل بما أمرهم الله به.

" الله في العلم الحديث معناه الطاقة الخام التي في داخلنا والحركة التي كشفها العلم في الذرة والمعبد برلمان حر ومدرسة عصرية والصلاة هي الطعام الجيد والكساء الجيد والمسكن الجيد" (محمد جواد مغنية)

47 أسماء الله

حنّون: كل ما هنالك أردت عمل مقارنة، وأتمنى أن يكون جميع المؤمنين عن قناعة وليس بشكل "أنني وجدت آبائي وأجدادي على هذا الدين فتبعته" ولنرجع الى موضوعنا:

من هو الله؟

الله له الأسماء الحسنى وهي صفات إنسانية مُطلقة (الواحد، الأحد، الكريم، الجبار، الخالق المدبِّر، الكامل، القدير، الرحمن، الرحيم، الملك، القدوس، الحي، الباقي، الخالد، المهيمن، المنان، خير الماكرين، الحق، الغفور، المحسِن، البديع، الجميل، العظيم، ذو الجلال والإكرام، السلام، اللطيف، الخبير، العالم، العلي، العادل، الحاكم، القاهر، الغني، المجيب، المحتسب، والمُقيت، الرشيد، المؤمن، العزيز، المتكبر، العظيم، المسيطر، الحنّان، الرشيد السلام، الأمن، العزيز، المسيطر، الملك، الرافع، الخافض، المعز، المذل، المحيِّ، المميت) وكل شيء هنا "مُطلَق" متمثِّل بمعنى الله المطلق أمّا الله واقعا هو لا هذا ولا ذاك فلا تنطبق عليه هذه المعايير البشرية أبدا.

فالله أكبر من كل الصفات البشرية أي منزّهٌ عنها وهو أسمى من يَطلُب الشكر لقاء ما قدّمه للآخرين لأنه الغني عنهم وقيامه بذلك سلوك بشري لهذا الأسمى به أن لا يطلب العبادة أيضا فهو في غنى عنها أيضا!

أمّا ما هو؟ فهو غير معروف لدينا الآن وهو سؤال ليس له جواب لحد الآن والزمن كفيل بحله والى أن يأتي هذا الوقت علينا عدم التفكير في كنه الله فهذا من أمر خاص به هو فقط وانتهى.

توجد في الكون آلاف المجرات ويُحتمل أن تكون هناك حياة في مكان ما ولنفترض وجود مخلوق أذكى مِننا على كوكب ما لنسميه "س" وله صفات حياتية مختلفة تماما وقد يكون بعضها نقيضا لصفاتنا وهذه الصفات الافتراضية "مطلقة" بالتالي تكون صفات خالقهم مطلقة ومختلفة أيضا وبما أننا نحن وهُم نعيش في نفس الكون والله واحد لا اختلاف عليه مطلقا لكن هنا ستتناقض صفاته كإله لنا ولهم. وهذا يجعل نظرية أن لله الصفات المطلقة فكرة يُمكن إقناع الناس مِن المُنقادين بها مسبقاً، ببساطة، لأنها ليست الحقيقة فعلا بل "فنتازية" أو خيالية بل وعلاوة على ذلك تزيدون بالقول أن الكون دقيق وأن هذه الدِقَّة تُعزِّز فكرة الله الخالق.

صابر: أن تفسيرك "الظاهري" هذا مثل تفسير أبو عامر القرشي العبدري الميورقي (ليس كمثله شيء)11-الشورى لكن الآية 32- الأحزاب هي (يا نساء النبي لستن كأحد النساء) وعليه يكون الله ظاهرياً مثلي ومثلك وفقا لكلامك ولكلامه فقد جعلته ظاهرا متجسما مثلنا.

حنّون: لننظر لنفس الموضوع وفي كلام الفلاسفة فالله في فلسفة شوبنهاور الإرادة وفي فلسفة نيتشة هو المطلق وفي فلسفة ماركس المادة وفي فلسفة برجسون الطاقة الحية وأمّا في فلسفة الأديان اسمه الله فإن قالوا: "وُجِد الكون من غير مُوجِد قلنا بل أوجدته العلة الأولى وأن طالبونا بالدليل سألناهم بدورنا عن دليلهم وأن قالوا أن كلا منا لا يملك أية حقيقة يعتمد عليها فعلينا جميعا أن لا ننفي ولا نثبت"**(محمد جواد مُغنية)**

صابر: إن تفسير الكون بأن وراءه إرادة إلهية أقرب الى العقل السوي من فكرة وجوده بلا سبب وأقرب الأسباب أن يكون هذا الكون من صنع خالق مبدِع يُوجِّهُ كل شيء نحو غايته الحكيمة وثمرته المفيدة أما وجوده صدفة دون غرض أو غاية فهي فكرة وعقيدة من غير عقل ولا أخلاق ولا حقوق ولا واجبات وهي بعيدة عن العقل السوي كل البعد والمفارقة هنا نجد في الماضي الذين أنكروا

على الأنبياء رسالاتهم لم يجحدوا فكرة اللاهوتية بل رأيناهم يعترفون بوجود خالق الكون ولكنهم ينكرون أن يكون هؤلاء الرسل والأنبياء رسلا ومبعوثين من الله عز وجل الى عباده.(محمد جواد مغنية)

48 المِعراج

حنّون:الآن فهمتني فإنا كذلك!

صابر: هل تريد العيش في الجاهلية؟

حنّون: نعم ولا فالأمر ليس كما تقول ولنغير الموضوع قبل أن يتحول لموضوع شخصي.

صابر: تفضل!

حنّون: المسلمون أجدهم يؤمنون بالنسبية لدعم القرآن كما في سورة السجدة 5 (يُدَبِّرُ الْأَمْرَ مِنَ السَّمَاءِ إِلَى الْأَرْضِ ثُمَّ يَعْرُجُ إِلَيْهِ فِي يَوْمٍ كَانَ مِقْدَارُهُ أَلْفَ سَنَةٍ مِمَّا تَعُدُّونَ)، وسورة الإسراء 1 (سُبْحَانَ الَّذِي أَسْرَى بِعَبْدِهِ لَيْلًا مِنَ الْمَسْجِدِ الْحَرَامِ إِلَى الْمَسْجِدِ الْأَقْصَى، الَّذِي بَارَكْنَا حَوْلَهُ، لِنُرِيَهُ مِنْ آيَاتِنَا إِنَّهُ هُوَ السَّمِيعُ الْبَصِيرُ) وعليه وبنفس الشاكلة هذه اذا كان كل شيء نسبي فسأفترض أن الدقة بحد ذاتها نسبية أيضا هنا تكون قياساتنا الأرضية للدقة مختلفة عن قياسات الدقة في مجرات أخرى أو أكوان أخرى والمجرات تبعد ملايين السنين وأقربها يبعد مليوني سنة من سنين الأرض ولهذا نظام الكون ليس دقيق بالقياسات الكونية فهو دقيق بقياساتنا الأرضية فحسب وسيبقى نظام الدقة هذا نسبي أي متغيّر من مكان الى مكان في الكون!

صابر: هل لديك دليل فيزيائي علمي على ادّعائك هذا؟ فأنا سأعتبره مجرّد خيال علمي منك وأنا لا أصدق فرضيتك هذه لأن هذا الكون أمامي واضحٌ جليٌّ منظّمٌ بدقةٍ لا تستطيع أنت إنكارها وحتى لو كان هناك أحياء على كواكب أخرى الله لا يتركنا أو يتركهم دون أن يُفسَّر لنا ولهم الأمر والمحتمل أن تكون هناك حياة على كواكب أخرى فالقرآن ولعلك لا تدري يقول وإنّك لرب الشعرى أي أن الله هو الله إن كان هناك كائنات عاقلة على نجمة الشعرى أيضا وهناك أيضا أقطار السموات والأرض فيمكن أن تكون هناك سموات أي أن في خارج الكون من الممكن أن يكون هناك عالم آخر وآخر فوقه مثلما موجود في تركيب المادة حيث وجود الذرة والنواة التي تدور حولها الكترونات كما وصفها رذرفورد ومن

هذا التشابة يمكن للإنسان أن يسترسل بأفكاره ويمكن أن يفترض أن هناك احتمالية وجود حياة فوق الإلكترونات فكل يوم يُكتشف شيء جديد وما يدريك ما يتم اكتشاف مثل هذا الذي افترضه وعلاوة على كل ذلك يخبرنا الله في القرآن أنه يخلق ما لا نعلم أي أن وجود كائنات عاقلة ممكن والقرآن لا ينفي ذلك كما في سورة النحل الآية 8 (وَالْخَيْلَ وَالْبِغَالَ وَالْحَمِيرَ لِتَرْكَبُوهَا وَزِينَةً ۚ وَيَخْلُقُ مَا لَا تَعْلَمُونَ) لكن لا يمكن لنا الخروج عن رِبقَة (حلقة أو قَيد) الخالق فهو وراء كل شيء كمدبِّر فسبحان الله العظيم المحيط بنا!

49 البحث العلمي

حنّون: أراك لا تؤمن بالفنتازيا رغم أن ما ذكرته أنا لك ليس بخيال العلمي والذي برعت به أنت بعد ذلك بكلامك عن احتمال حياة فوق ألكترون وهذه أحلامك أنت وهذه الأفكار يمكن تمرّ دائما في خاطر كل إنسان يُفكّر فإن كان لديه شيء من الروح القيادية قام بنشرها على الجماهير وجعلهم يؤمنون بما يقول، أنت تستطرد وتستشهد بالعلماءِ الماديين وهؤلاء لو كانوا يؤمنون بفكرة أن "الله هو الخالق" لما اكتشفوا ما اكتشفوا

صابر مقاطعاً: لماذا؟

حنّون: لأنهم بحثوا عن إجابة الأسئلة بأساس أن جوابها غير حاضر لديهم الى أن توصلوا لاكتشافاتهم فأصبح الجواب موجودا أي أنهم لا يرمون أجوبة إسكاتية بوجه غيرهم كما تفعل أنت ولذلك تطوّروا. فهل تريدنا أن نقلّل مِن شأن هذا أمر وما توصل إليه العلم طالما لم يصل الى معرفة الله حقا وتماما كما تريد وتفترض وتؤمن أنت؟

فما تطلبه منا هو أن علينا أن هو نترك البحث في الكون والمجرات أو التفكير به وننتظر الله أن يجيبنا من خلال الدين مثلا، بالتالي سوف لا يكون لنا دور في هذا البشرية في أي كشف أو اختراع أو ابتكار علمي مستقبلي وكأننا في حرب وتحدي ومواجهة وحرب مع العلماء المادين فنقعد لننتظر منهم جواب عن مَن وما هو الله فإن لم يعرفوا الجواب فهذا يعني أننا انتصرنا عليهم (ككفرة يستحقون العذاب والجحيم في الدنيا والآخرة) في تحدينا لهم وهم في بحثهم يكشفون كل يوم عن كشف شيء جديد ويتقدّمون علينا واقعيا وفكريا وأما نحن فنراوح مكاننا ولا نخطو أنملة ونكتفي بالانتظار والنقاش في أمور الماضي وهذا شأن أوهامكم

فيما تسمّونه "علوم" في الفقه وكذلك "علوم" الكلام المستورثة وهي ليست علوم بل فقه أو نصوص دينية فقط!

ودعني أذكر لك قصة هي أن حَصَل أحدُ الأمريكيين على إجازة تبيح له بيع أراضي في المريخ سواء كان هذا الأعلان حقيقة أم خرافة للإثارة فهو إعلان صريح أن الأمريكان أول من وصلوا الى المريخ وهذا أصبح حقهم، فقام أحد اليمنين بالاحتجاج معلناً أن المريخ هو ورث شرعي لليمنين مستندا على ما جاء في الكتب الدينية وشخصيا اعتقد أن هذا ليس من حقه فلماذا لم يحاول هو الخروج الى المريخ فيكتشف أسرار أجداده كما فعل الأمريكان في استكشافهم وبالمناسبة! بنفس هذا منطق الذي أقامه اليمني استولى الصهاينة على فلسطين بدعوى أنهم ورثوها شرعيا عن إلههم وعليه باب البحث العلمي مسدود بوجهنا لأن كل شيء له تفسير مُسبق تام وكل ما علينا هو الرضوخ له سواء أكان ذلك مُقنعا أم لا (يَا مَعْشَرَ الْجِنِّ وَالْإِنْسِ إِنِ اسْتَطَعْتُمْ أَنْ تَنْفُذُوا مِنْ أَقْطَارِ السَّمَاوَاتِ وَالْأَرْضِ فَانْفُذُوا ۚ لَا تَنْفُذُونَ إِلَّا بِسُلْطَانٍ) سورة الرحمن الآية 33 والآية 101 من سورة المائدة (يَا أَيُّهَا الَّذِينَ آمَنُوا لَا تَسْأَلُوا عَنْ أَشْيَاءَ إِنْ تُبْدَ لَكُمْ تَسُؤْكُمْ وَإِنْ تَسْأَلُوا عَنْهَا حِينَ يُنَزَّلُ الْقُرْآنُ تُبْدَ لَكُمْ عَفَا اللَّهُ عَنْهَا ۗ وَاللَّهُ غَفُورٌ حَلِيمٌ)

صابر: لكن السلطان في الآية 33 من سورة الرحمن التي ذكرتها هو العلم والبحث العلمي!

حنّون: التفاسير لا تذكر ذلك!

صابر: هذا ما يقوله حاضرنا لأن الزمن يفسّر ما خفي على المفسرين في الماضي!

حنّون: ها قد رجعنا الى نقطة البداية مرة أخرى حيث علينا أن ننتظر فقط والتقدم يكون بالتحرك الآن وعدم انتظار أي شيء ودعني استرسل هنا!

صابر: لا! دعني أنا أتكلم ولا تغيير الموضوع! هل البحث العلمي مقتصر على المسائل الغيبية هذه فقط؟ فهناك مجالات كثيرة للبحث العلمي أذهب وأبحث بها ولا يمنعك الدين عن ذلك أبدا (أطلب العلم ولو كان في الصين) كما يقول الرسول ص و قال ص (أطلب العلم من المهد الى اللحد).

حنّون: حسناً، لنرجع الى العدالة الإلهية التي افترضناها فالإنسان منذ أن بدأ يفكّر أراد العدالة وعدم الظلم وأراد جنّة بها كل ما يريد فلم يبلغ مراده لأن الإنسان طمّاع بذاته فما نستخلصه من رحلات الكشف عن الأرض الخالدة قديماً مثل ملحمة كلكامش وقصة قارة اتلانتا ورحلات سكان آسيا الى أمريكا

وإنشاء حضارتي المايا والإنكا أنَّ البشر يظنون أنها الجنة في بداية الأمر وكثير من الرحلات للوصول الى حياة أبدية خالدة لا ينقصها شيء وكانت فكرة الله بعد ذلك، وأنا أقول لك: بما أن الله خلقنا فسوف يصنع فينا هذا الحلم بالفطرة لنهتدي لوجوده! ثم جاء السؤال وهل ستضم الجنة كل البشر على السواء؟ فجاء "تعديل على القرار" أن لا! هناك جهنم للظالمين، وكيف سيتم فرزهم؟ فكان يوم الحساب! وهكذا تبلورت النظرية الدينية الأخروية من خلال الإجابة على أسئلة البسطاء المنقادين فتأتي الأجوبة من الكهنة على أساس الفرضية الأولى ونتائج هذه الفرضية نسميها قوانين ونواميس لا يمكن تغيرها فكيف يكون أساس الناموس هذا مجرّد فرضية حاوية على الخطأ من الأساس؟!

ثم مَن سيحاسبنا؟

الله نفسه الذي نحن الذين افترضنا صفاته!

صابر مقاطعا: لا تكفر فهو الذي تكلم عن صفاته في القرآن لكنك ناقص الإيمان!

حنّون مستمراً: فهل فكرة الله هي الأولى أم فكرة الحساب هي الأولى؟ ولا أريد أن ندخل في جدال بيزنطي وسجال على شاكلة "هل كانت البيضة أولا أم الدجاجة"!

صابر: بل أنت أخذت تدخل في جدال بيزنطي ونقاش سفسطائي دون وعي منك وهذا يعني أننا سندخل في دوامة نقاشٍ ليس له نهاية مجدية.

حنّون: لا تتهمني بالجهل فأنت لم تجب على السؤال حقاً. لكن لنغير الموضوع!

صابر: بل سأجيبك ولا تغيّر الموضوع!

إن الله موجود منذ الأزل وكانت النواميس موجودة وكل شيء مرتّب ثم استوى على العرش فهي ليست أفكار أو فرضيات كّما تزعم أنـت!

فلماذا لا تترك هذه الأفكار فهذا أفضل لك؟ فأنت تتعب حالك لأجل لا شيء فأنت غير مؤمن حتى لتحصل على حسنات من التَفقُّه في الدين!

حنّون مقاطعا: إن أراد الله أن يُحاسبنا سيعطنا دليلا لا غبار عليه وإن كان قد أعطى الذين سبقونا كل الأدله فعلا فهذه ليست بعداله ليعطني أنا الدليل اليوم لأنصره بروحي ودمي وكياني وسأعمل ما استطعت طول حياتي لديمومة دعوته.

صابر: ما هذا الهراء! هل تدعي كونك مؤمن الآن؟ وقد قالها قبلك كثيرون ولم يطبقوا وعودهم وما قالوه ومَن تكون أنت ليتكلم الله معك فقط فأنت لست بنبي أو مرسل أو أحد الأولياء الصالحين!؟ وهل تعتقد أنّك أنت المديم والمدبّر لحياتك لتحدد ماهية حياتك كما تريد؟

حنّون: من هنا تأتي فكرة الله فهي قابعة في داخل نفس كل البشر وكلٌ منا يدعي إلوهيته بطريقة مختلفة مباشرة وغير مباشرة

صابر مقاطعا: استغفر الله! إني أشك أنك مسيحي تتكلم عن وجود الروح القدس كإله في العقل !

حنّون مستمراً: لست مسيحياً ودعني أكمل كلامي فهنا سنسلُك أحد طريقين، إما أن نبعد فكرة الإلوهية عن أذهاننا أو يقوم صاحب الشأن بإثباتها لنا فالأمر الثاني بيد الله وهو في المجهول وأما المسلك الأول فدعني استرسل به فبماذا سوف يلتهي البشر وبماذا سيشغلون وقتهم وكيف سيبعدون القلق والخوف من المستقبل المجهول أو أي مجهول يترصدنا، فكان الحل عندهم هو الاستسلام لساعة المجهول التي ستقضي علينا جميعا بدمار العالم أي توقعوا أن الأمور ستسوء حتما لدرجة دمار الكون من شدة قلقهم فقاموا بتسميتها يوم القيامة وملاقاة صاحب الشأن العادل الحكيم بيوم الحساب لتتلائم هذه العقائد في عقلهم!

إذن أساس فكرة يوم القيامة هو إجابة السائل الأول الذي قام بالسؤال:

"إننا نخاف المجهول فماذا نحن فاعلون لنتخلص من القلق؟" فتدارك الأمر وأجاب بعقيدة يوم القيامة والآخرة والجنة الخالدة وكانت الأساطير الأخروية وبدأت القصص والمتاهات.

لنرجع الى الوراء ونسأل السؤال الذي ليس له إجابة واضحة حول القلق والخوف من المستقبل أو "لماذا نخاف المستقبل؟". عدم درايتنا وتنفيذنا للتخطيط المستقبلي بشكل علمي صحيح كما تفعل الأمم المتقدمة وعدم تصديق هذا التخطيط هو السبب للتخلف وذلك لتفضيل المُسلَّمات والحلول البسيطة الأسطورية الماورائية فيقولون طوال الوقت أن المستقبل بيد الله ولا تقل للشيء أني فاعله غدا وعليك أن تؤمن بالغيب وإلّا!

الآن يتم تطبيق المنهج العلمي بكافة مجالات الحياة والنقاش العلمي الجرئ هو سيد الموقف عند الشعوب المتقدمة عقليا واذا ما حدّدنا فائدة الدين في الحياة

أمكننا التعامل معه بوضوح أكثر وأما اذا تم إثبات عدم علمية الدين فما فائدته ولماذا يجب أن نتمسّك به؟

هل علينا أن نُبقي عليه لنعلم أجيالنا مناهج غير علمية لا نفع لها ؟

فيكون الدين لنا نحن أفيون الشعوب فعلا كما قال ماركس!

صابر مقاطعاً: هل تعلن نفسك شيوعيا الآن؟

حنّون مستمراً: لا! كيف لنا أن نرضى بتخدير الشعوب لتُستغل أبشع استغلال؟ لهذا نرى الآن أن شعوب مختلفة كل يؤمن بدين وتقاليد خاصة به وهذا هو الذي زاد البشر تفرقة وعنصرية وحروبا دينية. البشر على الأرض متساوون لا فرق بينهم ما دامت الأرض أُمُّ الجميع فلماذا علينا أن نكذب ونخدع من أجل وضع منهج للآخرين فالصدق والأمانة هي الخلاص الوحيد وهما القاعدة الأساسية لوضع منهج صحيح للناس وأما الكذب حتى تُصدّق أنتَ كذبتك فهو منهج مرفوض لأنه العيش بالوهم وكل دفاع عن منهج خاطئ لا يستمر للأبد فالثوب القديم يهترئ وكلما زدناه رُقعة سيتغير شكله حتى يغدو مختلفا تماما فلا تجد أثرا للأصل فالتغيير سيحدث في كل الأحوال حتى إن لم نقبل به اليوم فهو سيحدث رغم أنفنا غداً.

صابر: لماذا أنت غاضب إن كان الأمر سيكون للعلم ولك وهو ضد الدين كما تقول؟ ولماذا أنت مهتم أصلاً مادمت تقول أن الأمر محسوم للعلم ضد الدين في نهاية الأمر؟

حنّون: لأن فارقنا عن باقي البشرية أصبح يثير الازدراء!

صابر: هذا رأيك الشخصي فالواقع هو العكس فالأخلاق مثلا في أصلها ومصدرها مِن الله والدين وبواسطتها تُعمَّر الأمم كما يقول أحمد شوقي في بيت شعره الشهير حول الأخلاق!

الدين من أساسيات الحضارة وإن ما توصل إليه العلم من علوم هي أفكار خلقها الله في عقول الناس التي خلقها الله أيضا وأمّا هذا التنظيم الحياتي في المجتمع الإنساني فمَن الذي أقامه أليس هو الدين؟ وعليه لا فضل للإنسان في أي شيء وأنت لست سوى ضال فكل الفضل لله فقط!

حنّون: أي دين من أديان البشر هذا الذي تتكلم عنه في كلامك؟

صابر: الدين عند الله الإسلام! الدين هو الذي جعل الإنسان يعرف حقوقه وواجباته وطريقه القويم للصراط المستقيم وهو الذي وضع حد لسيطرة الشر على الناس! فأمور الحياة التنظيمية من زواج وتنظيم الأسرة ومعاقبة المُسيء وطقوس الدين مِن صلاة وتجمّعات تزيد مِن روح الأُلفة والتقارب بين الناس.

50 الزواج

حنّون: لنخصّص الموضوع ونناقش الزواج في الإسلام بما أنّك طرقته فما أراه أن الإسلام يبيح للرجل أن يتزوج تسعة أو أكثر مما يطيب له. (فإنكحوا ما طاب لكم من النساء مثنى وثلاث ورباع وإن خفتم أن لا تعدلوا فواحدة) (النساء 3)

صابر: هذه هلاوسك حول الإسلام بل الزواج في الإسلام هكذا:
الزواج الدائم بشهود عدول والطلاق بشهود عدول. سورة الطلاق 2 (وأشهدوا ذو عدل)
الصَداق (أو المَهر): ليس هناك مؤخر صَداق ويمكن أن يُؤخذ مؤخر الصداق بعد يوم الزواج وليس بالضرورة حين الطلاق. (الخوئي) والمُحلل للرجل أربعة زوجات فقط.

حنّون: ولكن الواو عاطفة بمعنى الجمع وأنا جمعتها فكانت تسع زوجات، طيب قل لي أنت، لماذا أربعة؟

صابر: انها مثل الآية (الحمد لله فاطر السموات والأرض جاعل الملئكة رسلا أولي أجنحة مثنى وثلاث ورباع يزيد في الخلق ما يشاء أن الله على كل شيء قدير) 1-فاطر.

حنّون: وهذا يعني أنه يمكن أن يكون للملائكة تسعة أجنحة، لأن الله على كل شيء قدير وعلاوة على ذلك لا يوجد أحد رأى ملائكة فعلا! وقل لي لماذا لا يحق للمرأة التعدد في الأزواج كالرجل؟

صابر: هناك فرق بين شهوة الرجل والمرأة وللمراة حاجز طبيعي في الجنس فهي تنقطع عن جماع الرجل في حالات الدورة الشهرية والحمل.

حنّون: طيب لماذا أربعة؟ اثنتان ألا تكفي؟

صابر: ما هذا! قبل قليل كنت تريد تسع زوجات!

حنّون: أنا أريد أن أفهم فقط فلنفترض أن الرجل عند الدورة الشهرية لواحدة ينام مع الأخرى أو ثلاث فعندما تحمل اثنتان ينام مع الثالثة فما يبدو أن

تحديد الرقم بأربعة يجعل الأمر كأنه ليس من الله وقد أُثبت الواقع أمامنا أن الزواج من واحدة فقط هو أفضل حالات الزواج للمجتمع الصحي.

صابر: يوجد شرط أن تعدلوا ومن قال لك أن زوجة واحدة هو أفضل حالة؟

حنّون: (ولن تستطيعوا أن تعدلوا بين النساء ولو حرصتم) 129- النساء، (فإن خفتم أن لا تعدلوا فواحدة) 3- النساء. فكيف لا يُسمح للرجل بما طاب له ويحرمه عليه والدليل على كلامي الزواج بما طاب في زواج النبي من كثيرات (لَّقَدْ كَانَ لَكُمْ فِي رَسُولِ اللهِ أُسْوَةٌ حَسَنَةٌ) سورة الأحزاب 21 فلماذا لا نقتدي به إذاً؟!

صابر: زيجات الرسول زيجات سياسية والغرض منها كان تقريب القبائل العربية!

حنّون: أعذرني فهذا من باب الترقيع! فقد أصبح الرداء ليس برداء كما قلت لك سابقا ولا نريد أن ندخل بموضوع زوجات الرسول لأن ذلك سيثير حفيظتك وحفيظة كل المسلمين وكأن قيصر فوق القانون أو مثل الولادة بنت المستكفي المسلمة بنت الخليفة حيث تقول

أنا والله أصلح للمعالي و أمشي مشيتي وأتيه تيها

وأمكن عاشقي من صحن خدي وأعطي قبلتي من يشتهيها

وهذا أيضا من باب قيصر فوق القانون.

صابر: لا تدخل في مواضيع الغرض منها الانتقاص من وجهة نظر الآخرين وإن موضوع النبي المصطفى خير الخلق ص أكبر منّي ومنّك فلا تدخل في هذا الموضوع لأنك ستقدح بالرسول ص وأنا بعدها سأترك النقاش معك!

حنّون مقاطعا: لماذا تمت معاملة المرأة بدونية واحتقار؟ (الرِّجَالُ قَوَّامُونَ عَلَى النِّسَاءِ بِمَا فَضَّلَ اللهُ بَعْضَهُمْ عَلَىٰ بَعْضٍ وَبِمَا أَنفَقُوا مِنْ أَمْوَالِهِمْ ۚ فَالصَّالِحَاتُ قَانِتَاتٌ حَافِظَاتٌ لِّلْغَيْبِ بِمَا حَفِظَ اللهُ ۚ وَاللَّاتِي تَخَافُونَ نُشُوزَهُنَّ فَعِظُوهُنَّ وَاهْجُرُوهُنَّ فِي الْمَضَاجِعِ وَاضْرِبُوهُنَّ ۖ فَإِنْ أَطَعْنَكُمْ فَلَا تَبْغُوا عَلَيْهِنَّ سَبِيلًا ۗ إِنَّ اللَّهَ كَانَ عَلِيًّا كَبِيرًا) سورة النساء الآية 34

صابر: الضرب هنا الضرب غير المبرح، وقد يكون حسب المسلك المرضي المعالج ماسوشزم (المازوكية)(مصطفى محمود) فقد أشار الدكتور مصطفى محمود الى أن الضرب يستخدم كعلاج في الغرب في بعض الحالات النفسية!

حنّون: حسنا، لنرجع الى موضوع الزواج الدائم.

صابر: وهل هناك ما يثير الريبة في الزواج الدائم؟ فهي علاقة التزام بين الرجل والمرأة لتكوين أسرة تديم من استمرارية الحياة وكل الأعراف الدينية وغيرها تُقرُّ ذلك (ومن آياته أن خلق لكم من أنفسكم أزواجا لتسكنوا إليها وجعل بينكم موده ورحمة)21-الروم.

حنّون: ما معنى خلق لكم من أنفسكم أزواجا فهل تعني الآية أن المرأة حواء خلقت من ضلع الرجل آدم؟ أي خُلِقَت من ضلع آدم المكسور كما تقول التوراة وهذا سؤال جانبي. نعم الزواج الذي تذكره هو الزواج الدائم أو زواج الصَداق، فما هو الصَداق؟!

صابر: إن ما ذكرته هو اسرائيليات والصَداق مقدار من المال أو ما يعادله يقدمه الرجل الى المرأة للموافقة على الزواج ومن اسمه بمعنى المصادقة على الزواج.

حنّون: الضلع الأعوج مذكور في الحديث النبوي لكن لا عليك لأننا اتّفقنا على عدم اعتماد الحديث في محاجتنا هنا وما تقوله عن الزواج جميل فمنذ بدأ الخليقة والرجل يُهدي أو يقدم للمرأة شيئا كدليل على الحب، ليمارس معها الجنس.

صابر: بل عهدٌ منه للبقاء معها للأبد والإخلاص لها.

حنّون: لكن الإسلام يسمح بتعدد الزوجات حتى أربع لذلك لا يوجد "إخلاص" فما تقوله غير مكتوب في القرآن فعلاقة الزواج في الإسلام هي مجرّد عقد بيع لشراء العضو التناسلي للمرأة من خلال ما يدفعه الرجل كمهر أو صَداق وهذا الامتلاك الجزئي يبيح له بالنهاية امتلاك المرأة كلها فليس من المعقول يحق للرجل التحكم بجزء من المرأة ولا يتحكم بباقي الأجزاء وهذا يذكرنا بحادثة تاجر البندقية لشكسبير المسمّى شايلوك فعندما يطلب رطلا من اللحم جزاءً لعدم استيفاء الطرف الآخر للدين المستحق عليه وعندها يأتي المحامي الذكي ويقول نفّذ الحكم لكن من دون أن تريق دما، هكذا كانت علاقة الزواج الإسلامي علاقة ناتجة عن عقد بيع لا يختلف أبدا عن عقود بيع الموجودات الثابتة من الأصول وتترتّب من جراء هذا العقد كل معاني التبعية والاستغلال والانقياد الأعمى والامتلاك وفرض السيطرة والعبودية والسيادة والخضوع والخُنوع والاستغلال. (كتاب: المرأة في الإسلام لحفيدة آية الله الحائري).

صابر: بل هذا رأيك وتشويهك للإسلام العظيم وكيف يمكن أن تكون العلاقة الأسرية؟ يجب أن يكون هناك رب للأسرة وتكون طبيعيا متمثلة بالرجل أو الزوج

لا سيما أن هناك 33 فرق سايكولوجي وبايولوجي بين الرجل والمرأة ورب الأسرة له حقوق السيطرة على الأسرة باعتباره الشخص المعيل للأسرة وعليه كنتيجة يتوجَّب احترامه وطاعته بل والخضوع له باعتباره المسؤول عن العائلة وهذا ليس من باب التفضيل وإنما من باب التصنيف والتنظيم الطبيعي الذي سنّه الله فينا وفطرنا عليه وطبيعيا أيضا الرجل بحكم علاقاته جرّاء العمل والاحتكاك بالآخرين سوف يكتسب حكمة تزداد على ما لدى المرأة التي هي عادة ما تكون عاطفية في قرارتها.

حنّون: بل الواقع هو أن سيطرة الرجل على المرأة وحبسها في البيت جعلها قليلة الخبرة في الحياة وجاهلة ولكن اذا ما تركت لتعمل وتتعلم حالها حال الرجل ستكثر حكمتها وتكون قراراتها صائبة غير عاطفية فالرجل الجاهل يكون عاطفي فطريا بمثل ما تصف!

صابر: ولكن الرجل بطبيعتهِ الخَلقية مُهيَّأً للعمل أكثر من المرأة فهو قوي ويستطيع العمل أكثر من المرأة والمرأة بطبيعتها ضعيفة البنية فتحتاج الى راحة بسبب الدورة الشهرية وتحتاج الى راحة أيضا عند الحَمل والولادة والطفل يحتاج لها في التربية الى أن يُصبح كبير وهذه الأشياء تفرض على المرأة عدم العمل وترك أمر كسب المال للرجل وهذا ناموس طبيعي أقرَّه الله وأقرَّته كل الأديان والنواميس كذلك.

حنّون: صحيح ما تقول لكنه بائد قديم فالآن قد تغير الزمان والمرأة أمسَت إنسان مقتدر بكل معنى الكلمة فإن كان الرجل قوي فالمرأة تعمل الآن حالها حال الرجل وبذلك ستكبر عضلاتها بسبب الجهد العضلي وبفضل التكنلوجيا الحديثة هي تعمل بكل ما يخطر ببالك بما يتضمن ذلك حتى القتال في المعارك وهي داخلة في كل مجالات العمل والمرأة لها دور في الحياة وديمومة الحياة أكثر من الرجل فمن رحمها يخرج الرجل القوي الذي أنت تتكلم عنه وعند عمل المقارنة بين الرجل والمرأة نلاحظ أنهما متكافئان حتى لو كانا غير متساويان أو متطابقان وهذا التكافؤ يجعل للمرأة حقوق وواجبات مثلها مثل الرجل تماما لهذا أمسَت هيمنة الرجل على المرأة غير عادلة ولهذا وجَب أن يكون الزواج من باب التكافؤ وهو زواج مشاركة فيتعهَّد الطرفإن فيه على بناء أسرة ويتحمّل كل طرف في هذا الاتفاق واجباته المُناطة به.

صابر: فمَن ذا الذي يعيل الأُسرة إذن؟

حنّون: الطرفإن وبعد الاتفاق.

صابر: على فرض اتفق الطرفإن على العمل سوية فكيف تكون السيطرة المالية؟

حنّون: لا توجد سيطرة توجد إدارة مالية مشتركة بالاتفاق والتراضي.

صابر: واذا ما حملت المرأة فسوف تتوقف عن العمل وتختل الحالة المادية للأسرة.

حنّون: بالاتفاق يُحَل كل شيء ومسألة طبيعية أن تحمل المرأة وعندها يكون الرجل مُلزما أخلاقيا وقانونيا بالإنفاق على الأسرة.

صابر: ماذا لو حملت ثانية وثالثة؟!

حنّون: الرجل يكون أيضا ملزم بالعمل طالما المرأة داخل البيت لظرف المرض أو لرغبة الطرفين بذلك.

صابر: إذن المكان الأفضل للمرأة هو البيت بالنتيجة النهائية.

حنّون: أنا لم أقل ذلك ولكن الاتفاق على طريقة الحياة الأسرية يحدّده الطرفإن وحسب القانون الوضعي وبذلك تنتفي السيطرة والهيمنة والامتلاك لأي منهما على الآخر ومن حق أي من الطرفين أختيار الفراق وليس بأساس أن الرجل هو الذي يطلّق زوجته باعتباره مالك لجسدها! (صاحب العِصمة).

صابر: للطلاق شروط وليس من حق الرجل أن يطلّق زوجته متى شاء في الإسلام دون سبب ومن حق المرأة طلب الطلاق في الإسلام أيضا.

حنّون: أية شروط هذه؟ فهو لا يحتاج سوى أن يقُل للمرأة أنت طالق ثلاث مرّات وانتهى الأمر، وتعاني المرأة بعدها النبذ كمطلّقة ولذلك لا تطلب النساء الطلاق في غالب الأحيان لأن المجتمع يكون كاره للمطلقة وكذلك لأن ذرائع الطلاق قليلة بالنسبة لها بخلاف الرجل.

صابر مقاطعا: هذا سلوك الناس وهو ليس من الإسلام في شيء

حنّون مكملا كلامه: أنت تقول أن المرأة لها حق طلب الطلاق لكن ليس أن تقول له بكل بساطة "أنت طالق" ثلاث مرّات وهنا يتضح لكَ عدم مساواة!

الطلاق الصحيح هو أن يقدِّم الرجل أو المرأة طلباً للمحكمة للطلاق ويفترق الطرفإن بعد قرار المحكمة وضمان حقوق الطرفين.

وأخبرني لماذا يُكتَب الطفل باسم أبيه وجده ولا يُكتَب باسم أمه؟ (د. نوال السعداوي)

صابر: هذا نظام اتفق عليه كل البشر، ومذكور حتى في سفر الأمثال في التوراة الإصحاح 23 الآية 22 (اِسْمَعْ لأَبِيكَ الَّذِي وَلَدَكَ، وَلاَ تَحْتَقِرْ أُمَّكَ إِذَا شَاخَتْ) أي أن التوراة تقول لك أن الرجل أي الأب هو الذي "يلد" أي هو صاحب الطفل ومصدره وليس الأم! فهل تريد أن تغيّر التوراة أيضاً، وطبيا نفس الشيء لأن الرجل هو صاحب الحيمن الذكري السبيرم الذي يحدِّد نوع جنس المولود فالقرار يرجع الى الحيمن الذكري وما البويضة فهي ليست سوى وعاء بالنتيجة حتى لو كانت البويضة تحمل نصف عدد جينات الطفل، أي حتى لو كان العراقيين يقولون لك بأمثالهم الشعبية ما معناه أن "ثلثا سلوك وهيئة الولد تكونان مطابقة لخاله" أي مشابه لأمّه بالنتيجة!

حنّون: ألا ترى أن العراقيين تفوّقوا في هذا المثل على اعتقاداتك الدينية بأن لا دور للأم وراثيا سوى كونها وعاء؟

وتفسيرك هذا خاطئ بايلوجيا لأنك وكما قلت في كلامك الجينات متساوية من البويضة ومن الحيمن لذلك ينافي كلامك وهذا الواقع فلولا هذه البويضة أو كما تسميه بلغتك ربما "وعاء" لما استمر المولود على البقاء بل لما كان، وفي التاريخ الفرعوني كانت المرأة تسمِّي الطفل حسب مشيئتها وفي الدول الأوربية الآن هناك أسماء لمواليد جدُد تحمل نصف اِسم المرأة ونصف اسم الذكر، وحتى اسم العائلة حيث ينسب اسم المولود الى اسم عائلة الأم، وما تغيير شيء ولم تحدث كارثة في الحياة حيث وتستمر تلك المواليد بالحياة فلم تؤثر عليهم عقدة الأصل الذكوري النفسية الدينية هذه والتي تحاول دعمها بنصوص مقدّسة.

صابر: أمهلهم قليلا (إن الله يمهل ولا يهمل)

حنّون: هذه ليست آية وليست حديثاً حتى فبأي أساس تقولها هنا؟!

صابر: في الآية 45 من سورة فاطر تجد هذا المعنى (وَلَوْ يُؤَاخِذُ اللَّهُ النَّاسَ بِمَا كَسَبُوا مَا تَرَكَ عَلَى ظَهْرِهَا مِن دَابَّةٍ وَلَكِن يُؤَخِّرُهُم إِلَى أَجَلٍ مُّسَمًّى)

51 الزواج المنقطع (المؤقّت)

حنّون: لنطرق الزواج المؤقّت بعد تقليبنا الزواج الدائم فهنالك الزواج المؤقت أو زواج المتعة الذي ذُكر في القرآن آية (وما استمتعتم بهن من النساء فأتوهن أجورهن) سورة النساء 24 فلماذا حرّمهُ عمر بن الخطاب رض؟ يُقال أنه اجتهد لكن القاعدة الفقهية تقول "لا اجتهاد في مورد نص" فلماذا خالف النص

القرآني؟ المهم هذا الزواج الذي يقرّه الشيعة فيقولون عنه أنه زواج لمَن ليس لديه إمكانية الزواج الدائم أو للبعيدين عن زوجاتهم كانشغالهم بالتجارة أو الحروب أو الدراسة فيَحق لهم التواصل الجنسي مع نساء أخريات بزواج مؤقت مدته مُحدَّدة لقاء مبلغ من المال ويتحتم على المرأة عدم الممارسة بزواج مؤقّت جديد بعد انتهاء مدة الزواج الأول إلّا بعد انقضاء الدورة الشهرية التالية بحجة أن ذلك يُثبت عدم حصول الإخصاب وبعدها يحق للمرأة ممارسة هذا الزواج مع غيره.

صابر: قضية الانتظار أو التربُّص موجودة عند زواج المرأة بعد الطلاق من الزواج الدائمي حيث يقول الله في كتابه العزيز أن عليهن التربّص ثلاثة قروء أي ثلاثة أشهر قمرية وبالنتيجة ستنتظر المرأة أكثر من المدة انتظار انقضاء الدورة الشهرية التي تكلّمت أنت عنها.

وأريد أن أخبرك أن الطفل الناتج عن الزواج المؤقت يكون للرجل ويكون الرجل ملزما على مد فترة هذا الزواج أو تغييره الى زواج دائم و التزامه أخلاقيا وماديا على كفالة الوضع (الولادة) المرأة الى أن يأتي المولود ويَلحق المولود الميراث للرجل (الخميني) أي لا يمكن لك أن تفترض أن هذا الزواج المؤقت يشبه الزنى حيث يضيع نسب الطفل.

حنّون: ولكن هذا يكون أيضا وبأساس ما قلته لك في أن الزواج عقد بيع فحسب وبعقلية ذلك لا غير، فالمرأة هنا مجرّد عامل جنسي يتم تأجيره واستحصال الطفل الناتج عنه بعد إعطاءه أجره! هل ترى الكارثة الآن في احتقار المرأة هنا من خلال معاملتها كعامل عديم الشعور؟

صابر: أنت وحدك تقول ذلك لأنه رأيك فقط!

حنّون: وأنا أفرض جدلا أن يكون زواج المتعة عقد إيجار يؤجِّر الرجل العضو التناسلي للمرأة بمبلغ من المال لفترة محدَّدة (مُنقطعة) وبعدها يعرض هذا الشيء للأيجار مرّات أخرى فبماذا يختلف ذلك عن الزنى الذي يُرجم بسببه الزاني والزانية عقوبةً فهو أيضا عقد إيجارٍ و في النهاية هو زنى أيضا لأن الزانية تأخذ مال جرّاء الممارسة والتي تتزوج متعة أيضا تأخذ مالا وهنا يكون التنافس بينهما والزانية تكون أرخص أجراً فحسب قاعدة العرض والطلب يذهب الرجال نحو الزانيات وتُترك المسلمات اللاتي يبتغين زواج المتعة لأنهن يطلبن مالا ومسؤولية وعندها سوف "تنزلق" المرأة التي ترغب في ممارسة زواج المتعة لممارسة الزنى.

زواج المتعة ليس مُسجّلا بعقد مكتوب فهو ارتباط اعتباري بين أثنين يُشهدان الله عليهما لهذا لا يُمكن التمييز بين الزانية والمرأة المسلمة التي تمارس زواج المتعة فعندما يُكتشف رجل مع عاهرة ويَشهد عليهم أربعة حسب المطلب الإسلامي في إثبات الزنى يمكن أن تقول العاهرة هذا زوجي في المتعة وينتهي حكم الرجم منها فكيف يكون هذا حكما إلهيّا ويمكن التحايل به بهذه السهولة؟

صابر: زواج المتعة فيه شروط والتزام وهو ليس كما تقول وأما الزنى فهو واضح ومعروف وأما الرجم فهو غير وارد في أي نص في القرآن.

حنّون: الرجم ربما تم رفعه من القرآن حسب الآية (مَا نَنسَخْ مِنْ آيَةٍ أَوْ نُنسِهَا نَأْتِ بِخَيْرٍ مِّنْهَا أَوْ مِثْلِهَا ۗ أَلَمْ تَعْلَمْ أَنَّ اللَّهَ عَلَىٰ كُلِّ شَيْءٍ قَدِيرٌ) الآية 106 من سورة البقرة وهناك حديث عن أم المسلمين عائشة تقول فيه أن الداجن أكلت النص القرآني وقصدت بذلك معزة أما بالنسبة الى زواج المتعة فهو غير مسجّل عادة لدى محكمة أو سلطة تضمن الالتزام.

صابر: غير صحيح فعادة يشرف رجل دين على تسجيله!

حنّون: هذا غير ضروري في أساس زواج المتعة فهو مجرّد قول بين رجل وإمرأة وشاهدهما هو الله فتقول المرأة عبارة "إنّي متعتك نفسي لقاء مبلغا من المال لمدة كذا" ولا أكثر ولا أقل من ذلك ويبقى الطرفان خلال هذه الفترة لا شيء يحكم علاقتهما سوى ضميرهما أو عهدهما الكلامي.

صابر: وماذا تريد أن يكون أكثر من ذلك فعهد الإنسان كلمة يلتزم بها أمام الله؟

حنّون: فلماذا يُعيب المسلمون على الغرب علاقة الرجل بالمرأة دون زواج أحيانا أو الجنس قبل الزواج الرسمي فهي علاقة وطيدة بعهد أكثر مما يكون علاقة زواج متعة هذا وأفضل منه حيث لا يكون هناك ثمن لإيجار الأعضاء التناسلية وإنما علاقة حب يتفق الطرفين فيها على البقاء سوية تمهيداً للالتزام بعقد الزواج دائم ويتفقان على كل شيء فتهب المرأة نفسها للرجل ويهب الرجل نفسه للمرأة ويجرِّب كل شخص الآخر جنسيا وحياتيا حتى تتم القناعة بالبقاء الدائم مع بعضهما وتكوين أسرة ويُسجَّل عندها الزواج في المحكمة كزواج دائم أو يتم الفراق بينهما لعدم التفاهم.

صابر: وكيف تُسمّي هذا العبث زواجاً إن لم يكن الله طرفا شاهدا به فعندها سيكون الشخص غير مُلتزم بالتزاماته تجاه هذا الزواج وعندها ستكون كارثة

اجتماعية والله هو الذي يعطي الشرعية للزواج فلا شرعية لأهواء البشر بممارستهم الجنس هكذا حتى لو كان نيّة في الزواج أو بذريعة التجريب كما قلت.

حنّون: الضمير والوعي لدى الطرفين كفيل بالالتزام فاذا ما أراد طرف عدم الالتزام فسوف لن يردعه أحد حتى الدين لأن الدين يسمح مثلا بتعدد الزوجات والذي لا يتقبله الغرب بأساس أنه غش بالالتزام بالزوجية وهذه العلاقة موجودة الآن في البلاد الغربية ولا توجد أي كارثة كما تتصوّر أنت!

صابر: والتفكك العائلي في الغرب الناتج عن هذه العلاقات أليس هو كارثة؟

حنّون: هذا التقدم العلمي والاجتماعي لدى الغرب لماذا لم تؤثر به هذه الكارثة؟

صابر: أمهلهم قليلا!

حنّون: لماذا أمهلهم فإنا أريد التقدم مثلهم ولا مجال للانتظار فالوقت يمر سريعا وعلينا أن نتّخِذ قرارا بالتغيير بسرعة وأنت لم تجب بعد هل علاقة الصداقة قبل الزواج أفضل من زواج المتعة أم لا بعد أن أوضحت لك أن حال الغرب أفضل؟

صابر: لا إضافة لتناقضك مع نفسك حيث أنت كنت تقول قبل قليل أن زواج المتعة يشبه الزنى والتعامل مع بائعات الهوى والآن تطرح عليَّ علاقة زنى قبل الزواج أو دون زواج في الغرب بأنها أفضل من زواج المتعة أي أنّك ضد زواج المتعة بكل الأحوال فإما أن تعتبره زنى وإمّا أن تريد إبداله بعلاقة زنى غربية الصنع!

حنّون: أنت تُكابر! فمن الإطار العام هي علاقة مُشابهة، وأنا معك في أنها تبدو صحيحة أو شرعية، ولكنها ليست عقداً إيجار لأن عند دخول المال في الاتفاق يصبح اتفاق على زنى أو دعارة وهذا مرفوض اجتماعيا، فعلاقة الحب مع الجنس هذه أفضل من زواج المتعة لأن في زواج المتعة يستطيع أن يتمتع الرجل بأكثر من واحدة في آن واحد بينما لا تستطيع المرأة ذلك إلّا بعد إتمام العُدة وهذه ليست عدالة أمّا بعلاقة الحب لا يستطيع الرجل الممارسة مع فتاة سواها إلّا اذا وافقت هي على ذلك واذا ما حدث ذلك فإنه لا يحدث إلا عند الإباحيين والرجل المتزوج في الإسلام من حقّه زواج المتعة ولا يحق للمراة ذلك أما في الغرب فلا يحق للطرفين تكوين علاقة حب جنسي بعد الزواج أي لا يجوز الغش بلغتهم (نسميه خيانة زوجية في لغتنا) وحتى لو تغيّرت القوانين بالمستقبل وكانت هناك علاقات يستوجب على القانون الوضعي الجديد تغييرها

أو تثبيتها في هذا الموضوع فهذا رهن المستقبل فتكون القوانين الوضعية هي سيدة الموقف.

صابر: بل أنت تبدو لي إباحيا وتخجل التصريح بالقول من المحتمل في المستقبل أن يكون اللواط والسحاق شيء طبيعي أو يمكن أن يكون السفاح كزواج الأخ من الأخت شيء طبيعي عندها أو يمكن أن تكون العلاقات الجنسية مباحة كما تفعل الخنازير من الحيوانات والعياذ بالله!

حنّون: أنا أقول أن القوانين الوضعية يمكن مناقشتها وتعديلها بحيث تضمن الحياة السعيدة العادلة للبشر جميعا، وأما ما تنكره فاللواط لم يأتِ نص في القرآن يحرمه

صابر مقاطعا: ماذا عن سورة لوط وقوم لوط الذين عاقبهم الله وفقا لنص القرآن ألا يكفي ذلك لفهم أن ذلك عمل محرّم في القرآن؟

حنّون مستمرا: ماذا عن سفاح الأخ بالأخت فرغم من أنه غير صحي وغير اجتماعي وهادم لنظام العائلة لكن يبدو أن أولاد أدم "قابيل وهابيل" تزوجوا أخواتهم أي قاموا بزنى المحارم بأساس أن في تلك الظروف الخاصة تباح المحرمات وكذلك تزوج لوط من بناته.

صابر: هذه التوراة المحرّفة! لوط طبعا لم يفعل ذلك!

حنّون مكملا كلامه: نحن لا نبيح ولا نحرم ولكن لكل جيل له قوانينه الخاصة به واحتياجاته وأما أن يأتي أحد ويقول أن هذه القوانين كانت سارية قبل مئات السنين وسَتظل تسري الى أبد الآبدين ولا يمكن مناقشتها فهذا ما لا يقبله العقل أبدا.

52 جِنس الجواري

وهنالك حق الرجل بممارسة الجنس مع الجواري.

صابر: الإسلام قلل من ذلك لأنه حَثَّ على عِتق الرقبة (تحرير العبيد) كما رفض (حرّم) أنواع من الزواج كانت موجودة في الجاهلية مثل:

الذواقة كما ذكره أبو فرج الأصفهاني أن تجرّب المرأة الرجل قبل الزواج منه وقد اشتهرت أم خارجة بكثرة ذلك حتى قيل أسرع من نكاح خارجة.

حنّون مقاطعاً وضاحكا: ذلك يبدو لي هو الزواج الحالي في الغرب!

صابر مكملا كلامه:

الاستبضاع والذي كان موجودا في الجاهلية وكذلك في معابد الهند حتى بداية القرن الحالي (السعداوي- أرثر كورتل) ففي الجاهلية كانت المرأة اذا صعب عليها العثور على زوج تقوم بنشر جانب من شعرها وتكحيل أحدى عينيها وتحجيل إحدى رجليها ويكون ذلك ليلا ثم تقول "يا الكاح أبغي النكاح قبل الصباح" فيسهل أمرها (الألوسي –بلوغ الأدب)

المشاركة أن تتخذ المرأة زوجا رئيسيا وعددا من الأزواج الثانويين وفي حديث لعائشة (أن يجتمع الرهط دون العشرة فيدخلون على المرأة فيصيبونها فاذا حملت ووضعت ترسل إليهم فلا يستطيع واحد منهم أن يمتنع فاذا اجتمعوا عندها تقول لهم قد عرفتم ما كان مِن أمرُكم وقد ولدت فهو ابنك يا فلان تسمي مَن أحبَّت باسمه فيلحق به ولدها ولا يستطيع أن يمتنع عنه الرجل).

الخدن كان الكثير من الرجال يأتون المرأة في خبائها برضاها دون عقد نكاح فإن حملت الحقته بأحدهم وهو أقرب لسابقه)

حنّون مقاطعاً: هذا أيضا مقارب لما يجري في الغرب!

صابر مسترسلاً:

المقت أن يخلف الرجل على زوجة أبيه

المخايلة أن للمرأة زوجان أحدهما للطرف العلوي والآخر للطرف السفلي.(د. جواد علي – المفصل)(عدنان الصائغ).

حنّون مقاطعاً: هذا مضحك!

صابر مستمراً:

و بذلك يكون قيام الإسلام بتغيير نظام الجاهلية الى نظام مرتب جديد يكون هذا وحده إنجاز بل معجزة يعجز أي إنسان عن صنعها.

حنّون: على العكس بذلك هدم الإسلام الحرية الفردية التي كانت متوفرة قبل الإسلام وهذه الإباحية الزائدة عن حدّها كانت معروفة لدى أقوام أخرى بعد الإسلام، حيث أن الفرقة الخرمية ومؤسسها بابك الخرمي تحلل الحرام بأوقات خاصة فهناك ليلة خاصة للشراكة أو التبديل بين الأزواج في حفلات خاصة (إعجاز القرآن لأبو بكر محمد بن الطيب الباقلاني)

صابر: لا يمكن لك اعتبار الخرمية مذهب إسلامي لأنهم منشقون على الإسلام وديانتهم هي فرع من المزدكية الزرادشتية لكنهم ملتحفون بالإسلام ولذلك قام هارون الرشيد بمحاربتهم وقام الإمام أحمد ابن حنبل بتكفيرهم.

حنّون: قام الإمام أحمد ابن حنبل بتكفير ربما كل المذاهب الإسلامية وهذه حريتهم وهذا دينهم سواء اعتبرته ما اعتبرته! والإسلام في نقضه هذه الإباحية في الزواج لما قبل الإسلام أتبع الأديان التي سبقته وهذا ليس بجديد وعملية عتق الرقبة تشجع على امتلاك الرقبة بنفس الوقت وذلك للحصول على حسنات من عند الله فأين حق الجارية كامرأة وأين حقها كأم؟!

صابر: يستطيع الرجل أن يتزوج الجارية بعد أن يعتقها وهذا ما فعله سيدنا الحسين عندما تزوج ابنة كسرى والتي ولدت له الإمام علي زين العابدين.

حنّون: زوجة الإمام الحسين وأختها لم يتم اعتبارهن جواري منذ البداية وفقا لكلام علي بن أبي طالب والزواج هذا مرهون بالرجل أي غير ملزم وأين حق المولود الذي سيأتي؟ لماذا يُحرَم من الميراث ولماذا يولد عبدا فيقول عمر الخطاب رض (متى أستعبدتم الناس وقد ولدتهم أمهاتهم أحرارا).

53 المرأة المسلمة تلك المملوكة المنقادة

صابر: كيف تقول ذلك والمرأة المسلمة مُعزَّزة مُكرَّمة بدليل أن هناك نساء ذكرهن التاريخ بكثير من الإجلال والاحترام مثل زوجات الرسول ونساء أهل البيت والخنساء وغيرهن كثير.

حنّون: ذلك ضمن نطاق مملكة الرجل ولدعم الإسلام فقط فميراث المرأة في القرآن ليس كمثل أخيها فلذكر مثل حظ الأنثيين، ويجب عليها لبس الحجاب الإسلامي أي لا حرية بالملابس لها، (ولا تبرَّجن تبرُّج الجاهلية الأولى)(الأحزاب 33)، (ولا يبدين زينتهن)(النور 4)، وباقية في البيت أو حبيسته، (وَقَرْنَ فِي بُيُوتِكُنَّ وَلَا تَبَرَّجْنَ تَبَرُّجَ الْجَاهِلِيَّةِ الْأُولَى) سورة الأحزاب الآية 33 و(وَإِذَا سَأَلْتُمُوهُنَّ مَتَاعاً فَاسْأَلُوهُنَّ مِنْ وَرَاءِ حِجَاب ذَلِكُمْ أَطْهَرُ لِقُلُوبِكُمْ وَقُلُوبِهِنَّ) سورة الأحزاب الآية 53 وبذلك تكون المرأة مقيّدة في سلوكها وتحرّكاتها

صابر: هذه الآيات تتكلم عن زوجات الرسول فقط!

حنّون: ولكن هن مفروضات كقدوة بأساس أنّهن أمهات المؤمنين والمؤمنات وعلاوة على ذلك شهادة المرأة نصف شهادة الرجل (أن تضِل إحداهما فتذكر إحداهما الأخرى) سورة البقرة الآية 282 وكما قلت لك آنفا أن لها نصف حصة أخيها في الميراث بأساس ماذا؟ نقصان العقل كما يقول الحديث النبوي أو كما يلمّح القرآن لذلك في الآية الأخيرة التي ذكرتها لك؟

صابر: ذلك ليس نقص عقل لكنه احتياط والقرآن يشير الى ذلك للاحتياط والتحسُّب لتحقيق عدالة

حنّون مقاطعا: لو كان كلامك هنا صحيح لوجدنا نفس المطلب على الرجل بنفس الشاكلة لكن هذا غير موجود!

صابر: ماذا عن الشهادة في موضوع الزنى فالمطلوب هو أربعة شهود من "الرجال" لتوكيد الفعل!

حنّون: نعم لكن كل واحد منهم يعادل إمرأتين في الشهادة أي هم ثمان نساء شاهدات لإثبات وقوع الزنى!

صابر: لنصغي الى القرآن الكريم ونقرأه لنفهم الإسلام وهل هناك كالإسلام في عمق المعنى الإنساني الذي ينطلق منه التشريع بحق الرجل والمرأة في عمق إنسانية الرجل والمرأة واحتياجاتهما؟

حنّون: ماذا تقصد ؟

صابر: أقصد أن الله عزّ وجل ساوى بين الرجل والمرأة بأساس الآية الأولى من سورة النساء

(يَا أَيُّهَا النَّاسُ اتَّقُوا رَبَّكُمُ الَّذِي خَلَقَكُم مِّن نَّفْسٍ وَاحِدَةٍ وَخَلَقَ مِنْهَا زَوْجَهَا وَبَثَّ مِنْهُمَا رِجَالًا كَثِيرًا وَنِسَاءً وَاتَّقُوا اللَّهَ الَّذِي تَسَاءَلُونَ بِهِ وَالْأَرْحَامَ إِنَّ اللَّهَ كَانَ عَلَيْكُمْ رَقِيبًا) حيث كل البشر من نفس واحدة فلا فرق في ذلك بين الرجل والمرأة ولاحظ أن مفردة "زوج" تُطلق على المذكر والمؤنث معا والمراد في اختيار هذه المفردة هنا في القرآن انفتاح معنى المفردة على معنى الزوجية والتي يلتقي التنوع بها فليس هناك تفرقة في عمق معنى النفس.

حنّون: رد جميل، ولكنك تستخدم الأبعاد والأعماق لتعليل شيء أبسط من ذلك باعتقادي فالقرآن فصل الرجل عن المرأة وأعطى لكل منهما مكانة مختلفة متفاوتة رغم تعامله معهما بشكل متشابه وفق لهذا الآية والرجل هو السيد أو القوّام فالرجال قوّامون على النساء في القرآ ناهيك عن ما ورد في غير القرآن **ففي الحديث عن النبي صلى الله عليه وسلم، أنه قال "ما رأيت من ناقصات عقل ودين أسلب للبِّ من الرجل الحازم منكن، يا معشر النساء" و عن أبي عبد الله (عليه السلام) قال: ذكر رسول الله (صلى الله عليه وآله) النساء فقال: اعصوهن في المعروف قبل أن يأمرنكم بالمنكر وتعوذوا بالله من شرارهن**

وكونوا من خيارهن على حذر. وفي كتاب (العنوان في مكائد النسوان) لعلي بن عمر البوصيري الحنفي البتنوني، يقول المؤلف قال علي رضي الله عنه: (أيها الناس لا تطيعوا للنساء امرأً، فإنهن إن تُركن وما يُردن أفسدن وعَصين، فإنا وجدناهن لا دين لهن في خلواتهن ولا ورع لهن في شهواتهن. اللذة بهن يسيرة والحيرة بهن كثيرة. فأما صوالحهن فعاهرات، والمعصومات فيهن المعدومات. فيهن ثلاث خصال من اليهود: يتظلمن وهن ظالمات ويحلفن وهن كاذبات ويتمنعن وهن راغبات. فكونوا من خيارهن على حذر." وعنه أيضا، (المرأة كالحية ناعمة في ملمسها قاتلة في سمها)(نهج البلاغة) وقال عمر بن الخطاب رضي الله عنه، في حقهن "شاوروهُن وخالفوهُن." وقال أيضاً "خالفوهن فإن في خلافهن البركة" وفي الحديث عن أسامة بن زيد، قال رسول الله صلى الله عليه وسلم، (قُمت على باب الجنة، فإذا عامة مَن دخلها مِن المساكين، وقمت على باب النار فاذا عامة مَن دخلها النساء).

صابر: لقد اتّفقنا على عدم الاحتكام للأحاديث! والمسألة تحتاج الى فهم وإدراك فهي ليست تُفهم بهذه البساطة، فالله تعالى عندما أطلق التشريع أطلقه للإنسان (الذكر والأنثى) عند بداية الخلق عندما عاش الإنسان في الجنة وعاش فيها تجربة الرجل والمرأة وكان الإغواء للرجل والمرأة على حد سواء (إني لكما من الناصحين) 21-الأعراف (فأكلا منها) سورة طه الآية 121. إنه الضعف البشري الذي تلتقي عليه المرأة والرجل على السواء في موضوع الأكل مِن الشجرة المحرّمة وليس الذنب يقع على زوجة آدم لوحدها، فليست المشكلة مشكلة آدم الذي جر حواء إليه، وليست مشكلة حواء التي أغوَت آدم فالضعف ليس صفة المرأة في القرآن الكريم ولكنه صفة الإنسان بمظهريه الرجل والمرأة (وخُلق الإنسان ضعيفا) سورة النساء الآية 28 وكذلك الأنفال 66 وعندما نزلا الى الأرض خاطب الله تعالى الرجل والمرأة على حد سواء (أما يأتينكم مني هدًى فمن تبع هُداي)38-البقرة فالمنطلق الذي انطلق فيه التشريع في الإسلام هو وحدة النفس البشرية ومساواتُها فلا فرق بين الرجل والمرأة.

حنّون: كل الشرائع الوضعية والشرائع التي يقال عنها سماوية تنطلق من وحدة النفس البشرية لأنها تخاطب الإنسان الأب والأم أو الرجل والمرأة أساس للتشريع وليس كما ذكر في العهد الجديد في رسالة بولص الثالثة الى كولوسي الآية 18 (أَيَّتُهَا النِّسَاءُ، اخْضَعْنَ لِرِجَالِكُنَّ كَمَا يَلِيقُ في الرَّبِّ)

فالعلاقة الوطيدة بينهما هي التي تَبنى أساس الشرائع ومن البديهي أن يذكر القرآن هذه الصيغة الخطابية كما طرقتها باقِ النصوص الدينية للديانات الأخرى ولكن يبقى السؤال هل هناك فرق في تقييم الرجل والمرأة في القرآن أم لا؟ وما أجده أن هناك فرق كما يوجد فرق في ذلك وفق نص العهد الجديد الآنف الذكر.

صابر:إن مشاكل الإنسان واحدة وعلى هذا الأساس لابد أن تكون حلولها واحدة والدين بالأصل هو دين واحد وهو الإسلام وهذا سبب التشابه بين الديانات السماوية وإذا كان الإنسان يتنوَّع فمِن الطبيعي أن تأخذ المشاكل بعضا من ملامح هذا التنوع، فتكون الخصوصية أمراً يترك هنا وهناك تأثيره ولكن على قاعدة هي وحدة الخط العام للحل وعليه توجد خصوصية للرجل وخصوصية للمرأة لكنك تخلط بين تكوين الخصوصية للأدوار الحياتية المختلفة ومعنى المساواة فأنت قلت لي أن الرجل والمرأة يكمّل بعضهما البعض والتكامل لا يعني تطابق الأدوار وكما ترى العهد الجديد أكّد هذه الخصوصية كما أكّدها الإسلام حيث طلب منهن الخضوع لأزواجهن كما قال القرآن أن الرجال قوّامون على النساء.

حنّون: يا أخي لماذا لا يكون الجواب مباشر وواضح وهو أن الأديان السماوية لا تساوي بين الرجل والمرأة؟

صابر: عندما تفهم سوف يكون الجواب مباشر فالموضوع سوف يظهر لك واضح وبسيط عندما تَلُمُّ بجوانب الموضوع ففي موضوعات الأحكام ليس هناك حكما للرجل وآخر للمرأة في الإطار العام للمسؤليات الايجابية وهي الواجبات وفي المسؤوليات السلبية وهي المحرَّمات.

حنّون: هل يعني هذا أن هناك فرق في الإطار الخاص؟

صابر: دعني أوضح لك كلامي ففي سورة الأحزاب 35 (إن المسلمين والمسلمات والمؤمنين والمؤمنات والقانتين والقانتات والصادقين والصادقات و**الصابرين** و**الصابرات** والخاشعين والخاشعات والمتصدقين والمتصدقات والحافظين فروجهم والحافظات والذاكرين الله كثيرا والذاكرات أعَدَّ الله لهم مغفرة وأجرا عظيما). فهل بعد هذه الآية مِن حجة لكَ؟ هل هناك فرقٌ في القيمة بين الرجل والمرأة أمام الله؟

حنّون: هذا بأساس علاقتهما بالله وليس العلاقة بينهما فالعلاقة بينهما ليست العلاقة مع الله وإضافة الى ذلك تجد أن الرجل يذكر عند التبجيل والمديح أولا وعند الذَم تُذكر المرأة أولا بدليل الآية 26 من سورة النور (الْخَبِيثَاتُ لِلْخَبِيثِينَ

وَالْخَبِيثُونَ لِلْخَبِيثَاتِ ۖ وَالطَّيِّبَاتُ لِلطَّيِّبِينَ وَالطَّيِّبُونَ لِلطَّيِّبَاتِ ۚ أُولَٰئِكَ مُبَرَّءُونَ مِمَّا يَقُولُونَ ۖ لَهُم مَّغْفِرَةٌ وَرِزْقٌ كَرِيمٌ)

صابر: وهل إذا ذُكِرت المرأة قبل الرجل يعني هذا أن المرأة أكرم من الرجل أو أهم وعليه على الرجل أن يعترض؟ هذا ليس بمنطق! وإضافة الى ذلك حرف العطف المستخدم في الآية الواو ولم يستعمل غيره مثل ثم أو الفاء حيث أن الأخيرين يدلان على الترتيب والأولوية بينما واو العطف تدل على التساوي في المرتبة.

حنّون: لكن في القرآن هناك آية (والزانية والزاني) في سورة النور الآية الثانية إضافة الى الآية الآنفة الذكر وهنا تقدّمت الكلمة المؤنثة المذمومة على المذكرة فلماذا؟

ألا يثبت لك هذا فكرتي في أن المؤنث مذموم بواسطة ذمّه أولا والمذكر مبجل بواسطة تبجيله أولا ؟!

صابر: بعض التفاسير تقول أن المرأة في أغلب الحالات هي التي تزني والعملية تكون برضاها فلا يستطيع الرجل أن يولج ذكره إلّا اذا سمحت الأنثى بذلك وأنا لا أتفق مع هذا التفسير فهنا يكون أرجح تفسير ذلك أنه من باب المساواة والدعوة الى الالتزام تكون على الرجل هي نفسها على المرأة بدليل الآية 36 من سورة الأحزاب (وما كان لمؤمن أو مؤمنة اذا قضى الله ورسوله أمرا أن يكون لهم الخيرة من أمرهم) فهكذا **يكون** تقييم العمل.

طيب! وماذا عن الآية 38 من سورة المائدة (السارق والسارقة فأقطعوا أيديهما) فهنا تم ذكر السارق قبل السارقة!

حنّون: لاحظ أن السارق هو من قام بفعل السرقة وذلك فعل مجرّد وهو مختلف عن معنى النيّة في الخبيثات مثلا فهن خبيثات يضمرن الخبث بنواياهن أي أن القران يقبّح المرأة في نواياها ولكن لا يقبّح الرجل سوى بفعله المجرّد المباشر لكن لا يقبّحه بنواياه أي لا يشيطنه كما يشيطن المرأة بنواياها وشخصها وصفاتها غير الملموسة والتي هي أهم رغم أن آية قطع اليد هي مِن أعنف آيات القرآن! إضافة الى ذلك تنفرد هذه الآية بهذه الصفة في تقديم الرجل في فعل قبيح وهو ليس نية قبيحة وهي آية مفردة فقط وليس لديك غيرها لنفي ادّعائي!

صابر: لاحظ أنك هنا الذي أنت الذي لا يأخذ الأمور على بساطتها التي تنشدها دوما وتطالب بها في نقاشك معي! فدعني أكمل كلامي!

ففي سورة آل عمران 195 (إني لا أضيع عمل عامل منكم مِن ذكر أو أنثى) والنور 2 (والزانية والزاني فأجلدوا كل واحد منهما مائة جلدة) إن الله تعالى لم يكتفي بهذا بل جعل المرأة رمزا أو نموذجاً لأي إنسان في سُمُوه أو انحطاطه كما في سورة التحريم 10-12 (ضرب الله مثلا للذين كفروا امرأة نوح وامرأة لوط..) (وضرب الله مثلا للذين آمنوا امرأة فرعون إذ قالت ربي ابن لي عندك بيتا في الجنة ونجني من فرعون وعمله ونجني من القوم الظالمين. ومريم ابنة عمران..) سورة التحريم آية 11

فالمرأة السلبية التي تخضع لعناصر الضعف البشري في حركة الواقع لتكون المثل والنموذج لكل الكافرين والمرأة الايجابية التي تملك القوة لرفض الواقع الفاسد وتلتزم بالخير هي نموذجا يقتدى به ومثلا ساميا للذين آمنوا نساءً ورجالا فهل نجد خطا فكريا يفضل مسؤولية والنتائج للرجلا على امرأة؟ الحجرات 13 (يا أيها الذين آمنوا إنا خلقناكم من ذكر وأنثى وجعلناكم شعوبا وقبائل لتعارفوا أن أكرمكم عند الله أتقاكم). هذه هي مسألة المرأة في القرآن الكريم إنها واضحة لا يحتاج المرء في إدراكها الى عمق نظر فهي واضحة جداً من ظاهر آي القرآن.

حنّون: في كلتا الحالتين تظهر المرأة تلك الضعيفة التابعة الخاسرة الكافرة المهانة أو المؤمنة سرّا لذا فهي جبانة أو مستضعفة أي غير بطلة! وكلامك كلام جميل ومرتب ويمكن أن نستحضر كثير من الآيات التي تتناول الموضوع من هذا الجانب ونخرج بنتيجة ايجابية ولكن عندما نذكر آيات أخرى مثل (الرجال قوّامون على النساء) سورة النساء 24 و(للذكر حظ الأنثيين) سورة النساء 11 وغير ذلك يكون التناقُض واضحٌ.

صابر: هذه ليست الحالة الوحيدة فللرجل ضِعف ما للمرأة من ميراث في أربع حالات ويتساوى معها في الحصة في سبع حالات وفي سبع حالات يكون للمرأة أكثر مما للرجل ولكنك ستصرّ على تشويه الإسلام! وكما قلت لك قبل برهة للرجل والمرأة مظهران أو شكلان لنفس واحدة وهنالك خصائص نفسانية وجسمانية تميز أحدهما عن الآخر والإسلام نظام شامل كامل للحياة وهذا التنظيم من أهم أركان نظامه الاجتماعي فيقول الله عز وجل في سورة المائدة الآية 55 (إنما وليكم الله ورسوله والذين آمنوا..) وفي المائدة 56 (ومن يتولَّ الله ورسوله والذين آمنوا فإن حزب الله هم الغالبون) وفي نفس الوقت لم يُهمل

نواة الأسرة واللبنة الأساسية للمجتمع المسلم وهاتان النقطتان ضروريتان للانطلاق في هذا الموضوع وهو القِوامة.

في سورة النساء الآية 34 (الرجال قوّامون على النساء بما فضَّل الله بعضهم على بعض وبما أنفقوا من أموالهم) وهذه الآية مختصة بالدائرة الزوجية وهو موضوع هذه الآية فلا قوامة للرجل على المرأة خارج نطاق الزوجية إطلاقا وكذلك الآية 288 من سورة البقرة (... ولهن مثل الذي عليهن بالمعروف وللرجال عليهن درجة).

حنّون: آية القوامة لا تذكر أن القوامة هي في مجال الزوجية فقط أي هي تخص أي رجل في أي مكان، في البيت وخارج البيت، في حالة الأب والبنت أو الأخ والأخت أو أي مكان فتكون القيادة للرجل على النساء وهذه القِوامة التي ذكرتها يُبنى على أساسها أساس الأسرة المسلمة وهي تُبرِّر لرب الأسرة تربية بنته على طاعة أخيها حتى يتم تطبيعها وتعويدها بذلك على طاعة زوجها المستقبلي وبالتالي سوف تتربَّى البنت على طاعة الرجل والتابعية له، بل العبودية لأي رجل كان كما قلت لك وهذا مذكور أيضا في كولوسي الإصحاح 3 الآية 18 من العهد الجديد والتي ذكرتها سابقا وهذا نراه واضحاً واقعاً في عوائلنا المسلمة فلماذا تريد تلطيف المعنى بأن القوامة هي في علاقة الزوجية فقط ؟

صابر: هذا سوء فهمك للقرآن وهذا ليس ذنب الإسلام وحتى في شؤون الزوجية القوامة ليست شاملة، يعني ذلك أن الزوج لا يملك حق الطاعة على زوجته في كل الأمور وجميع الأحوال، فالرأي الحاسم عند الاختلاف في شؤون الأولاد والبيت يكون له لأنه مدير الأسرة وكأنما هي شركة صغيرة مثلا فهكذا هو الأمر والمرأة كزوجة ليست خادمة أو جارية عنده.

حنّون: القرآن يُقرُّ القوامة فكيف لا تكون شاملة؟ أليس هذا تدخل في تفسير القرآن منك وحسب المزاج؟

صابر: إن القرآن دين الحق والعدالة ومسألة الشمولية والخصوصية في حكم ما في القرآن تدخل ضمن مسألة العام والخاص في القرآن وأساس التصنيف هنا أن لا يتعارض مع روح القرآن والتي تدعو للعداة والحق فمن حق المرأة أن تحاكم الرجل في المحاكم الشرعية ولها الحق في راتب شهري في العمل واذا عملت في البيت لها الحق في راتب على ارضاع الأطفال وهي نفقة الرجل أو أن لا ترضعهم حتى!

حنّون: لا يوجد حق للمرأة بالامتناع عن إرضاع طفلها إن أعجبها ذلك وإن كان فهات دليلك على ذلك وكلامك هذا بنفس الوقت يشير الى أن الأطفال ملك خاص للرجل وحده.

صابر: القوامة بحد ذاتها ليست احتقار للمرأة ولو كانت لكانت ولاية المصطفى ص على الأمة الإسلامية احتقار للأمة وذلك يشابه اعتبار رئاسة مديرٍ لشركةٍ ما احتقارٌ وامتهانٌ للعاملين في تلك الشركة!

حنّون: نعم يمكنني اعتبار الرئاسة احتقار! وهناك فرق واضح بين علاقة الرسول الوالي والرعية الإسلامية وعلاقة المدير والعامل وعلاقة الزوج بزوجته لأن هذا الفرق هنا هو نفس الفرق أو التمييز الجنسي بين الرجل والمرأة وفقا للنموذج الاسلامي.

صابر: يجب أن ننتبه الى أن قِوامة الرجل تتحرك في جو من المودة والرحمة المتبادلة وتحت عنوان (هُن لباس لكم وأنتم لباسٌ لهُن) البقرة 187، فهنالك قانون أخلاقي يدير القوامة وهو (لهن مثل الذي عليهن بالمعروف) البقرة 228، فللمرأة الحق في المرافعة والمحاكمة أمام الحاكم الشرعي إن قصّر زوجها أو استغل هيمنته أو أساء المعاملة أو ركب أمواج الأعراف الاجتماعية الظالمة،

أ- نتيجة لحتمية وجود رأي حاسم إن اختلفت الأراء داخل الأسرة.

ب-ونتيجة لكون الرجل هو الذي ينفق على الأسرة.

ج- لكون إمكانيات الرجل النفسية واستقرارها على مدار الشهر وعدم تفرغه للحمل كما هو الحال عند المرأة.

من الأسباب أعلاه نفهم أن الرجل هو القائم على شؤون الأسرة.

حنّون: وصف الزوجة بأنها لباس للزوج في القرآن فكرة جنسية محضة وتشير الى تلبية الحاجة الجنسية فقط لا غير لأن الملابس تقي من البرد فتلبي غريزة الإنسان وتستر عورته والجنس بين الزوجين يلبي الشهوة ويقيهما من تدخل الناس أو أذاهم أي "يسترهم" كما نقول في العراق ووفقاً للنقطة (ب) في كلامك يمكن للمرأة أن تنفق على الرجل فهل يعني ذلك قوامتها عليه بالنتيجة وهذا ما نراه في الوقت الحاضر في الغرب خاصة حيث من الممكن أن تكون المرأة هي الكاسب (الكاسبة) في العائلة؟

وأما النقطة أ فهي لا تبرر القِوامة لطرف على آخر فمبدأ القوامة مرفوض لأي طرف دون الآخر بأساس أن الرجل والمرأة يكمّل أحدهما الآخر أي هما متساويان بالقيمة بواسطة الاكتمال وليس بواسطة التشابه أو التطابق ورغم الفارق الجسدي الذي ذكرته إن كان موجود فعلا فالمرأة قد تكون عضلية قوية بما لا يستطيع الرجل قوة وأما أن تكون للرجل وحده القوامة بكلامك فهي بداية الظلم والعبودية. العلاقة بين الرجل والمرأة يجب أن تكون علاقة متكافئة بكل الحقوق والواجبات فإذا كان الرجل أقوى وأقدر من المرأة في العمل فهي أقوى منه في حمل الطفل لمدة تسعة شهور وعلى مدار الساعة وإذا كان الرجل حازم في قراره فالمرأة هي التي تجعل هذا القرار صائب أو مُخطئ لأنها ستكون هي الطرف المنفّذ المباشر واقعيا للأوامر في حالة القوامة التي تتكلم عنها والأفضل هو التساوي وحتى لو كان المرأة في الخفاء أي ليست في المقدمة فالمثل يقول "وراء كل رجل عظيم امرأة" والحقيقة أن وراء كل قرار عظيم امرأة ورجل فلا يمكن بخس حق أحدهما على الآخر بل ولا حتى أن نفضّل الرجل على المرأة بدرجة بخلاف ما يقول القرآن (لهن مثل الذي عليهن بالمعروف وللرجال عليهن درجة) الآية 228 من سورة البقرة.

صابر: في الإسلام يجب أن نفهم أن اختلاف الرجل والمرأة ليس من الناحية البشرية والدرجة هنا في بعض النواحي الإجرائية في العلاقة الزوجية وليس في درجة القيمة الإنسانية.

حنّون: وماذا عن مسألة الإرث (للذكر مثل حظ الأنثيين) النساء 11 ؟

صابر: في مسألة الحقوق المادية لا بد أن نوازن بين الأخذ والعطاء فالمرأة لم يكلّفها الشرع بأي أعباء مادية تجاه جملة أمور، طلب الشرع من الرجل أن يؤدّيها مثل المهر والنفقة للزوجة والأولاد فالمسألة قد يكون فيها الرجل خاسراً وليس المرأة فهي قضية لا تنطلق من مقارنة المرأة بالرجل.

حنّون: ماذا عن شهادة المرأة في سورة البقرة الآية 282 (أن تضل أحدهما فتذكر أحدهما الأخرى)؟ وكما يقول الحديث النبوي ما مفاده أن النساء ناقصات عقل ودين؟

صابر: معنى أن المرأة منهن ناقصة عقل هو للاحتياط والتأكيد كما في الاحتياج القانوني للشهادة "أن تضل أحدهما" حتى لو كانت المرأة كاملة العقل وناقصة دين لأنها لا تصلي أثناء الدورة الشهرية، فالقرآن الكريم قَبِلَ شهادة المرأة مِن

حيث المبدأ لكنه قال أن شهادة إمرأتين تعادل شهادة رجل واحد وعلَّلها بالآية السابقة وهو الاحتياط بداعي القانون والعدالة وهذا لا يعني أن المرأة ناقصة فهناك أيضا طلبُ القرآن الكريم لشاهدين عادلين من الرجال وهذا بالطبع لا يعني أن كل واحد من الرجلين ناقص بأساس أن واحد منهم يكون كافيا.

حنّون: أنت تغيّر المقارنة الأصلية لتراوغ فالمقارنة بين الرجل والمرأة وليس بين رجل ورجل والآية واضحة حول شهادة الرجل فهي تساوي شهادة امرأتين وهذا فرق واضح معناه أن المرأة تساوي نص رجل عقليا.

صابر: المرأة تمر بدورة شهرية حيث تضعف مما يؤدي بها الى تشتيت تركيزها وذاكرتها نتيجة للشد النفسي وكذلك تمر المرأة بفترة تسبق هذه الدورة بأيام حيث تعاني من اختلال شديد في مزاجها ونفسيتها ولا ننسى أن المرأة بشكل عام تمتاز بعاطفة زائدة بخلاف الرجل، والشهادة تتعلق بالحس لا بالعقل لذلك الاحتياط للعدالة يحتاج لطلب امرأتين للشهادة وذلك أن تضل أحدهما فتُذكِّرها الأخرى.

حنّون: ولكن الحديث النبوي والذي هو في صحيح الشيخان يقول أنهن ناقصات عقل وليس ناقصات حس وعلاوة على ذلك من الممكن أن تكون كل النساء في مكان ما في نفس اطوار الوقت لفترات الحيض وما تقصده فلا تكون أي منها ذات عقل وفق لكلامك وفوق ذلك نقل لنا التاريخ حادثة ذهاب فاطمة الزهراء ع الى أبي بكر رض لتطالب بأرض فَدَكُ، فسألها أبو بكر عن الشهود عندما قالت أن رسول الله قال إن فدك هي ملكي، فقالت علي ابن أبي طالب وأم سلمة زوجة الرسول، فقال أبو بكر رض لا تكفي هذه الشهادة! وحتى لو كانت تكفي فالأنبياء لا يُورِثون، فقالت مَن قال ذلك؟ قال رسول الله، فطلبت منه الشهود على ذلك القول للنبي ص فأخرج الشهود وثبتت الحُجة على فاطمة فقالت لهم أخيرا، كيف ورِث سليمان داود في نص القرآن أي أن الحديث هذا يخالف القرآن!

صابر: لكن هذا موضوعٌ ثانٍ! إضافة الى أن لا فرق بين الرجل والمرأة مِن جانب حق العمل وليس للرجل أياً كان دخل فيما تمتلكه المرأة (وَلَا تَتَمَنَّوْا مَا فَضَّلَ اللَّهُ بِهِ بَعْضَكُمْ عَلَىٰ بَعْضٍ ۚ لِّلرِّجَالِ نَصِيبٌ مِّمَّا اكْتَسَبُوا ۖ وَلِلنِّسَاءِ نَصِيبٌ مِّمَّا اكْتَسَبْنَ ۚ وَاسْأَلُوا اللَّهَ مِن فَضْلِهِ ۗ إِنَّ اللَّهَ كَانَ بِكُلِّ شَيْءٍ عَلِيمًا) سورة النساء الآية 32.

حنّون: وعلى أي أساس تُبخس حقوق المرأة في الحياة ويتم تمييزها تمييزاً عنصرياً ثم تعتبر بعد ذلك أن حقها في العمل والكسب وامتلاك حقوقها الأصلية بالمساواة "مكسب" يكتسب لها؟

صابر: أن الإسلام فتح للمرأة باب الحياة في كل ساحات الصراع جنبا الى جنب مع الرجل تنصره وينصرها لتعينه ويعينها لتكتمل معه ويكتمل معها لأن الله تعالى أراد للمرأة والرجل أن يبنيا الحياة في حركتهما كما أراد لهما أن يتكاملا على امتداد الحياة في امتداد الوجود الإنساني ففي سورة التوبة آية 17 (والمؤمنون والمؤمنات بعضهم أولياء بعض يأمرون بالمعروف وينهون عن المنكر) وخذ مثلا في امرأة شهيرة من القرآن وهي ملكة سبأ ولننظر الى هذه السيدة الملكة عندما جاءها كتاب سليمان ع النبي ذلك الملك الكبير وفي سورة النمل الآية 32 (قالت يا أيها الملأ أفتوني في أمري..) وهي الملكة التي لا تحتاج الى مشورة ولم يكن نظامها يفترض هذا وقالت (ما كنت قاطعة أمراً حتى تشهدون) النمل 32 وحتى ترون الرأي في ذلك وأرغب في أن نتشاور لأخذ الموقف السليم. (قالوا نحن أولو قوة وأولو بأس شديد) فاستعرضوا قوتهم وجاهزيتهم للحرب وأرادت هي رأيهم أنهم عاشوا شخصية الشعب الذي لا يريد أن يعطي رأيا رغم أنه يشعر أن له الحق في ذلك لأنها الملكة (والأمر إليك فإنظري ماذا تأمرين) سورة النمل الآية 33 قالت بعد ذلك (إن الملوك إذا دخلوا قرية أفسدوها وجعلوا أعزة أهلها أذلة وكذلك يفعلون وأني مُرسلة إليهم بهدية فناظرة بما يرجع المرسلون) سورة النمل آية 34

حنّون: فهل هُوَّ نبي أم مَلِك جاء لِيُفسد في الأرض؟

صابر مجيبا ومسترسلا في كلامه: هي كانت لم تُسلم بعد آنذاك ولذلك اعتبرت النبي سليمان مَلِك فحسب! ولذا قد بقيت الملكة بلقيس على عنفوانها ورأيها حتى بعد أن جاءت الى سليمان وأسلمت على يديه فقالت (وأسلمت مع سليمان لله رب العالمين) سورة النمل الآية 44 لا خلفه فبقيت تعيش شخصيتها وعقليتها وقناعتها وإرادتها وعليه يقدّم القرآن لنا هذه الصورة.

حنّون: هل أفهم من هذا أن الإسلام أعطى الحرية الكاملة للمرأة أسوة بالرجل؟

فأين إذاً حقُّ المرأة بالنزهة والتسوُّق والتشمُّس أو السباحة أو اختيار الملبس حسب الموضة؟ ولننقل بحدود المعقول والمناسب والواقع يشير أنه ليس كمثل حق الرجل في ذلك! وإن كان كلامي خاطئ ففلماذا المرأة محجبة ومغلَّفة أصلاً؟

لماذا لا يرى الشاب المسلم الشابة المسلمة؟ ليتعرف عليها ليتفاهما فترى هي شكله وتراها فالحاصل في بعض الأحيان أن يتزوَّجا دون أن يرى الرجل زوجته قبل الزواج! ألا يؤدي ذلك غالبا الى فشل الزواج وتحطيم الأسرة؟

صابر: على العكس فقد كان أجدادنا الذين تزوجوا هكذا أكثر استقرارية في علاقاتهم الزوجية فقل لي ماذا تريد؟

هل تريد أن يكون الناس عراة في الشوارع كما تكون الإباحية؟ وهل تقبل أن تأتي أختك ومعها شاب الى بيتكم فتنام معه كما فالغرب؟ المرأة المسلمة تستطيع عمل أي شيء في حدود المعقول والمعقول فالصحيح هو ليس ما تفترض وتدعو له!

54 أختك مع شاب

حنّون: هذا السؤال الذي يخصُّ الأخت سؤال مُحرج لأني الآن أحمِل موروثاً عمرُه مئات السنين فطبعاً يحرجني! ولكن لنتجرد ونجيب عليه، أولاً، ليست كل العوائل في الغرب هكذا وهناك نقاش مستمر في الغرب حول حدود الحرية لدى الشاب والشابة لكن هم ينظرون للواقع الملموس ونتائجه بخلافنا نحن الذين لا ننظر سوى للنصوص المقدّسة والتقاليد المقدّسة. الشابة هناك لها الوعي الكافي لتقدير أمر العلاقة ولا نناقش الآن المحافظين فما زال هناك في الغرب مَن يُعيب الزنى، وأنا الآن لا أدافع عن المجتمع الغربي ففيه عيوب أيضا لكن عيوبه قابلة للنقاش وليست مبجَّلة منزّهة، ذلك المجتمع مختلفٌ فكرياً عن ما موجود في مجتمع العقيدة الإسلامية. ثانيا، إن رضيتَ أنت على ذلك أو لم ترضى، اذا سارت عقلية المجتمع كله على هذا التصرف عندها لا أحد سوف يعيب هذه المسألة "فحشر مع الناس عيد" أي بسبب الاحتكام للنسمة (للعدد) أو العموم الشائع، وها أنت تأخذ رأيي أنا في المسألة وأنا لست الطرف المعني في تحديد الموضوع أيضا. فلماذا لا نأخذ رأي الأخت المرأة في هذا الموضوع؟ فعندها سوف يُفتح نقاشٌ حُرٌ لتحديد الخطأ من الصواب؟

ولنطرح قضية الجنس عند المرأة، أليست هي كائن حي وعندها رغبة في ممارسة الجنس مثلها مثل الرجل فلماذا هذا التقييد لحرية المرأة المسلمة؟ وأين حقوقها مقارنة بالرجل؟ فنحن حالياً نربي بناتنا على طاعة اخوانهن إضافة لآبائهن حتى تتعلم المرأة منذ الصغر الطاعة العمياء لزوجها، فهل ترضى أن تبقى أختك

العانس لا تمارس الجنس طيلة حياتها؟ وهناك نسبة كبيرة جدا من النساء العوانس في المجتمع الإسلامي. أليس هذا بظلم وعدم أنصاف؟ والقرآن يقول (وقرن في بيوتكن ولا تبرجن تبرج الجاهلية الأولى، إنما يريد الله أن يذهب عنكم الرجس أهل البيت ويطهركم تطهيرا) سورة الأحزاب الآية 33.

صابر: هذه الآية جاءت في حق أهل البيت وزوجات الرسول. وطبعا لن أتّفق معك في الموضوع فالرجل هنا مسؤول عن المرأة والرجل عنده غيرة، واذا ما نُزعت الغيرة عن جبينه أباح لنفسه كل شيء!

حنّون: لا أرد عليك في مسألة الغيرة فهي ناتج عَرِضي للتطبُّع على ما تؤمن به، والغيرة عند المسلم هي اذا نظر أحد الرجال الى زوجتك أو أختك عليك أن تمنعه من النظر فالغيرة عند المسلمين هي الغيرة الجنسية فقط (شعور بامتلاك الطرف الآخر) أما قضية أن الرجل مسؤول عن المرأة فهو موضوع خلافنا لأن الصحيح هو أن تكون علاقة الرجل بالمرأة علاقة تكافؤ والقرار دائما يكون مشتركا فليس لأحد فيه فضلا على الآخر (فلما وضعتها قالت ربي إني وضعتها أنثى والله أعلم بما وضعت وليس الذكر كالأنثى) سورة آل عمران الآية 36 وهنا التأكيد أن الرجل متفوق على الأنثى من ناحية القيمة (ولهن مثل الذي عليهن بالمعروف وللرجال عليهن درجة) سورة البقرة الآية 288 (والرجال قوّامون على النساء بما فضل الله) سورة النساء الآية 34. إضافة الى ذلك نساء أهل البيت هن القدوة وعلى المسلمات الاقتداء بهن والاختلاف هنا حول "وقَرن" فلماذا تبقى المرأة حبيسة البيت؟!

صابر: على الرغم من ما قلت فالإسلام يقول أن المرأة هي الأم والجنة تجري تحت أقدام الأمهات وأن في الآخرة يُنادى على البشر بأسماء أمهاتهم أليس هذا تقدير كبير للمرأة؟

55 هوية المرأة

حنّون: اذا كان تسمية البشر بأسماء أمهاتهم تقديرا، فلماذا يغتصب الرجل هذا التقدير له وحده في الدنيا، لماذا التسميات بأسماء الآباء؟ إضافة لكل ذلك القرآن لا يتفق مع فكرتك هذه حول المناداة بأسماء الأمهات فالمكتوب هو الإمام وليس الأم (يَوْمَ نَدْعُو كُلَّ أُنَاسٍ بِإِمَامِهِمْ فَمَنْ أُوتِيَ كِتَابَهُ بِيَمِينِهِ فَأُولَئِكَ يَقْرَءُونَ كِتَابَهُمْ وَلَا يُظْلَمُونَ فَتِيلًا) الآية 71 من سورة الإسراء.

صابر: التسمية بأساس الرجل طبيعية ولا يمكنك أن تُنكر ذلك ففي كُل الحضارات كان الرجل هو السيد لهذا يسمى الابناء باسمه.

حنّون: ألا تتفق معي أن هذا قانون الرجل لأجل الامتلاك والسيطرة التي كانت أساس الحضارة القديمة، الآن يحتاج هذا الموضوع الى إعادة تفكير!

صابر: ماذا تريد؟ أن تسمي الابناء بأسماء أمهاتهم؟ هل أنت مجنون فذلك يعني أنهم مجهولوا الأب!

حنّون: ولم لا؟.. فيمكن ذلك بعد دراسة الموضوع والاتفاق مع الرجل على ذلك.

صابر: ولكن بهذا سيضيع الأصل وتختلط الأجناس.

حنّون: البشر جميعهم متساوون وطالما أن المرأة هي ليست الوحيدة التي تعرف مَن هو أب المولود الصحيح لأن العلم الحديث يعرف أب المولود من خلال التحاليل المختبرية الوراثية. إذن لنسقط فكرة الخوف من اختلاط الأجناس هذه! وما حال المرأة في الآخرة ونتيجتها؟ فالرجل تنتظره جواري قاصرات الطرف، فمالذي تنتظر المرأة الحصول عليه؟

56 المرأة في الآخرة

صابر: ولكن لم تؤمن بوجود آخرة فلماذا تتكلم عنها؟
حنّون: افترض أني أؤمن بها! ما هي حال المرأة في الجنة؟
صابر: تتحول الى حورية!
حنّون: ولماذا لا تقول جواري قاصرات الطرف؟ لماذا هذا الاستغلال للمرأة في الدنيا مملوكة وفي الآخرة مملوكة كأن هذه النواميس موضوعة من قبل رجل من البشر والرجل ينتظر الجواري الحسان اللاتي لم يطئهن إنس أو جان فماذا ينتظر النساء أسوة بالرجال إن كان افتراضي خاطئاً؟

57 غشاء البكارة

صابر: القرآن نزل بأسلوب التلميح وما تجادل فيه هو ليس بمشكلة لها أهمية في النص وهي مشكلة عندك أنت فقط فالتلميح هو بلغتنا هو "أياك أعني واسمعي

يا جارة" أو بالعراقية "أحچي وياچ يا بنتي وأسمّعچ يا چنتي) أما أنت فمتأثر بأفكار الغرب والمستشرقين منهم المعادين للإسلام في شبهاتِكَ هذه!

وسألك ما الحكمة من وجود غشاء البكارة لدى المرأة إن لم يكن ليعطينا دليلا في أن شرف المرأة مهم جدا ولينبّه المرأة بأن الممارسة الجنسية قضية خاصة ليحافظ عليها لتكون متزوجة تمارس الجنس مع زوجها فقط.

حنّون: وأسألك بنفس الشاكلة ما حِكمة إذاً من الزائدة الدودية التي في بطن الإنسان؟ الطبيعة زوّدت المرأة بغشاء بكارة حتى تحافظ اللبائن من الحيوانات (وعلى شاكلتها الإنسان)

صابر: ما هذا؟ هل تعتبر الإنسان من اللبائن فتقيم حجتك عليه من خلالها؟

حنّون: بايلوجيا يعتبر من اللبائن! ودعني أكمل كلامي فتحافظ اللبائن بذلك على صحتها من الجنس المبكّر أو الاغتصاب أو من العبث به وهي صغيرة فاذا كان المهبل مفتوحا كان حُب الفضول عندها ربما يجعلها كطفلة تعبث بمهبلها مثلما يعبث الطفل بفمه أو أنفه أوحتى أذنه. هذا من ناحية ومن ناحية أخرى إن عملية الحمل مسؤولية كبيرة ومشكلة جسدية وعليه اذا كانت الطفلة صغيرة فتحمل حملاً يؤدّي بحياتها، إضافة الى أشياء أخرى ولكن عندما تكون التوعية صحيحة للطفلة والطفل والمجتمع خالٍ من عُقدة الشرف الجنسي أي عقدة تقييم الشرف من خلال الأعضاء التناسلية، وأن الحرية الجنسية المقيدة حاليا للذكر والأنثى مباحة، سوف لن تكون هناك أهمية لغشاء البكارة اذا ما أصبحت الطفلة بالغة، وتكون مثلها مثل الزائدة الدودية وسوف تكون في المستقبل مسألة فتح غشاء البكارة عند الطبيب مسألة طبيعية كعملية الختان (الطهور) لدى الذكورِ المسلمين ومثل غلق غشاء البكارة "تزويراً" في المناطق الإسلامية.

صابر: أعوذ بالله من غضب الله من كلامك والإسلام لا يرتضي أن يقع التزوير في غشاء البَكارة.

حنّون مسترسلا في كلامه: نحن الشرقيون نحب مَن يخدعنا ظاهرياً فالرجل الشرقي يُحب المرأة التي لم يطئها أحد من قبل، وحتى هذا يؤكده القرآن حول وصف "قاصرات الطرف" سورة الرحمن آية 56 فدليل الرجل الشرقي على عدم الوطئ هو سلامة غشاء البكارة وتأتي بعض النساء الشرقيات بكل دهائهن فيحلّن وثاق عبوديتهن وتمارسن الجنس مع كثيرين ويعملن عملية رتق للغشاء قبل الزواج وكأن شيئا لم يكُن فلماذا هذا تخدع نفسك بافتراض هذه المثالية غير

الواقعية؟ لماذا لا نتعامل مع الحياة بواقعية؟ ونبعد عن أفكارنا فكرة العذرية، فصحيح أن العلاقة العاطفية تكون عندها في أكثر الأحيان علاقة امتلاك جسدي فحسب من الطرفين ولكن أن نتعامل مع العذرية بعقدة نفسية مثالية انتقامية تؤدي مباشرة للقتل بذريعة غسل العار فهذا غير مقبول والصحيح هو أن نعطي الحرية للشباب بعد أن نقوم بتوعيتهم وإفهامهم المعنى الصحيح للجنس والحياة والمتعة والحقوق والواجبات والمسؤولية.

صابر: هذا واقع وليس مثال فِقِلَّة القِلَّة مِن النساء هُن اللاتي لا يحافظن على عذريتهن كما تتكلم وهذه تقاليدنا الجميلة لنكون أطهار والتي عاشت عليها أجيال طاهرة قبلنا وجرَّبوها وكانت تتجاوب مع مشاعر الإنسان المسلم ووفَّرت السعادة لكل رجل وامرأة وطفل وطفلة.

58 كثرة الإنجاب

حنّون: أنت تقول هذا ولم يكن أي جيل راضٍ عما كان عليه وسنة الحياة التغيير والتبديل للوصول الى حياة مثالية. إضافة الى ذلك العائلة المسلمة تشتهر بكثرة إنجاب الأطفال لأن القرآن يُشجِّع على ذلك (ولا تقتلوا أولادكم خشية أملاق نحن نرزقكم) سورة الإسراء الآية 31 فهل الحياة العائلية سعيدة فعلا بكثرة الأطفال؟

صابر: إنهم العُزوَة!

حنّون: لماذا هذا التفكير هل تريد أن تحارب فتحتاج عدد أكثر وأكثر مِن المقاتلين؟ فأين تحية الإسلام "السلام عليكم" من كلامك هذا إن كان الهدف من الإنجاب هو الحرب؟

هل هي كلمة قالها آدم ع وبقيت تتداول منذ زمنه؟

لماذا إذاً أشعر بمعنى الحرب عندما يقول شخصا ما "السلام عليكم" أي أشعر بعكس معناها تماماً!

صابر: لأنك مريض العقل بعدم قبولك الإسلام كفكر سلام وها أنت تعلن أن آدم ع أول من قالها فهل قالها لبدء حرب مثلا!

ولماذا لا تصدق أن المقابل يريد السلام لك وهل هناك أفضل من السلام وهي تحية أهل الجنّة (فتحيتهم فيها سلام) (10-يونس) ولنعد لصلب موضوع كثرة الإنجاب.

حنّون: هل سألوا الإخوة في العائلة الواحدة عمّا يعانون في حياتهم جَرّاء كثرة عددهم وعملية الالتزام الواجبة والمفروضة عليهم وكم هذا يؤثّر على سعادة الفرد منهم وكم يعاني الطفل منهم جَرّاء الحرمان ونقص الحنان من عدم الاهتمام به بسبب الكثرة التي تسبب الإهمال؟

وهل سألوا الأخ المسلم كم يعاني عندما يبقى يُراقب أخته كي "لا تخرج عن الطريق" كما يقول المصريون أي التقاليد والدين فتجلب له العار؟

صابر: أنت تعيش في صراع عقلي وهذا سيُتعبك أتريد أن تضع أسلوب جديد لحياة منظّمة تم ترتيبها مسبقا على أكمل وجه كما يريد الله وقد عاش على نظامها أجيال كثيرة لقرون وقرون؟

حنّون: دائما كان هناك مُعارضين لكننا لم نسمع أفكارهم فقد كُمِّمَت أفواههم وكما يقول أحد الرافضين من القرن العشرين وهو أدونيس العرب،
أحب حدودي وأكره أني أحب حدودي
ألا صورة من جديد تصاغ لهذا الوجود ؟
ثم يقول:

لا الله أختار ولا الشيطان كلاهما جدار
كلاهما يغلق عيني هل أبدل الجدار بالجدار
وحيرتي حيرة من يضئ
حيرة من يعرف كل شيء
ثم يقول:

مسافر ترئت وجهي على زجاج قنديلي
خريطتي أرض بلا خالق والرفض إنجيلي
ثم يقول:

وشوشني آدم   بغصة الآه   بالصمت بلأنه
لست أبا العالم   خذني الى الله   لم ألمح الجنة

صابر: لا نريد أن نكون بمثل هذه الهرطقة فهي كفر على استحياء!

حنّون: لكن هذه مشاعر الشاعر ولا يمكن أن نعيب عليه ما يُفكّر طالما لم يؤذِ أحدا!

صابر: إنه يعتدي على الإسلام! و

59 قتل المعارضين

سوف يؤثر على الآخرين بكلامه هذا ويغوي البُسطاء فمثل هذا البشر يجب أن يُقتل لأنه سيكون أساس مرض عقلي خبيث.

حنّون: وما رأيك في كلام محمود درويش عن فلسطين حيث يقول في الموت في الغابة (نامي فعين الله نائمة عنّا وأسراب الشحارير والسنديانة والطريق هنا فتوسّدي أجفان مصدور وثلاث عشرة نجمة خمدت في درب أوهام المقادير (...)

صابر مقاطعاً: يكفي فهذا كفر بذريعة تحرير فلسطين!

حنّون: أنت هنا تدعو للإرهاب والجريمة فهو يتكلم ليعبر عن رأيه "بحرية التعبير"، فالتأتِ أنت بكلام يرد كلامه إن استطعت لتفهمه حقيقة الأمر أليس ذلك أفضل حَلًّا للبشرية من القتل والإبادة ولو كانت في سبيل عقيدة أو دين فالقتل للمعارض في واقعه هو مؤشّر للفشل في الإقناع والحوار والنقاش؟

الآن لا يستطيع أحد أن يؤثر على الآخرين فعلا إلّا إن كانت وجهة نظره تحوي مقدار من الصواب والصحّة وعلاوة على ذلك سينشر أفكاره بين الناس بوسائل النَشر المتاحة في هذا العصر ومَن أراد الرَد عليه سيجيبه بلغة العقل والفكرة وعندها تُطرح الفكرتين وتُناقش علميا وعلى المخطئ أن يرضخ للحقيقة بروح رياضية وأما أن يعاند ويتكبّر ويكابر ويهدّد ويتوعّد وينذر بعذاب إلهي ويدعو إلهه لدمار خصمه فهذا هو أساس التخلُّف والإرهاب والجريمة المشرعنة دينيا وتراثيا وتقاليديا.

وما أريد قوله هنا هو ليس الرفض والعناد وإنما هو تحديد الخطأ في المبدأ والفكرة ثم القول أن هذا خطأ والخطأ مرفوض حتما، ثم يُترك الأمر للبحث والنقاش فنبحث عن بديل أفضل ونسير على ما نحدِّدُه وفق قوانينٍ وضعيةٍ قابلة للنقاش والتغيُّر وفقَ متطلبات البشر وطبيعة حياتهم وزمنهم وعليك أن تَعلم أنَّ القوانين الاجتماعية التراثية الجامدة لا يمكن أن تُطبق على كل الأجيال فلكل جيل طبيعته واحتياجاته وأساليبه.

صابر: أنت تبحث في مواضيع أصبحت قوانينها من المُسلَّمات لكثر ما كتب عنها من تصويب وتطوير والله حدَّد الأخلاق المثالية التي نسلُكها مسبقاً وكان من جرّاء هذا التنظيم بناءُ حضارةٍ امتدت من الصين الى إسبانيا ولو كان ما آمنوا به على باطلا ما بنوا حضارة سارت وتسير بهم دهورا!

60 الأخلاق

حنّون: لنبحث صفات سلوك البشر ومبادئهم وأهدافهم وقيمهم من الجيدة الأخلاقية الى السيئة الخبيثة، فالجيدة هي (خير، حُب ، سلام، إخلاص، وفاء وفاق صلح، تسامح، رحمة، مودة وعاطفة، لطافة، صِدق، إيثار، تعاون، تواضع، قناعة واحترام ومثابرة، ذكاء، ،قوة، شجاعة، بساطة، دقّة، شكر، إقدام، جمال وسلامة وعقل و بلوغ، جلالة، وقار، كرم، صبر، عدل، غنى، طموح، تخطيط، طيبة، شرف، غيرة، نظافة).

ومن السيئة (الشر، الحرب ،كراهية ،خصام، زعل، خيانة، كذب ،احتيال ،أنانية ،تكبُّر، مذلّة، نفاق، أهمال، غباء، ضعف، جبن، خجل، تعقيد، اللا أبالية، جحود وحقد، تخاذل، قبح، جنون ، طمع، بخل، قنوط، ظلم، استبداد، استغلال، فقر ،خبث وضاعة، وساخة)

كل ما مضى من الصفات كانت تناقش على مدار الزمن وما جَعلها مثار نقاش دائم كونها "نسبية" أي أنها ليست مطلقة وذلك موجود في صفات البشر وعلى مر العصور. ولنناقش الدين بحد ذاته، هل هو نسبيٌ أم مُطلقٌ؟

صابر: مطلق طبعا لأنه جاء من رب مطلق! والأخلاق مطلقة وهي ليست نسبية كما تزعم لأن الله حدد ما هو الجيد منها وليس البشر وبعض ما قلت ليس صفات أو مقادير نسبية وإنما قدر إلهي مثل الغِنٰى، والفقر والجمال والقبح والذكاء والغباء والقوة والضعف أو الوهَن والله لا يكلف نفسا إلا وسعها كما قال في كتابه العزيز!

حنّون: لا إثبات لإطلاق الله للأخلاق لأنه هو كَمَّن لا وجود له فهو للآن لم يُعلِن عن وجوده وعليه يجب أن نترك إثبات وجوده له وبذلك سوف لا تستطيع الارتكاز على الإله المطلق لإعلان أخلاق مطلقة دون دليل على وجوده لتأسيس قيم أخلاقية مطلقة!

صابر: عدت وكرّرت نفس الكلام وقلت لك أنه قد أعلن عن وجوده! أنت تنكر إعلانه عن وجوده في القرآن وبذلك تنكر وجوده فتكون بالنتيجة "ملحد" لأن الملحد هو من ينكر وجود الله!

حنّون: إننا نناقش كتاب الله أو العقيدة الإسلامية فإن كان هناك خطأ واحد فقط فيها لا غير أصبح الدين كله غير مطلق وإذا كان الرب الذي أنزله غير مطلق فهو إذاً ليس برب أصلا.

وأرجع وأقول حول بناء الحضارة الإسلامية هل طُبّق الإسلام في زمن أي من الدول الإسلامية؟ المسلمون واقعياً منقسمون على أنفسهم، فالشيعة يقولون لم يُطبّق الإسلام إلّا في عهد النبي وعهد الإمام علي وعندها سوف لن يكون للإسلام فضل في بناء حضارة أمّا باقي المسلمين من السُنَّة فيقولون الإسلام هو الذي رفع الحضارة في عهد الدولة الإسلامية، وحَبّذا لو ناقشنا الموضوع بما قدمه العلماءُ المسلمون للحضارة عالميا بكل تجرُّد! ماذا قدَّموا للحضارة؟

كُل الحضارات التي تعاقبت على الأرض قدّمت وساهمت في بناء الحضارة الإنسانية وما قدمته الحضارة الإسلامية شيء عادي وطبيعي ومتوقع ولا يختلف عمّا قدمته أي حضارة بل أقل لذا يكون شعار كتاب "شمس الإسلام تشرق على ظلمات الغرب" شعار للاستهلاك الدعائي المحلي فقط!

صابر: لماذا تريد أن تقلِّل من قيمة ما تركه علماء الإسلام للحضارة العالمية فتبخس بفضلهم؟ فابن الهيثم وابن سينا عالم الطب المشهور واكتشافاته وابن حيّان وعباس بن فرناس وغيرهم كثيرون!

61 العلماء المسلمون

حنّون: لم أبخس مِن قِيمة ما قدَّمه العلماء المسلمون في عَصرهم لكن لم يكن ما قدموه بمستوى المطلوب فاذا ما رسمنا إحداثيات مقدار قدَّمت الحضارة الإنسانية عبر الزمن ستكون العلاقة الرياضية علاقة طردية وسوف نرى أن هُناك تلكُّؤ في أداء وإنتاج لمساهمة الإسلام للحضارة العالمية مقارنة بالحضارات الأخرى وخاصة الغربية وهذا التلكؤ له أسبُابه فدائما كان يقف رجال الدين في طريق بحوث العلماء فعلى سبيل المثال لا الحصر تم طرد ابن الهيثم (960م . 1039م) من مصر بعد أن اُكتشف أنه يُشرِّح جُثَث الموتى وهذا مُحرَّم من وجهة نظر المسلمين آنذاك وكذلك حُورب عندما قال أن العين عبارة عن

جهاز بصري يدخله الضوء فيتم البصر بالعين وهذا مخالف أيضا لأن المسلمون يعتقدون أن العين هي التي ترسل الأشعة الى الأشياء التي نُريد أبصارها وكثير ما نسمع بنور العين بكلام الشارع والشعراء وتم ذِكر ذلك في نظرية بطليموس (250م)وأقليدس وقد اتُّهِمَ ابن الهيثم بالجُنون أو ربما إدّعى هو الجنون للخلاص من المُضايقات حتى طُورِدَ وقُتل في العراق وأمّا ابن فرناس (880م) الذي قال إن الإنسان يمكنه الطيران وقد استُهزئ به آنذاك وقالوا أنه يتدخل بسلطان الله واتُّهم بالجنون وغيره كثير من العلماء الذين حوربوا وقُتلوا ويمكن الرجوع الى كتابي "تهافت الفلاسفة" للغزالي والذي تصدّى له ابن رشد (1126م 1198م) بكتاب "تهافت التهافت" وهناك أسباب أخرى مثل أن الإسلام يؤمن بالمُسَلَّمات فيجعل الفرد يُردّد دائما جُملاً مثل: الله أعلم، سبحان الله، إنها قدرة الله، إن شاء الله.. الخ من مُثبِّطات التفكير أو واضعات النهاية للتفكير أو كما يسخر العراقيون بمفردة (موانع التفكير)!

فمن الطبيعي في رأيي أن يوجد علماء مسلمون ولهم شأنهم رغم الحرب عليهم من نفس المجتمع الإسلامي ولا سيما بالتكفير لكن هذا ليس ذريعة أو عذر لتعليل عدم الكفاءة أو الكفاية أي أن ما قدمته الحضارة الإسلامية للإنسانية ليس بمستوى الطموح فالعلم تقدّم عبر التاريخ بعلاقة طردية تشابه التزايد التربيعي (ص تساوي تربيع س) وفي مرحلة التاريخ الإسلامي كانت كأنما العلاقة (ص تساوي س أو 2 × س) وبهذا كانت الحضارة عندها في حالة بطء أو ربما مراوحة ثابتة حول المكان ولن تتقدم الحضارة إلا بالتعامل مع الواقع والموجود باستمرار فمن الضروري إبعاد شبح الغيب والإيمان بالغيب والغيبيات (الميتافيزيقا) وإبعادها بالكامل عن التفكير فهكذا بدأ العلم بالتقدم المُضطرد حسب العلاقة المضطردة كأن تكون علاقة تربيعية أو غيرها من علاقات التسارع فلولا التفكير الواقعي لما كنا اليوم ننعم بمنجزات العلم الحديث من اتصالات وتبادل معرفة وصناعات، متطوّرة وسُبل راحة للإنسان، بكل معانيها بحيث توقّر للإنسان الوقت كي يُبدع ويقدّم الشيء الجديد ضمن التنافس المشروع بين البشر.

صابر: من أين لك بهذا التصور الخاطئ والحالم فأنت تقصد وتلمّح الى أن الدين هو الذي يُثبّط حركة الإنسان الفرد والبشرية جمعاء والله بريء مما تقول بدليل أن هناك آيات كثيرة تحِث على البحث العلمي، والواضح أنّك تُنكر ما قدمه

العرب الى الغرب الذي كان يسبح في عصر الظلمات ومن بعد الفضل في انتشاله من ظلماته ليكون بالحضارة الغربية التي تتمشدق بها وتتغنى بها قبل بُرهة!

حنّون: أنا لا أنكر ما قدمه العلماء العرب

صابر: المسلمون!

حنّون: لا فرق فالقضية سياسية فقط! أنتم تقولون عرب عندما يعجبكم أن تكونوا قوميين ومسلمون عندما يعجبكم أن تكونوا إسلاميين!

صابر: العرب هم مادة الإسلام! (كتاب: أساليب الغزو الفكري للعالم الإسلامي، علي محمد جريشة، 1979)

حنّون: لا أتفق معك في هذه الفكرة حيث ليس بالضرورة أن يكون العرب حطب أو مادة للإسلام! وأيّاً كان تصنيفهم الإسلامي، ما قدّموه ليس بمستوى الطموح فإن أهم ما عملوه هو ترجمة الكتب القديمة لعلماء مثل أبولونيوس، أرخميدس، أقليدس، وتيودوسيوس وأرسطو طاليس وأفلاطون، ابو قراط، وبطليموس. وأهم العلماء الذين ساهموا في فكرة الترجمة موسى بن شاكر والذي شجَّعه على ذلك هو الخليفة المأمون (786 م ـ 833 م). وبالمناسبة يقال أن موسى بن شاكر لص كان يسرق القوافل ليلا ويصلّي الفجر حاضرا وقد يكون هذا مجرّد اتهام لتشويه صورته من قبل من يكرهه وقد يكون سارق لأجل هدف نبيل مثل شخصية روبن هود.

صابر: لا علينا من ما يكتب في التاريخ فقد كان أولاده وهُم أحمد وأبراهيم ومحمد من العلماء المشهود لهم حتى أن محمد بن موسى قد قاس محيط الأرض.

حنّون: أنا أعرف قصدك ولكن هذا لا يعني أنها كروية بل أنها دائرية فربما تخيّلها هو دائرة وليس كرة!

صابر: بل كرة وأنت تقول هذا لأنك تريد التقليل من قيمة اكتشافه وإنجازه!

حنّون: هذا ما نلاحظه على خرائط ابن بطوطة مثلا وحتى لو كان جدلا أنه قاس محيط الكرة الأرضية فقد قاسها من قبله أيرانوستيناس وبطليموس وهذا يعني أنهما أثبتوا كروية الأرض قبل غاليلو الذي أثبت عمليا بالنظر بالعين أن الكواكب كروية الشكل فافترض نفس الفكرة أي عمّمها على أرضنا فافترضها كوكب ككواكب المجموعة الشمسية المرئية بمرقبه الصغير وأثبت دورانها حول

الشمس بسبب وجوه كوكب الزهرة، فماذا قدَّم المسلمون العرب للحضارة في زمنهم سوى أنهم نقلوا معرفة الغرب الى الشرق وبعد تم العكس حيث انتقلت المعرفة منهم للغرب!

بل حتى صناعة الكتب والورق هي ليست لهم حيث دَخلت صناعة الورق الى بغداد مع أسير صيني والورق صناعة صينية والبارود صناعة صينية أيضا وكذلك الإبرة المغناطيسية والأرقام المستخدمة والرقم صفر هندي الأصل بالاسم سونيا في لغتهم. فكل ما عملوه أنهم كانوا واسطة نقل أمينة وهذا دور معتاد متوقع لأي جنس بشري كان محلهم فالعلم والمعلومات لا يمكن أن تكون سرا، فمهما حوربت تكون الحاجة لها سببا لوجودها في متناول الجميع في نهاية الأمر في كل الأحوال.

صابر: ها قد صوّرتَ الإسلام عقبة في طريق تقدم العلم وهو الذي يؤكد على طلب العلم ولو كان في الصين وأنّ طلب العلم من المهد الى اللحد.
ودعني أسألك هل يوجد على سبيل المثال مخترع واحد وضع تصميمه على أساس نظرية إلحادية بحيث لو وضع النظرية على أساس الإيمان بالله فشل التصميم واستحال أن يتوصل إليه؟

حنّون: نعم! خذ على سبيل المثال العالم هرتز استخدم الأمواج الكهرومغناطيسية فلو كان مؤمنا بالرُسُل والكتب السماوية لقال أنها عمل من أعمال الجن ربما واكتفى واستحال عليه اختراع اللاسلكي بعد ذلك. ولك مثال آخر في بنجامين فرانكلن العالِم الذي اكتشف أن البرق عبارة عن كهرباء لو بقى على تفسير الأديان لهذه الظاهرة لما اكتشف طبيعة الغيوم ودورة الماء في الطبيعة فالنظريات الدينية لها تفسير يخالف ما موجود الآن.

إن عبارة "دع الخلق للخالق" تعني إغلاق البحث العلمي وذلك موجود في سائر الديانات التي تتدخل في تفسير الكون كما يفعل الإسلام وخاصة في القصص المقدسة لنشوء الكون. كل شيء معروف مسبقا بشكل جاهز لا يحتمل الاستمرار بالبحث أو التأكد عند المؤمنين أو المتدينين. الله وراء كل شيء ولو كان أديسون فرضاً يؤمن بذلك لما اخترع ما اخترع والذي كانت كل مخترعاته بطريقة التجريب والصواب والتصويب من بعد الخطأ.
والآن أسألك: هل اخترع أحد الدينيين العقلية اختراعا أفاد به البشرية؟ وإن حصل ذلك فعلا إلّا وأُتُّهِمَ بالزندقة أي تم تكفيره!

ما هي الاختراعات على مدى ١٤ قرن من الإسلام والتي تتناسب تقريبا مع طول فترة سيطرة المسلمين على جزء كبير من العالم جغرافيا؟

أليس العلم قد تقدَّم في أوربا عندما ضُربت تعاليم الكنيسة عرض الحائط فبماذا سيختلف الإسلام عن المسيحية في هذا الجانب؟

صابر: لا تستطيع مطابقة المسيحية مع الإسلام فهما مختلفان تماما لذلك الحالة مختلفة ونقاشك هذا السفسطائي هذا هو كالطرفة التالية:

رأى سفسطائي شابا. فقال له: هل تحب أن أبرهن لك بالعقل على أنك حمار؟

قال الشاب: تفضل وأتحف السمع.

قال السفسطائي: أنا لست أنت أليس كذلك؟

قال: أجل أنت غيري وأنا غيرك.

قال: وأنا لست حمارا.

الشاب: بالتأكيد الحمار يمشي على أربع وأنت تمشي على أثنتين.

السفسطائي: وقد أمتلأ سرورا بهذا الجواب فقال: إذن أنت حمار.(محمد جواد مغنية)

أليس الدين الإسلامي هو الذي يؤكِّد على طلب العلم ولو كان في الصين وطلب العلم من المهد الى اللحد فلماذا تطابقه مع المسيحية وظروفها في أوربا؟

62 الأرض مركز الكون

حنّون: مع أن ما تذكره هي أقوال الرسول وهذا ما لم نتفق عليه في أسس جدلنا حيث اتّفقنا على الاحتكام في الإسلام للقرآن فقط!

ولم تجبني عن سؤالي بماذا يختلف الإسلام عن المسيحية كي لا تسمح بضربه عرض الحائط والسير بدونه كما فعلت أوربا كي تتقدّم؟

صابر: هذا واضح فهو دين إلهي غير محرّف لذلك لا تشوبه شوائب فلا يتخلّله الخلل فهو مثالي وصالح لكل زمان ومكان ومن جانب آخر سلوك رجال الدين المسيحيين مع السياسيين والأثرياء كان السبب في خراب أوربا في القرون الوسطى وهذا غير موجود في العالم الإسلامي حيث رجال الدين المسلمين لا يتصرّفون بنفس الشاكلة أي لا يجمعون الأموال ولا يدعمون السياسيين ليستغلوا الفقراء كما حصل في أوربا!

حنّون: إذن لماذا لم نتفوق على كل البشرية في مستوانا المعيشي حتى اليوم فاللاجئين اليوم يرمون نفسهم في قوارب المطاط في أمواج البحر المميتة أملا بالوصول للغرب وعليه يجب أن تراجع كلامك وافتراضاتك وإيمانك المطلق هذا لأن صورتك الوردية هذه لا وجود لأيٍّ من تفاصيلها في الواقع المباشر فالإسلام صالح لكل زمان ومكان ولا الفقهاء يختلفون في سلوكهم عن رجال الدين في أوربا في القرون الوسطى ممن اعتبرتهم مصدر الانحدار الأوربي ولعل أول اقتراح أقترحه عليك هو قراءة كتاب وعاظ السلاطين لعلي الوردي.

صابر: قرأته ولم يعجبني لأن وعاظ السلاطين حالة نادرة في تاريخ الإسلام ولا دور يذكر لها وكل ما تجده من ضعف و وهن في العالم الإسلامي هو بسبب الاستعمار الغربي والمؤامرات لإبقائه متخلفا ليستمر استغلاله وليتوقف المد الإسلامي عن دك عروش الأثرياء الخبثاء الامبرياليين الماسونيين في أوربا!

حنّون: هذه مجرد أوهام للاستهلاك المحلي! ودعنا نغير الموضوع لموضوع مقدار حث الإسلام على طلب العلم وفقا للحديث النبوي الذي ذكرته أنت قبل قليل فإني أعرف أن طلب العلم فريضة في الإسلام لكن كل المطلوب في مفردة "العلم" في نصوص الإسلام هو الفقه الإسلامي وليس العلم التجريبي المختبري الحديث الذي تطوّرت به الأمم!

صابر: لماذا؟

حنّون: لأن العلم الحديث مبني على مبدأ الريبة أو الشك الكارتيزي أي أن تقوم بالشك بشيء وفحصه لتعرف والشك ينافي مبدأ الإيمان أي أن الإسلام لا يسمح لك أن تشك بشيء في الكون بأساس أن الكون خلق إلهي لا يمكن الشك به وعليه أن لا تستطيع أن تشك في شيء لتقوم باختبار أي تكون أنت عاجز عن اتّباع الأسلوب العلمي برمته لأنّك لا تحمل عقليته أو بكلمة أخرى تكون عقليتك الإيمانية متنافية مع أسلوب العلم في التشكك للوصول للمعرفة وحتى إن قمت بتنفيذ الأسلوب العلمي فأنت تنفّذه مجرّد تنفيذ والسلام أي تنفذه دون اعتناقك مبدأه فعلا في أعماق وجدانك وروحك وهذا تفسيري لوجود علماء قلّة مسلمين أو مؤمنين بديانات أخرى مشابه تتعارض مع الأسلوب في مراكز الأبحاث في الغرب وقد توصلوا الى الحصول على جوائز نوبل حتى!

صابر: جيد أنك بكلامك هذا اعترفت بوجود مسلمين حصلوا على جوائز نوبل مثل أحمد زويل وقبله عبد السلام وذلك يثبت خطأ كلامك ومكابرتك على

الحقيقة وكذلك يسعدني أنك اعترفت بوجود الروح عندما ذكرت عقلية علماء المختبر فهذا اعتراف ضمني وهذا يجبرك على الإذعان بصدق القرآن والإيمان به كحجة عليك! وعليك أن تفهم اللغة العربية فهي لغة القرآن فالعلم من العلم بالشيء أي كل المعرفة التي خلقها الله لنا حالها حال العقل وكل ما يجده العلماء هو بتيسير من العلي الجليل لهم كما وأن "العلم التجريبي" لا يختلف في شيء لأنه يؤدي الى العلم بالأشياء بنفس الشاكلة لذلك لا فرق بمعنى العلم كنتيجة في معنى هذه المفردة عن اذا ما كان علم ربّاني كالدين أو علم أرضي مِن البشر بواسطة التجربة مثلا فالله هو مسبب الأسباب!

حنّون: دعني أغيّر الموضوع لقضية التمييز العنصري الديني فهناك علماء عرب ولكن صابئة مثل البَتّاني (877 م 918 م) وثابت بن قُرّة فإننا لا نعرف ماذا قدموا للعلم بسبب التهميش. فلماذا هذا الإهمال لهم؟

صابر: أذهب وإقرأ عنهم! فمن قال أنهم قد أُهملوا والقرآن شجَّع إلى طلب العلم التجريبي أيضا حتّى لو كنتَ أنتَ تُنكر ذلك (ويتفكَّرون في خلق السموات والارض) 191-آل عمران

حنّون: قِيل أنهم قاموا بقياس دوران الأرض حول الشمس وهذا الكشف العلمي في زمنهم يعتبر كشفا كبيرا ولكن للأسف لا نعرف ماذا حدث بعد ذلك ومن المؤكد أنهم قد حوربوا أو أهملت أفكارهم لأنهم "صابئة" ولأن الأرض هي مركز الكون حسب ما ذكر في القرآن وبقيت الشمس تدور حول الأرض في أذهانهم حتى عام 1757م (روجيه غارودي)

(وَهُوَ ٱلَّذِى خَلَقَ ٱلَّيْلَ وَٱلنَّهَارَ وَٱلشَّمْسَ وَٱلْقَمَرَ كُلٌّ فِى فَلَكٍ يَسْبَحُونَ) الآية 33 من سوة الأنبياء

(وَزَيَّنَّا ٱلسَّمَاءَ ٱلدُّنْيَا بِمَصَابِيحَ وَحِفْظًا ذَلِكَ تَقْدِيرُ ٱلْعَزِيزِ ٱلْعَلِيمِ) الآية 12 من سورة فصّلت

(لَقَدْ زَيَّنَّا ٱلسَّمَاءَ ٱلدُّنْيَا بِمَصَابِيحَ وَجَعَلْنَاهَا رُجُومًا لِّلشَّيَاطِينِ وَأَعْتَدْنَا لَهُمْ عَذَابَ ٱلسَّعِيرِ) الآية 5 من سورة المُلك

(أَوَلَمْ يَرَ ٱلَّذِينَ كَفَرُوا أَنَّ ٱلسَّمَاوَاتِ وَٱلْأَرْضَ كَانَتَا رَتْقًا فَفَتَقْنَاهُمَا وَجَعَلْنَا مِنَ ٱلْمَاءِ كُلَّ شَيْءٍ حَيٍّ أَفَلَا يُؤْمِنُونَ) الآية 30 من سورة الأنبياء

هذا بالنسبة للتناقضات بين ما اكتشفه العلماء حول دور النجوم ووجود فضاء أي لا وجود لسماء عدا ما هو منظور أمامنا وفارق الفضاء الكوني عن كوكب الأرض وعلاوة على كل ذلك نجد الفارق العلمي في معنى العقل والقلب مضخة الدم حيث القلب في القرآن يعني العقل فهل يُعقل ذلك؟

صابر: القلب في القرآن هو العقل أي هو مجازي ولأنك لا تفهم المجاز تقول ما تقول واذا أردنا أن نعتبره مركز العاطفة نقول أن "العقل يعطي القلب هُداه والقلب يعطي العقل رقته وليونته".

حنّون: العاطفة حالها حال العقل هي ليست في القلب في كل الأحوال وما تقوله ليس شيء محدّد فالقلب جهاز عضلي التكوين في الصدر والعقل من الدماغ في الرأس، المسلمون يعتقدون أن الرأس عظمة وفيها سائل أبيض هو المخ وتعريف المخ هو السائل الأبيض الذي يخرج من العظم لاحظ كتاب الاعتبار لأسامة بن منقذ (1095 1188م).

صابر: ومن قال أن ما ذكره صحيحا؟ وهذا عِلم عربي قديم وما دخل الإسلام به!؟

حنّون: قبل قليل كنت تعلن أنها حضارة إسلامية وليست عربية! لا عليك لنستمر فالقرآن تطرق الى العين والقلب والعقل ولم يعرّفهم تعريفاً علميا بالأسلوب الذي نعرفه في عصرنا الحاضر.

صابر: القرآن ليس كتاب علمي والقلب المذكور بالقرآن هو ليس العضلة التي نعرفها حديثا بهذا الاسم فهو مصدر الشعور أو العاطفة لدى الإنسان أما العقل فهو المسؤول عن التفكير.

63 العلاج بالقرآن

حنّون: ولكن ما يستند عليه يجب أن يكون صحيحا ولا يدخله الخطأ أبداً للاركتاز عليه أو اعتماده كمستند، واقعيا القرآن يستخدم عند البعض ككتاب طبي وهناك فئات كثيرة من المسلمين لحد الآن تُؤمن بالعَوذة والبركة والجِن والشِفاء عن طريق القرآن. (وننزل من القرآن ما هو شفاء ورحمة ولا يزيد الظالمين ألا خسارا) في سورة الإسراء آية 82 ، (قال الذي عنده علم من الكتاب

أنا آتيك به قبل أن يرتد أليك طرفك) في سورة النمل آية 40 ، (.. وشفاء لما في الصدور) في سورة يونس الآية 57(محمد حسين فضل الله).

صابر: ذلك شفاء الروح والعقل والقلب وليس الجسد.

حنّون: لكن ليس هناك معنى واضح للروح والعقل والقلب في القرآن فهي نفس الشيء!

صابر: هذه مشكلتك لأنك لا تفقه القرآن! أنت كالأعمى والأصم أمام القرآن! (وَمِنْهُم مَّن يَسْتَمِعُونَ إِلَيْكَ ۚ أَفَأَنتَ تُسْمِعُ الصُّمَّ وَلَوْ كَانُوا لَا يَعْقِلُونَ، وَمِنْهُم مَّن يَنظُرُ إِلَيْكَ ۚ أَفَأَنتَ تَهْدِي الْعُمْيَ وَلَوْ كَانُوا لَا يُبْصِرُونَ)سورة يونس الآية 42-43

حنّون: لكن هذا يعني أن القرآن لا يستطيع شفاء الناس من الصمم والعمى.

صابر: القرآن نذير لك وعليك أن تؤمن به لأنه فرصتك الوحيدة لتذهب للجنّة التي وعد الله المؤمنين بها !

حنّون: لنغير الموضوع فلا نجعله شجار شخصي!

صابر: تفضّل!

64 الصلاة

حنّون: المسلم يقضي معظم أوقاته في الصلاة، فيستيقظ في الصباح الباكر ليُصلي ثم يَترك العمل تارة في وقت الظهيرة ثم العصر ثم المغرب ثم العشاء وبعدها يقيم الليل وهكذا كل يوم فمتى سيجد الوقت ليواصل التعلُّم والاطلاع على العلم أو إقامة التجارب التي لا تعطي للإنسان فرصة حتى للراحة أو إضاعة الوقت.

صابر: بل راحة نفسية وطاعة وحسنات إلهية! أليست النظافة بإقامة الوضوء مفيدة؟

حنّون: نعم لكن أين النظافة في مجرّد الترطيب للجسم بالماء والغسل بالماء دون صابون! فهل تستطيع إضافة أو استحداث الصابون على عملية الوضوء كي تقتل الجراثيم التي تزدهر بزيادة الرطوبة؟ وهناك اعتراض آخر في كونها حركات لا يمكن تغييرها حالها حال الوضوء فلا تستطيع استحداث شيء فيه ومن جهة أخرى ما قولك في التيمّم؟ (يَا أَيُّهَا الَّذِينَ آمَنُوا لَا تَقْرَبُوا الصَّلَاةَ وَأَنتُمْ سُكَارَىٰ حَتَّىٰ تَعْلَمُوا مَا تَقُولُونَ وَلَا جُنُبًا إِلَّا عَابِرِي سَبِيلٍ حَتَّىٰ تَغْتَسِلُوا ۚ وَإِن كُنتُم مَّرْضَىٰ أَوْ عَلَىٰ

سَفَرٍ أَوْ جَاءَ أَحَدٌ مِّنكُم مِّنَ الْغَائِطِ أَوْ لَامَسْتُمُ النِّسَاءَ فَلَمْ تَجِدُوا مَاءً فَتَيَمَّمُوا صَعِيدًا طَيِّبًا فَامْسَحُوا بِوُجُوهِكُمْ وَأَيْدِيكُمْ ۗ إِنَّ اللَّهَ كَانَ عَفُوًّا غَفُورًا) الآية 43 من سورة النساء. فقل لي أتحسبها نظافة أيضا عندما تغسل الوجه بالتراب؟

صابر: المقصود والمطلوب بالوضوء والتيمُم "الطهارة" وهي أسمى للروح من النظافة المادية وأما التُراب فهو نظيف بدليل أننا خُلقنا منه والمقصود بالتراب في القرآن النظيف منه وليس أي تراب كان وقد أشار الفقهاء الى كونه التراب الذي لم يمسَسه أحد كالذي يكون على الأشياء المتروكة مثلا.

حنّون: أرى أن كلمة نظافة قد تغيرت الى طهارة هنا! والأخيرة هذه لا أعرف لها تفسير فما هي إلا رقعة ثوب جديدة لترقيع فهم التيمم والاقتناع به، لكن يا تُرى وسط كل هذه الالتزامات أين سيَجِد الإنسان مُتسَع الوقت للبحث والدراسة والتفكير؟

صابر: الطهارة أوسع معنى من النظافة ولأنك لم تتفقه في الإسلام لا تفهم مغزى ذِكرها!

أليست الصلاة أفضل من أن يقضي الإنسان وقته في المقاهي والنوادي الليلية؟ وهل الناس الآن يستغلون وقتهم بشكل صحيح؟ الإنسان بحاجة الى رياضة الروح مثلما هو محتاج الى رياضة الجسد والصلاة رياضة روحية تزكّي النفس وتُطهّرها وهي غذاء الروح التي لم يعرف حق قيمتها ممن هم مثلك أنت.

حنّون: رجعت لعادتك بالمزج وخلط الأوراق بين أحكام البشر الوضعية وأحكام الله فعندما أقول أن الناس يُصلُّون وهذا حكم رباني فعلى الناس جميعهم أن يُصلوا بالتالي سوف يَضيع الوقت على من يريد منهم البحث والتطوير فتجيبني عن ما أقوله بحالة خاصة عن الناس الذين يقضون أوقاتهم في المقاهي! وهذه رغبات بشر ويمكن معالجتها والتأثير عليها وحتى يمكن تغييرها وهم جزء من الناس والذي فرضته من أجل المقارنة هم تحت وطئة قانون قابل للتغيير (وضعي) لكن أحكام الصلاة غير قابلة للتغيير أبداً فما زال الجدل والصراع الطائفي دائرا بين الشيعة والسُنَّة مثلا حول موضوع دمج صلاة الظهر والعصر ودمج صلاة الغروب مع العشاء مُتتابعات والكثير من الوقت يُصرف في هذه المناقشات التي لا طائل منها وفي موضوع أوقات الصلاة ما دمنا في هذا الموضوع فقد كتب ابن عباس في موضوع "الإسراء والمعراج" أن الله فرض على المسلمين خمسون صلاة ثم خُفِّضت الى خمس وجاء الشيعة فجعلوها ثلاثاً

فكيف هو حكم الله في نهاية الأمر إن كانت كل فئةٍ لها مراجعها الإثباتية حول الموضوع.

صابر: وما شأنك أنت بذلك فأنت معترض على الصلاة جملة وتفصيلا وليس على تفاصيلها فعندما تعود الى دوحة الإسلام استفتنا بكيفيتها!

حنّون: لا أنا فقط أوضح لك الهدر في الوقت بكل الأحوال الذي يصيب من هو مسلم ولا أتكلم عن نفسي فقد حُدِّدَت الصلوات حسَب زاوية الشمس أثناء حركتها الظاهرية في السماء بموقعها المُميز أو البارز من اليوم فكانت عند أول علامة لاقتراب ظهورها أي الفجر وعند توسطها السماء في الظهر وعند العصر تكوينها ضعف طول ظل الأشياء عند الظهر وعند أفولها في الغروب وعند العشاء حيث تبزغ النجوم أي أن التواقيت هي حَسب زوال الشمس خلال النهار لكن يا ترى كيف يُصلِّي المسلم الذي يَعمل بوجبات العمل الليلية كمهنة الحارس الليلي مثلا؟، فالمسلم يصلي في البلاد الإسلامية عادة خمسة مرات في اليوم ويصلي في الشهر مئة وخمسون مرة ولنفترض أن الشهر هو بعدد ثلاثين يوما في البلاد العربية ومتكون من ثلاثين شروق شمس شهريا فما هو حكم الصلاة في شمال النرويج قرب القطب الشمالي؟!

هناك بقاع على الأرض يكون فيها شروق الشمس مرة واحدة كل ستة أشهر فهل يعني أن المسلم هناك يصلي خمسة مرات كل ستة أشهر؟

صابر: عندما تبدأ بالصلاة هناك وتساعد على نشر الإسلام هناك بعون الله تعالى وهديه الضالين من أمثالك وجلبهم للنور من بعد الظلمات سننظر في أمرك وأنت الآن لست مسلم فلماذا هذا السؤال!

حنّون: هذا يعني أن لا جواب عندك فهذا ليس بجواب فقط افترضني مسلم هناك ودعني أكمل كلامي!

صابر مقاطعا: المسلم هناك يصلي وتقبل منه صلاته فليصلي خمس مرات كل ستة أشهر وماذا يضرك أنت في ذلك؟! وأوقات الصلاة فهي خمس أوقات لخمس صلوات ويمكن أن تكون ثلاث أوقات لخمس صلوات وذلك حسب المذهب الإسلامي .. وما الضير في ذلك؟

حنّون: هذا تفسير اعتدنا على سماعه لكن كيف يمكن أن نفصُل بين أوقات الصلاة والصلاة نفسها ولنبقى بروح الدعابة التي استخدمتها، هل تعلم أن أغلب

المسلمين المُنقادين ربما سيتمنون أن يعيشوا هناك في بلدان كالنرويج كي يُقلِّلوا من أوقات الصلاة؟!

صابر: كنت أمازحك، لكن لكل مشكلة فقه حل والأكيد أن علماء الدين قد ناقشوا هذه المشكلة وعندهم الحل وباب الفتوى والاجتهاد مفتوح في الدين مفتوح فبنفس هذا الموضوع تم حل مشكلة الصوم هناك فهو لساعات طويلة بإمكانية الصوم بساعات تطابق ساعات الصوم في مكة وفق فتوى الأزهر مثلا حول ذلك.

حنّون: هذه وجة نظر جزء من المسلمين، والإسلام يكون وفقا لنص القرآن، ولم يُذكر القرآن شيء حول هذا الموضوع وأي اجتهاد في هذا الموضوع هو يخالف فكرة أن القرآن "صالح لكل زمان ومكان وأنه تامٌّ وكاملٌ وشاملٌ". هذا إضافة الى طول النهار في البلدان الاسكندنافية وقصر الليل فيها صيفاً وطول الليل فيها شتاءً.

صابر: لكنك لا تستطيع سَد باب الاجتهاد الذي يبدو عليك عدم فهمه ويمكن لهم أن يصلّوا على وقت الساعة فيفترضوا أوقات مثلا تطابق أوقات الصلاة أو الصوم في مكّة المكرّمة وينتهي الموضوع بشكل مشابه لفتوى الأزهر التي ذكرتها لك قبل قليل!

حنّون: لاحظ عدم ذكر "آلة" الساعة في القرآن فهي اختراع ميكانيكي حديث جاء بعد عصر ظهور القرآن ولاحظ أن القرآن لم يتوقّع اختراعها ولا اختراع أي شيء اخترعه أو توصّل له أو أنجزه البشر صناعيا علميا ولا توقع حصول الثورة الصناعية مثلا!

صابر: لا تستطيع إعابة القرآن في ذلك فذلك ليس موضوع القرآن وتذكر أن الشمس تعمل عمل آلة الساعة وكل يوم هو يوم مشمس في العراق مثلا.

حنّون: لكن تقول لي طوال الوقت أنه صالح لكل زمان أو مكان وفي خارج الشرق الأوسط نجد طقس مختلف فهو ربما غائم طوال السنة والساعة آلة غيّرت مجرى التاريخ حالها حال الاصطرلاب والبوصلة في الملاحة مما استخدمه وطوّره العرب وهذا أيضا لم يتنبأ به القرآن أي لم يتنبّأ حتى بما تطوّر بين يدي المسلمين!

صابر: نعم ولكن ليس على هواك وما يعجبك! ولنعد للموضوع الأول.

حنّون: حسناً، تذكّر معي ما تعرفه عن حادثة صلاة النبي محمد بمجموعة من المسلمين بين المدينة ومكة وعندها صلى ركعتين باتجاه المسجد الأقصى (نحو الشمال) ثم غيَّر الاتجاه في الركعتين الباقيتين باتجاه الكعبة (نحو الجنوب) ولست مهتم بمعرفة كيفية تحرُّك المسلمين الذين كانوا يصلون خلف إمامهم النبي في هذه الصلاة فبعد دوران كل منهم حول نفسه سيصبح الرسول وراءهم!

صابر: هذا ليس شأنك! أكمل كلامك!

حنّون: الخلاصة أنَّ منذ يوم الحادثة التاريخية هذه صارت الكعبة قبلة المسلمين في الصلاة أي هي هدف الاتجاه في الصلاة ونحن نعرف معنى كلمة "المُتجه" وهو ما يكون بمعنى مستقيم بين نقطتين وعندما يتجه المصلي نحو الكعبة يقول هذا الشرق وهذا الغرب ويحدد الاتجاهات ثم يصلي وكانوا في فترة الإسلام يعرفون الاتجاهات ليلا من مواقع النجوم ثم تطوَّر العلم وأصبحوا يعتمدون على "بوصلة القِبلة" ولا أعرف كيف جاز للمفتي اعتماد هذا الاختراع الحديث الذي يعتمد على الأقطاب المغناطيسية لكوكب الأرض ولنترك مناقشة كروية الأرض والتي هي في القرآن منبسطة!

صابر مقاطعاً: هذا كي تعلم أن الإسلام دين يسر لا عسر وبنفس الشاكلة تم تبني مزولة ابن الشاطر التي تعمل بالشمس لمعرفة وقت الصلاة كساعة! وأكمل كلامك ولا تتفرّع.

حنّون: لنرجع الى مسألة اتجاه المصلي فاذا صلّى المسلم في الرباط في المغرب واتجاهه الكعبة ورسمنا خط مستقيم بين الرباط ومكة فإنه يمر بمكة اذا أعتمدنا الخريطة المستوية ولكن واقع الحال نحن على سطح كرة فاذا أتينا بمصغر الكرة الأرضية وأطلقنا شُعاع من الرباط نحو مكة فإنه سوف لن يصل لأنه سيكون باتجاه الفضاء بشكل مماس لسطح الكرة الأرضية أي بسبب التقوُّس لسطح الكوكب فهل يعني أن صلاة المغاربة غير صحيحة، "ما واصلة" بالهجة لعراقية؟

صابر: ومن قال لك أن الاتجاه بمفهوم القرآن يعالج بهذا التعريف الرياضي الهندسي الخاطئ، فليس هناك مستقيم بمعنى الإطلاق كأشعة الليزر أو الصواريخ وهذا معروف علميا وهذا يدلُّ على أن المتجه ليس بمستقيم فهو طريق منحي كطريق طيران الطائرة في السماء ولدهشتك من ذلك فكل هذا موجود في القرآن قبل أن يعرفه العلم الحديث وهذا يعني أن القرآن يشير ضمنيا

الى كروية الأرض أو تحدّبها والاتجاه للكعبة هو اتجاه سعيك على الأرض الكروية للكعبة وليس أشعة ليزر أو متجهات هندسية كما تزعم وتتخيلك بخيالك المغرِض هذا!

حنّون: قد أخبرتك سابقا أن البشر عرفوا بكروية الأرض قبل الإسلام وهذه ليست مقارنة أيضا فعندها سوف ندخل في موضوع الكبير والصغير والحركة والنسبية ولكن هناك مسألة أخرى فالأرض كروية فإلى أين يتجه المصلّي الذي يصلّي في نيويورك؟

صابر: وهل هذه مشكلة؟! إن أهمَّ شيء هو أن يحدّد الإمام الاتجاه فيصلي المصلُّون مجتمعون خلفه وينتهي الأمر!

حنّون: دعنا من موضوع الإمام الآن فالإمام هو شخص ويبقى سؤالي كما هو، فحسب كروية الأرض يحق للمصلي أن يصلي باتجاه الشرق أو الغرب وكذلك يحق للمصلي الذي يكون موجودا في بيروت أن يتجه نحو الشمال أي بالضبط عكس اللاتجاه الذي يصلي عليه الآن فصلاته سوف تصل حسب كروية الأرض من الاتجاه المعاكس دورانا حول الكوكب بأساس منظورك نفسه لحالة الاتجاه أقواسا ودوراناً كمسار الطيّارات أو الأقمار الصناعية حول كل الكوكب أو سعيا على اليابسة والمحيطات أي على الأرض كما قلت!

صابر: ولا مشكلة في ذلك ولو كان ذلك عكس العقل السوي في الاتجاه باتجاه أقل مسافة الى مكة المكرّمة وليس أن تتجه بعكس الاتجاه كي تدور صلاتك حول الكوكب كما تدور الطائرة فتصل من الجهة الثانية للهدف وحتى إن فعلت ذلك الفعل لن تستطيع كسر شوكة الإسلام فالله عز وجل يقول (أينما تولوا وجوهكم فثمة وجه الله) في سورة البقرة الآية 11.

حنّون: وبالتالي سيمكن للمصلين عند الكعبة أن يصلوا باتجاه عكس ما يصلّوا عليه الآن أي يعطون ظهورهم للكعبة وصلاتهم سوف تحقّق الاتجاه حسب كروية الأرض بمسارات طائرات أو أقمار صناعية في السماء! وعدم فعل ذلك وعدم ذكر ذلك في القرآن سيكون دليلاً عملياً على أن الأرض ليست كروية في الإسلام وفي عقلية المسلمين في ذلك الوقت فلا يمكن أن تكون هذه الفكرة في نص قرآني لأنها لو كانت كذلك لكانت هناك حرية في توجّهِ المصلين باتجاهات متعاكسة كما قلت لك.

صابر: هذا الكلام يخالف المنطق لأن العقل السوي يدعوك الى اتجاهٍ من الجهة الأقرب وقد ذكر القرآن عن الأرض أنها كروية الشكل في آيات.

حنّون: على العكس! هناك آيات فيها ما لا يقبل الشك في أنها منبسطة كلمات في نص القرآن مثل "بسطها، استوت، سُطحت" اذا كنت ستتمسك بأن "دحاها" تعني كروية!

صابر: نعم الأرض بسيطة سهلة للحركة منبسطة للناس بتقدير الله عز وجل ليمكن لنا من فضل الله علينا التحرك فيها وهي مستوية للناظر والكرة لها سطح مَماسي فلا تُنكِر ذلك!

حنّون: لنفترض جدلا أن الأرض "مدحيِّة" كما تقول أنت أي كروية فهذا يعني اذا ما ذكر أحد هذا التعريف قبل القرآن كان هو السابق في اكتشاف أن الأرض كروية فيكون ذلك دليلا على صحة الإسلام وقد قال زيد بن عمرو بن نفيل قبل الرسالة المحمدية:

"دحاها فلما استوت شدّها   وأرسى عليها الجبالا"

وذلك يعني أنه جعلها مسطحة وأثبتها بالجبل!

الأرض والسماء لها تفسيرات في القرآن لا تمت بصلة للمكتشفات العلمية الحاضرة في شيء فهناك سبع سموات وهناك أقطار السموات والأرض وأن بُعد السماء عن الأرض مسير خمس مئة سنة في الحديث النبوي فلمعرفة حساب الزمن نحتاج الى سرعة حركة الرسول ص في المعراج ولنفرض أن سرعته هي سرعة الضوء وقد ذكر أن البُراق واسمه ربما يدل على أن سرعته كالبرق ربما وكان يقل الرسول وهو حيوان يُشبه الحصان ولكنه أصغر ويطير ويمكن الرجوع الى قصّة الإسراء والمعراج، المهم هنا من اسم هذا الحيوان يشبه كلمة "البرق" وعليه لنأخذ السرعة بأنها سرعة البرق ولنفترض أن سرعة البرق هي سرعة الضوء رغم كونها أبطأ منه أي أن السرعة التي كان يسير فيها الرسول هي سرعة الضوء وهي (300,000,000 م/ثا) والزمن محدَّد وهو ألف سنة أرضية أي في هذه الحالة يمكن أن نحدد المسافة بيننا وبين السماء ولكن مهما تكن المسافة الناتجة ستكون ضمن الكون المكتشف حاليا وهي ألف سنة ضوئية والمسافة الى حافة مجرّتنا مجرة درب التبانة هي حوالي العشرين ألف سنة ضوئية أي هذه المسافة لا توصلك حتى لخارج حدود مجرّتنا "مجرة درب التبّانة" عُرضا أما اذا

كان المقصود أن بعد السماء هو ألف سنة بسرعة حصان عادي فتلك مسافة زهيدة بالمقارنة مع هذه ولنقل أن سرعة الحصان هي ثمانين كم/ساعة فالنتيجة تكون حوالي 700 مليون كيلومتر وهي مسافة تتعدى مدار كوكب المشتري أي لا تتعدى قطر المجموعة الشمسية فهل هذه هي الأبعاد لمواقع السماء الإلهية في الإسلام؟!

صابر: وما أدراك سرعته فافترضتها بهواك أنها سرعة الضوء فيمكن أن تكون أسرع منها! ومَن قال أن المسافة هي ألف سنة أرضية فلعلَّك فسرت الآية (ويوما عند ربك كألف سنة مما تعدون) 47-الحج فهذا اليوم ليس المسافة بين الأرض والسماء! بل هذا إعجاز قرآني بموضوع آخر فهو يدل على اختلاف طول اليوم من كوكب الى آخر وقد وجد العلم الحديث ذلك حيث أن اليوم على المريخ يختلف عمّا هو على الأرض أو الزُهرة وهكذا وقد اتَّفقنا على عدم الاحتكام للأحاديث النبوية فلا تستخدم ما ذكر في الحديث عندما يحلو لك!

حنّون: لكن لو كانت سرعته أكثر من سرعة الضوء لرجع به الزمن للوراء حسب النسبية الخاصة ولأصبحت كتلته مختلفة وفي نظرة أخرى للآية نرى أن اليوم خارج الأرض هو يماثل الألف سنة ولكن الرسول رجع في نفس اليوم أي أنه سافر بسرعة الضوء خلال يوم أرضي واحد ووصل الى السماء وهاتا وجهتا نظر غير متطابقتان فاذا ما اعتمدنا إحداها كانت حدود السماء ضمن الكون الحالي بالقياس كما حسبت لك ذلك أعلاه وحسب التفسير الثاني يكون قد ذهب داخل المجرّات لأن المعروف أن اليوم الواحد خارج الأرض عندما تسير مركبة فضائية بخط مستقيم بسرعة معينة يمكن أن يكون ألف سنة أو أكبر زمنا من اليوم الأرضي حسب النظرية النسبية ولكن النبي سافر بزمن قصير بالنسبة للأرض وهنا علينا أن نفكّر!

صابر: كل ما ذُكر في الإسراء والمعراج هو علم غَيب وأنت لن تعرفه بعلومك الأرضية هذه.

حنّون: في القرآن هناك أوصاف وأرقام لتفسّر لنا إمكانية حدوث الحدث ولتقريبه لنا كي نُصدقه، قد ذُكر (ألف سنة مما تَعدُّون) وهو مثال جيد للنسبية فلماذا لم يستغله العلماء المسلمون ويكتشفوا قوانين النسبية قبل آينشتاين أو أن يحاولوا معرفة حدود الكون التي يحاول العلماء جاهدين معرفتها أو حتى فهمها والأرقام واضحة في القرآن فإن كان صحيحا كان علينا معرفة حدود السماء واذا لم نقدر أن نحتسب حدود السماء من خلال معطيات القرآن من زمن

وسرعة واتجاه، في هذه الحالة، إما أن تكون معطيات القرآن ليست من الله أو أننا لا نفهم الحسابات إطلاقا ولكن كان هذا الجواب المُثبِّط للبحث العلمي منك وهو أن تقول لي "أنه في علم الغيب" فنترك البحث فيه ليأتي غيرنا وخاصة من غير المسلمين ليكتشفوا ما يكتشفون فيرجع المسلمون ليقولوا "سبحان الله إنه مذكور في القرآن"، فلنرجع لموضوع أقطار السموات والأرض أي أن هناك سموات سبع، فهل هناك أرضين سبع؟!

صابر مقاطعاً: موجود في الحديث النبوي لكننا اتفقنا على عدم الاحتكام له فأكمل كلامك.

حنّون مسترسلا: أصل المادة في الكون هي الذرات وهي التي تكوّن المواد وبالتالي تكوّن مادة كوكب الأرض والكواكب الأخرى فكيف هي الحياة خارج الكون إذا ما اعتبرنا أن جدار الكون هو نهاية السماء الأولى؟

هل أن الذرات عندنا نفسها هي التي تكوّن ذلك الكون الثاني بنظرية وجود أكوان أخرى (تعدد الأكوان) وأن الكون الثاني هو المقصود بالسماء الثانية مثلا وكيف ستكون نسبية الزمن هناك؟

وكيف ستكون الحجوم هناك؟

فلنفرض أن كوننا عبارة عن عينة مادية في مختبر يراه مَن يراه من كائنات فضائية (أو آلهة)!

صابر: أستغفر الله!

حنّون يسترسل: أي تحت مجهر شخص لا نعلمه مثلا، كيف سيكون حجم كوننا أو شكله؟ وهذه الصورة هي نفسها يمكن أن تتكرر عند عالم في مختبره الإلكتروني على الأرض وهو يراقب الذرة لهذا فاحتمال وجود حياة خارج الكون مثل احتمال وجود حياة على الإلكترونات ولأن أساس الكون ليس هو الإلكترون أو الذرة فهناك أشياء أصغر منهما وهذا ما يمكن أن أفهمه وأفترضه بمعنى (أقطار السموات والأرض)33-الرحمن بالنسبة لي أنا.

صابر: لك الحرية للبحث والفرض والتحليق في الخيال ولكن لا تفسر شيء في القرآن وأنت ليس لديك علمٌ كافٍ بذلك فهذا الموضوع في علم الغيب والبحث في كنه الله حرام رغم أني سعيد برؤيتك تعتمد القرآن فربما يتغلغل الإيمان في قلبك وتكون مسلما صحيحا بعدها.

حنّون: أصبر معي فإنا بحاجة لأن أعرف! وأريد التقرُّب الى الله من خلال معرفته من خلالك!

صابر: ألا توجد طريقة أخرى لتتقرب إليه؟

حنّون: لماذا تقول هذا؟

صابر: تستطيع التقرب إليه دون أسئلتك هذه التي هي غير مجدية والجواب عليها معروف وهو الغيب الذي يعلمه الله فقط فأنت تستطيع التقرب لله عن طريق روحك (أو عن طريق القلب) فاترك عقلك جانبا عند محبة لله، فالله تدركه بواسطة حُبك له بقلبك وأتمنى الهداية لك كما هدانا نحن.

حنّون: ما تقوله الآن لا يدخل عقلي!

66 القلب والعقل

صابر: دع الله يدخل قلبك أولا قبل عقلك! فالله يقول في محكم كتابه الحكيم (أفلم يسيروا في الأرض فتكون لهم قلوب يعقلون بها وآذان يسمعون بها فإنها لا تعمى الأبصار ولكن تعمى القلوب التي في الصدور) 46- الحج.

حنّون: القلب مضخَّة فقط! فلا حول ولا قوة لها عقليا والأحاسيس والتفكير والإدراك في العقل الذي مصدره الدماغ وهذا بأساس التفسير علمي.

صابر: ذكرت لَك أن في القرآن عدة معاني للقلب والقلب في القرآن هو مركز العاطفة والشعور، واذا أردنا أن نعتبره مركز العقل والإحساس والعاطفة، فنقول أن "العقل يعطي القلب هداه، والقلب يعطي العقل رقَّته وليونَته" (محمد حسين فضل الله) كما ذكرت لك ذلك قبل قليل لكنك لا تسمع!

حنّون: ولماذا توجد كلمتين بدلا من كلمة واحدة محددة واضحة؟ لماذا هذا الإبهام والتعقيد؟

صابر: في العربية هناك معاني كثيرة لها مفردات كثيرة! وهذا من جماليات اللغة العربية! ذُكر القلب في بالقرآن على أنه مركز الروح (ولما بلغت القلوب الحناجر) وبمعنى العقل (وجعل على قلوبهم أكنة فهم لا يفقهون) وبمعنى المشاعر والسلوك (فلو كنت فضا غليظ القلب لانفضّوا من حولك).

حنّون: (إن شر الدواب عند الله الصم البكم الذين لا يعقلون) 22-الأنفال، هل يعني هذا أن الأصم والأبكم دابة سيئة أو شريرة؟

فأين موقف جمعية الصم والبكم في العالم من هذا الاحتقار؟ فلنترك لهم ذلك!

صابر: كفاك تهريجا فالقرآن يتكلم عَمَّن لا يَعقل وليس أصحاب الاحتياجات! وأكمل كلامك!

حنّون: إضافة الى ذلك قضية فهم المخ بأنه سائل يخرج من العظم، لهذا كان ما يخرج من العظم فهو مخ والذي يخرج من عظمة الرأس أو هو مخ (كتاب الاعتبار لأسامة بن منقذ 1095-1188 م)(عن زيغريد هونكه) وذلك يعني أن اللغة العربية قديما لم تفرّق بين نخاع العظم والمخ! ولننتقل لموضوع آخر وهو ماهية الروح!

صابر: جيد تفضّل!

67 القلب هو مركز الروح

حنّون: ما هي الروح؟

صابر: لا أحد يستطيع معرفتها سوى الله لكن الروح هي بمثابة ما نعتبر اليوم العقل والشعور إضافة الى ما يديم الحياة في الجسم وبدونها يكون فقط جسد أي جسد ميت خرجت منه الروح!

حنّون: هل تقول ذلك لأن النبي كان لا يعرفها بدليل (ويسألونك عن الروح قل الروح من أمر ربي) سورة الإسراء الآية 85.

صابر: هذا يعني أنها شأن إلهي ومُعجِز لنا وهي دليل على وجود الله بما نعجز عنه ولا يعيب أكرم الخلق المصطفى ذلك!

حنّون: وكيف يكون القلب هو مركز الروح؟ فاذا ما نجحت عملية تبديل قلب إنسان فهل معنى ذلك أن مركز روحه قد تبدل؟

صابر: ليس بهذا التجرُّد فكثيراً ما يُخاطب الله البشر بالمعنى الباطن.

حنّون: رجعنا للباطن والظاهر وقد تكلّمنا عن ذلك سابقا.

صابر: ولا يفهمه إلّا أولي الألباب.

حنّون: أين أجدهم في أي زمن وأي مكان هؤلاء أولي الألباب؟

صابر: موجودين وعليك البحث، إضافة الى ذلك التفسيرات التي ذكرت في معنى القلب في اختلافها دعوة للتفكير والتفكّر في باطن المعنى فهو يقصد أشياء عميقة التصوُّر أي أعمق من المنظور العادي.

حنّون: إننا هكذا نبرر الأشياء ونصِرُ في تثبيت خرافة على أنها حقيقة حتى لو كانت خارج المنطق هذه طبيعة عنادنا خاصة عندما نحتكم لخيالاتنا وافتراضاتنا بل وهلاوسنا وأساطيرنا حول ما لا نعرف وما نعرف!

صابر: كفاك استهزاءً وتخريفاً فهذا ما تعتقده أنت وأما نحن المسلمون فنحن على اتصال دائم بالله روحانيا وعلى يقين روحي أنّه معنا في الشدائد وهو في وجداننا. فإلى مَن تلتجأ عندما تقع في ضائقة أليس الى الله؟ (وَإِذَا سَأَلَكَ عِبَادِي عَنِّي فَإِنِّي قَرِيبٌ أُجِيبُ دَعْوَةَ الدَّاعِ إِذَا دَعَانِ فَلْيَسْتَجِيبُوا لِي وَلْيُؤْمِنُوا بِي لَعَلَّهُمْ يَرْشُدُونَ) في سورة البقرة الآية 186 وفي الدعاء ندعو الله فنقول الآية 62 من سورة النمل (أَمَّن يُجِيبُ الْمُضْطَرَّ إِذَا دَعَاهُ وَيَكْشِفُ السُّوءَ وَيَجْعَلُكُمْ خُلَفَاءَ الْأَرْضِ أَإِلَهٌ مَّعَ اللَّهِ قَلِيلًا مَّا تَذَكَّرُونَ).

حنّون: نعم ولكن ليس بنفس المعنى فهو لن ينقذني أبداً وإلّا لاستجاب الله لدعاوى الأمهات المسلمات برفع الظلم عن المسلمين وإرجاع أولادهن سالمين من المرض والعوَق والإبادة والحرب والغُربة ولاستجاب الله بمنع الصواريخ الاسرائيلية عن الأهالي في لبنان ولاستجاب بمنع الصواريخ الإيرانية والأمريكية عن بغداد أو الأولى به كان منع منجنيق الحجّاج بن يوسف الثقفي عن الكعبة فهي بيته وفقا للإسلام ولقام بمنعه كما منع من قبل، كما هو مذكور في القرآن، جيش أبرهة الحبشي فرماهم بحجارة من سجيل لكن واقعاً لا يتدخل الله في هذه الأمور وحتى لو قلت يا الله مثلا عندما أقف أو أعمل حركة قوية فهذا لا يعني أن الله سوف يعطيني القوة، فإنا أحتاج في الحركة القوية على السيطرة على التنفس فعليه يجب أن اسمع أني في حالة زفير أو شهيق وعندها يتناغم الجهاز التنفسي مع الجهاز العضلي لأداء المهمة وعليه يجب أن أقول كلمة وهنا في البلاد العربية نقول يالله والشيعة يقولون يا علي استحبابا وأما الرّباعين حاملو الأثقال الأجانب فيصرخون وكلٌ يقول حَسب ما يعتقد ولكن الهدف هو التنسيق الجسمي لأداء الحركات وليس أن الكلمات الدينية لها تأثير وليس لوجود دعاء مستجاب إلهيا من قبل إله.

صابر: استغفر الله هل أصبحت تتغنى بكفرك أمامي؟! الله جل جلاله يُجيب دعوة الإنسان المؤمن الخالصة لوجهه وفي الآية 216 من سورة البقرة (كُتِبَ

عَلَيْكُمُ الْقِتَالُ وَهُوَ كُرْهٌ لَّكُمْ ۖ وَعَسَىٰ أَن تَكْرَهُوا شَيْئًا وَهُوَ خَيْرٌ لَّكُمْ ۖ وَعَسَىٰ أَن تُحِبُّوا شَيْئًا وَهُوَ شَرٌّ لَّكُمْ ۗ وَاللَّهُ يَعْلَمُ وَأَنتُمْ لَا تَعْلَمُونَ) وأمّا الظالم من الناس فيُمهله إن الله يُمهل ولا يُهمل وهو يمهلهم قليلا وفي سورة البقرة الآية 15 نجد (اللَّهُ يَسْتَهْزِئُ بِهِمْ وَيَمُدُّهُمْ فِي طُغْيَانِهِمْ يَعْمَهُونَ)

حنّون: ولماذا يمدّهم في طغيانهم يعمهون؟

صابر: كي تزداد عقوبتهم يوم القيامة وهذه بحد ذاتها عقوبة آنية على سوء أعمالهم!

حنّون: بالنتيجة أن لا تترك لي شيئا في الواقع احتكم له لأفهم كيفية عمل الله في شؤوننا أو أقدارنا!

صابر: أنت لا تستطيع الإحاطة به علما فأنت مجرّد إنسان أنت عبد لله!

حنون: لنغيّر الموضوع!

68 لا يوجد سوى دين إلهي واحد تم تحريفه لأديان وديانات

صابر: حسناً الله عزّ وجلّ وضع الإنسان في تقديره ففضله على سائر خلقه منذ خلق آدم ع وأهداه خير رسالة وهي التوحيد أو الإسلام ويَكفي أن أُطلعك على مقارنة بين بعض الأفكار الإنسانية تاريخيا ومقارنتها مع الفكر الإسلامي، فقد قام بهذه المقارنة الأستاذ علي عزت بيكوفج فلاحظ كيف أن الإنسان هو الهدف الأسمى للدين الإسلامي.

المادة	الإنسان	الروح
الجسم		النفس –الضمير
الموضوعي		الذاتي
الظواهر		الشيء في ذاته (كانط)
الآلي		العضوي
المجرد–العام		المتعين-المتفرد
الفئة-العدد		الجنس-الرمز
الكم		الكيف
العلم		الدين-الفن
الانتاج	الصلاة الإسلامية	الصلاة التأملية

الإحسان (الصدقة)	الزكاة	الضرائب –مصادرة الملكيات
الأحكام القيمية-علم الأخلاق		الأحكام المنطقية-الرياضيات
نقد العقل العملي (كانط)		نقد العقل الخالص (كانط)
الوعي-المثال-الفكرة-الإثم		الحاجة-المصلحة-الواقع-الأذى
التأمل-الإلهام-الحدس		الملاحظة-الذكاء-الخبرة
الأسرار المقدسة		المشكلة
الدراما-المشاكل الأخلاقية		الاقتصادالسياسي-المشاكل
ما وراء الطبيعة		الاجتماعية
الدير-المعبد-المتحف الفني		علم الطبيعة
المعنويات	المسجد	المدرسة-المعمل
	المدرسة	القوة
الحب- اللا عُنف	القانون	
	الشريعة	الصراع الطبقي – العنف في
الراهب-القديس	العدالة	استخدام المصلحة
الأسلوب	الجهاد	الفارس-المناضل السياسي-
التشكيل الجمالي	الشهيد	البطل
الخلق		الوظيفة
الإنسان مخلوق لله –المقدمة		الدقة التقنية
السماوية- أو أنسنة الإنسان		التطور
مايكل أنجلو		الإنسان نتاج الطبيعة-المادة
الدراما الأخلاقية-النضال من		الحية
أجل الخلاص		الحيوان –السوبرمان
المذهب الحيوي-المسيحية		دارون
الشخصانية		الصراع من أجل البقاء-الإختيار
		الطبيعي
التفسير البطولي للتاريخ		انتاج الحياة المادية
العباقرة يصنعون التاريخ		الشيئية-المادية التاريخية
التطور التدريجي للروح		
المطلقة		التفسير المادي للتاريخ
انتصار فكرة الحرية		(التاريخ لا يمشي على رأسه)
القيامة-يوم الحساب		ماركس

تقدم وسائل الانتاج		الأفكار والمثل تقود الناس
مجتمع بلا طبقات		التنسك- التنشئة
القصور في الطاقة (تفسير الحياة)		التعليم التقليدي (الكلاسيكي)
الحاجات والمصالح تقود الناس		السيطرة على النفس (قهر الرغبات)
التدريب –التعليم	العقاب الوقائي	العمل المحكوم عليه بالنية
التعليم التقني –التعليم التخصصي		مبدأ الذنب- العقاب
السيطرة على الطبيعة (أخلق رغبات جديدة)	الجماعة	المذهب الإنساني-الثقافة- الإجماع-الشخصانية
(العمل محكوم عليه بالنتائج)		الدراما الشخصية
مبدأ الحماية الاجتماعية –	الأمة	الجماعة الروحية
أجراءات التطهير	الخلافة	مملكة الرب
التقدم- الثقافة الجماهيرية –		الحرية-المساواة –الإخاء
التلاعب – التماثل.		حقوق الإنسان
الطوبيا		(الوثيقة الأمريكية لحقوق الإنسان) 1776
الحيوان الاجتماعي		المهين والمستذل (دستوفيسكي)
الطبقة الاجتماعية		الخطيئة الأصلية -العفة-
المملكة الأرضية	الزواج	الأمتناع عن الزواج
الصراع الطبقي		الزواج كشيء مقدس
الحقوق الاجتماعية		التقديس الديني لحكمة الكبار في السن
(أعلان حقوق الشعب العامل والمستغل) 1918		البيت –الأم-تعليم الأسرة- العائلة المؤلفة من ثلاثة أجيال.
المستغل ماركس		
الحرية الجنسية-الثورة الجنسية	محمد الإسلام	
الزواج كعقد اتفاق		
التقديس الحضاري للشباب- الفحولة	عيسى	

المسيحية		الحضانة رياضة الأطفال-التعليم العام – بيوت العجزة
		موسى المادية

حنّون: المقارنة أعلاه غير مقنعة فهي صادرة من رجل لا يعرف العربية.

صابر: هل تريد أن تقلِّل من معرفة رجل أصبح رئيس جمهورية؟!

حنّون: أنا لا أقلِّل من شأن أحد ولكنها حقيقة إنه لا يتكلم العربية وهذا يجعله غير قادر على الفهم والحكم الصحيح في أمور إسلامية أصولها مكتوبة ومنطوقة بالعربية ولا مناص من فهمها دون معرفة العربية!

وعلى أقل تقدير، إضافة الى ذلك هو قد قارن بين صفات النظريات الإسلامية والشيوعية والمسيحية دون معرفة حقيقة بالدين الإسلامي فهناك أسئلة ومعضلات مازالت قائمة حول الإسلام قد تجاوزها السيد بيكوفج واعتبر أن الدين الإسلامي هو وحده حامل لواء الإنسانية وبعد ذلك أخذ يدافع عنه ويمكن لأي إنسان أن يأخذ أي مبدأ فيعتبره إنساني بحت ثم يدافع عنه وعندها يعمل مقارنات يتخيَّلها كيفما شاء. صحيح أن هدفنا جميعا هو سعادة البشرية ولكن يجب أن يكون ذلك من الأفكار التي ترفع لواء الإنسانية واقعيا بشكل ملموس وليس خرافيا! وهناك نقطة أخرى بسيطة تراها واضحة في المقارنة وهي أنه جعل رافع لواء الشيوعية المادية هو النبي موسى أي أن الديانة اليهودية هي أصل المادية الشيوعية. وأن عيسى هو حامل لواء الروحية المسيحية وأن محمد هو حامل لواء الإنسانية ولكنه نسي أنَّ النبي محمد يعترف بكل الأنبياء الذين قبله أي أن دياناتهم وأديانهم هي إسلام وليس معتقدات أخرى ليبدأ التقسيم كله من الأساس أي أساس هذا العمل مناقض للإسلام!

صابر: لكن ديانتهم حُرِّفت وعليه يمكننا اعتبارها بعد التحريف ديانات مختلفة!

حنّون: ولكن بيجوفتش لا يدعّي ذلك في كلامه! ولماذا تقولون أنها حرفت؟ وكم هو مقدار التحريف الذي تدعيه؟

صابر: هل أصبحت مرة أخرى تدعي أنك تعرف الإسلام أفضل من بيكوفج؟!

إننا نعترف بالديانات كديانات جاءت في وقتها تحمل روح الإسلام ثم حُرِّفت وجاء الإسلام وهو الدين الحقيقي الذي لم يُحرَّف أبداً

حنّون: أنا أسأل ما هو مقدار التحريف أي ما هي النسبة وأين بالضبط؟ لماذا لا توجد إجابة ؟

صابر: كلها حرفت وأصبحت غير صالحة للعمل بها!

حنّون: ولكن النبي كان يحترم الديانات في عهده فقال لكم دينكم ولي ديني وطعام أهل الكتاب حِلٌّ لكم ويجوز الزواج من كتابية وهم المؤلفة قلوبهم وهناك اعتراف واضح في القرآن بأن التوراة والإنجيل في عهد النبي كانت موجودة وفيها صِحَّة لكنها حُرِّفت فكيف لتحريف بسيط أن يغير معنى الرسالة الإلهية بمجملها في التوراة والإنجيل؟!

صابر: ولماذا نأخذ بالقليل الموجود في التوراة والإنجيل وعندنا القرآن كامل سالم من التحريف؟!

حنّون: ولكنك أنت الذي بدأت المقارنة بين الديانات وهي مقارنة غير صحيحة.

صابر: ذلك ليس جديد في طرحك فأنت معارض في كل الأحوال وتسلك الاتجاه المعاكس حتى لو كان خاطئ!

69 مانع الحَمْل

حنّون: سأطرح عليك موضوعا آخر، الأسرة المُسلمة معروفة بكثرة إنجاب الأطفال (فيُسمّون شعبياً عيال كما في اللهجة المصرية لأنهم محتاجون للإعالة) وهذا السلوك البشري يسبِّبُ مشاكل اجتماعية مستقبلا وخاصة الفقر ولكن هذا يتعارض مع أوامر القرآن الذي يقول (المال والبنون زينة الحياة الدنيا ولا تقتلوا أولادكم خشية إملاق) سورة الأنفال الآية 151 أي أن القرآن يؤدِّي بأوامره لزيادة الفقر وما يَجرّه الفقر!

صابر مستهزئاً: وماذا تريد من القرآن؟ أن يسمح بقتل الطفل أو الإجهاض أو وأد البنات كما في الجاهلية بأساس أنهم سبب للفقر؟ قد نهى الله عن ذلك، أليس ذلك بأمر جيد أم حضرتك تريد العيش في الجاهلية؟

حنّون: وهل مِن المعقول أنك كل ما عاشرت إمرأتك تُنجب لك طفلا أي سيكون لديك طفل كل سنة ربما! فكيف ستُعيلهم أو "كيف سيَرزقهم الله" كما تعتقد أنت؟

صابر: عندما تمرّ بهذه الحالة وأنت مؤمِن ستعرف وتتأكّد أن الله هو الرازق وهو مَن يرزقهم.

حنّون: أريد أن أعرف الآن هل أن حبوب منع الحمل للمرأة أو استخدام الكبّوت أو الكوندوم الذكري حلال أم حرام؟

صابر: قد أقرَّهُ العلماء وقد أفتى كثيرون أنه حلال لأن الحمل يحمل روحا بعد الأربعين يوما ولهذا لا يُسمَح للأجهاض بعد الأربعين يوما إلّا في حالات خاصة تتعلّق بحياة الأُم.

حنّون: ولماذا لم تُذكَر مثل هذه الأشياء في القرآن يا تُرى؟

ولكن نطفة الرجل تتحرك فهل بها روح؟

والبويضة المخصّبة بعد التلقيح يتزايد حجمها بشكل كبير فهل تحمل روح؟

فاذا ما رجعنا الى الآية التي تقول (وما من دابة تزحف ولا من طائر يطير بجناحيه إلّا أمَمٌ أمثالكم) سورة النور آية 45

وهذا يعني أن حتى الحيوانات فيها روح وحتى الحيوانات ذات الخلية الواحدة فيها روح فالنطفة أو المني فيه روح وله عمر وينتهي مفعوله والحيمن (السبيرم) يتحرك لوحده نحو هدفه فيقطع مسافة كبيرة قياسا لحجمه، ألا يثبت هذا الإنجاز البدني الرياضي للحيمن أن به روح؟

لهذا كان استخدام موانع الحمل حسب التفسير الديني حرام بالأصل وأن من يُجامل من علماء الدين في هذه المسألة يُعتبر غير مُنصِف للإسلام فاذا ما اتّبعنا الآية "ولا تقتلوا أولادكم"، وهذا يعني أنها سوف تولد كارثة اجتماعية بالانفجار السكاني لأنها ستمنع استخدام أي مانع حمل من أي نوع كان.

صابر: هذا ما تفسره أنت والإسلام "دين يُسر لا عُسر" وهناك اجتهاد لتطوير تنفيذ الإسلام والعلماء عندما أفتوا بشرعية استخدام مانع الحمل درسوا الموضوع من كل جوانبه وعرفوه أفضل منك ولو منعوا "موانع الحمل" لجئت تصرخ معارضاً لماذا يمنع الإسلام هذه الموانع ويمكنك أن تجد أن غالب

الفقهاء يدعمون زيادة الإنجاب سواء اتّفقوا مع فتاوى السماح باستخدام الموانع أم لا.

70 لحم الخنزير

حنّون: وهل درسوا موضوع الدم وبنوك الدم فالله حرّم أكل الميتة والدم ولحم الخنزير في القرآن ونحن نتعامل مع بنوك الدم ولا زال الدم يُعتبر عند المسلمين مادة نجسة لكنهم يتبرعون بالدم ويدفنون أو يحرقون الميّت من الحيوانات باعتباره نجس ولا يأكلون إلّا الحيوانات المذبوحة على الطريقة الإسلامية (ولا تأكلوا مما لم يذكر اسم الله عليه)في سورة الأنعام الآية 121 فلا يأكلون لحم الخنزير (وحرّمنا عليكم الدم والميتة ولحم الخنزير) سورة المائدة الآية 3 فقد حرّم أكل لحم الخنزير بتاتا وحتى أصبحت له عداوة أي نفور و رفض نفسي لا شعوري ومن جهة أخرى هناك آية (وطعام ألذين أوتوا الكتاب حِلٌ لكم) سورة المائدة الآية 5 أفليس هذا تناقض؟ فأهل الكتاب من المسيحيّين مثلا يمكن لهم تناول لحم الخنزير.

صابر: الذين أوتوا الكتاب المقصود بهم أصحاب الكتاب الأصلي وليس المحرَّف الحالي وكتاب الإنجيل والتوراة الأصلي مُشابه للقرآن في المضمون أي الأوامر ففيه يكون لحم الخنزير محرّم أيضا وفي تفسير آخر من المفسّرين يمكن لكم تناول طعامهم إلا ما احتوى على لحم الخنزير أو الخمر!

حنّون: هذا يعني أن الكتاب الأصلي كان موجوداً في عهد النبي لأن الآية هذه تعني أن هذه الكتب غير المحرّفة وكانت موجودة في زمن النبي وكان هناك أهل لها أي هذه الكتب غير محرّفة ويحق لنا أن نأكل معهم فلماذا إذاً لم يذكر ذلك بأن الإنجيل والتوراة التي كانت في زمن النبي الأصلية غير محرّفة؟

صابر: لأن النبي جاءنا بأفضل منها وهو القرآن الكتاب الجامع الشامل والمقصود أنه حرّم علينا الدم أي شرب الدم وهي عادة كانت في الجاهلية،

حنّون: هذه خرافة إسلامية لتجميل الإسلام بواسطة تقبيح ما قبله فقبل الإسلام لم يشرب العرب الدم أبداً!

صابر مستمراً: وحتى المصريين يقولونها اليوم بتهديدهم بالقتل بالعبارة "أشرب من دم" فلان وهي عادة جاهلية فعندما يأخذون بالثأر يشربون دم القتيل

للتشفي به وهذه الوحشية قد حرّمها علينا الله أمّا اذا أردت أن تشرب الدم وتعيش في الجاهلية فهذا عائد لك فالإسلام قد طهّرنا ورفعنا عن مثل هذه الأعمال! وأما الميت من الحيوانات تتفسخ جثته لهذا ولغرض التثبُّت مِن أنَّ الذبح للحيوانات ذبح جديد وليس قديم وجَبَ أن تُذبح الحيوانات على الطريقة الإسلامية حتى تكون نظيفة أي صِحّية صالحة للتناول.

حنّون: المذكور تاريخيا آثاريا هو اعتبار الدم نجس وشيء يتم تحاشيه حتى عند الوثنيين لذلك سيحتاج ذلك منك أدلّة آثارية لادّعاء أن الناس قبل الإسلام كانوا يشربون الدم! أو قص لي قصة عن واقعة تاريخية حصل فيها ذلك غير قضية هند آكلة الأكباد؟

وأما عدم ذكرك لطريقة ذبح الحيوانات كاملة فهو تبسيط للطريقة الإسلامية الكاملة فالذي أعرفه أن يُوجَّه رأس الذبيحة نحو القبلة وتُقال مجموعة من الكلمات وأن يكون مَن يَذبح بالغ ومسلم حتى تكون الذبيحة حلال (ولا تأكلوا مما لم يذكر اِسم الله عليه) في سورة الأنعام الآية 121.

فما هو موقف الدين من تجميد الذبائح؟ وهل أن اللحم في الأسواق حالياً حلال بمجرد وجود عبارة "ذُبِحَ على الطريقة الإسلامية" فوق أكياس البضاعة ولا أهمية لمصداقية مَن كتبها؟

وهل الذي ذَبح شاة في البرازيل مثلا مُؤهَّل للذبح على الطريقة الإسلامية؟

أم أننا نتقبَّل أن يُكذب علينا برحابة صَدرِ مِن باب التساهل؟

وكيف هي نظرة غير المسلم إلينا عندما نؤكد له أننا لا نأكل لحما غير مذبوح على الطريقة الإسلامية فإذا قال له المُضِّيف أنه كذلك سيأكل أم يجب أن يمتنع عن الأكل؟

وكيف يميّز أو يعرف المسلم أن الذبيحة مذبوحه على الطريقة الإسلامية؟

وما مدى تأثير هذه اللحوم على حياة البشر؟ وهل تأثر سلبا فعلاً؟

الأوربيون مثلا يأكلون اللحوم بعد ذبح الحيوانات بآلات فما هو موقف الإسلام من مكائن الذبح الآلي للدجاج مثلا؟

صابر: دعك مما تقول! فهناك كثير من الأسئلة في هذا الموضوع، فالإسلام دين يُسر كما أخبرتك، (يريد الله بكم اليُسر) في سورة البقرة الآية 185. وعندما يُقدَّم

للمسلم أكل ويقال له إنه إسلامي فهذا كِفائي للموضوع ويتحمل المدّعي لكون الطعام حلال كافة التبعات والذنوب إن كَذِب في قوله وهذا هو اليُسر هنا.

حنّون: أتقصد بذلك دعم فكرة "ضعها في رقبة فقيه وأخرِج سالماً" كما يقول العراقيون شعبيا.

صابر: وليكُن ذلك فهو شيء جيد!

حنّون: فهل لِبس الجلد الطبيعي هل هو حلال أم حرام؟

صابر: لِبس الجلد الطبيعي من الحيوانات غير المذكّاة حرام (محمد حسين فضل الله)

حنّون: أليس هناك تناقض مع الآية (وطعام الذين أوتوا الكتاب حِلٌّ لكم) المائدة-5

صابر: هذا يدخل في باب الاجتهاد أو النسخ، فليس على المسلم أن يفهم كل شيء فهناك أناس مُتخصِّصين بذلك.

حنّون: رجعنا للسلطة الدينية والانقياد لها فأنت عندما لا تستطيع الجواب عليك الرجوع لمرجع وفقا لسلوكك هذا!

صابر: شئت أم أبيت هذه هي سُنَّة الخالق في اتّباع الأعلم مِنّا في الفقه وأما مسألة لحم الخنزير فهي مِن المُحرَّمات ولكل دِين حلال وحرام إضافة لكون الخنزير قذر بسلوكه وأكله القاذورات والأوساخ يكون غير مرغوب فيه نفسيا ولا صِحيّا وحتى شكله معاذ الله قبيح وليست عنده غِيرة (يُمارس السِفاح) وهذه الصفات يمكن أن تدخل جسم الإنسان بعد أكل لحم الخنزير فيسلك سلوكه هذا ويقوم لحم الخنزير بنقل أمراض كثيرة.

حنّون(ساخراً): نعَم، البقرة نظيفة لأنها تُخرِج محارم ورقية عندما تمسح أنفها والدِيك حتماً عنده غيرة وشرف أكثر من الخنزير وطبعا الثور شريف ولذلك نحن نأكل لحمه ولحم الديك! ألا تعلم أن الأبقار تستطيع نقل جنون البقر للإنسان؟!

الحيوان هو الحيوان! لماذا لا نأكل كل ما يطيب لنا ما أكله وكل ما ينفع أجسامنا؟

لماذا لا نجرِّب كل شيء ثم نترك خبرتنا لأجيالنا القادمة فنقول لهم هذا وجدناه مفيد عمليا وهذا غير مفيد عمليا؟

لماذا هذا التحريم الإلهي علينا فيمنعنا من التجريب حتى في تحديد ما نأكل أو نشرب؟

وهي أشياء بسيطة لا تُؤدّي بنا الى التهلكة كتجريب هل النار تحرق أم لا مثلا؟

71 الصين

حنّون (يُكمل كلامه): خُذ عبرة من الصينيين فهم يتندَّرون بالقول "إننا نأكل كل شيء يقف على أربع ما عدا المائدة وكل طائر يطير ما عدا الطائرة" فهل تأثروا بما أكلوا؟

وبمناسبة ذِكرِ الصينيين، لماذا لم يذكرهم القرآن كشعب أو قوم في نصوصه أبداً؟

صابر: ما قولك في انتشار وباء الكورونا من مدينة يوهان الصينية سنة ٢٠٢٠ مِن سوق الحيوانات حيث يقومون بتناول حيوانات محرّمة ودون ذبح ولا طبخ حتى؟ هل رأيت عبقرية ديننا الآن؟

الإسلام نهج لكافة البشر ولا توجد أُمّة خَلَت مِن نذير وعدد الأنبياء أكثر من 125 ألف نبي وبالطبع لم يُذكروا جميعهم وأما قضية عدم ذكر الصين في القرآن فقد ذكر الرسول الكريم الصين في حديثه ولكننا اتفقنا على عدم الاحتكام للحديث!

حنّون: ألا ترى أن فكرة آلاف الأنبياء هي مجرّد أسطورة دينية؟ وثمَّة حِكاية منقولة تاريخيا عن الصين حيث يُقال إنَّ المَد الإسلامي وصل الى الصين وعند أسوار الصين لم يتمَّكن المسلمون من العبور إليهم فنادوهم بدعوة النبي أن أسلم تسلم فلم يستجيبوا ثم قرَّروا المناظرة إننا ندعوكم الى الخير في الدنيا والآخرة فقال الصينيون وبماذا يأمر دينكم؟

قالوا إنه يأمر بالمعروف وينهى عن المنكر. فسألوا بماذا ينصح هذا الدين؟ إنه ينصح بالتحلِّي بالأخلاق الفاضلة وتجنُّب الرذائل والى آخره من الأسئلة ثم سأل الصينيون كم عمر دينكم قالوا خمسمائة سنة فقال الصينيون عمر ديننا ألف سنة أكثر من دينكم وهو يأمر بما يأمر دينكم فلماذا لا تدخلون أنتم في ديننا الذي هو ذي خبرة وتاريخ أطول من دينكم الذي تدعوننا له ؟!

صابر: قصتك خرافية لأن الدين بمصدره ومصدر الإسلام الله ولا أهمية للخبرة أو عمر الديانة هنا ولذلك لا أُصدِّق قصّتك هذه وهي ربما من قصص الصينيين المعادين للإسلام وهي تظهر لك خطأ الاحتكام للخبرة الشعبية والتجربة وتوضح لك أن العلم الإلهي عن طريق الأنبياء والوحي أفضل من العلم البشري!

حنّون: لنرجع الى موضوع التحريم فالله يُحرِّم ويتدخل في تفاصيل مثل لحم الخنزير ولا يُحرّم بنفس الشاكلة السجائر أو الدخان أو المخدرات والتي هي أخطر وأولى بأن تحرّم من لحم الخنزير و إن مسألة لحم الخنزير في أصلها التاريخي تبدو قضية حصار اقتصادي أو حرب اقتصادية على منتجات غير يهودية أو غير إسلامية! فعندها سوف لا يأكل المسلمون سوى الذبائح المذبوحة على طريقتهم فلا ينفعون عدوهم ماليا وموضوع التحريم يستمر للمنتجات الحيوانية مثل جلود الخنازير أو حتى عظامها فهي مُحرَّمة كذلك وبالتالي سوف تركد سوق غير المسلمين وهذا يؤكّد فرضيتي هذه.

صابر: ها قد أصبح الرسول الأُمّي رجل حصار اقتصادي من الدرجة الأولى فمِن أين له كل هذا العلم في الاقتصاد والسياسة لشن حصار اقتصادي عبقري مثلا هذا؟

حنّون: هذه قواعد اقتصادية معروفة منذ القدم وليس هو مكتشفها.

صابر: بل هو الإسلام الذي حرَّم كل شيء مُضرٌّ للإنسان وأنت تريد تلفيق قصّة للتخلُّص مِن الفهم الصحيح للإسلام بسبب عنادك.

حنّون: لماذا إذن لم يُشر القرآن الى تحريم السجائر والمخدِّرات طالما القرآن صالح لكل زمان ومكان كما تقولون؟

صابر: لقد حرَّم كلُّ ما كان ضرَرَه أكثر مِن نَفعه ولكي يُكتَب كل شيء كما تريد أنت يجب أن تكون هناك عدَّة كُتب سماوية فلا يستطيع خاتم الأنبياء في حياته وحده أن يُكملها ولا نبي بعده طبعا ولذلك قدَّم لك قواعد الاجتهاد الفقهي كتقوم أنت بعد فهمك الفقه بتطوير تنفيذ الإسلام.

72 انقطاع الوحي وحادثة الإفك

حنّون: لكن يستطيع الله أن يُطيل مِن عمر الرسول حتى يكملها فلماذا لم يَفعل!

فعمر النبي نوح تسعمائة وخمسون سنة (فلبث في قومه ألف سنة إلا خمسين عاما)(العنكبوت 14).

لماذا لم يجعل الله عمر رسولنا ثلاثمائة أو حتى توفير الوقت الضائع أثناء انقطاع الوحي عن النزول أربعين يوما (حسب كلام ابن عبّاس) عند حادثة الإفك مثلا!

اعتقد أننا كبشر على مر السنين بحاجة "لوقت النبي وعمله لأجلنا" الرسول ولذلك يجب أن لا يتأثر بما يحدث له في الوسط العائلي من أمور تؤثر على عمله كنبي، أليس كذلك؟!

صابر: لا تُدخِل الأمور ببعضها فما يحدث للرسول في الحياة العادية هو رمز وتوجيه لنا في حياتنا من خلال سيرته نحن وبهذا اعطانا الرسول الكريم في حادثة الإفك درسا مهما في عدم الاتهام دون دليل ولذلك هي ليست حادثة دون موعظة وحكمة وفائدة كما تتصول وإضافة الى ذلك هناك إشارة في القرآن واضحة لكل لبيب (ليس كمثلك) وهناك معرفة للتفسير من قياس وباطن وظاهر وناسخ ومنسوخ وخاص وعام في الفقه والاجتهاد والفتوى وفي تأخّر الوحي حكمة هي أن الرسول ص لم يقم بالحكم على الموضوع من عنده وإنما هو أمر إلهي جاء بالوحي للحكم في الحادثة فهي ليست كما فهمتها أنت بتصورك الخاطئ عن الموضوع!

73 التبرّع بالأعضاء

حنّون: لنرجع لموضوع التعامل مع بنك الدم قد أخبرتني أنه مسموح فما موقف الإسلام مِن التبرع بالأعضاء أو لنسميه (بنك الأعضاء) كموضوع مشابه-؟

صابر: لكل مشكلة هناك حل على أن يكون الحل لا يتعارض مع ما حرّمه الله وأن يكون ذو فائدة للمجتمع.

حنّون: التبرع بالأعضاء له علاقة بطلب المريض الذي يُعاني من مَرض لا علاج له الموت (أي الانتحار) مع التبرّع بأعضاءه أو هو يتبرع بأعضاءه إن مات بحادث وهو صحيح الجسم.

صابر: هذا ما حرمه الله! الانتحار حرام!

حنّون: لماذا؟ ما هي مشكلة أن اذا وافق المريض على التبرع بقتل نفسه لأجل انقاذ مريض آخر له فرصة في الحياة أفضل منه.

صابر: لا تستطيع تحديد من حياته أفضل ولا معرفة من حياته أفضل وقبل هذا الجنون الذي تتكلم به يجب عليك أن تعلم أن الروح ملك خالقها فيدعوها هو إليه ساعة الموت فلا يمكن التدخل في هذا الأمر! أنت عبد الله حتى إن لم تكن مسلم ولا يمكن لك أن تنتحر لأن حياتك أو روحك هي ليست لك!

حنّون: هل التضحية بالنفس لأجل الآخرين حلال أم حرام؟

صابر: حلال!

حنّون: ما هذا التناقض أين المنطق ؟ لماذا إذاً تحرّم الانتحار للتبرع بالأعضاء؟

صابر: في هذه الدعوة الخطيرة سوف تسمح للأطباء أن يقتلوا المرضى أو حتى سوف لا يبقى مرضى أساسا لأن كل شخص مريض يعاني وليس له دواء سيُقتل للاستفادة من أعضاءه وهي فكرة إجرامية بشعة جشعة فأين الضمير الإنساني؟ أين العاطفة؟ أين الأخلاق؟

هنا الفرق بين المؤمن وغيره! وأنت تريدنا أن نكون حيوانات أو نكون كالنمل الذين يأكلون قتلاهم!

حنّون: لكنكم تقولون أن الإسلام دين الفطرة فلماذا لا تفعلون كالنمل إن كنتم على فطرة الله كما يفعل النمل؟

صابر: الله رفعنا فوق الحيوانات ولم يجعلنا حيوانات في معنى الفطرة في سوء فهمك هذا!

إن الله ابتلى نبينا أيُّوب بالمرض والسقام حتى تركه كل محبّيه لكن الله أرجع إليه صحته بعد أن ثبت على إيمانه وهكذا فالله يبتلي الإنسان أو يمتحنه بالمرض أو الفقر أو المصيبة ولعلمك لا يوجد مرض ليس له دواء وهذه رحمة الله فينا، فكيف لك أن تقتل الآخرين عند المرض بدلا من إعطائهم الدواء والأمل بالحياة؟

هل هذه هي الإنسانية الغربية أو الإلحادية التي تتغنّون بها علينا؟

حنّون: هذا هجوم من النوع الذي يخنُق الكلمات فأنت تقول لا تتبع هذا الأسلوب وكالذي يقول "ويل للمصلين" دون تكملة وأنت تستخدمه معي!

فقد قُلت لي أنها أشياء وضعية قابلة للنقاش وبها أخطاء كثيرة وأنا عندما أطرح موضوع انتحار المريض الذي لا شفاء منه هذا مجرّد افتراض للتفكير والنقاش

ليس قانونا مطلق جامد أو إلهي وإنما هي فكرة تُناقش بتحديد إمكانية تنفيذها بأضيق المجالات ولست أنا الذي أأمُرُ بذلك.

فقتل النفس ليس من الأخلاق ولذلك يكون الانتحار ليس من الأخلاق كجريمة ولكن يجب أن تحدد الحالات التي تسبب عدم الرضا بالحياة للفرد والمجتمع وتعالج دون وضع قوانين الحرام والحلال والنص الإلهي في موضوعها فنحن اليوم بحاجة الى قرارت عملية صائبة كأخذ موافقة المريض عند إجراء عملية جراحية خاصة إن كان بها احتمال للضرر أو الموت.

ولماذا لا تؤخذ أعضاء الذين يتوفون بحالات طارئة كحوادث السيارات فيُعالج بها المرضى الآخرين إن قدّموا هم موافقة بإقرار مسبق مثبت يدعم ذلك كما هو معمول به فعلا في دول الغَرب؟

صابر: هل تخيلت حال المستشفيات؟ ستكون مثل مكان إبادة أو مسلخ حيوانات فلا احترام أو قيمة لجسم الإنسان وهيئته وكرامته فيأتي إليها المصاب فإن مات ذهب الى قسم آخر منها وهو قسم التمزق لقطع غيار كما تكون سيارات الخردة فيُمزّق لأشلاء فتعزل كليته وكبده وقلبه ثم يُصنّف كل عضو في مخازن خاصة، للكلى والقلوب والأكباد وغير ذلك وعندما يأتي مريض آخر مصاب يشتري ما يناسبه أو يُعطى ما يناسبه مجانا لإدامة حياته أو ربما عندما يشعُر أي مقتدر مالياً بأن كِليته تؤلمه قليلا فيقال له لديك مشكلة فيها يذهب الى بنك الأعضاء ويشتري كلية أفضل من التي لديه وحَسَب المواصفات التي يرغبها أو إذا ما أراد رجل مُسِن تبديل كل ما عنده من أعضاء تالفة فيقدر طالما عنده إمكانية للدفع فيكون العالم مشابه للسلوك الإجرامي للكائن المسمى "شسمة" في رواية أحمد حمزاوي "فرانكنشتاين في بغداد" حيث يقوم بتجديد أعضاء جسمه باستمرار بأعضاء ضحاياه!

حنّون: كل قانون وضعي له أخطاؤه ولكن الجيد فيه بل وهو التقدّم فيه على القانون المقدَّس أنه قابل للنقاش والتغيير فيُمكن ضبط كل هذه العملية بحيث لا تضر أحد فإن نجحنا بذلك نكون ضمن أساس التشريع الوضعي ونكون قد حصلنا على فرصة أفضل للحياة وكذلك عليك أن تعلم أن الناس سوف لا يتوجهون لأقل الأسباب لتبديل أعضائهم بسبب طبيعة جسد الإنسان في رفض الأعضاء المزروعة حتى لو كانت أفضل صحة من الأصلية وبسبب ذلك توصل الطب لاستخدام عقاقير خاصة لتقليل الرفض ولهذا السب بالتحديد يتم

تفضيل تبرع أقرب أقارب المريض على الغريب لتشابه تكوين جسدهم وراثيا مع جسده!

صابر: أنا أقصد أن حياة الإنسان سوف تتغير فلا يكون لدين الله دور في هذا الشأن كله وعندها ستكون الكارثة الأخلاقية حيث سَنكون مجرّد وحوش مجرمة متخلّفة أو كأنما نصبح مكائن تافهة عديمة المشاعر.

حنّون: لماذا هذه السوداوية فهل عندما غيّر مايكل جاكسون كل خلايا جسمه أصبح آلة أو روبوت مثلاً؟

قد غيّر مايكل شكله تماما وهذا أشعره بسعادة غامرة فاشتهر وأثبت للعالم أن مشكلة السواد ليس بمشكلة فقد غيّر لونه (ولو أنه يدعي أن به مرضا) وتدخل في "خلقة الله" أي حالة جسده كما يفعل غيره من الناس الذين يوافقون على التبرع بأعضائهم اذا ما ماتوا حتى ينفعوا الآخرين وهذا السلوك الكريم النبيل بل هو الأكرم برأيي يستحق الاحترام والثناء.

صابر: ومن هو مايكل جاكسون هذا مع فضائحه هذاه لتستشهد به بل وتجعله نموذجا يسير السلمون على تقليده؟

حنّون: اعتبره ظاهرة علمية فـلم أدخل في ثنايا شخصيته وتفاصيلها لكنه أراد شيئا وحققه لأنه يملك المال ووقف فيه ضد رغبة الخالق فتدخل في خلقته وحقق ما هو مفيد لنفسه على الأقل.

صابر: بل نقّذ وعد أبليس عندما قال (لآمرنهم ليغيرن خلق الله) سورة النساء الآية 119.

حنّون: هل هذا يعني أن عمليات التجميل وعمليات نقل الأعضاء وإنقاذ المرضى من الموت والمعاناة هي من تصرفات أبليس فكيف يمكن أن نعيش ونتطور طبياً إذن؟

صابر: قد بدأت باستجداء العطف لرأيك وهذه مغالطة منطقية.

74 العقوبات والقانون

حنّون: لنتكلم عن القانون

صابر: سأنقل لك هذه الفكرة عن ميخائيل نعيمة فأذنك مفتوحة على ما يبدو لكل متكلم غير مسلم! ولعل كلمته تختصر موضوع تنفيذ الحكم العادل "وقال لقمان لابنه القانون طوق واحد لرقاب عديدة متفاوتة الحجم واللون"

حنّون: إسمع ماذا يقول الماركسيون حول ذلك: القانون هو إرادة الطبقة الحاكمة قد تحولت الى إجراءات قانونية. كما وأن أحد تعاريف القانون "القانون هو مجموعة القواعد التي تعبّر عن إرادة الطبقة الحاكمة ".(علي عزت بيكوفج). لنتكلم عن العقوبات في الإسلام.

صابر: ما يشرّعه الله فوق إراد الإنسان ومنها إرادة الطبقة الحاكمة وأما العقوبات في الإسلام أو الحدود أو العقوبات للقوانين والتنظيمات القضائية الإسلامية فقد كانت متفوقة على مثيلاتها في الدول الأوربية المعاصرة حتى القرن السادس عشر الميلادي (المستشرق الهولندي شاخت 1902-1970 م)

حنّون: كانت متفوقة! لماذا لا تكون متفوقة الآن؟
وماذا عن التشريعات القرآنية التالية،
(إنما جزاء الذين يحاربون الله ورسوله ويسعون في الأرض فسادا أن يقتلوا أو يُصلّبوا أو تقطع أيديهم وأرجلهم)(المائدة 33)،
(كتب عليكم القصاص في القتلى الحر بالحر والعبد بالعبد) (178-البقرة)،
(وكتبنا عليهم فيها أن النفس بالنفس والعين بالعين والأنف بالأنف والإذن بالإذن والسن بالسن والجروح قصاص) (المائدة 45)،
(السارق والسارقة فاقطعوا أيديهما) (المائدة 38)

صابر: العقاب الصارم أو القصاص العادل هو رادع يمنع السرقة وهذا ما حدث، ففي عهد النبي لم تحدث أي سرقات.

حنّون: تقصد علينا استخدام الإرهاب أو الرعب من العقاب للحَد من ارتكاب السرقة فأين ما تريدنا أن نفعل مما توصّل له الطب الجراحي وطب الأطراف الصناعية الروبوتية وطب الخلايا الجذعية في إبدال الأطراف المفقودة وتعويضها وكذلك أين موقع ما تطلبه من تقطيع أطراف بحجة أنه عقوبة إلهية من العقوبات الوضعية البشرية التشريع والتي تعتمد السجن والتطوير للسجن لإعادة تأهيله للمجتمع!

صابر: تطبيق الإسلام بكل حذافيره يعني تطبيق العدالة الإلهية المطلقة الرادعة لكل شَر لذلك تتوقف السرقات والاعتداءات على الآخرين وهذه فائدة طبعا

ولذلك يقول لله في كتابه العزيز في الآية 179 من سورة البقرة (وَلَكُمْ فِى ٱلْقِصَاصِ حَيَوٰةٌ يَٰٓأُوْلِى ٱلْأَلْبَٰبِ لَعَلَّكُمْ تَتَّقُونَ).

حنّون: لكن من الممكن أن تكون السرقة حالة مرضية نفسية ويمكن أن تُعالج فهناك من يسرق من الأسواق العامة رغم كون غني و"موسى بن شاكر" الذي ذكرناه سابقا أثبت أنها حالات مرضية نفسية يمكن معالجتها فكيف يتناقض ذلك مع عقوبة إلهية بقطع يد السارق فيكون الذي سرق مرة واحدة في حياته بسبب الحاجة ربما أو المرض مُعاق بقطع اليد طيلة حياته وما هي فائدة بقائه معاق مقطوع اليد بعد ذلك فهو سيكون غير قادر على العمل؟!

صابر: يوجد فقهاء (وهم علماء) أوصوا وأفتوا بقطع أطراف الأصابع وليس اليد.

حنّون: عملية البتر حتى لوكانت لأظافر هي عملية وحشية!

صابر: ولا تطبق هذ الحالات إلّا في حالة الثبوت والترصد ويُشترط أيضا أن تكون السلطة الحاكمة مطبّقة للشريعة الاسلامية كاملة كي تستطيع المعاقبة بهذه الطريقة.

حنّون: أتقصد أن مُطبّقي عقوبة قطع اليد في بعض البلدان الإسلامية غير مسلمين أي غير مؤمنين أو غير فاهمين لتنفيذ الإسلام تماما أم أنهم لم يُطبقوا الشريعة المُسماة "السمحاء" كاملة "كما تقول"؟

75 الرَجم

حنّون(مستطرداً): عقوبة الرجم بالحجارة حتى الموت (الشيخ والشيخة إذا زنيا فارجموهما ألبتة نكالاً من الله والله عليم حكيم) 6- موطأ مالك ومسند أحمد يقولان أنها آيات محذوفة بسبب قيام لداجن بأكلها فلا تجدها حاليا في القرآن (مجلة نور الإسلام). فكيف يمكن أن يحدث ذلك؟

و لماذا يوجد حكم الرجم للزاني والزانية ألا توجد عقوبة غير الإبادة هنا؟

شاهدت فلما في التلفزيون لعملية الرجم في أفغانستان حيث رأيت شخصين مدفونين في الأرض لحد البطن أي أن السيقان داخل الأرض والرأس والصدر خارج الأرض ومُغطى بقماش خام أبيض والناس الهائجة حولهم غضبا ينتظرون لحظة الرمي بالحجارة وعند بدء الرمي ظهرت الدماء النازفة وهي تلون الخام الأبيض بلون الدم الأحمر.

صابر: تطبيق حد الرجم ذو شرط صعب جدا حيث يجب أن يثبُت وقوع الزنى بأربعة شهود على ذلك واذا ما ثبت ذلك فهذا هو العِناد على معصية الرب وتحدِّي مكارم الأخلاق فعندها يجب أن يوقع بهم عقاب صارم ومن قال أنها آية قرآنية؟!

فصيغتها اللغوية ركيكة لا تنسجم مع بلاغة القرآن المعروفة.

حنّون: ألهذا حُذِفَت؟ أنا أقول "نُسخت أو تم نسيانها" كما يقول القرآن!

تقول الآية النسخ (مَا نَنْسَخْ مِنْ آيَةٍ أَوْ نُنْسِهَا نَأْتِ بِخَيْرٍ مِنْهَا أَوْ مِثْلِهَاﵯ أَلَمْ تَعْلَمْ أَنَّ اللَّهَ عَلَىٰ كُلِّ شَيْءٍ قَدِيرٌ) الآية 106 من سورة البقرة. أي أن هناك آيات"مَنسية أو محذوفة" فكيف يكون المنطق في هذا الموضوع؟

إضافة الى ذلك العقاب بالرجم أو الجَلد أو قطع الأطراف عمليات وحشية غير إنسانية فكيف يأمر بها الله؟

صابر: هذه هي أحكام الله (وَمَا كَانَ لِمُؤْمِنٍ وَلَا مُؤْمِنَةٍ إِذَا قَضَى اللَّهُ وَرَسُولُهُ أَمْرًا أَن يَكُونَ لَهُمُ الْخِيَرَةُ مِنْ أَمْرِهِمْﵯ وَمَن يَعْصِ اللَّهَ وَرَسُولَهُ فَقَدْ ضَلَّ ضَلَالًا مُّبِينًا) (36-الأحزاب)

حنّون: لكن ليس بالقتل أو العقوبات الجسدية لأن هناك إمكانية معالجة الأمر بقانون الإصلاح الاجتماعي وما معنى الجروح قصاص الحر بالحر والعبد بالعبد وكيف تجوز الفدية وما معنى العبد بالعبد هنا فهذا تمييز في العقوبة بين البشر بأساس أن هذا حر وهذا عبد!

أضف لهذا أن ذلك عقلية بدائية وهي مشابهة لعقلية المثل الشعبي "النفس بالنفس والبادئ أظلم".

صابر: انك تبحث في أمور مضى على تطبيقها ألف وخمسمائة سنة دون مشاكل ولا حتى اعتراض!

حنّون: الصمت ليس علامة الرضا بل هي علامة الخوف والإرهاب والقمع فالكل مقموعون ومرعوبون ومَن يعارض يُقتل على طول القرون الماضية والقصد في كلامي لماذا لا يُتَّبَعُ **قانون الاصلاح الاجتماعي** هو لكونه قابل للتغيير (أي أنه وضعي) فيستطيع هذا القانون حَلَّ جميع التساؤلات والمشاكل ويمكن أن تُطوَّر السجون بحيث تؤهِّل المجرمين لمواطنين صالحين وتُرجعهم الى المجتمع كعناصر جيدة نافعة.

صابر: هذه حدود الله فلا تتدخل بها ولا تستطيع أنت ولا ألف شخص مثلك أن يُثبت أنَها خطأ وحتى لو ظهر لك ما يشبه الخطأ فهو بسبب البشر لأن الإسلام حاليا لا يُطبق كاملاً بحذافيره ولا بدقة!

حنّون: إذن استطيع الحكم على الإسلام كله عند النظر لمن يطبقه كاملا!

واستطيع أن أقول أن قطع اليد في حالة السرقة وعقوبة الرجم للزنى هي أحكام وحشية لا تناسب الحضارة الجديدة.

لماذا أحكام الميراث غير متساوية بين الرجل والمرأة؟

لماذا شهادة إمرأتين تعادل شهادة رجل واحد؟

ولماذا شهادة الطفل غير مقبولة؟

صابر: بالنسبة للميراث للإخوة والأخوات فهذه الأحكام متوافقة مع المجتمع الإسلامي واذا ما تم تطبيقه كاملا فالرجل سيكون رَبُّ الأسرة وليس كما تكون نماذج المثالية التي تتحدث عنها حيث لا رب للأسرة أو المرأة ربة الرجل كما يحلو لك.

حنّون: الزمان تغيَّر والمرأة اليوم تعمل إضافة لكونها تكدّ في البيت بالأساس قبل عملها خارج البيت.

صابر: لا تستطيع المقارنة فالمقارنة يجب أن تكون متكاملة وشاملة وليست جزئية!

حنّون: ألا ترى معي أن الفقر أساس المشاكل الاجتماعية فهو يجعل الإنسان البسيط يسرق لأن دوافع الحاجة تدعوه لذلك فالمجرم داخل نفسه يُبرِّر خطأه والإنسان له القابلية على تبرير الخطأ لنفسه بشكل كبير، وكما ترى معي واقعياً، أكثر السجناء في السجون هم فقراء! وأنت في دعمك لحصة للأخ المساوية لحصّتين للأخت قمت بتبرير مشابه لتبرير المجرم السارق الذي يدافع عن جريمته بأساس حاله بأن حال الرجل هو كونه رب للأسرة وهذه الفكرة خاطئة أيضا فالرجل والمرأة يعملان على السواء ولا داعي لضرورة أن يكون الرجل الكاسب الوحيد أو مصدر المال الوحيد!

صابر: عندما يصل الإنسان الى مستوى الإيمان سوف لا يرتكب الخطأ لأن الله يُراقبه وهو يخاف الله ولا يجعل للخطأ أي مُبرِّر كما تبرر أنت والرجل يجب أن

يكون رب الأسرة ويجب أن يكون القائد للزوجة حيث هو "الرجال قوّامون على النساء" كما يأمر القرآن وذلك يختلف عن تبرير المجرمين الذي تتحدث عنه!

حنّون: أنت تتكلم عن حالة غير واقعية فالمؤمن يمكن أن يَعتمد على مبدأ في "الشدّات تحلِّل المحظورات" أو " الضرورات تبيح المحظورات" فيقوم بتبرير خطأه للضرورة!

صابر: وهذا قد قِيل في حالة الجوع فقط حيث ليس أمامك إلّا لحم خنزير فعندها يكون أكله حلال وأنت تقول أن أكثر السجناء فقراء وهذا لأن الأغنياء لا يُسجنون لكن ينتظرهم العقاب الإلهي فالله يمهل ولا يهمل والقانون الذي تعتمد عليه انت يمكن التلاعب به لكن شريعة الله ومشيئته لا تبديل لها الى يوم الدين (يوم القيامة).

حنّون: القانون يمكن أن ندعمه بالتكاتف والتعاون وأرساءه بشكل يشمل الجميع دون النظر للفوارق الطبقية فنغيره أو عند وجود ثغرات معينة فهل ذكر القرآن عقوبة "السجن" كعقوبة أكثر تحضُّر وإنسانية وتقدّم من تقطيع الأطراف والجلد؟

فلا **يعترف** المسلمون بلائحة حقوق الإنسان وأول دولة إسلامية حقَّة عارضته هي السعودية وآخر فتوى كانت في موضوع معارضة المثلية سنة ٢٠٢١ وكل مسلم يؤمن بالإسلام دينا يجب أن لا يؤمن بهذه اللائحة على الرغم من أنها خلاصة فكر كل حضارات العالم إنسانيا وولذلك تغييرها وتحسينها وتطويرها لأنها "وضعية" ولكن الإسلام بأساس كونه تشريع إلهي لا يتفق مع تشريع البشر الوضعي أي أن التشريع الإلهي غير مرن والبشري مرن.

صابر: قبل أن تشوّه ديننا الحنيف وتدعي ما تدعي عن شريعته السمحاء وتنعته بغير المرن سَل نفسك مَن وضع هذه اللائحة الخادعة أليسوا هم المستعمرين؟ أليست هي الامبريالية العالمية؟ والتي هي نفسها تريد تخريب شريعتنا المثالية بأفكار هدّامة كالمثلية التي لا يرتضيها الله عزّ وجل!

76 المساواة

صابر: المضطهدون والمظلومون المسلمون لم يكونوا إطلاقا بحاجة الى صيغة "حقوق الإنسان" ليعتمدوا إعلانها مطلبا لتحرير أنفسهم بالاستناد الى تساوي الناس أمام الخالق ولما كانت السيادة لله وحده فإن مصطلح سيادة الشعب يحتسبه المسلمون حالة مغالاة بالتجديف والكفر بالله (هوفمان).

حنّون: ما هذا التبرير؟

في رأيي ما نحتاجه هو المساواة "هنا الآن" في الدنيا لا في الآخرة لأن الآخرة شأن الله وحده.

إن تناقض مبدأ حقوق الإنسان مع نتيجة تنفيذه يؤدي الى تطويره فهو قابل للتصحيح أو التغيير نحو الأصح فهو كلام موضوع أي هو قانون وضعي غير مُنزَّل من السماء وأما القرآن حيث أنه لا يمكن تحويره أو تطويره ولا يُسمح بنقاشه وبالتالي لا يُمكن تغيير أحكامه لأنه إلهيٌّ منزَّلٌ من السماء، إذاً المقارنة هنا خاطئة.

صابر:. كيف تريدنا أن نلتزم بما يقول المستعمرون؟

حنّون: ناقشهم، هم يقولون إن الناس متساوون أمام عدالة حكم المحكمة، فهل هذا خطأ؟!

صابر: الناس غير متساوون!

الله فضَّل بعضهم على بعض وهو يرزق من يشاء (وإنك لا تهدي من أحببت ولكن الله يهدي من يشاء) سورة القصص الآية 56. من هذه المعلومات الإلهية نستنتج أن كل إنسان في امتحان وكلٌ له أسئلتهُ الخاصة وهي في سيرة حياته وعليه يُحاسب عليها في الآخرة.

حنّون: أنا أريدك أن تناقش القانون الوضعي وتُصحِّح ما فيه من أخطاء وأنت تقارن ذلك بقانون إلهي مُقدّس غير قابل للنقاش فأترك حالة المقارنة هذه، فإنا يمكنني مناقشة الموضوع وأن أقارنه بالقرآن، لكن لا يمكنك الاستشهاد والمقارنة بالقرآن لأنك لا تستطيع مناقشة القرآن فهو غير قابل للنقاش والمقارنة لذلك المقارنة هنا غير متعادلة أو خاطئة!

فالسعودية واقعيا تتلائم فكريا مع عدم المصادقة على وثيقة حقوق الإنسان لأنها لا تجامل في أوامر الله أي ما مذكور في القرآن وأنا شخصيا احترم عديمي الازدواجية والمفاجأة لك هي أن لائحة حقوق الإنسان والتي هي من صنع البشر أنصفت الإنسان بصورة أفضل من إنصاف القرآن له رغم أن اللائحة قد تحوي أخطاء لكنها ليست قانونا إلهيا ممنوع المناقشة والتصحيح.

صابر: حاشى لله واستغفر الله فما يبدو لك مفيدا سيكون ضررا في المستقبل وإن أعجبك اليوم فما عند اله أفضل وعلاوة على ذلك بتنفيذ كلامك هذا يتم ترك كل ما ذُكِرَ مِن أشياء حسنة ومفيدة للإنسان في القرآن وخسارتها باتباع الشيطان وهذا هو الجحود بعينه لرحمة الله فينا في قرآنه!

حنّون: لو ذكر شيء واحد غير صحيح أو مضر في أي الكتاب يُفترض أنه إلهي لانتفت إلوهيته وأصبح في غالبه كتاب نصائح تراثية مستورثة. وأنا لم أقل إن كل ما ذُكِرَ في القرآن مُضرّ فهناك الكثير من الحكم والمواعظ والنصائح الجيدة لكن هناك ما هو خرافي أو غير واقعي

صابر مقاطعا: لا تكذِب!

حنّون مستمراً: خذ على سبيل المثال لا الحصر فكرة وجود الجِن فهي لا تدخل باب التعليل المنطقي أو العقل أو العقلانية أو عقلية العصر الحديث.

صابر: أليس الجِن موجودين؟ ماذا بِك؟
حنّون: هل شاهدتهم بأم عينك؟ صِفهم لي إن كنت قد رأيتهم!
صابر: لم أشاهدهم ولكن هناك أدلة كثيرة تدلُّ عليهم.
حنّون: مثل ماذا؟
صابر: كيف يعالج العرافين المرضى الذين يتلبّسهُم الجن؟ فيقوم العرّاف أو القائم بالرقية الشرعية بقراءة آيات من القرآن فيخرج الجن من الممسوس أي يطرده أو يقتلعه من الجسم.

حنّون: هذا يمكن تعليله بأنه أمراض نفسية من نوع ثنائية القطب ومتحفزة وناجمة عن الإضطهاد. ولا تغير السؤال الأول، هل رأيت جِنّي أمامك؟

صابر: كيف لي أن أراه وبيننا وبين الجِن حجاب بتقدير الله ومشيئته!

ولكن شاهدت بالفديو حلقة لإخراج الجن وكان الشيخ يكلمه ويقول الجن أنا اسمي فلان بصوت مختلف عن صوت الشخص الأصلي فلا تقُل لي يُحتمل أن يقوم أي شخص بتغيير صوته لخداعن، ثم يقوم القائم على طرد الجن بضرب المريض الى أن يخرِجه من إبهام القدم.

حنّون: حالة التقمّص لشخصية أخرى هي من حالات المرض النفسي ثنائي القطب كما أخبرتك حيث يكون للشخص شخصيتين، ماذا عن الخدعة فهل كان الشيخ هذا قريب من المريض عندما كان يكلّم المريض؟
صابر: نعم وكان هناك حضور كبير من الناس.

حنّون: هل تعرف أن في التلفزيون هناك برنامج للأطفال يخرج فيه رجل وفي يده دُمية فيكلمها بصوته لتُرد عليه بصوت آخر؟ فهل هذا جِن أيضا؟

إنه عين الرجل لكن له قابلية التكلم بصوت آخر دون تحريك الشفاه فلا تلحظ ذلك عليه وبمثل ذلك يمكن أن تكون لدى أحدهم نفس الموهبة الفنية!

إضافة الى ذلك ذِكر الجن مسألة عادية وتراثية أيام زمان!

عشوا ناري فقلت: منون انتم   فقالوا: الجن قلت: عموا ظلاما

فقلت الى الطعام فقال منهم   زعيم يحسد الإنس الطعاما (الباقلاني)

فالشاعر هنا يقرن الجن بالظلام ويدعوهم للطعام ولهذا يتخيل الإنسان الجن في الظلام لأن إحدى حواسه تضعف وهي النظر لِذا يبدأ عقله بسد النقص بالرؤية والتخيُّل بل والهلوسة فيبدأ الخوف عندها بالسريان مؤديا لمزيد من الهلوسة والإصرار على الأوهام!

صابر: وهل يخاف الأعمى الجن ؟

حنّون: إن كان يرى بالأصل سيخاف كثيرا الى أن يعتاد على الحال!

صابر: وكيف إذن تُفسِّر شفاء المرضى بتخليصهم من الجن؟!

حنّون: هذا يسمى تأثير الراحة النفسية بالخداع (پلاسيبو) حيث تؤثر الراحة النفسية على جسم الإنسان ولذلك يوجد فرع من دراسة الطب يسمّى الطب النفسي-جَسداني ولتقدي الراحة النفسية يستخدم الأطباء حبوب أو كبسولات زائفة فتقدم الراحة النفسية دون أساس واقعي ويحصل تقدم وشفاء وذلك يشابه أيضا الراحة النفسية لم يقدم الدعاء أو بعض ما يعتبر مزيل للسحر من أعمال الشيوخ والتي مفعولها الحقيقي هو مجرّد الراحة النفسية.

ودعني أخبرك أن لا تكون مثاليا فما هي نسبة المتعافين بتأثير طرد الجن أو إخراجهم كما تقول؟، فليس كل مَن يُقدم للشيخ القائم على الرقية الشرعية للعلاج يشفى فعادة ما يوصي الشيخ بعدة جولات للعلاج إن لم يستطع فيقول إن الجن درجات ومراتب في القوة وهذا الجن أحمر وذاك يتلبسه شيخ الجن أو ملك الجن وليست لدي المقدرة عليه ويتملّص وأكثر الذين يُفترض أنهم شفوا من المرض هم ليسوا سوى مرضى نفسيون واذا كانت نسبة النجاح هي 10% مثلا سيعتبرها الناس نجاح لأنهم لا ينظرون لمرّات الفشل وهذه طبيعة البشر في التركيز فيذيع صيت الشيخ الطارد للجن ليكون ذا شهرة عالية وهذا يحدث عند

أضرحة الشيوخ والسادة   فيأتيها البسطاء ويطلبون ما يسمّونه "المُراد" ويشجعهم السدنةُ الموجودون قُرب المرقد وهناك طبعا احتمالية استجابة الدعوة حتى لو طلبوا مني أنا ذلك واذا ما جاء هذا الدعاء أو الطلب بنسبة لنقل هي 20% كان يعتبر نجاح يؤدي لشهرة تجعل البسطاء ينجذبون وأكثر ليقطعوا مئات الكيلومترات طلبا مشياً

ودعني أذكر لك طرفة شهيرة تطابق هذا السلوك الشعبي:

لدى هجرة الريف الى المدن في مصر كان هناك صديقان قرّرا الهجرة وكانا لا يملكان شيئا من المال للسفر لكنهما انطلقا بما لديهما علّهما يجدان عملا في المدينة وكان معهما حمار يحمل أثاثهما المتواضع فكانا طيلة الطريق يحلمان بالمال والعمل والمدينة ويريدان الوصول إليها بأسرع وقت لذا لم يأخذا قسطاً من الراحة أبداً وفي منتصف الطريق تعب الحمار كثيرا فنَفَق وضاعت أحلامهما في الوصول مع هذا الأثاث الثقيل وليس باستطاعتهما الرجوع فقررا دفن الحمار العزيز عليهما وأخذا يبكيان على الحال والطالح عند قبر الحمار فمر بعض المستطرقين فسألوهما لِمَ تبكيان فماذا عساهما أن يقولا؟

أيبكيان الحمار فيضحك الناس عليهما لتفاهة حبهما للحمار نفعهما ولم يحسنا له بالمقابل؟

فقالا أنهما يبكيان شيخا ورعٍ كبير الحكمة والإيمان!

فسألهما الناس، ومن يكون هذا الشخص؟ فلم يجدا مناصاً غير الاستمرار بالكذب فقال أحدهما إنه شيخ مبروك وقال الثاني أن له "كرامات" لكسب تعاطف الناس مع بكائهما فقام الناس بالتبرع لهما لقاء الدعاء لهم لمباركة سفرهم وفي نفس اليوم مرَّ غيرهم وتبرعوا لهم بالطعام والمال حتى قرّرا البقاء قرب القبر طمعا بلمّ المزيد من التبرّعات لشيخهما الخرافي المدفون حتى اشتهر ذلك القبر وأصبح يُعتبر مَبروك وذا كرامات وأعاجيب بل معاجز ومن أموال التبرّعات التي جمعاها بنيا له بناءً فوق القبر يليق به تبجيلا فزادت عليهما العطايا بما هو أكثر حيث بدأ الناس يرون البناء من مسافة وأمسى الصديقان سدنة لقبر الشيخ المبروك حتى جاء يوم اختصما به في تقسيم الوارد من التبرّعا فقام أحدهما بالقَسَم بالمبروك أنه على حق فرد عليه صاحبه مستهزئا "أليس المبروك هو الذي دفناه سويّة؟" فأصبح هذا القول مثلا مصريا دارجا.

الآن أصبحت تفهم قصدي حول ارتباط ذلك بقضية الجن فالانسان يخدع نفسه بعد توهّمه فيصرّ على الوهم ضلالا.

هل تستطيع تقديم دليل علمي يثبت وجود الجن في الواقع؟ ولماذا لا يشتغل العلماء المسلمون بالتعاون مع الجن كي تتوفر لديهم القدرة لفائدة أنفسهم أو حتى ليُثبتوا أن الجن المذكورون في القرآن شيء واقعي؟!

صابر: الجن عالم ثاني لا يَحسُه البشر أم تريد من المسلمين أن يدّعوا أن لهم عون من الجن بمثل ما يشتهر خرافيا عن علاقة المخلوقات الفضائية بالمخابرات الأميركية؟

حنّون: وهل تعيش الجِنَّةُ على الأرض هنا معنا؟

صابر: نعم. ولكن لا نراهم لأن قدرة الرؤية للإنسان محدودة فهو لا يرى الموجات الضوئية القصيرة مثل أشعة أكس ولا الموجات الضوئية الطويلة مثل الأشعة تحت الحمراء والجن هم غالبا ضمن هذه المدَيات فلا نبصرهم.

حنّون: إذن هذه فرصة لاكتشاف شيء لم يكتشفه الآخرون قبل المسلمين!

صابر (متهكّماً): وماذا سيفيدنا ذلك؟، الإنسان مِنّا أفضل من الجن وذلك بقول الله عز وجل (إِذْ قَالَ رَبُّكَ لِلْمَلَائِكَةِ إِنِّي جَاعِلٌ فِي الْأَرْضِ خَلِيفَةً ۖ قَالُوا أَتَجْعَلُ فِيهَا مَنْ يُفْسِدُ فِيهَا وَيَسْفِكُ الدِّمَاءَ وَنَحْنُ نُسَبِّحُ بِحَمْدِكَ وَنُقَدِّسُ لَكَ ۖ قَالَ إِنِّي أَعْلَمُ مَا لَا تَعْلَمُونَ) سورة البقرة الآية 30، وإضافة الى ذلك أنبأهم بأسمائهم (وَإِذْ قُلْنَا لِلْمَلَائِكَةِ اسْجُدُوا لِآدَمَ فَسَجَدُوا إِلَّا إِبْلِيسَ أَبَى وَاسْتَكْبَرَ وَكَانَ مِنَ الْكَافِرِينَ) الآية 34 من سورة البقرة فالإنسان مُكرَّم معزَّز فوق كل المخلوقات ولماذا نتدخل في حياة الجن فمن الممكن أن يكونوا جنود اِبليس؟!

حنّون: يقول القرآن لنا أن بعضهم سمع القرآن يتلى عليهم فأسلموا أمام الرسول فلماذا لا نستخدمهم لصالح الدين والناس مثلا في تصفية الأشرار من البشر والطغاة المسلطين على رقاب الناس البسطاء؟

صابر(متهكّماً): وما هي إمكانية الجن هؤلاء كي ينفعونا. الأولى بهم نفع أنفسهم!

حنّون: أنت تؤمن أن الجنّي يدخل جسم الإنسان ويمرضه فاذا كانت لديه القدرة على دخول جسم الإنسان وأذاه إضافة الى ذلك يتحرك بسرعة فائقة ويقدر أن يرفع موجودات مادية ثابتة كما في قصة عرش بلقيس، هذه الإمكانيات كافية لقتل كافة الطغاة في العالم.

224

صابر: وحتى لو قتلتهم سيأتي طغاة غيرهم وقد يستخدموا هم أيضاً بالمقابل جَناً أقوى مما لدينا!

حنّون: كنت أُجاريك فيما تقول! فلم يستطع أي إنسان أن يُثبت أن هناك وجود للجن!

صابر: أنا الذي أُجاري جهلك فهذا علم الغيب الذي تجهله!

ألم يتوصل العلم الحديث لاكتشاف أشياء جديدة مثل البوزترونات والتي اذا ما أصدمت بالإلكترونات يتكون إشعاع؟

إضافة الى تلك الفراغات الذرية اذا ما تقلصت أو امتلأت كيف سيكون شكلها؟ هذه هي إمكانية العلم المحدودة الناقصة !

وما يدريك يمكن أن تكون تفسيرات الجن وخلقهم وسلوكهم ضمن العلم المختبري!

حنّون: جميل جدا، إذن لماذا لا يشتغل فقهاؤنا في هذا المجال العلمي ليسبقوا الغرب؟

فلديهم الدليل الديني الإيماني بعلم الغيب أنهم سيَجدون شيئا ما!

أليس ذلك أفضل من النقاش الذي لا طائل له فيما بينهم حول التاريخ والنصوص والتفسير وواضعي الحديث وعلم الرجال والفقه؟

وعندها سيتمكنوا من كشف الجن وإثبات كل ما يتكلمون عنه إثباتا عمليا إضافة لاستخدامهم الصالحين من الجن لدعم الإسلام.

صابر: هذا ضمن الغيب ولا يمكن كشف الغيب أبداً لأن ذلك مشيئة الله عزّ وجل.

حنّون: لا، أنت تنتظر أن يأتي شخص غير مسلم ممن تعتبره في دينك "مُفسِد في الأرض" ليكتشف شيئا غير مرئي ويُشبه الجن كي تقول ألم يقُل القرآن أن الجن موجودون؟

وهذا إعجاز علمي "سبحان الله"!

كمثل الآية التي في جزء منها تقول (يَا مَعْشَرَ الْجِنِّ وَالْإِنْسِ إِنِ اسْتَطَعْتُمْ أَنْ تَنْفُذُوا مِنْ أَقْطَارِ السَّمَاوَاتِ وَالْأَرْضِ فَانْفُذُوا ۚ لَا تَنْفُذُونَ إِلَّا بِسُلْطَانٍ) سورة الرحمن الآية 33 و"السلطان" كان تفسيره عند المفسّرين أنهُ "خَلقٌ مِن خَلقِ الخالق" حتى تم

اختراع الصاروخ، فقال المسلمون سبحان الله، أن الله قال إلا بسلطان والصاروخ هو السلطان المشار له بأساس أن الله سبب صناعة الصاروخ بواسطة عقل الإنسان الذي خلقه أو تقديم معلومات له.

صابر: السلطان هو العلم والعليم هو الله وهو الذي يعطي العلم هذا السلطان لمَن يريد أن يرزقه وعليه فالسلطان الذي لدى أي إنسان هو من عند الله. لنناقش الحسد الآن!

78 الحسد

صابر: ولماذا لا تصدَق أنت بوجود حسد؟ أليس هناك حسد؟

حنّون: لاحظ أن الحسد ه اعتقاد بقدرة الإنسان على ضرر إنسان آخر عن بعد فهو لا يختلف في فكرته عن مفهوم الباراسيكولوجي ولكن الاعتقاد بالحسد هو أن التأثير سلبي شرير عند القيام بالحسد كجهد شخصي وأنه يقطع الرزق والخير والصحة وهو اعتقادٌ متوارث لا تفسيرٌ علميٌ واقعي له!

صابر: لكنك قلت بلسانك للتو أنه باراسايكولوجي أو مشابه له فكيف هو غير علمي؟

حنّون: البارسايكولوجي يعتبر علم زائف وسأكمل كلامي ففي العراق يوجد اعتقاد أن أصحاب العيون الخضراء أكثر حسدا مِن غيرهم وهم حسودون كالقطط حيث يتم تقديم الطعام للقطط لاتّقاء شر حسدها لآكل الطعام، هذا ويقال للشخص المتضرر من الحسد "محسود" أو "مضروب عين"!

صابر: أنت تقول في تعليلك أنه باراسيكولوجي لكنك أنكرت أنه علم للتملص من القضية وأوجدت له التفسير بأنه التأثير على الأشياء عن بعد. فما المشكلة عندك؟ لماذا تستمر باعتباره وهم ومجرّد خرافات شعبية؟

حنّون: سأسألك مرة أخرى، لماذا يجد غير المسلمين التعليل العلمي لما يعتقده المسلمون بدلا من إيجاد المسلمين التفسير قبلهم وهم الذين يؤمن بالغيب ووجود الحسد ويحسّون بوجوده في حياتهم اليومية؟ وما دور العين في الحسد برأيك فكلام العراقيين مثلا "أكو عين عليك" وكذلك يتم تعليق رمز العين المشطوبة بعود صغير رمزا يوقف الحسد باعتقادهم؟

صابر: أليست العين هي نافذة الإنسان لرؤيا الأشياء؟ ومنها بالتركيز على الأشياء يكون التأثير.

حنّون: هل تحاول تفسير الإبصار بكلامك هذا بل كل كيفية عمل العين فسلجياً؟

صابر: ولم لا؟

حنّون: لكن نظرية الإبصار الدينية القديمة تختلف عن ما توصل له العلماء في علم البصريات Optics حيث أثبتوا أنها وهم.

79 ابن الهيثم

صابر: وإن يكن فالفضل في ذلك يعود للإسلام لأن أول مَن توصل الى كشف أسرار العين هو العالم المسلم ابن الهيثم فهو الذي اخترع النظارات لتحسين النظر بعد اكتشافه أن في العين عدسة وعليه يمكن استخدام عدسة أخرى لتصحيح البصر وأن الضوء يدخل إليها ويتم الأبصار وهو عالمٌ مسلم.

حنّون: لكن هذا يخالف كلامك قبل قليل!

ألهذا أيضا اتُّهِمَه المسلمون بالزندقة والكفر؟

أم بعد أن وصف أجزاء عين الانسان تشريحا اتُّهم (في العهد الفاطمي) بتشريح جثث الموتى التشريح وكان ذلك مساويا لمعنى التمثيل بجسد الموتى المحرّم لذا طُورد مِن مصر الى العراق وقُتل، كما وأن هناك رواية ذات صِلةٍ أن "جاء أحد الأعراب الى الإمام جعفر الصادق وسأله متهكماً هل يستطيع ربّك أن يجعل الدنيا في بيضة فلا تصغر الدنيا ولا تكبر البيضة فقال له أن الله قادر على شيء فإنظر بعينك ماذا ترى؟ فأجاب الأعرابي أرى جبالا وسماءً وكذا وكذا فقال له العين فيها كل هذا على نحو صورة فما كبرت العين ولا صغرت الدنيا التي تراها".

وهذه القصة بكل تأكيد ملفقة لأنها تُفسّر نظرية النظر قبل أن يعرفها ابن الهيثم!

صابر: لماذا تقول أنها مُلفقة؟

حنّون: لو كانت غير ملفقة لكان الإمام جعفر الصادق (83-148هجرية) هو المُكتشف لنظرية الإبصار وليس ابن الهيثم (965-1039م) الذي عاش بعده بتسعة قرون (زيغريد هونكه)

إن نظرية الأبصار القديمة كانت قبل وبعد الإسلام مثل كلامك الذي قُلته قبل قليل تُشير أن الضوء يخرج من العين ويُبصر الأشياء أو يقوم بتمييزها وهي بالأصل نظرية بطليموس (100-170م) وذلك يشابه الأفكار الخاطئة علميا في الإسلام كمثل الاعتقاد أن القلب هو مركز العقل والعاطفة إضافة لعدم ذكر أي شيء عن الدماغ وفائدته سوى كلمة "جمجمة" كالقول أن العراق جمجمة العرب أو أن المخ هو سائل في داخل العظم.

صابر: ما تقوله وتدعيه يحتاج الى سَند مِن القرآن ونحن اتّفقنا على الاحتكام للقرآن فقط والقرآن يقول عكس ما تقول!

80 السحاب والنيازك والشهب

حنّون: ليكن ذلك لنعد لنص القرآن مرة أخرى!

فهناك من ما هو مذكور في القرآن وليس له وجود واقعي أو أن الآية ذكرت خطأً علمياً مثل الآية (وَإِن يَرَوْاْ كِسْفًا مِّنَ ٱلسَّمَآءِ سَاقِطًا يَقُولُواْ سَحَابٌ مَّرْكُومٌ) سورة الطور الآية 44

ماذا تعني مفردة سَحاب مركوم ولماذا هم يقولون أن السحاب يتراكم وكأنه مواد صلبة ليكون "كِسَف"؟

صابر: لاحظ أن الآية تقول هُم الذين يقولون ذلك وليس الله الذي قال هنا!

حنّون: لكن هناك اعتقاد سائد بين المسلمين أن السُحُب تقودها ملائكة وبأمر رب الملائكة يكون إنزال المطر أو عدم إنزاله (أفرأيتم الماء الذي تشريون. أأنتم أنزلتموه من المزن أم نحن المنزلون لو نشاء جعلناه أجاجا) سورة الواقع الآية 68 فهذه الآية لا تطابق واقع نزول المطر أو تعليل المطر الآن في هذا العصر!

صابر: بل تطابقه لأن الله هو الذي يسيطر على البرق والرعد علاوة على جلب المزن أو السحب لتصلنا رحمته فنرتوي! ولذلك تتم إقامة صلاة الاستسقاء فالله هو الذي يسيطر على كوننا وكل شيء بمشيئته في كل لحظة.

حنّون: العلم الحديث يستطيع انزال المطر متى وحيثما يريد الإنسان بالإمطار الصناعي فلماذا لم تتفوق صلاة الاستسقاء على تقنية الإمطار أو أن تنقذنا من الجفاف المتزايد في الشرق الأوسط مثلا؟

صابر: وما يدريك لعل الاستسقاء سيكون هو الأفضل نتيجة في نهاية الأمر وأذكرك مرة أخرى أنهم هو الذين قالوا أنه "سحاب مركوم" ولم يقل الله ذلك.

حنّون: ولو قالوا هم شيئاً خاطئاً فلماذا لم يصحّحه لهم القرآن؟ فما هي الكِسَف من السماء؟

صابر: هو العذاب.

حنّون: لكن المعنى في سياق الآية "قِطَع" جمع قطعة كما فسرها الطبري.

صابر: هذا تفسير ظاهري وليس باطني!

حنّون: أنا محتار بين هذه التفاسير "إرسِ بنا على بَر" كما يقول المصريون، أريد أن أعرف وما أفهمه وفهمه الكثيرون بنفس الشاكلة من العهود الماضية هو أن الله أوقَع قطعة من سقف السماء على الأرض وكان الاعتقاد قبل الإسلام أن هذه الحجارة التي تسقط تكون جزء من الغيم أو السحاب فتسقط علينا كما تسقط قطع من السقوف القديمة مثلا وأما الرسول فقال لهم أن هذه الحجارة هي من السماء وليست من السحاب فلماذا لم يقل لهم أن السَحاب هو عبارة عن بخار لا غير إن كان ذلك يعلم ذلك فيكون آية أو معجزة بقوله هذا على مر العصور القادمة؟!

وما تفسير القرآن للشهاب سوى أنه يتبع أو يلحق ويضرب الشياطين التي تسترق السمع للملأ الأعلى؟! هذه هي تفاسير القرآن للشهاب أو النيازك،

صابر: القرآن ليس كتاب علمي كي يُفسَّر لك كل ما تريد وكما تريد، القرآن يريد لنا الحكمة والعبرة بهذه الأمثلة ولا يريد أن يدخل في التفاسير، فمالذي تريد قوله كن صريحا؟

هل تريد القول أن النبي جاء بقرآن من تأليفه؟

أو من عند غيره؟

شكوكَ الشيطانية هذه كانت عند البعض قبل أن يُسلم ولكنه أسلم لأن النبي (ص) حوّل كل شكوك الناس الى ثقة وإيمان وهذه القدرة على هداية الناس والتي كانت بيده وحدها معجزة فلم يأتِ إليه أحد إلا والشك يراوده ولم يغادره أحد إلا والشك زال عنه!

فقدِمَ إليه سلمان الفارسي ليُسلم وقد كانت له معرفة في الأديان الأخرى في ذلك الوقت وكان يعتنق المسيحية من بعد اعتناقه المجوسية وقيل له أنه سوف

يظهر نبي جديد وله علامات، منها أنه لا يقبل الصدقة وهناك شامة بين كتفيه فقدم الى النبي وقدّم له تمرا فقال النبي "ما هذا؟" قال سلمان إنه صدقة فلم يقبلها النبي ثم جاء مرة أخرى فقدم له تمرا، فقال النبي ما هذا قال هدية فقبلها النبي ثم قال أتسمح بالكشف بين كتفيك فأسلم سلمان الفارسي، حتى قيل أن الإيمان درجات، فسلمان في الدرجه الأولى ثم المقداد ثم أبو ذر الغفاري (عن الإمام جعفر الصادق) وإيمان سلمان الفارسي جاء عن قناعة وبحث وهذا مثال حصل حول الشك في علامات وصِفات الرسول وهناك كثيرون ممن شكُّوا بكلامه وصدقه وكثير ممن طلبوا منه المعجزات مثل حديث المباهلة وهناك من طلب العذاب الواقع (سورة الواقعة)، فعمر الدعوة الذي استمر 23 سنة ولم يقف جهد الناس المتشككين لحظة واحدة لكن أفحمهم كلهم رسول الله وأثبت الله رسالته ثم تأتي أنت الآن لتشكك يا **حنّون**؟!

حنّون: لو كان سلمان الفارسي بأعلى درجات الإيمان لما طلب أدلة ملموسة لإنهاء شكوكه أي لآمن دون رؤية أدلة مادية وما قلته أنت يخالف التاريخ الإسلامي بالكامل فأكثر أوائل المسلمين كانوا على الديانة الحنيفية وهي ديانة توحيدية قديمة وكانوا قلائل ولم يكونوا متشككين باحثين عن أدلة مادية كرؤية خاتم النبوة في ما بين الكتفين كما تقول وفي النهاية الأمر بدأ المسلمون يتزايدون بعد الغزوات وهناك من جادل في الإسلام ولم يؤمن لعدم اقتناعه بالمطروح له وبعضهم من لم يقتنع وبدأ يَهجي الإسلام والنبي محمد بقصائد وتم قتله.

صابر: ولماذا لا تكون أنت مثل هؤلاء الذين كانوا على الديانة الحنيفية فتقتنع بالقرآن وتكون أعلى درجة في الإيمان أو تكون مثل سلمان الفارسي يبحث عن علائم ويجدها في الواقع وفي القرآن مثلا فيؤمن؟

81 تقديم هدية للرسول أم صدقة؟

حنّون: مِن حقّي أن أتحقّق بنفسي في هذا العصر لأن الإنسان اذا ما رأى شيئا غير صحيح تحرّك لينطق ويناقش ويبحث عن أدلّة والواقع التاريخي يقول أن الشُكوك لم تنتهي لا قبل ولا بعد وفاة الرسول وإضافة الى ذلك قصة سلمان الفارسي ذُكر فيها أن الرسول يقبل الهدايا وهناك آية النجوى التي أوجبت على كل مسلم يطلب الاستشارة أن يقدم شيئا بين يدي الرسول وقد سُمِّيَ بنص القرآن "صدقة" بما يتناقض عن قولك أن الرسول لا يقبل الصدقة! فلماذا

تسمّونها "هدية" وهي صدقة بأساس نص القرآن وما فرقها عن الأجر أو الرشوة؟!

صابر: تأدّب عندما تتكلم عن الرسول!

حنّون يستمر: (يَا أَيُّهَا الَّذِينَ آمَنُوا إِذَا نَاجَيْتُمُ الرَّسُولَ فَقَدِّمُوا بَيْنَ يَدَيْ نَجْوَاكُمْ صَدَقَةً ۚ ذَٰلِكَ خَيْرٌ لَّكُمْ وَأَطْهَرُ ۚ فَإِن لَّمْ تَجِدُوا فَإِنَّ اللَّهَ غَفُورٌ رَّحِيمٌ) سورة المجادلة الآية 12

فبأي أساسٍ تدّعون هذه القصة وأن النبي لا يقبل الصدقة ؟

صابر: إنه رسول الله وحبيب الله وهذه كرامة له فقد جعله الله أسمى درجة من الناس أجمعين فميّزه هو وأهله بالخُمس الذي هو واجب على كل مسلم ومسلمة إضافة الى ذلك آية النجوى نُسخت (قل لا أسألكم عليه أجرا إلّا المودة في القربى) سورة الشورى الآية 23

(وما أسألكم عليه من أجر أن أجري إلّا على رب العالمين) سورة الشعراء الآية 109

(إن أجري ألا على الله وهو على كل شيء شهيد) سورة سبأ الآية 47

[محمد حسين فضل الله]

حنّون: تقول أنه أسمى درجة منّا لأنه رسول الله المختار، فما علاقة أهل بيته بذلك؟

صابر: (وَقَرْنَ فِي بُيُوتِكُنَّ وَلَا تَبَرَّجْنَ تَبَرُّجَ الْجَاهِلِيَّةِ الْأُولَىٰ ۖ وَأَقِمْنَ الصَّلَاةَ وَآتِينَ الزَّكَاةَ وَأَطِعْنَ اللَّهَ وَرَسُولَهُ ۚ إِنَّمَا يُرِيدُ اللَّهُ لِيُذْهِبَ عَنكُمُ الرِّجْسَ أَهْلَ الْبَيْتِ وَيُطَهِّرَكُمْ تَطْهِيرًا) سورة الأحزاب الآية 33 وهذه الدرجة من تلك الدرجة فهم أسمى منا درجة ولهذا يكون لهم الخمس.

(وأعلموا أن ما غنمتم من شيء فإن لله خمسه والرسول وذي القربى واليتامى والمساكين وابن السبيل) سورة الأنفال الآية 41.

82 آل البيت (الأولياء، الأشهاد، أصحاب الأعراف، آل أبراهيم)

صابر(يسترسل): "الهم صَلِّ على محمد وعلى آل محمدٍ كما صليت على أبراهيم وعلى آل أبراهيم أنك حميد مجيد وبارك على محمد وعلى آل محمد كما باركت

على أبراهيم وعلى آل أبراهيم إنك حميد مجيد" البخاري ومسلم في الصحيحين عن كعب بن عجرة.

"قولوا اللهم صل على محمد وعلى أزواجه وذريته كما صَلّيت على آل أبراهيم وبارك على محمد وأزواجه وذريته كما باركت على آل أبراهيم أنك حميد مجيد" فهذه الألفاظ وأشباهها وغيرها مما ثَبتَ عن النبي (ص) أنه كان يستعملها في صلاته اليومية.

فاذا كان الله يصلّي على محمد ومحمد مقبولُ الشفاعة في الآخرة فالأولى بنا إذاً أن نقبل بشفاعة ذُرِيّة محمد أيضا (ابن باز).

(من ذا الذي يشفع عنده إلا بإذنه) سورة البقرة الآية 255

(ولا يشفعون إلا لمن أرتضى وهم من خشيته مشفقون) سورة الأنبياء الآية 28

(ويوم نبعث مِن كل أمة شهيدا ثم لا يؤذن للذين كفروا ولا هم يستعتبون) سورة النحل الآية 84 والشهيد هنا هو ولي الأمر.

وقد جاء ذكر الآية ضِمن سياق الآيات التي تصف يوم البعث.

حنّون: وفي تفاسير ابن كثير والقرطبي وذو الجلالين كلمة شهيد تأتي بمعنى النبي. لهذا الاختلاف بالتفسير لا يؤخذ به أي يبقى الأمر مُعلَّق دون حَسم.

صابر: هل تريد أن تصبح سُنِّياً أكثر من ابن باز؟

حنون: هذه ليست طريقة نقاش فأنت تعرف أنّي مجرّد باحث للحقيقة وغير منحاز لمذهب ضد مذهب!

صابر: سأكشفك في نهاية الأمر فأنت تبدو لي ملثّم فإما أن تكون مسيحي ملثم أو سنّي ملثّم يريد هدم مذهب آل البيت!

حنون: توقف عن هذا الأسلوب وناقش الموضوع!

صابر: (وأشرقت الأرض بنور ربها ووضع الكتاب وجِيءَ بالنبيين والشهداء وقضى بينهم بالحق وهم لا يظلمون) (الزمر 69) والشهداء هنا بمعنى الأولياء وهم آل البيت طبعاً وقد جاء ذكر الآية ضمن سياق يوم البعث.

حنّون: في القرطبي. (وكذلك جعلناكم أمة وسطا لتكونوا شهداء على الناس) سورة البقرة الآية 143، (وجاءت كل نفس معها سائق وشهيد)) سورة ق الآية 21 وفي معنى الشهداء ضمن الآية 69 من سورة الزُمر التي ذكرتها قبل قليل هي بمعنى الملائكة وهي كذلك عند ابن كثير.

وأضف الى ذلك الشهيد هو النبي، الآية (مَا قُلْتُ لَهُمْ إِلَّا مَا أَمَرْتَنِي بِهِ أَنِ اعْبُدُوا اللَّهَ رَبِّي وَرَبَّكُمْ ۚ وَكُنتُ عَلَيْهِمْ شَهِيدًا مَّا دُمْتُ فِيهِمْ ۖ فَلَمَّا تَوَفَّيْتَنِي كُنتَ أَنتَ

الرَّقِيبَ عَلَيْهِمْ ۖ وَأَنتَ عَلَىٰ كُلِّ شَيْءٍ شَهِيدٌ)الآية 117 سورة المائدة وذلك عن النبي عيسى.

صابر: (ويوم القيامة يكون عليهم شهيدا) سورة النساء الآية 159 فنعرف من هذه الآيات المتقدمة أن الشهادة ثابتة للنبيين ولأناس غير النبيين يختارهم الله عزّ وجلّ.

حنّون: إذن هي ليست للنبيين حصرا ويمكن أن تكون لأناسٍ عاديين؟ هل المؤلف أو الكاتب يفترض ذلك بما يعجبه كيفما شاء؟

صابر: استغفر الله بل هو تنزيل من عند العزيز الحكيم. لماذا تقول ذلك والله حكيم بمشيئته وكلماته التامات؟

حنّون: لأن هناك شهادات من نوع آخر يعرضها القرآن.

(حَتَّىٰ إِذَا مَا جَاءُوهَا شَهِدَ عَلَيْهِمْ سَمْعُهُمْ وَأَبْصَارُهُمْ وَجُلُودُهُم بِمَا كَانُوا يَعْمَلُونَ) سورة فصلت الآية 21،

(يَوْمَ تَشْهَدُ عَلَيْهِمْ أَلْسِنَتُهُمْ وَأَيْدِيهِمْ وَأَرْجُلُهُم بِمَا كَانُوا يَعْمَلُونَ) سورة النور الآية 24

(الْيَوْمَ نَخْتِمُ عَلَىٰ أَفْوَاهِهِمْ وَتُكَلِّمُنَا أَيْدِيهِمْ وَتَشْهَدُ أَرْجُلُهُم بِمَا كَانُوا يَكْسِبُونَ) سورة يس الآية 65.

حيث يمكن أن تشهد الألسنة والأرجل والبصر والسمع على الإنسان يوم القيامة وفقا للقرآن.

(ما يلفظ من قول إلا لديه رقيب عتيد) سورة ق الآية 18 وهو الملاك أي ناكر ونكير وهنا نرجع مرة أخرى الى معنى الملاك في كلمة شهيد فهذه المذكورات أقصد الأرجل والأيدي والسمع والبصر تعمل عمل الرقيب وذلك نفس عمل الملاك وفقا لكلام القرآن فما الفرق؟

فلماذا لا يمكن لي اعتبار أن الأرجل والأيدي ملاك فهي تؤدي في نهاية الأمر عمل الشاهد أو الشهيد؟

صابر: لا تستطيع لأن الملائكة المعلومة التعريف في الإسلام والشهداء غالبا هم بشر فالله عز وجل يقول (وليعلم الله الذين آمنوا ويتخذ منكم شهداء) سورة آل عمران الآية 140

حنّون: أنظر للآية كاملة لتعرف المعنى (إن يَمْسَسْكُمْ قَرْحٌ فَقَدْ مَسَّ الْقَوْمَ قَرْحٌ مِّثْلُهُ ۚ وَتِلْكَ الْأَيَّامُ نُدَاوِلُهَا بَيْنَ النَّاسِ وَلِيَعْلَمَ اللَّهُ الَّذِينَ آمَنُوا وَيَتَّخِذَ مِنكُمْ شُهَدَاءَ ۗ وَاللَّهُ لَا يُحِبُّ الظَّالِمِينَ) الآية 140 من سورة آل عمران وفي تفسير ابن

كثير والقرطبي والجلالين بمعنى الاستشهاد أي الموت في سبيل الله وهذا واضح من سياق الآية وليس لها دخل بالشهيد بمعنى الولي أو الشاهد.

صابر: (وكذلك جعلناكم أمة وسطا لتكونوا شهداء على الناس ويكون الرسول عليكم شهيدا) سورة البقرة الآية 143 فيرى بعض المُفسِّرين أن أمّة محمد بأسرها تشهد على الناس بِبَرها وفاجرها.

حنّون: أنظر للآية كاملة لتعرف المعنى هي (وَكَذَلِكَ جَعَلْنَاكُمْ أُمَّةً وَسَطًا لِتَكُونُوا شُهَدَاءَ عَلَى النَّاسِ وَيَكُونَ الرَّسُولُ عَلَيْكُمْ شَهِيدًا ۗ وَمَا جَعَلْنَا الْقِبْلَةَ الَّتِي كُنْتَ عَلَيْهَا إِلَّا لِنَعْلَمَ مَنْ يَتَّبِعُ الرَّسُولَ مِمَّنْ يَنْقَلِبُ عَلَى عَقِبَيْهِ ۚ وَإِنْ كَانَتْ لَكَبِيرَةً إِلَّا عَلَى الَّذِينَ هَدَى اللَّهُ ۗ وَمَا كَانَ اللَّهُ لِيُضِيعَ إِيمَانَكُمْ ۚ إِنَّ اللَّهَ بِالنَّاسِ لَرَءُوفٌ رَحِيمٌ). لماذا نحمل الكلام أكثر من طاقته؟!

فاذا أردت أن تعطي معنى مفردة الشهداء بأنهم الأولياء ومعنى شهيد أنه الولي فكيف يكون الرسول ولي أيضا، فعلينا الاستقرار على تفسيرٍ واحد!

صابر: لكن الرسول يعتبر ولي طبعا!

حنّون (مُسترسلا في كلامه): كيف يمكن أن تفسِّر معنى أمّة وسطا وهي واضحة مِن معنى أنها أمة الإسلام بمعنى أخيارا من الوسط والذي ترمي إليه خاصة الأمة (أي النخبة مِن الأمة وهُم الأئمة) وهذه الافتراضات ستتزايد حتى تصل الى ما تريد مسبقا في عواطفك!

صابر: (قل كفى بالله شهيدا بيني وبينكم ومَن عنده علم الكتاب) سورة الرعد الآية 43 والذي عنده علم الكتاب علي ابن أبي طالب وهي نازلة في الإمام علي كما في الثعلبي والدر المنثور.

حنّون: أنظر للآية كاملة لتعرف المعنى هي: (وَيَقُولُ الَّذِينَ كَفَرُوا لَسْتَ مُرْسَلًا ۚ قُلْ كَفَى بِاللَّهِ شَهِيدًا بَيْنِي وَبَيْنَكُمْ وَمَنْ عِنْدَهُ عِلْمُ الْكِتَابِ) سورة الرعد الآية 43 وفي القرطبي وابن كثير والجلالين. "الذي عنده علم الكتاب". هو مِن المؤمنين المسيحيين واليهود وسياق الآية يدل على ذلك أيضا فكيف يشهد النبي الإمام علي عليه ليكون حَكما وهو مسلم مثله فالكافرون سوف لا يقبلون بحكم بينهم وبين المسلمين إلا إن كان طرفا ثالثا فالمناسب أنهم من أصحاب الكتاب وعليه لا تستطيع افتراض أنه الإمام علي.

حنّون: الآية كاملة: (أفمن كان على بينة من ربه ويتلوه شاهد منه كتاب موسى إماما ورحمه أولئك يؤمنون به ومن يكفر به من الأحزاب فالنار موعده فلا تك مرية منه أنه الحق من ربك) والظاهر أنك لا تأخذ أنظر للآية كاملة لتعرف المعنى مثل الذين يقولون "ويل للمصلين" ولا يُكمِلوا قول الآية! وفي القرطبي

وابن كثير الشاهد تكون بمعنى ملاك وهو جبريل وهذا تفسير أكثر ترابط وتلائم مع سياق المعنى.

صابر: (إنما أنت منذر ولكل قوم هادٍ) (الرعد 7)والهادي هنا الإمام علي.
حنّون: الآية كاملة: (ويقول الذين كفروا لولا أنزل عليه آية من ربه إنما أنت منذر ولكل قوم هاد) القرطبي يقول هاد هو النبي وابن كثير يقول أنه النبي ويذكر عن رواة أنها نزلت في علي ولكن فيها نكارة شديدة.

وسياق معنى الآية بمعنى النبي. مثال نحوي، "أنت لست سوى مدرّسٍ في هذا الصف ولكل صف معلّم" فلا فرق يُذكر في المعنى بين المدرّس والمعلم.
صابر: (وقُل اعملوا فسيرى الله عملكم ورسوله والمؤمنون) (التوبة 105) تشير الى وجود أناس مؤمنون يَرون أعمالنا جميعا فمن هذا الذي له القابلية على رؤية جميع الأعمال وفي كل الأوقات؟! إنهم الأئمة طبعاً.
حنّون: إنك تحمّل الكلمة أكثر من طاقتها فالمؤمنون هم الذين يكونون في تماس معك أثناء حدوث الحدث وانتهى وان ذهبنا الى ما ترمي إليه بالقابلية الفائقة للأئمة ونعكس تفسيرك على الرسول كما ورد في الآية فعندها سيكون النبي حاضرا وليس بميت فكيف يمكن تخيل هذا؟
صابر: (فكيف اذا جئنا من كل أمة بشهيد وجئنا بك على هؤلاء شهيدا) سورة النساء الآية 41) وهو بمعنى الولي المعصوم.
حنّون: في القرطبي وابن كثير بمعنى النبي وهي في سياق شهادة الأنبياء يوم الحشر.
صابر: (النحل 89) (ويوم نبعث في كل أمة شهيدا عليهم من أنفسهم) والشهيد بمعنى الولي المعصوم.
حنّون: أنظر للآية كاملة لتعرف المعنى (ويوم نبعث في كل أمة شهيدا عليهم من أنفسهم ونزلنا عليك الكتاب تبيانا لكل شيء وهدى ورحمة وبشرى للمسلمين) سورة النحل الآية 89،

(ما لهذا الكتاب لا يغادر صغيرة ولا كبيرة إلا أحصاها) سورة الكهف الآية 49،
(وكل شيء أحصيناه في إمام مبين) سورة النبأ الآية 29
وفي تفسير ابن كثير الشهيد هو "النبي" والقرطبي يقول الأنبياء وآخرون يقولون الأئمة وآخرون يقولون علماء الدين والشريعة فلماذا لم يُقِر الله ولاية الأئمة فهو الذي قال (ونزلنا الكتاب تبيانا لكل شيء) في الآية الآنفة الذكر؟

صابر: (يا أيها الذين آمنوا إركعوا وأسجدوا وأعبدوا ربكم وأفعلوا الخير لعلكم تفلحون. وجاهدوا في الله حق جهاده هو اجتباكم وما جعل عليكم في الدين مِن حرج ملة أبيكم أبراهيم هو سمّاكم المسلمين من قبل وفي هذا ليكون الرسول شهيدا عليكم وتكونوا شهداء على الناس) سورة الحج الآية 78 والمقصود بالآية هنا هم الأئمة لأن الله أصطفاهم وكذلك هم وكل شيء أحصيناه مِن أحفاد أبراهيم.

حنّون: هذا يعني أن المقصود بكلمة "الذين آمنوا" الأئمة فقط فهو كتاب خاص لهم وهم الذين يركعون ويسجدون ويجاهدون وهذا يعني أن القرآن نزل لأجلهم فقط وليس لأجل الناس جميعا كما تدّعون وكل شيء قد أحصاه بشكل دقيق والقرآن لا يغادر صغيرة!

فلماذا تصرّون أن الأمر يعنينا؟ لماذا لا تتركونا وشأننا كما تركتم **حنّون** من قبل ولم تعيروه اهتماما؟

وفي ابن كثير والقرطبي آل يعرب من نسل أبراهيم رغم أن بعض العرب ليسوا من آل أبراهيم فهو أب لهم في الدين والاجتباء بمعنى الاختيار أو الاصطفاء.

صابر: حرام محمد هو حرام على جميع الناس الى يوم القيامة، فاذا ذكرت آية وكانت نافذة "غير منسوخة" فحكمها نافذ الى يوم القيامة، إذا لكل زمان شهيد، أي أن الأرض لا تخلو من شهيد، كما يظهر من النصوص القرآنية وفي زماننا هذا لا أحد يدعي الشهادة على الناس مِن الحاضرين من علمائهم وحكّامهم ومؤمنيهم وكفّارهم لا يوجد من يدعي الشهادة في الظاهر وشهادة الأموات لا تكفي وإلّا اذا اكتفينا بشهادة آدم ولم يتعدد الشهداء فالشهيد الآن ما دام لم يكن ظاهرا ولم يكن ميتا فلا بد أن يكون "غائبا" حتماً لعدم وجود احتمال رابع لهذه الاحتمالات الثلاثة وذلك أن الشهيد الغائب هو "حُجة الله تعالى" على عباده وهو "المهدي" عج مِن آل محمد ص. (رفيع الدرجات ذو العرش، يلقي الروح من أمره على من يشاء من عباده لينذر يوم التلاق) (غافر 15).

حنّون: لكن من الممكن أن يكون المسيح أو الخضر او أي مخلّص آخر ويستطيع أداء هذا العمل وهو الشهادة!

صابر: وذلك يعني أن الآية صحيحة الفكرة على الأقل ضمنيا حتى و رفضت فكرة وعقيدة وجود الإمام المهدي عَجّل الله فَرَجَه الشريف!

حنّون: أنا لم أقل ذلك، تفسيرك محدّد ومخصّص، فأنت افترضت معنى الشاهد أنه "الولي" وهذا ما لا يتفق مع آراء الآخرين من المفسّرين ومِن ثم افترضت أنه بالضرورة "معصوم" لأنه شهيد فكل من يشهد على الناس يجب أن يكون أفضل

منهم وأن الأئمة الإثني عشرهِ يجب أن يكون آخرهم غير متوفي بالضرورة ويجب أن يكون حاضرًا وشاهدا على مرّ العصور.

أنت تفرض شيء ومن ثم ترتّب افتراضات أخرى للاستمرار في الفرض الأول ثم تخرج بنتيجة غير معقولة فكيف يكون لإنسان (لِيَكن إمام وليس نبي) أن يعيش طول هذه الفترة ماذا يأكل ماذا يشرب؟ واذا كان جوابك أنها معجزة! لكن معجزة النبي محمد القرآن فقط. فالأحرى بأمر مثل هذا أن يكون للنبي محمد فيكون حاضرا لا يموت وقد اقتربت أنت من هذا التفسير في الآية 105 من سورة التوبة.

عندها يكون الأمر منطقيا أن يكون النبي معجزة حاضرة على زمان طويل شأنه شأن نوح كما ورد في القرآن فكيف ينزل الله معجزته هذه على الأئمة ولا ينزلها على نبيه المصطفى هنا القضية قضية أولوية؟!

ثم علميا واقعيا كيف يمكن لإنسان أن يعيش أكثر من 200 سنة؟!

فكيف اذا كان أكثر من 1000 سنة؟

ولديك رأي المرجع كمال الحيدري في ذلك بأن الإمام المهدي مات وسيبعثه الله من جديد بشكل مولود جديد يولد أي تعود روحه لجسد جديد!

وأنت تدعونا في كتاب (الشهادة والأشهاد لأبو زهراء النجدي) الى التسلسل المنطقي والعقلي، فاذا كان حاضرا كيف يحلّ لنا مشاكل العصر؟

إذن يجب أن يكون هناك وسيط والوسيط يجب أن يكون من رجال الدين من سلالة الرسول ومن يضمن لنا هذا الوسيط ونزاهته في نقل الحديث؟!

عندها سوف تكون هناك حالة شخص أشبه ما يكون بدور النبي الذي يمثله رجل الدين وجبريل الذي يمثله المهدي ويمكن أن نخوض في متاهات ومتاهات وكلها من افتراضات.

وعموما أنت بدأت بافتراض قادك الى وهم بالنهاية ولو جاز لكل أحد ذلك لامتلأت الدنيا بالخرافات!

صابر: في سورة البقرة الآية 30 (وإذ قال ربك للملائكة أني جاعل في الأرض خليفة قالوا أتجعل فيها من يفسد فيها ويسفك الدماء ونحن نسبح بحمدك ونقدس لك قال أني أعلم ما لا تعلمون وعلم آدم الأسماء كلها ثم عرضهم على الملائكة فقال أنبئوني بأسماء هؤلاء إن كنتم صادقين قالوا سبحانك لا علم لنا ألا ما علمتنا أنك أنت العليم الحكيم قال ياآدم أنبئهم بأسماءهم)

أي أن الله تعالى عرض على الملائكة موجودات عاقلة "أشخاص" إذن من يكون هؤلاء الأشخاص الذين هم أعظم من الملائكة وأعظم من آدم؟ هؤلاء دون شك محمد وآل محمد.

حنّون: أنت افترضت أن (هم) هي (آل) في عرضهم ضمير الجماعة يعود على أشخاص ولكن الله يمكن أن يكون قد عرض "آدم وحوّاء" على الملائكة وفي العربية يجوز أحيانا إطلاق الضمير "هم" على المثنى. انت فرضت أنهم موجودات عاقلة ثم فرضت أنهم اشخاص ثم استنتجت أنهم آل محمد، فأين المنطق هنا بهذا المنزلق العاطفي؟

صابر: لكنه بعدها قال (قال يا آدم أنبئهم بأسماءهم) أي "هم" ليسوا آدم أو حوّاء لأنه سيتكلم عن أشخاص آخرون.

حنّون: ليكن وهنا ستواجه مشكلة منطقية أخرى هي إن كان فرضك واستنتاجك صحيح، فهذا يعني أن الله خلق آدم ومن ضلعه حواء وخلق محمد وآله وأنزل آدم وحواء على الأرض بعد خلق محمد وآله فأين ذهب محمد وآله عبر الأزمان قبل خلق آدم؟

هل بقوا ينتظرون مجيئ دورهم وزمنهم للظهور كي يظهروا؟

كيف يمكن للمرء أن يتصور مثل هذا التصور سوى أن يقول عليه مجرّد خيال وبالطبع أي إنسان يمكنه أن ينسج من الخيال ما يريد! واذا كنت فعلاً تصرُّ على ما ترمي الى ذلك سيكون هناك خللٌ منطقي في القرآن نفسه وهذا يترتّب عليه عدم تصديق القرآن مِن قِبَل أي شخص يريد اعتناق الإسلام لأنه سيتناقض مع العقلانية بشدة.

إنّك تعتبر القرآن حقيقة مطلقة وتؤمن أن كل ما به حقيقة وبذلك لا يمكن مناقشته إن كان غير صحيحا لأنك ستستمر بالترقيع بإيجاد المبررات وحجج كي تعزِّز الموقف فتدخل وتتوغّل مُرغما في دهليز الخرافات والمجهول والغيبيات.

يقول ابن كثير عن ذلك أن علّم آدم أسماء كل المخلوقات والأشياء في الدنيا. والقرطبي أيضا، علمه أسماء كل الأشياء وعن الطبري علمه أسماء الملائكة وأسماء ذريته وقد يكون الطبري لجانبك في التفسير لكن ما تقوله لا يدخل العقل الذي تدعوني للتمسك به كي أؤمن!

وهناك الآية 115 من سورة طه (ولقد عهدنا الى آدم من قبل فنسي فلم نجد له عزما) فأين هو آدم هنا مِن عصمة الأنبياء عن الزلل؟!

وهل الأنبياء الذين كانوا مِن بعده ذوي عزِم فعلا؟

أي تطوروا أو أُجري عليهم تعديل؟

وعذرا لا أقصد الإساءة ولكن توضيح الفكرة لإيصال المعنى بشكل جَلي!

صابر: (أفمن يهدي الى الحق أحق أن يتبع أمّن لا يهدي إلّا أن يهدى) الآية 35 من سورة يونس وهذه هي آية العصمة.

حنّون: أنظر للآية كاملة لتعرف المعنى وهي من سورة يونس بالرقم 35 (قُلْ هَلْ مِن شُرَكَائِكُم مَّن يَهْدِي إِلَى الْحَقِّ قُلِ اللَّهُ يَهْدِي لِلْحَقِّ أَفَمَن يَهْدِي إِلَى الْحَقِّ أَحَقُّ أَن يُتَّبَعَ أَمَّن لَّا يَهِدِّي إِلَّا أَن يُهْدَىٰ فَمَا لَكُمْ كَيْفَ تَحْكُمُونَ)، الآية واضحة وهي في شأن الرسول.

صابر: (إنما يريد الله أن يذهب الرجس عنكم أهل البيت ويطهركم تطهيرا)

حنّون: أنظر للآية كاملة لتعرف المعنى من سورة الأحزاب بالرقم 33 (وقرن في بيوتكن ولا تبرجن تبرج الجاهلية الأولى وأقمن الصلاة وأتين الزكاة وأطعن الله ورسوله إنما يريد الله أن يذهب الرجس عنكم أهل البيت ويطهركم تطهيرا) القرطبي يذكر في تفسيره أن المعنى هو نساء الرسول.

ابن كثير يذكر حديث الكساء. ويقول أنها نزلت في نساء الرسول أيضا وكان ذكر فاطمة أنها أهل بيته أي أن سبب النزول هو نساء الرسول وحادثة الكساء هي حادثة استحباب لآل علي وهي مسألة طبيعية أن يكون الحسن والحسين من آل البيت لاسيما وأن الرسول لم يكن له أحفاد إلّا من فاطمة.

فزوجات الرسول:

خديجة: أنجبت (القاسم، عبد الله، زينب، رقيّة، أم كلثوم، وفاطمة)

ماريا القبطية (أنجبت أبراهيم)

توفي كل من القاسم وعبد الله وأبراهيم صغارا.

زينب تزوجها أبو العاص بن الربيع قبل الإسلام ولدت بنتا واسمها أمامة تزوجها الإمام علي بعد وفاة فاطمة.

رقيّة تزوجها عتبة بن أبي لَهَب عم الرسول.

أم كلثوم تزوّجها عتيق بن أبي لَهَب.

فطلقهما الرسول، فتزوجت رقيّه عثمان ابن عفّان وأنجبت عبد الله الذي مات في السادسة من عمره ثم تزوج أختها أم كلثوم ولم تنجب ولدا، لهذا يُلقَّب عثمان بذي النورين، (دار مكتبة الحياة) فلماذا تكون السلالة المعصومة الوحيدة من آل البيت هي من آل الحسين فقط؟

صابر: لأن الرسول قال أن فاطمة الزهراء ع "بضعة منه" أي جزء لا يتجزّء منه وبذلك سيسري عليها شرف العصمة وكذلك على عليّ بن أبي طالب ع الذي قال عنه أن الحق معه دائما وغير ذلك فيكون نسلهما الشريف هو الأسمى لاستمرار خط النبوة الخط المعصوم ولا سيما أن وجود العصمة مسنود بالآية 33 من سورة الأحزاب (إِنَّمَا يُرِيدُ اللَّهُ لِيُذْهِبَ عَنكُمُ الرِّجْسَ أَهْلَ الْبَيْتِ وَيُطَهِّرَكُمْ تَطْهِيرًا)

وبنت الرسول الوحيدة التي كانت من أهل الكساء الخمسة هي فاطمة الزهراء ع ولذلك كانت العِصمَة عن طريقها هي.

حنّون: ماذا عن سلالة أخيه الحسن؟ لماذا هي سلالة غير معصومة؟

صابر: هم من الأشراف أيضا (سادة، علويون) لكن العصمة تكون بسلالة واحدة فقط كما حدث مع سلالة الأنبياء في بني إسرائيل حيث يختار الله أحد أبناء كل نبي ليكون النبي من بعده

حنّون: لكن اسمعيل واسحق كلاهما كانا أنبياء وفقا للإسلام!

صابر يستمر: نعم واختص الله اسمعيل بأن يكون خاتم الأنبياء من أبناءه ولنرجع للموضوع فالحسين يختص بكونه "شهيد" وعليك أن تعلم أن هناك غيب، إضافة الى مشيئة الله وحكمته والتي أشار جل جلاله لها في الآية 124 من سورة الأنعام (وَإِذَا جَاءَتْهُمْ آيَةٌ قَالُوا لَن نُّؤْمِنَ حَتَّىٰ نُؤْتَىٰ مِثْلَ مَا أُوتِيَ رُسُلُ اللَّهِ ۘ اللَّهُ أَعْلَمُ حَيْثُ يَجْعَلُ رِسَالَتَهُ ۗ سَيُصِيبُ الَّذِينَ أَجْرَمُوا صَغَارٌ عِندَ اللَّهِ وَعَذَابٌ شَدِيدٌ بِمَا كَانُوا يَمْكُرُونَ)!

حنّون: لكن العصمة بدأت قبل أن يكون الحسين شهيد فكيف تكون الشهادة ثقلا في الميزان هنا؟

صابر: وهذا دليل على أن الله يعلم مسبقا الغيب ودليل على أنه يعلم مَن يختار وكيف يختار لحَمل رسالته!

حنّون: حسنا، لنكمل كلامنا،

الأئمة الأثنى عشر لدى الشيعة الاثني عشرية:

1. علي بن أبي طالب (المرتضى) مدة إمامته 30 سنة (632 – 661)
2. الحسن بن علي (المجتبى) مدة إمامته 10 سنوات (661–669)
3. الحسين بن علي (الشهيد) مدة إمامته 11 سنة (669–680)
4. علي بن الحسين (السجّاد) مدة إمامته 35 سنة (680 – 713)
5. محمد الباقر مدة إمامته 19 سنة (713–743)
6. جعفر الصادق مدة إمامته 34 سنة (743–765)
7. موسى الكاظم مدة إمامته 35 سنة (765–799)
8. علي الرضا مدة إمامته 20 سنة (799–818)
9. محمد الجواد مدة إمامته 17 سنة (818–835)
10. علي الهادي مدة إمامته 33 عاماً (835–868)

11. الحسن العسكري مدة إمامته 6 سنوات (868–874)

12. محمد المهدي مدة إمامته ممتدة، وهو حي ومرتقب الظهور (874 –،)

من هذا الجدول نلاحظ،

هل أن الإثنا عشر يجب أن يكون قد تم اختيارهم من بين اخوانهم أو تم اختيارهم مسبقاً إلهيا والإحتمال الثاني هو الذي ترشحه أنت من خلال طرحك و ربما لا يوجد دليل قاطع لديك حول الموضوع أم عندك دليل؟

صابر: (أَم يحسدون الناس على ما أتاهم من فضله فقد آتينا آل أبراهيم الكتاب والحكمة وآتيناهم مُلكا عظيما) (النساء 54) الله عزّ وجلّ اجتباهم أو اصطفاهم بحكمته! والناس في هذه الآية هم أهل البيت.

حنّون: في ابن كثير والقرطبي والجلالين الناس بمعنى الرسول.

وبما أنه ذكر آل أبراهيم فهو يعني بالناس آل معيّن. إذن هم أهل البيت.

وبما أن أهل البيت مذكورين سابقا أعلاه سأسألك سؤالين،

لماذا لم يطالب علي بن أبي طالب بالولاية؟ ولماذا لم يطالب أحفاده بها؟

اذا كانت التقية هي الرد (وَأَنفِقُوا فِي سَبِيلِ اللَّهِ وَلَا تُلْقُوا بِأَيْدِيكُمْ إِلَى التَّهْلُكَةِ وَأَحْسِنُوا إِنَّ اللَّهَ يُحِبُّ الْمُحْسِنِينَ) سورة البقرة الآية 195 فهو رد غير مقنع!

صابر: بل مقنع!

حنّون يستمر: لعلمك، هناك تفسير آخر وهو أنَّ الصحابة يعتبرون "الإمامة ليست من الله" أي هي ليست شأن إلهي بل بشري ولهذا كان أصحاب البيت لا يطالبون بها!

صابر: لا تتطاولّ فهناك أيضا (لا يعلمه إلا الله والراسخون بالعلم) الآية 7 من سورة آل عمران فالراسخون بالعلم وأهل الذِكر هم آل البيت.

حنّون: أنظر للآية كاملة لتعرف المعنى (هُوَ الَّذِي أَنْزَلَ عَلَيْكَ الْكِتَابَ مِنْهُ آيَاتٌ مُحْكَمَاتٌ هُنَّ أُمُّ الْكِتَابِ وَأُخَرُ مُتَشَابِهَاتٌ فَأَمَّا الَّذِينَ فِي قُلُوبِهِمْ زَيْغٌ فَيَتَّبِعُونَ مَا تَشَابَهَ مِنْهُ ابْتِغَاءَ الْفِتْنَةِ وَابْتِغَاءَ تَأْوِيلِهِ وَمَا يَعْلَمُ تَأْوِيلَهُ إِلَّا اللَّهُ وَالرَّاسِخُونَ فِي الْعِلْمِ يَقُولُونَ آمَنَّا بِهِ كُلٌّ مِنْ عِنْدِ رَبِّنَا وَمَا يَذَّكَّرُ إِلَّا أُولُو الْأَلْبَابِ).

وابن كثير والقرطبي لم يُحدّدوا مَن هم هؤلاء الراسخون في العلم!

صابر: مرجعنا هو القرآن وليس المفسرون فقد تكون لهم أهواء شخصية في عدم ذكر ذلك!

حنّون يستمر: ولو افترضنا أنَّ الراسخين في العلم هم آل البيت فهذا يعني أن تأويل القرآن وتفسيره مُناط بهم وحدهم فقط وباقي البشر ليس لهم حق

المناقشة وبذلك يجب الانقياد التام لما يأمرون به وبهذا تكون هناك سلطة دينية محصورة بجماعة معينة دون سواها وهذا يناقض الإسلام فالإسلام الذي حارب احتكار السلطة الدينية وجعل الدين لله وتم افتراض أن القرآن فيه كل شيء وإلّا لماذا أنزل الله القرآن في منطق الاسلام؟ لكن أنزل النبي فقط وقال له ولنا هذا رسول من عندي أطيعوه وأحفادكم سيطيعوا أحفاده وانتهى الأمر. وهناك آياتين. التوبة 105 (وَقُلِ ٱعْمَلُوا۟ فَسَيَرَى ٱللَّهُ عَمَلَكُمْ وَرَسُولُهُ وَٱلْمُؤْمِنُونَ وَسَتُرَدُّونَ إِلَىٰ عَـٰلِمِ ٱلْغَيْبِ وَٱلشَّهَـٰدَةِ فَيُنَبِّئُكُم بِمَا كُنتُمْ تَعْمَلُونَ)

وفي النساء 162 (لَّـٰكِنِ ٱلرَّاسِخُونَ فِي ٱلْعِلْمِ مِنْهُمْ وَٱلْمُؤْمِنُونَ يُؤْمِنُونَ بِمَا أُنزِلَ إِلَيْكَ وَمَا أُنزِلَ مِن قَبْلِكَ وَٱلْمُقِيمِينَ ٱلصَّلَاةَ وَٱلْمُؤْتُونَ ٱلزَّكَاةَ وَٱلْمُؤْمِنُونَ بِٱللَّهِ وَٱلْيَوْمِ ٱلْآخِرِ أُو۟لَـٰئِكَ سَنُؤْتِيهِمْ أَجْرًا عَظِيمًا)

أنت تفسّر المؤمنون في سورة التوبة بأنهم آل البيت وتفسر الراسخون في العلم في آل عمران بآل البيت فكيف تفسّر الراسخون في العلم والمؤمنون عندما يأتي ذكرهما معا في آية واحدة هي الآية الآنفة الذكر رقم 162 من سورة النساء؟

صابر: لا تعارض! ففي السياق هنا يُشار الى أن الراسخون في العلم هم أعلى طبقات المؤمنين وعند ذكر المؤمنين لوحدهم في الآية تلك فذلك نفس المعنى لأن سياق تلك الآية يدل على ذلك ولديك أدلّة أخرى كمفردة "أهل الذِكر"! ودعني أقص عليك هذه الحادثة التاريخية،

83 الإمام الرضا يناقش مع الخليفة المأمون

كان الرضا في مجلس المأمون وقال نحن أهل الذكر، فقال علماء العامة الحاضرون في المجلس بل أهل الذكر اليهود والنصارى والمراد من الذكر التوراة والإنجيل فأجاب الإمام بقوله "سبحان الله هل يجوز ذلك؟ أن يدعونا هم الى ديننا نحن؟"

فقال المأمون "لو أقمت برهانا على ما تقول من القرآن؟"

فقال الإمام نعم الذِكر، رسول الله ونحن أهله وذلك بُيِّنَ في كتاب الله حيث يقول الله في سورة الطلاق (الذين آمنوا قد أنزل الله ذِكرا، رسولا يتلو عليكم آيات الله مبينات).

حنّون: إن الكلمتين في المقطع "ذكراً رسولاً" فُرِّقت في القرآن أي "قرآن عثمان". أنظر للآية كاملة لتعرف المعنى سورة الطلاق الآية 10 (أَعَدَّ اللَّهُ لَهُمْ عَذَابًا شَدِيدًا فَاتَّقُوا اللَّهَ يَا أُولِي الْأَلْبَابِ الَّذِينَ آمَنُوا قَدْ أَنزَلَ اللَّهُ إِلَيْكُمْ ذِكْرًا) ثم تأتي

بعدها الآية 11 (رَّسُولًا يَتْلُواْ عَلَيْكُمْ ءَايَتِ ٱللَّهِ مُبَيِّنَتٍ لِّيُخْرِجَ ٱلَّذِينَ ءَامَنُواْ وَعَمِلُواْ ٱلصَّلِحَتِ مِنَ ٱلظُّلُمَتِ إِلَى ٱلنُّورِ وَمَن يُؤْمِنۢ بِٱللَّهِ وَيَعْمَلْ صَلِحًا يُدْخِلْهُ جَنَّتٍ تَجْرِى مِن تَحْتِهَا ٱلْأَنْهَرُ خَلِدِينَ فِيهَآ أَبَدًا قَدْ أَحْسَنَ ٱللَّهُ لَهُۥ رِزْقًا) وهنا تفرقت كلمة ذِكر عن رسول في آيتين و"رسول" هنا بمقام صفة للذِكر والصفة تتبع الموصوف فالله أنزل ذكرا رسولا.

ولدي تعليقات على هذه الحادثة وهو لماذا يجلس الإمام الرضا في حضرة المأمون؟

فالمأمون هو المغتصب لحق الولاية! فهل هذا يعني أنه موافق على الاغتصاب أو أن ذلك بأساس بيعة للمأمون؟

كما وأنَّ رَد الإمام الرضا بتعبير "سبحان الله" وهو تعبير ركيك لغويا ومعنويا والأحرى به أن يقول شيئاً من كلام الله القرآن وهو أعلم به فكان يمكن أن يقول مثلا (فما بالكم كيف تحكمون) والتي هي مِن سورة يونس الآية 35. والتعبير الذي ذُكِر هل هو تعبير عادي بسيط من حديث الناس المتداول وهذا يجعل الحادثة غير مؤكدة الحدوث أصلا لأن مفردات الكلام غير واقعية!

ومرة أخرى لنفرض أن الحادثة وقعت فعلا فماذا كان يعمل الرضا في حضرة حاكم المغتصب للحقوق والأدهى من ذلك يذكر التاريخ لنا أن الرضا أصبح والي خراسان في عهد المأمون فكيف كان يخاطب الحاكم في المراسلات؟

فكيف يمكن أن يدعوه بالخليفة أو أمير المؤمنين إن لم يقرّ بحقه كخليفة؟

اعتقد أن هناك شيء غير مفهوم إمّا في المسألة أو في نقل وقائع التاريخ.

ويمكن الطعن بشكل مشابه في الكثير من الروايات عن آل البيت من جانب عدم واقعيتها بالأحداث أو بالمفردات ولنأخذ كمثال حادثة أخرى كحادثة الإمام موسى الكاظم عندما جاء صفوان الجمّال الذي كان يملُك جمالاً كثيرة حتى أنه كان يؤجرها الى هارون الرشيد وقت الحج ويُذكر أن جاء الى الإمام الكاظم فوبّخه الإمام على ما فَعل فقال له بما معناه يجب عليك عدم مبايعة مغتصب الولاية وعدم التعاون معه حتى في تجارة الكِراء للجمال لغرض الحج. في هذه الرواية نرى أن الإمام الكاظم كان يدعو الى المقاطعة والثورة على الحاكم والتاريخ لم يذكر ذلك أي لم يُحدّث شيء من الثورة له في عصر الدولة العباسية لا سيما وأن مرقده في بغداد وقد سكن بغداد فترة مِن الزمن بينما نجد أن أكثر الأئمة آثروا التقية وعدم الثورة فمن سنصِدق؟ فالتاريخ متضارب هنا!

سرد الحادثة هنا يتسمُ بالركاكة فكيف يُعقل أن هارون الرشيد الذي كان يقول الى الغمامة "أيتها الغمامة أمطري حيث شئت فإن خراجكِ عائدٌ إليَّ"، هذا السلطان الذي مَلَك في عِظَمِ مُلكِه الشرق والغرب يحتاج لتأجير الجمال مِن "صفوان الجمّال" فمستوى اللا معقول هنا يصل لاستحالة تصديق كلام عُدي صدّام حسين (في تسعينيات الحصار الدولي على العراق واعتماد الشعب العراقي على الحُصَّة التموينية) عندما أعلن أنه قد ذهب مع أخيه قصي لجلب الحصة التموينية ولذلك تأخّر على الاجتماع أو أنه أضاع بطاقته التموينية وأنه يحتاجها وبنفس الشاكلة تريد مني أن أصدّق أن هارون الرشيد يحتاج لجمّال؟!

صابر: وهناك أيضا سورة فاطر الآية 31 (وَالَّذِي أَوْحَيْنَا إِلَيْكَ مِنَ الْكِتَابِ هُوَ الْحَقُّ مُصَدِّقًا لِمَا بَيْنَ يَدَيْهِ إِنَّ اللَّهَ بِعِبَادِهِ لَخَبِيرٌ بَصِيرٌ) والآية 32 منها (ثُمَّ أَوْرَثْنَا الْكِتَابَ الَّذِينَ اصْطَفَيْنَا مِنْ عِبَادِنَا فَمِنْهُمْ ظَالِمٌ لِنَفْسِهِ وَمِنْهُم مُّقْتَصِدٌ وَمِنْهُمْ سَابِقٌ بِالْخَيْرَاتِ بِإِذْنِ اللَّهِ ذَٰلِكَ هُوَ الْفَضْلُ الْكَبِيرُ)

الذي تجدر الإشارة إليه أن الضمير "هم" في قوله تعالى "فمنهم" يعود الى عباد في قوله عبادنا ولا يعود الى المصطفين لأن المصطفين معصومون وذلك بإذنه أي "لا انتخاب لهم من قبل الناس".

حنّون: لكن تكملة الآية تقول (فمنهم ظالم لنفسه ومنهم مقتصد ومنهم سابق للخيرات بإذن الله ذلك الفضل الكبير)

ففي ابن كثير والقرطبي والجلالين يكون التفسير أن الذي اصطفيناه هو أُمّتك المسلمة ثم يُقسم المؤمنون الى أقسام بعدها أو أصناف لذلك الضمير "هم" يعود الى الذين وعندما لا يكون هناك انتخاب للمصطفين إلا بإذنه فهذا يعني أن الأئمة الإثني عشر مُعينون مِن قبل الله بالأسماء وهذا تطرُّف في الفرض ومناقض للآية التي فيها تبيان لكل شيء وكل شيء أحصيناه ولم يذكر في القرآن هذا الشرط المهم اعتبارياً والذي يُعتبر مِن أهمِ ما يمكن أن يَجيءَ به القرآن وهذا تناقض منطقي وهذا يعني أنهم ليسوا مختارين أو مصطفين مُسبقا من قَبل الخليقة كما يتم الترديد في ذكرهم عندكم.

صابر: لدي دليل من القرآن ينقض كلامك ويؤكد أنهم مصطفين ومجتبين ومختارين من قبل الخليقة وهذا في آل عمران الآية 33 (إن الله أصطفى آدم ونوحا وآل أبراهيم على العالمين ذرية بعضها من بعض والله سميع عليم)

حنّون: لنقل أن كل ما تقوله صحيح لكن هذا الاصطفاء يعزّز السلطة الدينية لعرق خاص وهذا النوع من السلطة مرفوض إنسانيا عالمياً حالياً بأساس التمييز العنصري لعرق معيّن فوق باقِ الأعراق من دون البشر فكيف يأمر بذلك الله

ونحن نفترض أن الله أكثر عدالة وإنسانية ومثالية منّا نحن لنتخذه مصدر للتشريع؟!

صابر: هذا يشير لبطلان التشريع الذي تتكلم عنه أنت وتتغنى به بأنه "إنساني"! فما عند الله أفضل من ذلك!

حنّون يستمر: أضف الى ذلك أن هناك تناقض مع آية أخرى في القرآن (وَإِذِ ابْتَلَىٰ أبراهيمَ رَبُّهُ بِكَلِمَاتٍ فَأَتَمَّهُنَّ قَالَ إِنِّي جَاعِلُكَ لِلنَّاسِ إِمَامًا قَالَ وَمِن ذُرِّيَّتِي قَالَ لَا يَنَالُ عَهْدِي الظَّالِمِينَ) الآية 124 من سورة البقرة.

صابر: في سورة النساء الآية 83 (وَإِذَا جَاءَهُمْ أَمْرٌ مِنَ الْأَمْنِ أَوِ الْخَوْفِ أَذَاعُوا بِهِ وَلَوْ رَدُّوهُ إِلَى الرَّسُولِ وَإِلَىٰ أُولِي الْأَمْرِ مِنْهُمْ لَعَلِمَهُ الَّذِينَ يَسْتَنْبِطُونَهُ مِنْهُمْ وَلَوْلَا فَضْلُ اللَّهِ عَلَيْكُمْ وَرَحْمَتُهُ لَاتَّبَعْتُمُ الشَّيْطَانَ إِلَّا قَلِيلًا) وهنا "أولي الأمر" هم الأئمة.

حنّون: لكن في القرطبي وابن كثير والجلالين "أولي الأمر" هم القادة أو أمراء السرايا والعلماء الذين يجتهدون وهنا الإشكال في الضمير "هم" في جاءهم فهو عائد على المسلمين المقاتلين وذلك الذي تشير له الآيات السابقة ثم أولي الأمر منهم و"هم" التي في "منهم" عائدة على "هم" في "جاءهم" وهذا يعني أن هناك أولي أمر من الناس أنفسهم وليسوا مِن الخاصة.

صابر: في سورة هود الآية 18 (وَمَنْ أَظْلَمُ مِمَّنِ افْتَرَىٰ عَلَى اللَّهِ كَذِبًا أُولَٰئِكَ يُعْرَضُونَ عَلَىٰ رَبِّهِمْ وَيَقُولُ الْأَشْهَٰدُ هَٰؤُلَاءِ الَّذِينَ كَذَبُوا عَلَىٰ رَبِّهِمْ أَلَا لَعْنَةُ اللَّهِ عَلَى الظَّالِمِينَ) والأشهاد هم الأئمة.

حنّون: الأشهاد هم الذين حضروا الحدث في الحياة وهذه الشهادة ستكون في الآخرة فمن الذي يكذب في الآخرة فحتى الكاذب في الدنيا سيكون صادق في الآخرة (يوم الإشهاد). فتُقبَل شهادته واعتبار مفردة الأشهاد بمعنى الأئمة تحميل للكلمة أكثر من معناها لما لا طاقة لها بها أو من القرآن يقصد أن الأشهاد هم الملائكة المراقبين لنا.

صابر: سورة الأعراف الآية 46 (وعلى الأعراف رجال يعرفون كلاًّ بسيماهم) وفي سورة الأعراف الآية 48 (ونادى أصحاب الأعراف رجالا يعرفونهم بسيماهم)

حنّون: في القرطبي: الأعراف جاءت من عرف الديك وهو سور عند حافة الآخرة، يقف عليه الذين أستوت حسناتهم مع سيئاتهم أو العلماء من المسلمين أو الملائكة يبشرون الذين يدخلون الجنة. وفي ابن كثير يزيد على أصحاب الأعراف أنهم الأنبياء.

وتفسيرهما هذا غير مقنع لأن خاصية أصحاب الأعراف يجب أن تكون مميزة وهي معرفتهم بأسمائهم. وهذا يعني إما أن يكون أصحاب الأعراف الملائكة بعد أن علم الله آدم بأسماءهم أو كائنات أخرى علّم الله آدم جميع أسمائها إرجع الى الآية 30 من سورة البقرة (وَإِذْ قَالَ رَبُّكَ لِلْمَلَائِكَةِ إِنِّي جَاعِلٌ فِي الْأَرْضِ خَلِيفَةً ۖ قَالُوا أَتَجْعَلُ فِيهَا مَن يُفْسِدُ فِيهَا وَيَسْفِكُ الدِّمَاءَ وَنَحْنُ نُسَبِّحُ بِحَمْدِكَ وَنُقَدِّسُ لَكَ ۖ قَالَ إِنِّي أَعْلَمُ مَا لَا تَعْلَمُونَ (30) وَعَلَّمَ آدَمَ الْأَسْمَاءَ كُلَّهَا ثُمَّ عَرَضَهُمْ عَلَى الْمَلَائِكَةِ فَقَالَ أَنبِئُونِي بِأَسْمَاءِ هَٰؤُلَاءِ إِن كُنتُمْ صَادِقِينَ (31) قَالُوا سُبْحَانَكَ لَا عِلْمَ لَنَا إِلَّا مَا عَلَّمْتَنَا ۖ إِنَّكَ أَنتَ الْعَلِيمُ الْحَكِيمُ (32) قَالَ يَا آدَمُ أَنبِئْهُم بِأَسْمَائِهِمْ ۖ فَلَمَّا أَنبَأَهُم بِأَسْمَائِهِمْ قَالَ أَلَمْ أَقُل لَّكُمْ إِنِّي أَعْلَمُ غَيْبَ السَّمَاوَاتِ وَالْأَرْضِ وَأَعْلَمُ مَا تُبْدُونَ وَمَا كُنتُمْ تَكْتُمُونَ (33)

صابر: لكن لابد من وجود ولي آمر شهيد معصوم عالم بكل ما في الكتاب فمَن هو هذا الوَلي الحُجّة على كل بشر في هذا العصر وفي كل عصر؟
بما أنّه لا أحد من الناس الموجودون الحاضرون الظاهرون يدّعي امتلاك مثل هذه المَقدِرة على الإشهاد ليعرف عمل كلَّ شخصٍ ويميز الصالح من الطالح إضافة على كونه مَعصوم عن الخطأ وبما أنه لا بُدَّ مِن وجود الولي حياً بيننا إذاً لا بُدَّ من غيبته لأن لا وجود لفَرض رابع للفروض الثلاث (افتراض أو احتمال رابع) التي تكلمنا عنها آنفا وهي إمّا حضور الولي أو موته أو غَيبته ولما استحال عدمه بمشيئة الله ولم يَثبت للظاهرين حضوره توجّب أن يكون "غائبا" حتماً.
حنّون: أنت تؤمن بفريضتك الأولى التي فرضتها وهي أنّ "أولي الأمر هم الأئمة" فهي محل النقاش ولكن إيمانك الأول هذا أوصلك أو مهّد لك السبيل للإيمان بوجود الأئمة الأثني عشر اعتماداً على فرضك الأول.
قد كان هناك أئمة وجاء آخرهم قبل 1000 سنة تقريباً وكان لا بد من أختفاءه أي أنه لم يمت وإلّا كيف تتحقَّق فريضة الأئمة واستمرارهم كأشهاد وأولي أمر كما تقول وهنا كان الإمام الغائب موجودا وما معنى غائب أنه بعيد عن أنظارنا لكنه موجود ولهذا فهو موجود بصيغة غِياب وله صفات عظيمة وهي الإشهاد وهي مقاربة لصفة دور الله كشاهد أو شهيد كصيغة مبالغة في الشهادة بالعبارة (وكفى بالله شهيدا) المذكورة خمس مرات في نص القرآن بعدة آيات فما تقوله أن الإمام الغائب يعلم كل صغيرة وكبيرة إضافة الى أنه غائب بمعجزة إلهية فهو إنسان له جسم بايولوجي ومعنى وجوده (حضوره) كل هذه الفترة يشير الى أن له جسم ليس كأجسامنا البشر إذن بالضرورة هو ليس بشر وإنما يمكن أن يكون

مَلاك بروح بشر والى آخره من التشبيهات والخيالات التي سنضعها إضافة لفرضية لا يتقبّلها أكثر المؤمنين به وهي أنه قد مات وأصبح حيّا حاضرا عند الله أو في عالم البرزخ لكن سيعود بإعادة ولادته بنفس روحه (كما قال السيد كمال الحيدري) أي ربما بشكل طفل مولود أي بطريقة تناسخ الأرواح (وتسمّى التقمّص أيضا).

لكن سأسألك كيف يوجّه الناس؟

يجب أن يكون له وكلاء وهم "خاصة" أي نخبة فنحن نعرف من فرضك أن الأولياء لا يأتون بالانتخاب وإنما بتوجيه إلهي أو اختيار إلهي أو تقدير إلهي أو خلق إلهي مباشر، حتى أن الله سمَّاهم أي قال أسمائهم عندما خلق آدم وحواء حسب تفسيرك (للآية 30 البقرة) ولنعد لنفس الموضوع، بما أن الإمام غائب فله وكلاء فمن هم الوكلاء؟

صابر: الوكلاء يختارهم الإمام الغائب عج

حنّون: لماذا لا يُرشَّحون من قبل المؤمنين؟

صابر مستهزئاً: هذه أمور إلهية وليست انتخاب لجنة تحكيم لهيئة كرة قدم!

حنّون: لعلمك لا يوجد أي ترشيح ولا انتخاب في الإسلام! لا يوجد تصويت يشترك فيه كل الناس لتقرير المصير لأن الموجود هو "الشورى بين أولي الأمر" وولي الأمر بالنسبة للمذهب الشيعي يكون بذلك هو الإمام الغائب لذا يجب أن يكون الترشيح أو الاختيار مِن قِبله مباشرة وبمشيئة الله وهذا يدعونا للتساؤل كيف يُبلِّغ وكيله؟

لنقل أنه يظهر في المنام (الحلُم أو الرؤيا) ويقول للشخص "أنت أصبحت وكيلي" وهنا قد أوحى له وهذا يعني أنه أصبح يقوم بدور جبريل أو محلّه (أي أصبح بمثابته أو منزلته) في مفاهيم النبوة وبذلك اقترب الإمام الغائب بدوره من عمل الله أو أعمال ومهام الملائكة.

صابر: غير صحيح لأن جبريل لم يكن يظهر في النوم للنبي محمد ولذلك ما تقوله غير صحيح!

حنّون: لكن المعروف عن الإمام الغائب أنه يظهر دون حلم أيضا وبشكل لا يجعلك تعرف أنه هو وبعد أن يختفي ستعرف أنه كان هو. أليس الأمر هكذا عندكم؟

صابر: لازال الأمر مختلف ولا يشبه قضية الوحي الإلهي من خلال الملاك جبريل.

حنّون: أليس في هذا تطرُّف في التفكير؟!

ورغم أن الفروض الثلاث التي ذكرتها حول أن الإنسان إما أن يكون "حاضرا أو ميتا أو غائبا"، فالمنطق يقول أن الإنسان أما حَي أو مَيت ولا احتمال ثالث له لكن كلمة غائب لا تنطبق على البشر حتى لو أنها ذُكِرَت في القرآن في شأن عيسى المسيح وهي حالة خاصة ولم تتكرر مع إنسان آخر وهي معجزة الله لأنبياءه فقط ولنقل أن غِياب الإمام هي معجزة فعندها اقترب الإمام من مستوى الأنبياء في معجزة الغياب هذه.

صابر مقاطعاً: هذا غير صحيح فالخضر مثلا هو ليس نبي لكنه مختفي كذلك وباقٍ على قيد الحياة والأمر في الاختفاء والإنقاذ لا يقتصر على عيسى ع فالمذكور عن النبي إيليا ع في العهد القديم أنه مرفوع للسماء وكذلك بالنسبة النبي إدريس (حنوك) ع وما هي المشكلة في أن يكون الإمام المهدي عج بمنزلة الأنبياء فهو من نسل الرسول خاتم الأنبياء ص فالحديث النبوي يقول أن (علماء أمّتي أفضل من أنبياء بني إسرائيل) لكننا اتفقنا على عدم الركون للحديث في نقاشنا فأكمل كلامك!

حنّون: هذا الحديث غير متفق عليه بل رفضه بعض فقهاء الشيعة قبل السُنّة مثل السيد كمال الحيدري! لكن لنناقش هذا الاستطراد المنطقي الذي توصَّلت له وهو أن لا احتمال سوى أن يكون "غائب" ولنأخذ مثالاً مشابهاً، اختفى شخص عزيز علينا وهو عالم مختبر مهم واختفى فجأة فمرَّ زمن ولم نجدهُ ولم يُعثر على جثته لكن بَقيت لنا مؤلفاته فقرأتها الأجيال وأجيال وتأثروا بها وسألوا أين ذَهب هذا العالم فقِيلَ لهم اختفى فهو "غائب" وطالت الفترة الزمنية فأصبحت طويلة بين الأجيال وعليه استنبطت الأجيال التالية أنه حتما مات فتوقَّفوا عن القول أنه "غائب" وقالوا أنه متوفي بعد أن قالوا أنه مفقود.

84 حديث الثقلين وآية البلاغ بولاية علي ع

صابر: هذه أمور إلهية تتوقف عليها مصائر البشرية وأنت تقوم بتسخيف الموضوع بمطابقته مع أحداث لبشر عاديين فالنبي ص قال [إني تارك فيكم ما أن تمسكتم به لن تضلُّوا بعدي، كتاب الله حبلٌ ممدودٌ من السماءِ الى الأرضِ، وعترتي أهل بيتي ولن يفترقا حتى يردا الحوض فأنظروا كيف تخلفوني فيهما]

حنّون: على الرغم من اتفاقنا على عدم الاحتكام للأحاديث وأنّي لا أريد نقاش الأحاديث النبوية لاحتمالية عدم وجود السَند الكافي أو وجود عدة صيغ لنفس الحديث أو وجود حديث مشابه له في فترة أخرى من حياة النبي ص فعلا سبيل

المثال يتم نقل حديث مشابه بفارق كلمة "سُنّتي" بدلا من "عِتري أهل بيتي" لكن لنفترض أن الحديث صحيح ولنناقشه!

يَذكر الحديث "ما أن تمسكتم به" والهاء ضمير متصل يفيد للمفرد وقد ذكر في الحديث شيئان كتاب الله وعترتي، "شيئان" أي مثنّى.

صابر مقاطعاً: هذا لأن الشيئان في مضمونهما متطابقان فيكونان جوهر واحد لكن أكمل كلامك!

حنّون: كلمة عترتي غير موجودة في القرآن ولا حتى جذر العترة فهو لا غير مذكور في القرآن وهناك قاعدة في التفسير بما معناها اذا استعصى فهم شيء في الإسلام فردوه الى القرآن وها أنا رددته الى القرآن فلم أجد مفردة عِترة ولا مشتقاتها وهنا يمكن أن نقول أن الحديث كُتِبَ بَعد حياة الرسول أي أنه مُختلَق.

صابر مقاطعاً: لا تستطيع، فهو مذكور في كتب أهل السنة إضافة للشيعة وتنفيذك لرد الشيء للقرآن غير صحيح فالرد الى القرآن يكون بالمعنى وليس الحرف لفظاً! فأكمل كلامك!

حنّون: أما عبارة "فأنظروا كيف تخلفوني فيهما" فكأني به عارفٌ لما سيحدث والقرآن قد أوصي بذوي القربى، في سورة الشورى الآية 23 (قل لا أسألكم إلّا المودّة في القربى) وفي تفسير ابن كثير والقرطبي والجلالين "القربى" تعني قرابة الرسول من قريش ولكن لنركن الى ما تريد في القربى بأنهم "آل البيت" فالحديث يدعو والآية تدعو الى أن ما سيحدث هو حدثٌ جَلَل في الإسلام والنبي على علم به، فإن كان كذلك فلماذا لم يحرّك ساكنا ليساعدهم أو يدعمهم استباقا للزمن والتاريخ؟

وإن كانت حكمة الله تقتضي ذلك فلماذا أُنزِل القرآن كوثيقة مكتوبة فيها كل شيء افتراضا إيمانيا إسلاميا ؟

ولماذا لم يواصل الله أسلوبه في إنزال الأنبياء كما في السابق؟!

ذلك تناقض مع كون الرسول خاتم الأنبياء وأنه أتمّ الدعوة وأبلَغ الرسالة.

ذلك تناقض مع معرفته باغتصاب الوِلاية من آل بيته وابتعاد الحكم الإسلامي عن طريق الإسلام (ابتعاد برأي المذهب الشيعي).

أليست هذه أسئلة محيرة تحتاج الى إجابة (قبل الاستطراد في قضية غيبة الإمام الغائب المهدي عج)؟

صابر: في سورة السجدة 29 مكية (قل يوم الفتح لا ينفع الذين كفروا إيمانهم ولا هم ينظرون فأعرض عنهم وانتظر إنهم منتظرون)

وفي سورة الفتح الآية 28 (هو الذي أرسل رسوله بالهدى ودين الحق ليظهره على الدين كله وكفى بالله شهيدا)

وفي سورة الأنعام الآية 158 "مكية" (يوم يأت بعض آيات ربك لا ينفع نفسا إيمانها لم تكن آمنت من قبل أو كسبت في إيمانها خيرا قل انتظروا أنا منتظرون) وهي نزلت قبل السجدة.

حنّون: استطرادك في موضوع الشهيد المنتظر وهذه الآيات يحمل وجهة نظر خاصة مبنية على الفرض الأول مرّة أخرى!

صابر: ماذا عن الدليل بأساس حادثة الغدير وهو غدير خُم بين مكّة والمدينة؟

في سورة المائدة الآية 67 (يا أيها الرسول بلِّغ ما أنزل أليك من ربك وإن لم تفعل فما بلّغت رسالته والله يعصمك من الناس)

وفي سورة المائدة الآية 3 (...اليوم أكملت لكم دينكم وأتممت عليكم نعمتي ورضيت لكم الإسلام دينا)

حنّون: أنظر للآية كاملة لتعرف المعنى (حُرِّمَتْ عَلَيْكُمُ الْمَيْتَةُ وَالدَّمُ وَلَحْمُ الْخِنْزِيرِ وَمَا أُهِلَّ لِغَيْرِ اللَّهِ بِهِ وَالْمُنْخَنِقَةُ وَالْمَوْقُوذَةُ وَالْمُتَرَدِّيَةُ وَالنَّطِيحَةُ وَمَا أَكَلَ السَّبُعُ إِلَّا مَا ذَكَّيْتُمْ وَمَا ذُبِحَ عَلَى النُّصُبِ وَأَنْ تَسْتَقْسِمُوا بِالْأَزْلَامِ ذَٰلِكُمْ فِسْقٌ الْيَوْمَ يَئِسَ الَّذِينَ كَفَرُوا مِنْ دِينِكُمْ فَلَا تَخْشَوْهُمْ وَاخْشَوْنِ الْيَوْمَ أَكْمَلْتُ لَكُمْ دِينَكُمْ وَأَتْمَمْتُ عَلَيْكُمْ نِعْمَتِي وَرَضِيتُ لَكُمُ الْإِسْلَامَ دِينًا فَمَنِ اضْطُرَّ فِي مَخْمَصَةٍ غَيْرَ مُتَجَانِفٍ لِإِثْمٍ فَإِنَّ اللَّهَ غَفُورٌ رَحِيمٌ)

صابر: وآية البلاغ تعني أن يُبلِّغ بالولاية لعلي وأن آية البلاغ الآية 3 من سورة المائدة جاءت بعد آية الاتمام الآية 67 من سورة المائدة.

حنّون: هنا تجدر الإشارة الى أن قارئ القرآن عندما يقرأ سيفترض أن نزول آية الإتمام يجب أن تكون آخر آية نزلت وذلك من سياق المعنى من فكرة نزول القرآن!

ولكنها نزلت حسب ترقيم الآيات في سورة المائدة بالرقم 3 وآية البلاغ بالرقم 67 فمنطقيا آية الإتمام نزلت بعد البلاغ في نفس السورة وإضافة الى ذلك نزلت سور أخرى بعد المائدة مثل سورة النصر و سورة التوبة وهذا قد يؤدي لنسخ الأوامر أي تعديل الأوامر في هذه السورة لأنها ليست الأخيرة.

صابر: يجب عليك التركيز لتفهم فالمقصود هنا أن ولاية علي بن أبي طالب ع بدأت بعد اكتمال الإسلام كفكر ولذلك الترتيب منطقي وهو ليس كما تفترض أنت.

حنّون: لكن اذا كان الإسلام مكتملا فمالداعي للولاية أصلاً؟

صابر: هذا لأنك لا تفهم معنى وقيمة ودور الولاية وموقعها من الإعراب أصلا!

حنّون يستمر: لنرجع الى ترقيم آيات القرآن في عهد عثمان عندما رُتِّب القرآن وبحضور الإمام علي ووافق الإمام على ترتيب القرآن بهذه الشاكلة وهنا ترتيب آية البلاغ بعد آية الإتمام، أيشير هذا لوجود تغيير؟

صابر: عليك أن تخرج هذه الهلاوس من رأسك فقد أوضحت لك أن ولاية الإمام علي بدأت بعد اكتمال الإسلام

85 كيفية ترتيب سوَر القرآن في المُصحَف

حنّون: وهُنا يجدر التساؤل، إذا كانت أسباب النزول هي الأساس والمحكُّ في فهم القرآن فلماذا لا يُرتَّب مصحف القرآن الحالي بين يدينا بنسخته الحالية بأساس ترتيب النزول بدلا من الترتيب الحالي الذي لا غرض مفهوم منه؟

صابر مقاطعا: ترتيب نزول سور القرآن والآيات موجود ومتوفر وتستطيع استخدامه لتحصل على ما تريد! فلماذا تُصرُّ على تغيير المصحف الحالي؟ فأي تغيير فيه سيؤدي لاحتمال الخطأ غير المتعمد والمتعمد فيه ونحن يجِب أن نحرص على إبقاء القرآن كما هو لقطع احتمال وجود أي تحريف أو تلاعب في الحركات ناهيك عن الحروف والكلمات.

حنّون مداخلاً: لكن ذلك سيُسهِّل تفسيره على أساس أسباب النزول وعندها سنعرف الناسخ من المنسوخ والخاص من العام ويقل الإبهام والالتباس علينا وهذا اقتراح منِّي لفهم القرآن وتسهيل فهمه وتقييمه أمّا أنَّ يبقى على هذه الحالة فإن كثيرا من الشطط يصيبنا بسبب عدم ترتيبه وبالتالي الكثير من تغيير وتحريف التفسير لنفس النص سينال من المعنى التفسير بواسطة عدم الالتزام بالناسخ والمنسوخ المؤسس على تسلسل النزول!

صابر: المختص في الفقه لا يخطأ بذلك! فبعد أن تتخرج من كلية الشريعة الإسلامية سوف لا تشعر بما تشعر فيه من احتمال تحريف التفسير والشطط فكل ذلك يصيب غير المتفقّهين في الإسلام ممن هم من أمثالك!

وأما مسألة الاختيار الإلهي للأشخاص فالدليل العقلي هو: أن نُنسب كل ما هو كامل للإسلام ولا شك أن تَنصيب الإمام من قبل الله تعالى أمر عقلي بأساس كونه كامل ومثالي.

حنّون: ما ذكرت أنت في هذا المجال ليس له دليل عقلي إلا أمام أعين المسلمين وافتراضاتهم الإيمانية وأما أمام غير المؤمن بالإسلام فينتفي هذا الدليل ولهذا يُفضَّل تسميته "بدليل إسلامي" لأنه دليل يقنع المسلم المؤمن فقط ولا يقنع

غيره ومن جهة أخرى هو حجّة دائرية فالإمام مثالي لأنه إمام والإمام هو إمام لأنه مثالي وكذلك،

الإمام هو إمام لأن الله اختاره والله اختاره لأنه هو الإمام!

هل ترى كيف تحدث الحجة الدائرية هنا؟

صابر: وما المشكلة هنا أو دوائرك وحُجَجُك الواهية هذه فالإمام عج هو حُجّة بنفسه وذاته وكذلك القرآن هو دليل بذاته على نفسه وهو معجزة قائمة بذاتها!

ولا يخفى علينا نحن المسلمون أن في الأمة المنافقون وآخرون ممَن يترّبصون بالإسلام الدوائر وفيها المؤلفة قلوبهم!

حنّون: لماذا ذكرت المؤلفة قلوبهم وكأنك تتهمهم وكأنهم "منبوذون أو متآمرون برأيك"؟ وقد ذُكِروا في القرآن في آية الصدقات وكان لهم حق في الزكاة حتى منعها عمر بن الخطاب عنهم، (إنما الصدقات للفقراء والمساكين والعاملين عليها والمؤلفة قلوبهم وفي الرقاب والغارمين وفي سبيل الله فريضة من الله والله عليم حكيم) سورة التوبة الآية 60.

صابر: الكتاب فيه محكَم ومتشابه وناسخ ومنسوخ ومجمَل ومتصِل وعام وخاص والسُنَّة فيها أيضا وبذلك ينتقل الخلاف بشكل متوارث ويستمر حول تأويل الآيات الكريمة لأن كثيرا منها حَمّالة أوجه (الإمام علي، قوله عند حرب الخوارج) وذلك ما يسير عليه فقهاء الشيعة وأما فقهاء السُنّة فينتقل الخلاف عندهم الى قضية صِحَّة الحديث وعدمه ووضعه وعدمه.

إذن فرجوع الأمة الى الكتاب والسنة لا يرفع الخلاف لأن الخلاف استمر مع رجوعها الى الكتاب والسنة من الماضي الى الحاضر فلا بد من مَفزَع وملتجأ تفزع إليه الأمة وتلتجِئ وذلك هو دور الإمام عج.

حنّون: أليس في عقيدتكِ هذا طعن بالقرآن في كونه كافٍ ووافٍ وكامل ومثالي ودقيق؟

ومن ناحية أخرى ذلك يتناقض مع الآيات التالية،

(الكهف 49) (وَوُضِعَ الْكِتَابُ فَتَرَى الْمُجْرِمِينَ مُشْفِقِينَ مِمَّا فِيهِ وَيَقُولُونَ يَا وَيْلَتَنَا مَالِ هَـٰذَا الْكِتَابِ لَا يُغَادِرُ صَغِيرَةً وَلَا كَبِيرَةً إِلَّا أَحْصَاهَا ۚ وَوَجَدُوا مَا عَمِلُوا حَاضِرًا ۗ وَلَا يَظْلِمُ رَبُّكَ أَحَدًا).

(النحل 89) (وَيَوْمَ نَبْعَثُ فِي كُلِّ أُمَّةٍ شَهِيدًا عَلَيْهِم مِّنْ أَنفُسِهِمْ ۖ وَجِئْنَا بِكَ شَهِيدًا عَلَىٰ هَـٰؤُلَاءِ ۚ وَنَزَّلْنَا عَلَيْكَ الْكِتَابَ تِبْيَانًا لِّكُلِّ شَيْءٍ وَهُدًى وَرَحْمَةً وَبُشْرَىٰ لِلْمُسْلِمِينَ)

(الأنعام 38) (وَمَا مِن دَابَّةٍ فِي الْأَرْضِ وَلَا طَائِرٍ يَطِيرُ بِجَنَاحَيْهِ إِلَّا أُمَمٌ أَمْثَالُكُم ۚ مَّا فَرَّطْنَا فِي الْكِتَابِ مِن شَيْءٍ ۚ ثُمَّ إِلَىٰ رَبِّهِمْ يُحْشَرُونَ)

(الإسراء 12) (وَجَعَلْنَا اللَّيْلَ وَالنَّهَارَ آيَتَيْنِ ۖ فَمَحَوْنَا آيَةَ اللَّيْلِ وَجَعَلْنَا آيَةَ النَّهَارِ مُبْصِرَةً لِّتَبْتَغُوا فَضْلًا مِّن رَّبِّكُمْ وَلِتَعْلَمُوا عَدَدَ السِّنِينَ وَالْحِسَابَ ۚ وَكُلَّ شَيْءٍ فَصَّلْنَاهُ تَفْصِيلًا)

(المائدة 50) (أَفَحُكْمَ الْجَاهِلِيَّةِ يَبْغُونَ ۚ وَمَنْ أَحْسَنُ مِنَ اللَّهِ حُكْمًا لِّقَوْمٍ يُوقِنُونَ) أليس هذا دليل عقلي على خطأ فكرتك الأخيرة لتعارضها مع معنى آيات القرآن؟

صابر: في سورة القصص الآية 68 (وَرَبُّكَ يَخْلُقُ مَا يَشَاءُ وَيَخْتَارُ ۗ مَا كَانَ لَهُمُ الْخِيَرَةُ ۚ سُبْحَانَ اللَّهِ وَتَعَالَىٰ عَمَّا يُشْرِكُونَ)وهذه إشارة الى أهل البيت ع.

حنّون: لكن هذه الآية بنفس الوقت تؤكد أن لا وجود للديمقراطية في الإسلام وهذا يتناقض مع كون الله متفوّق على البشر في قيمه ومنها القيم الإنسانية أي أن مثالية الله تتطلب أن يكون هو سابق للبشر في الوصول للفكر الإنساني الذي توصل له البشر!

صابر: وليكن ذلك! فما قيمة الديمقراطية وهي طاعة إرادة الشعب في أغلبيته مقارنة بطاعة الله؟ من تطيع الله أم البشر فأنت شئت أم أبيت عبد لله! وهذه الطاعة المطلقة تكون لولي الأمر وتجب لولي أمر معلوم مشخَّصٍ لا مجهول.

حنّون: كيف تفسر معنى المعلوم والمجهول هنا؟
هل الإمام المهدي له وجود معلوم ومُشخَّص؟
غير ما يمكن تأوليه من القرآن حسب تأوليك؟
فإن كان موجودا واقع الوجود مادي لا الاستنباطي و نّفسي فداه وأقولها وأنا بكل وعيي وأرجو أن تصل الى دليل وجوده المادي وأنا انتظرك جديا أن تحاول ذلك وبفارغ الصبر؟

صابر: أنت تراوغ بطلبك هذا وعواطفك هذه التي تبيعها عليَّ فقيمة الإيمان هي أن تؤمن دون دليل مادي فكل الناس يصدقون الدليل المادي وهذا لا يُقدم لك أفضلية عليهم وعليه الله يريد لنا الأفضل وهو أن نحصل على الحسنات بإيماننا به وبعقيدته دون دليل ملموس مادي وإن عنادك هذا يتطابق مع كلمات القرآن في سورة العنكبوت الآية 63 (أكثرهم للحق كارهون)
(فصِّلت 4) (قل الحمد لله بل أكثرهم لا يعقلون)
(الصافات 71) (ولقد ضل قبلهم أكثر الأولين)

(الحجر 14-15) (ولو فتحنا عليهم بابا من السماء فظلوا فيه يعرجون لقالوا إنما سُكِّرت أبصارنا بل نحن قوم مَسحُرون)

يونس 101 (وما تغني الآيات والنذر عن قوم لا يُؤمنون)

حنّون: هذه الآيات تُردّد دائما على مسامع المُتشكّكين لكن ربما يصِل الشك في النهاية اليَقين الإيماني وهذا ما أتمنّاه أنا وقد كان النبي أبراهيم مُتشكّكاً ووصل الى يقين بأساس مادي وفق آيات القرآن وخاصة مناداته الطيور المُمَزَّقة لأشلاء والتي رجعت بقدرة الله من أشلائها فوق الجبال لطيور طائرة جاءته تسعى وصار من أولي العزم فأعذر تشكُّكي لأنه مشروع إسلاميا بأساس القرآن بمشابهة حالتي مع حالة النبي أبراهيم فليَتسِع صَدرك لي إذاً!

صابر: حسنا أنا أفهمك لنستمر مادمت تقول أنّك تبحث عن اليقين واليقين هو في سفينة النجاة أهل البيت ففي سورة الجن الآية 26-28 (عَالِمُ الْغَيْبِ فَلَا يُظْهِرُ عَلَىٰ غَيْبِهِ أَحَدًا (26) إِلَّا مَنِ ارْتَضَىٰ مِن رَّسُولٍ فَإِنَّهُ يَسْلُكُ مِن بَيْنِ يَدَيْهِ وَمِنْ خَلْفِهِ رَصَدًا (27) لِّيَعْلَمَ أَن قَدْ أَبْلَغُوا رِسَالَاتِ رَبِّهِمْ وَأَحَاطَ بِمَا لَدَيْهِمْ وَأَحْصَىٰ كُلَّ شَيْءٍ عَدَدًا (28)) والغيب هنا هو الأئمة.

حنّون: أليس هذا تحميل للكلمة أكثر من معناها وطاقتها!

إذن كيف تفسّر كلمة الغيب في بداية سورة البقرة؟

فكلمة الغيب ذُكرت 28 مرة في القرآن فهل تعني كلها الأئمة حصراً؟

أليس من الأوضح وهو الأفضل أن يَذكر الله في كتابه مرّة واحدة صراحة كلمة أئمة فنكون على بيّنة دون التباس بدلا الـ28 مرة لكلمة الغيب؟!

صابر: لا! لأن قيمة المعنى الباطني أكبر من المعنى الظاهري وقد أوضحت لك قيمة الإيمان دون دليل ملموس ويبدو أنّك لم تفهم فلا قيمة للإيمان بالملموس كما حصل للكافرين من الأمم البائدة الكافرة حيث يأتيهم عذاب الله فيؤمنون به بدليل حدوث العذاب الإلهي واقعا أو كحال فرعون الذي آمن لحظة غرقه فلو آمنوا جميعا بأساس كلام الله دون دليل ملموس لكانوا من أهل الجنة!

وعسى أنت تتعظ أنت من كلام الله عز وجل في سورة المنافقين الآية 6 (سواء عليهم استغفرت لهم أم لم تستغفر لهم لن يُغفر الله لهم أن الله لا يَهدي القوم الفاسقين)

حنّون: في ابن كثير يقول أنها نزلت في عبد الله بن أبي بن سلول أو المنافقون عموما والقرطبي يقول أنهم المنافقون بينما يقول بعض الشيعة أن هذه الآية

نزلت في واقعة حنين وفيها ما يُشير الى أنها نزلت في حق عمر وغيره من الصحابة الذي رضى الله عنهم ورضوا عنه وهذا تناقض مع فكرة أن الله رضي عنهم!

صابر: هذا لأن أصحاب الصراط المستقيم هم أناس خواص وهم أعلى من مرتبة "رضي الله عنهم"!

حنّون: أليست هذه وجهة نظر عنصرية تخصيصية؟!

صابر: لا لأن الله يُفضِّل المؤمنين درجات.

حنّون: لا هي عنصرية وإلّا كيف تفسر سورة الفاتحة؟

ففيها نجد "إهدنا الله الصراط المستقيم" وهذه الآية يقولها المسلمون كل صلاة عدة مرّات في كل صلاة أي هي أساسية في معانيها وهذا معناه أن كل المسلمين يهتدون للصراط المستقيم وذلك يتناقض مع ما تقول حول كون الصراط المستقيم للخاصة فما الداعي لذكره في كل صلاة إن كان قِصراً على الخاصة فقط؟

صابر: ولقد مرّ أبراهيم الخليل بمراحل متعددة حتى وصل لدرجة الإمامة، وتأهّل لأن يجعله الله تعالى إماما للناس.

حنّون: هذا يعني بالنسبة لعقيدتك تكون الإمامة أهم من الرسالة والنبوة وأن الإمام أعلى مرتبة من النبي! وهذا مناقض لفكرتك التي طرحتها أن الرسول لم يترك قضية الخلافة بعده دون تعيين شخص بل عيّن والي وهو الثاني عشر من الأئمة.

فكيف يُعيّن النبي الأقل شأنا إماما على الأعلى شأنا إضافة الى أن هذا التعين غير مسند تماماً فهو مسند في سنده كحديث في كتب الشيعة فقط بأساس كونه حديث متواتر وكل الأحاديث عندي قابلة للطعن فمثل ما عند السُنّة أحاديث مسندة يطعن فيها الشيعة. كذلك عند الشيعة أحاديث متواترة يطعن بها السُنّة، لهذا هنا نريد أن نناقش فقط ما ورد في القرآن فهذا أجدى للمنطق باعتبار أن القرآن متفق عليه من قبل الجميع.

صابر: (الدخان 32) (ولقد اخترناهم على علم على العالمين)

حنّون: في تفسير ابن كثير والقرطبي والجلالين الآية هذه عائدة لبني أسرائيل.

صابر: (المُطفّفين 21) (كلا إن كتاب الأبرار لفي عليين وما إدراك ما عليون كتاب مرقوم يشهده المُقرَّبون)

حنّون: في القرطبي المقربون الملائكة (مثل الملاك اسرافيل) وتفسيرا ابن كثير والجلالين يقولان أن المعنى هو الملائكة.

صابر: (الإسراء 71) (يوم ندعو كل أناس بإمامهم)

حنّون: هذه الآية حمّالة أوجه.

صابر: قصة عن تقريب الآية (قال ومن ذريتي قال لا ينال عهدي الظالمين) على عصمة الإمام.

فأجاب الأستاذ(د. أبو زهراء النجدي) عن العلامة الطباطبائي في تفسير الميزان: أن الناس بحسب القسمة العقلية على أربعة أقسام.

1- من كان ظالماً في جميع عمره.

2- ومن لم يكن ظالماً في جميع عمره.

3- ومن هو ظالم في أول عمره دون آخره.

4- ومن هو بعكس هذا (أي ظالم في آخر عمره دون أوله).

وأبراهيم أجلُّ شأنا من أن يسأل الإمامة لمن هو بالحالة الأولى والرابعة من ذريته فبقي قسمان وقد نفى الله الذي "يكون ظالما في أول عمره دون آخره" بأساس كونه ظالم في وقت ما فبقي الآخر وهو الذي "لم يكن ظالم في جميع عمره" ... انتهى!

حنّون: القصة غير واضحة هنا إضافة الى أن ذلك "الأستاذ" قد قسّم الناس الى أربعة أقسام حسب الظُلم، متغاضياً عن حالات أخرى وهي حالة الناس التي تظلم مرة واحدة في حياتها أو مرتين أو ثلاث فتقسيم الناس على هذا الأساس غير صحيح واقعياً.

إن ما ورد من آيات أعلاه فيه الكثير مما هو القابل للطعن حول تفسير معنى "الأئمة" لهذا سوف نُبعِد النقاش حولها ونلتقي على الآيات التي يمكن أن تحمل معنى الأئمة فإن توصلنا الى ذلك يمكن اعتبار الآيات التي عليها اختلاف والتي أُبعِدت تحمل معنى الأئمة.

(الرعد 7) يقول ابن كثير أنّها نزلت في علي.

(النحل 89) يقول أنها تحمل معنى الأئمة.

وهنا يمكن لنا عرضها على العقل.

فيمكن أن يكون الهاد من الناسِ العاديين.

ويمكن أن يكون هذا الهاد صالح فيقود الناس الى الطريق الصحيح طالما حكم فيهم.

ويمكن أن يكون طالح فيقود الناس الى طريق غير صحيح طالما حكم فيهم فتتم محاسبة الناس على طاعة أو عدم طاعة الهادي هذا.

مختصر للقول يمكن أن الهادِ يمكن أن تكون بمعنى "الحاكم" فقط.

(النساء 54) و(آل عمران 33) لم يكن تفسيرا القرطبي وابن كثير مقنعا.

أمّا أن نفترض أن هاتين الآيتين في كون آل أبراهيم وذريته مفضّلين على الخلق أجمعين فهذه حالة خاصة في القرآن، أي أن ذرية آل أبراهيم مميزة على الخلق وبالتالي ذرية النبي محمد مُفَضَّلة وهذا فعلا موجود في القرآن حيث حُرِّمَت على آل البيت الصدقة وأُكرموا بالخمس أي مقداره 20% من دخل الإنسان العادي السنوي أو ربحه السنوي واذا ما أحصينا أحفاد الرسول الذين توجّب تقديم الخمس لهم **(وحَسَب إحصائيات مجلة نور الإسلام العدد 67 السنة السادسة 1998) كان عدد السادة القريشيين الأشراف في العالم حوالي 20 مليون** وقال مفتي مصر الشيخ علي جمعة أن عددهم هو 40 مليون في 2018 وهذا العدد لو شاءت الظروف وأصبح العالم كله مسلم وطُبِّقت آية الخمس في سورة (الأنفال 41) (وأعلموا إنما غنمتم من شيء فإن لله خمسه وللرسول ولذي القربى واليتامى والمساكين وابن السبيل أن كنتم آمنتم بالله وما أنزلنا على عبدنا يوم الفرقان يوم ألتقى الجمعان والله على كل شيء قدير)

وبدون الدخول في التفسيرات، الآية واضحة أنها لآل البيت لأن ما لله للرسول وما للرسول يكون لورثته من بعده واذا ما قسَّمنا خمس الدخل العالمي على عدد السادة في العالم لأصبح مسكينهم مليونيرا، فهل هذا عدل؟!

فلماذا هذا التمييز بين البشر أي أن تكون هناك نخبة من الناس (الخاصة) وهناك عداهم من ناس عوام؟

وهذا لا يختلف عن ما يؤمن به اليهود حيث يقولون أنهم شعب الله المختار وما عداهم عامة أو عاديون (گويم) ولذلك لا يختلف بذلك عن تمييز نسل اللاويين من اليهود على باقٍ اليهود بأن لهم الحكم والسلطة والأمر والنهي دون غيرهم أي أنهم نسل من اليهود أفضل من الباقين منهم فإني هنا أنشِد الحق بضميرك وأنت لست بحفيد للرسول، كيف يمكن أن يكون هذا التمييز العنصري من عند الله وهو الحكيم الخبير؟

ولنعد لنقاش قضية الراسخين في العلم وأصحاب الأعراف!

هناك (آية النساء 162) و(آل عمران 7). حول الراسخون في العلم، لم يحدد القرطبي ولا ابن كثير معناها بالضبط ويُمكن أن تفسَّر من باب ذكر العلماء الفاهمين للفقه.

ثم في حادثة الرضا والآية 9-10 من سورة الطلاق لماذا فرّقت ذكر رسول بين آيتين هل هذا بسبب تغيير جرى على القرآن؟ ولماذا لم يعترض الإمام علي على ذلك وقد كان حاضرا في فترة تجميع القرآن في عهد عثمان؟

أما أصحاب الأعراف في سورة الأعراف 46-48 والتي تبين أن أصحاب الأعراف هم خاصة من الناس فيعرفون الناس "بأسمائهم وسيماهم" وعند الرجوع الى آية 30 من سورة البقرة يمكن أن نذهب بعدها الى تفسيرك بأن الأئمة الإثني عشر كانوا حاضرين عندما علّم الله آدم الأسماء كلها وبالتالي يمكن أن نؤمن بكل ما افترضت وأنَّ الأئمة هم الشهداء وهم الراسخون في العلم وهم أصحاب الولاية وهم الخاصة.

وهنا نقول لماذا لم يطالب علي بن أبي طالب بالولاية؟

لماذا لم يطالب بحقه؟

أليس هو الذي قال الساكت عن الحق شيطان أخرس؟

وأضيف الى ذلك لماذا أيضاً لم يطالب الأئمة بهذا الحق؟

فحتى الإمام الرضا بايع المأمون وكان يحضر جلساته وكذلك باقي الأئمة،

صابر: الإمام الرضا قبل ولاية العهد مكرهاً!

حنّون: وأين الدليل المادي على وجود الإمام المهدي؟

فظهوره شخصياً كفيل بتصديق ما تقول!

قد انتظرت كل الأجيال الماضية المهدي المخلِّص شأنهم في ذلك شأن المسيحين الذين ينتظرون مخلصهم المسيح ومن يعبد يهوه (اليهود) حيث ينتظرون مخلّصهم المسيح اليهودي ويوجد غيرهم من ديانات تنتظر مخلص بأوصاف هم يعلمونها وكان دوما ظهور هذا الغائب هو الدليل أو الحل لهذه المعضلة!

وهنا سأقول الى متى سننتظر وننتظر؟

صابر: قد بدأت بكلام يشابه كلام الصهاينة الذين جعلوا إسرائيل والأمة اليهودية الجديدة البديل للمخلص الإلهي اليهودي المنتظر عندهم فخالفوا دينهم لتأسيس حركة سياسية لتأسيس دولة بإطار ديني!

حنّون: لا يهمني ماذا فعلوا فإنا أنظر لواقعنا نحن فإنا لا أقلدهم لكن ربما واقعنا أصبح يشابه واقعهم مما أدى بي الى التفكير بنفس الطريقة أو بشكل مشابه! فالعالم البشري هذا يجري بالواقع ولا يحلّق في خيال!

أما آن لنا أن نكون واقعيين ونتعامل مع الحياة بواقعية؟

فنركن هذه العقائد غير المفيدة للزمن فهو الذي ينتظرها وليس نحن كي نمارس حياتنا كباقِ البشرية بكل ما فيها وفق الطريق الذي نراه ينفعنا ولا يضر الآخرين ويضمن الحياة الهادئة المستقرة لأجيالنا.
أليس هذا هو الأصلح لنا؟
فما دمنا أنا وأنت قد وصلنا الى قضايا الغيب والماورائيات دعنا نتكلّم عن المشيئة الإلهية، ما رأيك؟
صابر: هل تقصد موضوع البَداء؟
حنّون: نعم، لنتكلم عن البَداء!

86 البَداء

صابر: البَداء هو رأي من الله عزّ وجل غير الذي كان (يمحو الله ما يشاء ويثبت وعنده أم الكتاب) الآية 39 من سورة الرعد.
حنّون: كتطبيق لذلك لنطرق موضوع قصة النبي يعقوب، **كيف** ولماذا انتقلت النبوة من اليعاص الى يعقوب؟ هل ذلك يشير الى تغيّر رأي الله في ذلك الوقت؟ ولماذا كانت النبوة لأسحاق وليست لاسماعيل وفقاً لليهودية بما يخالف الإسلام الذي اعتبرهما أنبياء هما الإثنان؟
كذلك مسألة البداء موجودة في حادثة تولية الإمام اسماعيل بن جعفر الصادق ثم ذهاب الإمامة الى موسى الكاظم لدى موت اسماعيل في حياة أبيه.
كيف تغيّرت المشيئة الإلهية هنا وفي تلك الحالات المذكورة في العهد القديم؟
صابر: قبل أن تناقش ما حدث يجب أن تفهم مستويات العوالم!
حنّون: ما هي؟
صابر: كالتالي،
المستوى الأول: مستوى القضاء المحتوم وهو أم الكتاب ويسمى "اللوح المحفوظ" أو "اللوح الأعلى" وهو العلم الأزلي بالأشياء.
المستوى الثاني: عالم المحو والإثبات أو اللوح الأدنى.
العلم الأعلى فالعلم الأدنى، اللوح الأعلى (اللوح المحفوظ)، نور النبي،
ثم العلم الأدنى (متحقق في قلوب الملائكة في الملكوت الأعلى)،
والعرش والكرسي والقلم واللوح مُتعلِّقة "بالنفس الفلكية العليا" فلك الأفلاك والتي بيدها أمرُ ما كان وما يكون "خلال سنة كاملة".

حنّون: وما هو الداعي لوجود العلم الأدنى أليس من الأفضل وجود مستوى واحد فقط وهو العلم الأعلى؟

صابر: اقتضت الحكمة الإلهية إيكال الأشياء الى أسبابها وعلى مستويات ولكل مجموعة معينة في الكون مسؤول أو عدةُ مسؤولين من الخلق يقومون بالأشراف والتدبير فلا يكون من الغريب أن تكون مجموعة الأوامر والأفكار المُنجزة خلال عام كامل موكولة الى نفوس ملكوتية عليا وهذا هو وجه الحاجة الى وجود مستوى العلم الأدنى.

والبَداء في عقيدة الشيعة يكون حاصلاً في المستوى الأدنى من المعرفة وليس في مستوى القضاء والقدر،

فعن الأئمة الباقر والصادق عليهما السلام [ما عُبد الله بشيءٍ مِثلَ البداء] (المصدر: الكافي)

وذلك كله بعكس فقه السُنَّة في أن البداء ليس لله أي أنهم ينفون أن يقوم الله بالبداء البَتَّة مع الإقرار بوجود الناسخ والمنسوخ من آيات الله في القرآن.

حنّون: هذه تعقيدات كثيرة لا داع لها! لنتطرق الى موضوع آخر!

صابر: بل أنت لم تفهمه، لأنه أعلى من مستواك العقلي وأنت لم تدرس الفقه دراسة مستفيضة!

87 الخُمس والزكاة

حنّون: لنَرجع لقضية الخُمُس.

صابر: حسناً

حنّون: تؤخذ أو تُجمع الزكاة من المسلمين إضافة للخُمس، أليس ذلك بكثير؟!

صابر: لا ليس بكثيرا!

فالخمس عن موسى بن جعفر [ما كان لله فهو لرسوله وما كان للرسول فهو لنا] ثم قال [والله لقد يسر الله على المؤمنين أرزاقهم الخمسة دراهم جهلوا لربهم واحدة]

الخمس نصفان نصف الإمام المنتظر (عج) يُصرف في الأمور التي تضمن أو تحرز رضا الإمام في صرفها وبإجازة من المرجع (الأعلم المطلع والمحيط بالجهات العامة) أو يدفع إليه ونصف الفقراء واليتامى وأبناء السبيل من الهاشميين المؤمنين(التيجاني).

[إن الله الذي لا إله إلا هو لما حرّم علينا الصدقة أنزل لنا الخمس فالصدقة علينا حرام والخمس لنا فريضة والكرامة لنا حلال] (الخميني يتكلّم هنا نقلا عن الإمام جعفر الصادق).

وتُأخذ الزكاة من الأموال والذهب والفضة والأملاك الأخرى والتجارة كلٌ بنسبة معينة.

حنّون (مقاطعاً): هذا ضَعف في عملية الحساب الضريبي الإسلامي!
لماذا لم يُشرِّع المُشرِّع النقد ويعادل كل الممتلكات بالمال ثم يأخذ نسبته ولو كان هذا موجوداً لأصبح حساب الزكاة معجزة حسابية يمكن التباهي بها!

صابر: آية الزكاة، خذ من أموالهم صدقة تطهرهم وتزكيهم (إِنَّمَا الصَّدَقَاتُ لِلْفُقَرَاءِ وَالْمَسَاكِينِ وَالْعَامِلِينَ عَلَيْهَا وَالْمُؤَلَّفَةِ قُلُوبُهُمْ وَفِي الرِّقَابِ وَالْغَارِمِينَ وَفِي سَبِيلِ اللَّهِ وَابْنِ السَّبِيلِ فَرِيضَةً مِّنَ اللَّهِ وَاللَّهُ عَلِيمٌ حَكِيمٌ)(التوبة 60) (عبد الهادي) فالزكاة هي لكافة المسلمين والخمس لأهل البيت.

(وَاعْلَمُوا أَنَّمَا غَنِمْتُم مِّن شَيْءٍ فَإِنَّ لِلَّهِ خُمُسَهُ وَلِلرَّسُولِ وَلِذِي الْقُرْبَىٰ وَالْيَتَامَىٰ وَالْمَسَاكِينِ وَابْنِ السَّبِيلِ إِن كُنتُمْ آمَنتُم بِاللَّهِ وَمَا أَنزَلْنَا عَلَىٰ عَبْدِنَا يَوْمَ الْفُرْقَانِ يَوْمَ الْتَقَى الْجَمْعَانِ وَاللَّهُ عَلَىٰ كُلِّ شَيْءٍ قَدِيرٌ) (الأنفال 41)

حنّون: أليس الخمس كثيرا أن يكون لأهل البيت وحدهم اذا ما عرفنا أن في العالم في سَنة 1998 حوالي 20 مليون مسلم من نسل أهل البيت "سيد" وأن عدد سكان العالم كان 6 بلايين في سنة 1998 كان منهم بليون وربع مسلم فتكون نسبتهم 1.6% أي هي 0.3% بالنسبة لسكان العالم تقريبا فإذا ما افترضنا أن أصبح العالم كله من البشرِ المسلمين كانت نسبة السادة هي 0.3% ولهم حق التصرف في الخمس حسبَ الآية أي نسبة 20% من الموارد لكل البشرية فهل تكون هذه الحالة بمستوى أي عدالة وضعية صنعها البشر علمانيا؟

ولنفترض بعد ذلك أنها "عدالة إلهية" في أن يمتلك أقل من نصف الواحد بالمئة من سكان البشرية خمس رَيْع الكوكب كُلّه مالياً بل خُمس قيمة ممتلكات الكوكب كله!

ولا سِيما أن الخُمس هذا يشمل كل ما يملكه الإنسان وما تملكه أي دولة مما هو فوق الأرض أوباطنها. [المصادر(9)(15)]

صابر(متجاهلا السؤال): الخمس يُدفع مرة واحدة عن الموجودات الثابتة بما أشرت له بأنه فوق الأرض أو باطنها وليس مستمرا للأبد!

ويُدفع عن كل ما يغتنمه الإنسان في أي ربح صافي.

حنّون مقاطعا: الاغتنام يخص الاغتنام من الكافرين وهو ليس الربح من البيع في التجارة مثلا! فهل يمكن إلغاء الخمس بأساس أنه خاص بموضوع الجهاد؟

صابر مسترسلا متجاهلا: يُقسَم الخمس الى قسمين الأول ويشمل حُصّة الله ورسوله وذي القربى وهذه هي حَق الإمام والقسم الثاني ويوزَّع على اليتامى والفقراء والمساكين من "بني هاشم" وابن السبيل إضافة الى ذلك يكون الإمام المسؤول عن القائم ى التصرف في هذه الأموال وهو عادة ما يصرفها في المشاريع الخيرية والمدارس الإسلامية بعد أن يُوزِّعها على بني هاشم ويَسدِّ رمقهم.

حنّون مقاطعا: أنظر معي لهذه القائمة في مقدار أعمار تسلّم الإمامة للأئمّة!

عمر تسلمه الإمامة	العمر	تاريخ الحياة	اسم الإمام	
	63	23 قبل هج-40 هج	علي بن أبي طالب ع	-1
	48	2 هج – 50 هج	الحسن الزكي	-2
	58	61- 3	الحسين سيد الشهداء	-3
	57	95-38	علي زين العابدين	-4
38	57	114-57	محمد الباقر	-5
31	65	148-83	جعفر الصادق	-6
20	55	183-128	موسى الكاظم	-7
30	55	203-148	علي الرضا	-8
8	25	220-195	محمد الجواد	-9
8	42	254-212	علي الهادي	10
22	42	260-232	الحسن العسكري	11
5		265-	محمد المهدي	12

(محمد رضا المظفر)

صابر: ما الذي جعلك متعجّباً هكذا؟ فالأعمار والأقدار أمر إلهي في كل الأحوال!

حنّون: لا عليك!

اذا ما وُزِّعت أموال العامة بهذا الشكل لم يبقى فقيرا أو مسكين عند "بني هاشم" ولأصبحوا جميعهم أشدَّ الأثرياء لأن الخُمس كبير كَمُحصِّلة وماذا سيصنع الإمام بأموال الخمس هذه ولماذا يُأخذ خُمس ذوي القربى؟

فحسب الآية ذوي القربى يستحقون الخمس حتى إن لم يعملوا أي عمل وهذه الآية هي التي تفسر قول النبي عند بداية الدعوة عندما ذهب ليبلِّغ أهله المقربين (حديث الولاية) فقال [إني جئتكم بخير الدنيا والآخرة] والخُمس هو خَير الدنيا وفعلا اذا ما طُبِّق الخمس أصبح بنو ذوي هاشم كتلة اقتصادية هائلة ويصبح رأس المال عالميا بيدهم وبذلك يبدأ صراع الطبقات الفقيرة مع هذه الطبقة المترفة ولنفرض لو أن الخُمس قد طُبِّق بعد الإسلام ولحد الأن لأصبح بنو هاشم يملكون الدنيا بل لاستورثوها كلها كما تقول الآية (وَنُرِيدُ أَنْ نَمُنَّ عَلَى الَّذِينَ اسْتُضْعِفُوا فِي الْأَرْضِ وَنَجْعَلَهُمْ أَئِمَّةً وَنَجْعَلَهُمُ الْوَارِثِينَ) سورة القصص الآية 5 إن كانوا فعلا المقصودين بها.

صابر: يَأخذها المحتاجون مِن أهل البيت أي الذين ليس لديهم المال الكافي للعيش دون احتياج وهم بدورهم أيضا يساعدون المحتاجين من الناس، فبالله عليك، أليس ذلك أفضل من أن يمتلك هذه الأموال المُجرمون؟!

حنّون (متجاهلاً): الآية هذه تذكر أن الخمس من حق نسل الرسول (السادة الأشراف) سواء كانوا محتاجين أم لا! لأن الآية ذكرت ذوي القربى وذكرت المساكين بتعبيرين منفصلين والسؤال هو لماذا هذه الشريحة من الناس أي بنو هاشم بأساس أنهم أفضل البشر فبأي شيء يختلفون عنّا؟ لماذا هذا التمييز العرقي؟ هذا ما لا أستوعبه أو أقتنع به!

صابر: المجتمع الإسلامي مجتمع طبيعي فليس هو مجتمع تمييزي ولا هو مجتمع تساوٍ سلبي أي مساواة سلبية دون إنصاف ورسالة الإسلام هي (العمل على قدَر المقدرة أو الاستطاعة) و(الاستحقاق على قدَر العمل).

حنّون مستهزئاً: ها قد جعلت الإسلام فكر اشتراكي ماركسي كي تنقذه مِن فخ هذه المحاججة! فهل بقي أن تكمل كلامك بإعلان إسلام تشي جيفارا وماو ولينين في الخفاء؟

صابر مُستمرا دون مبالاة: وأمّا "**المجتمع التمييزي**" فهو المجتمع الذي تقوم فيه علاقات الناس على أساس الاستغلال والاستعباد والاستثمار أي جلب

الفائدة الجبرية وتكون حياة نخبة من الناس فيه أو مجموعة من الأفراد فيه على حساب عمل آخرين وكدحهم وحياتهم ولكن **"المجتمع الطبيعي"** هو المجتمع الذي تُمنع وتُستنكر فيه كل أنواع الاستثمار أو الاستغلال لدعم حياة فرد على حِساب فردٍ آخر (المصدر 4)

وأمّا مجتمع التساوي السلبي فهو المجتمع الذي يتساوى به الجميع بالحرمان أي النقصان

88 هل البشر طبقات؟

حنّون: ما تقوله جميل جدا لكنك تناقض نفسك لأن طبقة "السادة" القُريشيون أو القَرَشيون هي الطبقة العليا هنا والباقي هم بمثابة العبيد أو الناس العاديون أو المحتقرون.

صابر: هذا الفهم والتقسيم خاص بك أنتَ وحدك علاوة على كونه خاطئ لأنك تؤلّفه وتؤسّسه لتشويه الإسلام فالواقع هو أن علاقة البشر هي "علاقة الاستخدام المتقابل أي المتبادل"!

الجميع يسعى بحرية وفي حدود إمكانياتهم وقابلياتهم والجميع مُطيع و مُسخّر بعضهم لبعض أي يكون الاستخدام مِن الطرفين فمن الواضح أن هذا الاختلاف طبيعي وقائم ليسود فيه أفراد كقادة وهي سُنّة للحياة، فيجتذب الأكثر قوة وقابلية لأنه القوي له الضعيف، فمثلا الفرد المتمتع بقابلية علمية يجتذب له عدد من طالبي العلم فيسخّرهُم لنفسه والذي يتمتع بقابلية فَنّية فلا بد للآخرين مِن التحرّك باتجاه ابتكاراته ليكونوا تحت يده مُسخّرين ومطيعين له.

حنّون: هذا يسمّى استغلال ولا مهنية في التعامل! ها قد خرّبت مبدأ التبادل أو المقابلة الذي بدأت به كلامك وادّعاءاتك، لقد بدأت بتسويغ الهَيمنة وأنت الآن تبرّر سيطرة إنسان على آخر واستغلاله.

صابر: هي ليست سيطرة مطلقة وإنما "سيطرة مشروطة" وتحكمها الحاجة لذا أرجو أن تدعني أُكمل كلامي فالقرآن الكريم يُنكر (ينفي ويمنع) نظام الرب المالك (السيد) والمربوب المملوك (العبد) في المجتمع.

حنّون: وهل هناك آيات تثبت ذلك؟

صابر: إبحث بنفسك يجب أن تجتهد وتبحث!

فالقرآن يعترف بالاختلاف الطبيعي ومراتب القابليات المختلفة من الناحية التكوينية وما يُؤيد علاقة تسخير الطرفين التفاوت بين الناس كحقيقة طبيعية جوهرية أساسية فالمساواة غير ممكنة فكيف تساوي بين غير متساوين؟ (مصطفى محمود)

حنّون: أنت تدعي أن الله يُكوِّنهم هكذا أي يخلق الضعيف منهم لِيَجعل القوي يتحكم به، فبأي أساس افترضت ذلك؟! ففي القرآن نجد التالي، (إنما المؤمنون أخوة)(10-الحجرات) و
(هو الذي خلقكم من نفس واحدة)(189-الأعراف).

صابر: هذا موضوع آخر، فهنا تدخل حكمة الله ومشيئته في خلقه وعلاقة الكائنات مع الله عز وجل خاصة وذلك يختلف عن علاقتهم ببعضهم البعض!

حنّون: وهل ما تقول قبل قليل يتطابق في معناه مع الآية:
(أَهُمْ يَقْسِمُونَ رَحْمَتَ رَبِّكَ ۚ نَحْنُ قَسَمْنَا بَيْنَهُم مَّعِيشَتَهُمْ فِي الْحَيَاةِ الدُّنْيَا ۚ وَرَفَعْنَا بَعْضَهُمْ فَوْقَ بَعْضٍ دَرَجَاتٍ لِّيَتَّخِذَ بَعْضُهُم بَعْضًا سُخْرِيًّا ۗ وَرَحْمَتُ رَبِّكَ خَيْرٌ مِّمَّا يَجْمَعُونَ) سورة الزخرف الآية 32. فهل الآيات هذه تشير لكوننا مُسخَّرين لبعضنا البعض والفقير أراده الله أن يكون فقير والغني أراده أن يكون غني لأن هذه هي قسمة الرب ومشيئته وهذا هو قدرنا وانتهى الكلام؟! وهذا سيدعم النموذج غير العادل بعدم مساواة البشر الذي أنت تصوّره لي على أنه عادل!

89 التسخير والتبرير

صابر: هو نموذج منصف فالعدالة تطلب الإنصاف وليس العدل تحقيق التساوي فقط حتى وإن عنت العدالة تحقيق المساواة في حالات كثير وعلاوة على ذلك أنت غير مختص في تفسير القرآن لذلك لا تفسره كما يحلو لك؟

والنقطة التي تُسّتَنتج من هذه الآية الكريمة هي اختلاف المزايا لم تكن في جانب واحد أي أن الناس ليسوا جماعتين جماعة ذات مزايا طبيعية وأخرى لا ميزة طبيعية لها ولو كان الأمر كذلك لكانت إحدى الطبقتين مسخَّرة بصورة دائمية مطلقة للأخرى وهذا غير موجود في المعنى أي بعبارة أخرى في الإشارة أو الجهر لأن المزايا هي للطرفين بأساس أن المزايا بحد ذاتها يمكن أن تكون متغيّرة.

حنّون: هل تعليلك هذا يوضح علّة تسخير الحيوانات للبشر؟

صابر: بالضبط! فلاحظ كيّف فضّل الله الإنسان على الحيوان في تقديره في هذا الحكم؟

والنقطة الثانية لها علاقة بكلمة **سُخريا** وهي هنا بضم السين وبالمعنى الذي قيل وقد جاءت في آيتين أُخرَيَتين من القرآن بكسر السين **سِخريا** إحداهما في الآية 110 من سورة "المؤمنون" وتخاطب أهل جهنم وسلوكهم الشائن مع أهل الإيمان المؤدي الى سَحقهم (فَاتَّخَذْتُمُوهُمْ سِخْرِيًّا حَتَّى أَنسَوْكُمْ ذِكْرِي وَكُنتُم مِّنْهُمْ تَضْحَكُونَ) والآية 63 سورة ص وهي لسان حال أهل جهنم (أَتَّخَذْنَاهُمْ سِخْرِيًّا أَمْ زَاغَتْ عَنْهُمُ الْأَبْصَارُ).

تشير القرائن والدلائل في التفاسير [مجمع البيان الكشاف تفسير الإمام وروح البيان للبيضاوي والصافي والميزان] الى أن سِخريا بكسر السين جاءت بمعنى الاستهزاء وبضمه بمعنى التسخير.

حنّون: أي بمعنى **العبودية**.

صابر: لنرى ما تعني كلمة تسخير ومُسخَّر وما لها من مفهوم.

قد تكرَّرت هاتان الكلمتان في القرآن الكريم وكلاهما يحملان مفهوم الإخضاع والخاضع فقد ذُكِر تسخير الشمس والقمر والليل والنهار والبحار والنهار والجبال وكيف كانت مُسخَّرة للنبي داود والريح لسليمان وكل ما في السماء والأرض للإنسان ومن الواضح أن الغرض في جميع هذه الموارد أن هذه الأمور قد أُبدِعت وأودعت بحيث تكون خاضعة للإنسان لكن ليس مِن معنى خُضُوع الإنسان للأشياء أو للآخرين.

حنّون: لكن الحديث في الآية المقصودة يشير الى خضوع الإنسان للإنسان بصورة مباشرة!

صابر: بل بصورة متقابلة ولم يأت معنى الإكراه والإجبار في مفهوم التسخير فمثلا العاشق مُسخَّر للمعشوق والمُريد مُسخَّر للمراد والمتعلم مُسخَّر للمعلِّم والناس العاديون مسخَّرون للأبطال ولهذا فصَّل الحكماءُ الإسلاميون تفصيلا بذكاءٍ مصطلح الفاعلية بالتسخير عن الفاعلية بالجبر وبالطبع الإخضاع موجود في كل جبر لكن ليس كل إخضاع هو جَبر والقرآن قد بلور المفهوم الأصلي للكلمة لإيضاح حقيقة بديعة خارقة في مجرى الخِلقة في أن نشاط القوى الطبيعية هو من نوع الفاعلية التسخيرية لا الجبرية ولا التفويضية.

حنّون: هذا أسميه تزويق المعنى وتجميله لفكرة مضرّة هدّامة تبرّر استغلال البشر! الآية واضحة والفقهاء المسلمون لَمَسوا الخلل التشريعي فيها ولكن الجزم الإيماني الإسلامي هو قول أن القرآن من الله ولذلك هو صحيح مطلق مثالي دائما ولا يمكن الرجوع عن ذلك فيكون الفقهاء والمسلمون المؤمنون مِن أمثالك مجبورين على المراوغة اللفظية واستخدام ديباجة قشيبة كهذه مِن مَصنوعات "علم الكلام" الذي تَم إيجاده واستخدامه لوضع **التبريرات وسد الثغرات وطلاء العيوب** في المسيحية قبل الإسلام، فما نحتاجه لنتطور كباقِ الأمم هو الجُرأة في التفسير لمواجهة الواقع كما هو لتغييره للأفضل بدلا من خداع أنفسنا بأن المقصود من معنى النص هو ليس ما نكرهه أو نستنكره أو نستهجنه فعلينا أن نضع النقاط على الحروف والاعتراف بوجود خَلَل في الفكر يستوجب التصحيح بدلاً من خداع الذات وبدلا من الدوران بقراءة كتب التفاسير وإعادة تفسير التفسير بإعادة تأويله والدخول في تفسير كلمة هنا وهناك وتصنيع تعقيدات جديدة لا أساس لها من الصحّة حتى يتجاوز ما يتجاوز من تفسيرها كتباً كاملةً فهذه سفسطة لا تُغنينا في شيء!

صابر: بهذا الشكل سنهدم الفكر كله بحجة كونه حاوٍ على خلل ما! فهل هذا ما تريده؟

كيف لنا نرد على أمثالك المتربصين بالإسلام خراباً؟

فهل نتركهم يهدمون ديننا المثالي هذا بجهلهم بالفقه وبجهلهم بأسُس التفسير وبشبهاتهم وظنونهم وافتراضاتهم؟

حنّون: أنا لست مُتربِّص، أنا أبحث عن الحقيقة، فقد تكون عندك! ودعني أسألك لماذا تتقبل أنت دين النبي موسى وهارون الذان جاءا مُخرّبا لدين الفراعنة حيث قال الفراعنة لهما (قَالُوٓاْ إِنْ هَٰذَٰنِ لَسَٰحِرَٰنِ يُرِيدَانِ أَن يُخْرِجَاكُم مِّنْ أَرْضِكُم بِسِحْرِهِمَا وَيَذْهَبَا بِطَرِيقَتِكُمُ ٱلْمُثْلَىٰ) في سورة طه الآية 63

صابر: هؤلاء نبيان أرسلهما الله برسالة سماوية فذهبا ليغيرا دين الفراعنة وأنت لست نبيا لتغيّر الفكر الإسلامي كما يحلو لك علاوة على أن الإسلام دين إلهي وليس دين أرضي كدين الفراعنة وأن الإسلام هو الدين من قبل ومن بعد أيّ لا يوجد في الواقع دين غيره جاء من الله! فاسمع كلامي ولا تقاطع بتعليقاتك السمجة هذه!
حنّون منزعجاً: شكرا، تفضّل أنت بالنقاش.

صابر: ما فَسَّره البيضاوي وكذلك العلامة الفيض في الصافي في معنى **(ليتخذ بعضهم بعضا سُخريا)** هو أنهم يستفيدون من بعضهم البعض في حاجاتهم وبهذا يظهر التآلف والالتصاق فيما بينهم وبذلك ينتظم عمل الأنام.

حنّون: أُهنّئك! علم الكلام مهم جدا والظاهر أن هدفه هو كيف يمكن للشخص أن يغيّر ويُزروق معنى أي كلمة حتى لو كانت كلمة واحدة واضحة مكتوبة ولها معنى واحد فقط!

واقعياً الموجود هو أن الإسلام نظام اختلاف وتمايز طبقي وخير دليل على ما أقول وكما ذكرت لك سابقا في أن الفقهاء لا يتفقون في المبدأ والرأي مع لائحة حقوق الإنسان!

صابر: يقول فقه الشيعة أن الإنسان مُخيَّر وعليه نحن مُخيّرون إذاً نحن لسنا مجبورين أن نكون مسخَّرين كما تلمّح في كلامك حول معاني القرآن وذلك بدليل الآيات مثل:

(من يعمل مثقال ذرة خير يرَ)(7-الزلزلة)

(أن الله لا يظلم مثقال ذرة)(40-النساء)

حنّون: ولكن في القرآن أيضا يوجد أن الإنسان مُسيَّر في آيات مثل،

(وما تشاؤون إلا أن يشاء الله)(30-الإنسان)

(فإن الله يضل من يشاء ويهدي من يشاء)(8-فاطر)

(قل اللهم مالك الملك تؤتي الملك من تشاء وتنزع الملك ممن تشاء وتعز من تشاء وتذل من تشاء بيدك الخير أنك على كل شيء قدير)(26- آل عمران)

(واذا أردنا أن نهلك قرية أمرنا مترفيها)(162-الإسراء)

(وربك يخلق ما يشاء ويختار ما كان لهم الخيرة)(112-القصص)

(ولو شاء ربك ما فعلوه)(112-الأنعام) وهذه تُستخدم لتبرير تولِّي الخلافة وقضية السقيفة وعكسها (وقفوهم إنهم مسؤولون)(240- صافات)(محمد التيجاني)

90 هل الشورى ديمقراطية؟

صابر: ماذا تقول؟! الناس في الإسلام سواسية ليس مثلما تفكّر أنت وتعتقد فلو كان الحَكم في العالم الآن للإسلام لأصبح الحكم للشورى وهي الديموقراطية أو أفضل منها لأنها فكر إلهي!

حنّون: الشورى في الإسلام (وَٱلَّذِينَ ٱسْتَجَابُواْ لِرَبِّهِمْ وَأَقَامُواْ ٱلصَّلَوٰةَ وَأَمْرُهُمْ شُورَىٰ بَيْنَهُمْ وَمِمَّا رَزَقْنَـٰهُمْ يُنفِقُونَ) سورة الشورى الآية 38 فمَن هُم وما هو أمرهم هذا؟!

صابر: هم ذوو الحَل والعَقد.

حنّون: وكم هو عددهم؟

صابر: هم مِن هاتين الفئتين أما عددهم فيمكن أن يكون حتى إثنان وماذا يهمُّك في هذا!

حنّون: إثنان أو أكثر من ذوي الحل والعقد هم الذين يقرّرون مصير الناس فأين هي هذه الديمُقراطية التي تدّعيها؟

فكيف يعترف المسلمون اليوم بالانتخابات لتطبيق الديمقراطية وبنفس الوقت هي مرفوضة في نصوص الإسلام؟

(وما كان لمؤمن أو مؤمنة اذا قضى الله ورسوله أمرا أن يكون لهم الخيرة من أمرهم) الآية 36 سورة الأحزاب، (وأطيعوا الله ورسوله وأولي الأمر منكم) الآية 59 سورة النساء فكل شيء مُقرَّر وهناك **ذوو الحل والعقد** وهناك **الإمام الحاضر والمُفتي.**

ولذلك هذا ليس هناك تطبيق للديمقراطية فهي غير موجودة الإسلام!

إضافة للعقلية المنتشرة في وجود تمايز بين فِئات البشر المختلفة من الناحية التكوينية وذلك يُؤيِّد علاقة التسخير أو الاستعباد.

صابر: أنت تريد لنا الرجعية في حقيقتك أو ننخدع بالتطور بواسطة ترك الإسلام فإن أصبحنا متخلفين قلت لنا هذا بسبب إسلامكم وإن خسرنا ديننا هنأتنا بهذه الخسارة حيث ستعتبرها فوز فلا تخفى عليَّ مآربك هذه!

فأنت تريد أن نتأخر عن البشرية بمطلبك بالاعتراف بعدم وجود ديمقراطية في الإسلام وبعدم إمكانية تطبيقها فيه ومن خلاله، لكنك مخطئ "فالإسلام دين يُسر لا عُسر" والعبقرية في الفقه هي في تطوير تطبيق الإسلام والوصول لأي سلوك مُستَحسن أو سَمِّه متطوِّر من خلال الإسلام فيكون متلائم مع العصر في التقدّم والتطوّر البشري.

وقبل أن أنسى! لا يوجد نص في القرآن يذكر أنَّ استعباد البشر مُتأسس أو مُشرعَن إلهيا بأساس اختلاف الخلقة أو الجسد كما تفتري في كلامك على الإسلام؟

حنّون: بل يوجد! فالقرآن مثلا يذم شكل الإنسان الأسود فيستخدم صِفة سواد جلد الوجه للتقبيح بأنه صِفة الكافر يوم القيامة بقوله (يَوْمَ تَبْيَضُّ وُجُوهٌ وَتَسْوَدُّ وُجُوهٌ فَأَمَّا الَّذِينَ اسْوَدَّتْ وُجُوهُهُمْ أَكَفَرْتُم بَعْدَ إِيمَانِكُمْ فَذُوقُوا الْعَذَابَ بِمَا كُنتُمْ تَكْفُرُونَ) سورة آل عمران الآية 106

صابر: هذا تفسير خاطئ فالمقصود بالآية الكريمة هذه، هو حال الناس يوم القيامة وما يدريك أنت بيوم القيامة! علاوة على ذلك، الاسوداد والابيضاض هنا هو مَجازي والله عز وجل هو الذي خَلق الناس كعبيد له فقط سواء كانوا مؤمنين فنسميهم "العباد" أو كافرين فنسميهم "عبيد" وهو الله جل جلاله الذي يتصرف بعبيده حسب ما يشتهي لأنه الأعلَم "حيث يجعل رسالته" وكيف يجعل رسالته والناس أحرار متساوون بأساس عبوديتهم للإله الواحد فقط فإن لم تُحتَرم هذه العبودية للإله الواحد الأحد ضاع أساس الحرية بين البشر ولذلك لم تُحقِق البشرية الكافرة مستوى المساواة والحرية التي أسَّسها وأنجزها ولازال ينجزها الإسلام في تطبيقه الى يوم الدين (يوم القيامة).

91 الناسخ والمنسوخ وأول أمثلته موضوع تحريم الخمر

حنّون: وماذا تقول حول التناقضات الموجودة في القرآن؟

صابر: معاذ الله أن يكون ذلك موجوداً، لا توجد أيَّ تناقضات، هذه مجرّد شبهات أقامها المضللون لتخريب الإسلام. التناقضات موجودة في عقلك فقط لعدم فهمك القرآن حق فهمه!

حنّون: خذ التالي،

(وقالوا لن يدخل الجنة إلّا من كان هود ونصارى تلك أمانيهم قل هاتوا برهانكم إن كنتم صادقين)(111-البقرة)،

(إن اليهود والنصارى وكل من آمن بالله واليوم الآخر وعمل صالحا فلا خوف عليهم ولا هم يحزنون)(62-البقرة) قارنها **مع**

(ومَن يَبتغِ غير الإسلام دينا فلن يُقبل منه وهو في الآخرة من الخاسرين)(85-آل عمران).

صابر: هناك تفسيرات وكلها تشرح الموضوع بحيث لا يبقى عندك شك أبداً وما عليك سوى القراءة والبحث ولِزام عَليك أن تفهم الناسخ والمنسوخ (مَا نَنْسَخْ

مِنْ آيَةٍ أَوْ نُنْسِهَا نَأْتِ بِخَيْرٍ مِنْهَا أَوْ مِثْلِهَا ۗ أَلَمْ تَعْلَمْ أَنَّ اللَّهَ عَلَى كُلِّ شَيْءٍ قَدِيرٌ) الآية 106 من سورة البقرة وأفضل ما يبدأ به طالب الفقه في تعلّم فقهِ "الناسخ والمنسوخ" هو حصل تحريم الخمر من بعد تقنينه أو السماح به جزئيا في نص القرآن لذلك لنناقش ذلك لأرى مستوى فهمك للناسخ والمنسوخ فأنت لا تبدو مؤهّلا لنقاش الفقه أصلا!

حنّون: أنا لا أصدِّق بوجود النسخ في القرآن أصلاً!

صابر: لماذا؟

حنّون: لا يُعقل أن يتعامل الله جَلَّت قدرته بهذه الصيغة أو الأسلوب وهي نَسْخُ ما سَبق؟!

وما يدريك أن تكون آية النسخ (مَا نَنسَخْ مِنْ ءَايَةٍ أَوْ نُنسِهَا نَأْتِ بِخَيْرٍ مِّنْهَآ أَوْ مِثْلِهَآ ۗ أَلَمْ تَعْلَمْ أَنَّ ٱللَّهَ عَلَىٰ كُلِّ شَىْءٍ قَدِيرٌ) الآية 106 من سورة البقرة منسوخة بحد ذتها! أي تكون الآية عينها التي تحتكم أنتَ لكونها أساس المنحى كله هذا من الفقه هي أيضا لاغية ؟

صابر: لا هي غير منسوخة والنسخ ليس إلغاء لعلمك لأنه توقيف للعمل بالآية ولكنه ليس إزالة لها فهي تبقى موجودة للعبرة!

حنّون يكمل كلامه: في التالي ستجد مشكلة في تطبيق النسخ، (اليوم أكملت لكم دينكم وأتممت عليكم نعمتي ورضيت لكم الإسلام دينا) سورة المائدة الآية 3 وهي تشير لاكتمال التبليغ بالإسلام "دينكم" ولكن بعدها تأتي الآية 67 من نفس السورة المائدة بالتالي (يا أيها النبي بلّغ ما أنزل أليك من ربك وإن لم تفعل فما بلغت رسالته والله يعصمك مِن الناس).

أرقام الآيات في نفس السورة وهي المائدة تشير الى أنه لم يكمل رسالته بعد بينما الآية السابقة في البداية من نفس السورة تشير الى كون النبي قد أكمل عمله تماما فكيف ذلك؟ أليس هذا تناقض ينسف تطبيق فكرة الناسخ والمنسوخ لأنها غير قابلة للتطبيق هنا؟

صابر: لا طبعا فلا ضير في كون ذلك موجود في نفس السورة فالسورة كلها لها زمن واحد هنا وهذا شأن خاص بالنبي محمد عليه أفضل الصلاة والسلام ولا شأن لك به!

حنّون يسترسل: الآن لنعود لصلب سؤالك حول آيات موضوع شُرب الخمر، رأيي أن تحريم الخمر جاء على شكل آيات متناقضة،

صابر: كيف؟

حنّون: كالتالي،

(وَمِن ثَمَرَٰتِ ٱلنَّخِيلِ وَٱلْأَعْنَٰبِ تَتَّخِذُونَ مِنْهُ سَكَرًا وَرِزْقًا حَسَنًا إِنَّ فِي ذَٰلِكَ لَءَايَةً لِّقَوْمٍ يَعْقِلُونَ)(النحل 67)،

(يسالونك عن الخمر والميسر قل فيهما إثم كبير ومنافع للناس وأثمهما أكبر من نفعهما)(البقرة 219)، (لا تقربوا الصلاة وأنتم سُكارى) (النساء 43)،

(إنما الخمر والميسر والأنصاب والأزلام رجس من عمل الشيطان فاجتنبوه، إنما يريد الشيطان أن يوقع العداوة والبغضاء في الخمر والميسر ويصدكم عن ذكر الله وعن الصلاة فهل أنتم منتهون)(المائدة 90-91)

صابر: أنت بذلك تفهم كيف حصل التحريم تدريجيا للخمر فأين التناقض؟

حنون: هذا يتناقض مع ما في الجنة الموعودة للمؤمنين والتي فيها أنهار من خمر فكيف ذلك؟

كيف يكون في الجنّة خمر إن كان ذلك رجس من عمل الشيطان بأساس القرآن نفسه في الموضوعين؟ أي كيف يضع الله خمرا في الجنة وهو نفس الإله الذي يحرّمه في الدنيا وكيف يقدم الله شيء كمكافأة حسنة جيدة في الجنة والآن يعتبر الخمر رِجس فيحرِّمه؟

بل كيف سيرغب المؤمن بالخمر في الجنة إن لم يتذوّقه في الحياة الدنيا قبل الموت فأنت بكل بساطة غالبا لا تستسيغ الأطعمة والأشرية التي لم تتناولها في حياتك من قبل ولذلك عندما تدخل مطعم في بلد بعيد عن بلادك تبدأ بالبحث فيه عن طعامك المعتاد؟

فكيف يجيب الإسلام على ذلك؟

92 الروح

صابر: إنه الناسخ والمنسوخ وآيته 106 من سورة البقرة نافذة غير منسوخة بما تلا ذلك من الآي الحكيم وقد ذكرتها أنت وأعيدها عليك (مَا نَنْسَخْ مِنْ آيَةٍ أَوْ

نُنسِهَا نَأْتِ بِخَيْرٍ مِنْهَا أَوْ مِثْلِهَاۗ أَلَمْ تَعْلَمْ أَنَّ اللَّهَ عَلَىٰ كُلِّ شَيْءٍ قَدِيرٌ) وأما الخمر في الجنة فهو لا يُذهب الروح والعقل ولا يؤذي الجَسد كخمر الدنيا وإضافة الى ذلك التحليل والتحريم في الجنة مختلف عن الدنيا لأن الجنة هي مكافأة والحياة فيها مختلفة عن حياتنا! كما في سورة الواقعة تذكر الآيات 17-19 (يَطُوفُ عَلَيْهِمْ وِلْدَانٌ مُّخَلَّدُونَ (17) بِأَكْوَابٍ وَأَبَارِيقَ وَكَأْسٍ مِّن مَّعِينٍ (18) لَّا يُصَدَّعُونَ عَنْهَا وَلَا يُنزِفُونَ) وذلك يعني عدم حصول أذى جسدي لأصحاب الجنة من شرابهم من صداع وقيء وبول وذهاب عقول بسبب السكر بل يصلون على لذة الشرب دون خلل بأجسادهم وعقولهم!

حنّون: لحظة! لا تتكلم عن الروح لأن هذا الكيان أو الشيء الإسلام لا يعرف له أيَّ تعريف أو تفسير فكيف احتكمت له في كلامك؟ فالروح قد تكون وهم أي غير موجودة أصلا وأنت لا تستطيع معرفة ماهيتها من خلال الإسلام أبداً!

صابر: بل نحن نعرفها ونختبرها في كل لحظة وأنت تعرفها وتشعر بها في جسمك وعقلك وحياتك وتدرك وجودها وقيمتها لكنك لا تستطيع تعريفها أو تحديد ماهيتها أو حتى الكلام عنها لوصفها بحد ذاتها.

حنّون: ولذلك سأنفي وجودها بأساس عدم قدرتي على الكلام عنها!

صابر: هذا الجهل بعينه! عدم قدرتك على وصف شعورك أو إحساسك لا يعني أن شعورك أو إحساسك غير موجود أصلا! هل تفهم ما أقول؟ لذلك الروح هي إحدى بوابات فهم وجود خالق واحد للكون هو الله لأن كل شيء يدل على وجوده وتحكمه ومشيئته وحكمته لكننا لا نراه وأنت مؤمن بوجود الله رغم أنك لا تصدق أنه هو نفسه الله الذي يتكلم عنه الإسلام ولعلك ستهتدي بعد ضلالك هذا!

حنّون: القضية مختلفة هنا! فتصديقي لوجود خالق لا يعني بالضرورة كونه إله أي دين من الأديان وكذلك الشعور أو الإحساس بوجود روح لا يعني وجودها فعلا فقد تكون إحساس وشعور وهمي أي هو إحساس وشعور يمكن تفسيره طبّيا!

صابر: كيف؟

حنّون: هل رأيت أمامك خِداع البصر؟ يوجد أيضا خداع لباقِ الحواس كالسمع وحتى للإحساس بالحرارة فأنت بعد وضع يدك في ماء مثلج ستشعر بسخونة لا وجود لها اذا وضعت يدك في ماء فاتر! وكذلك خداع الشعور فأنت عندما تشعر

بوجودك في السابق في مكان ما (أي ما يسمى ديجاڤفو بالفرنسية) هو شعور وهمي أو كاذب وكذلك أحلامنا عندما ننام فهي ليست سوى هلاوس!

صابر: أنت تقول ذلك لأنك لست مؤمن فهي كلها ظواهر وآيات إلهية تثبت وجوده سبحانه

حنون: أضف على كل ذلك أن كل هذه الأحاسيس والمشاعر بتمامها كلها ليست شيء واحد أو كيان واحد بالضرورة فتسارع لتسميه روح بل هي مشاعر لا علاقة فعلية بينها لكن للسهورة تقوم بتسميتها روح أو نفس!

صابر: كفاك مكابرة فسائر الكائنات الحية كالحيوانات تسير في حياتها وتسعى كما أراد الله لها وقدّر بأساس وجُود روح فيها حتى إن لم تستطع الشعور بوجود روح فيها كما يشعر الإنسان فهي موجودة بالوجود بسبب الروح التي وضعها وقدّرها الله في أجسادها وعليه ليس كل ما موجود ستستطيع حتما تعريفه أو فهمه أو شرحه أو معرفة أسبابه أو الغرض الإلهي من وجوده أو حتى الكلام عنه! لأن الله وحده هو من يستطيع ذلك!

حنّون: هنا لدي اعتراضين على فكرتك في كلامك الأخير هذا!! أولهما هو أنك أنت تستمر في افتراض أن كيفية وجود الحيوان أو النبات هو ليس سوى جسد مضاف له روح وليس أن كل الموجود هو جسم حيَّ أو جسم نشط أي جسم يقوم بنشاط بايلوجي أي أن الروح التي تتكلم عنها أنت هي ليست سوى نشاط الجسم مثلما العقل هو ليس سوى نشاط الدماغ وثانيهما هو أن الحيوانات تحس بالألم وهذا قد ينفي كلامك الذي يمكن أن أفترضه ساريا على حالة النبات!

صابر يستمر: لو كان كلامك صحيح لتوصل العلماء لافتراضاتك هذه أي لأثبتوا فعلا أن الجسد أو الجسم هو الذي يعمل دون شيء إضافي وهو الروح فالواقع أن الإنسان والحيوان والنبات حين موته يُصبح جسد زائدا روح منفصلة عنه ولو عادت الروح لعاد حيًّا وهذا هو أبسط إثبات على الفكرة ولذلك الموت بحد ذاته يثبت وجود خالق خلق الروح! هل تدرك الآن عظمة الله؟!

الله وحده هو الذي يعلم كنه الروح ويحيط بها علماً ومعرفة ونحن محدودو العِلم! فلا علم لنا إلّا ما علّمنا الله وحتى ما يعرفه العلماء ويتوصلون له عنها فهو بمشيئة الله ورحمته وفضله وتقديره وهذه الروح هي أحد الأمثلة والإثباتات على محدودية علمنا!

حنّون مقاطعا: لا أحبُّ التفكير بكوننا عاجزون أو أن الله أراد لنا أن نكون عاجزين حتى لو كان ذلك يعني حكمة إلهية ما منها حكمة! وما يدريك فلعل العلماء في المستقبل القريب سيتوصلون لكيفية تكوين كائنات حيّة بعد اختراعهم بكتيريا مختبرية لا وجود لها في الكون بواسطة تحوير بكتيريا طبيعية وما أقصده هو تجارب معهد فنتر سنة 2008 [المصدر 56] وكذلك توصل العلماء في سنة 2019 لتصنيع بكتيريا بالكامل صناعيا في بريطانيا [المصدر 57]!

93 حَد الرَجم للزُناة

لنعد للناسخ والمنسوخ ففكرته برمتها غير معقولة!

صابر: كيف غير معقولة؟ ربما هي غير معقولة بالنسبة لك فقط!

حنّون: هل يُعقل أن يَذكر الله شيئا ثم يتراجع عنه وهل يُعقل أن يأمرالله بأمر ثم يغيّر رأيه؟ فنحن نعيب على بعضنا البعض تغيير قرارنا من بعد تقريرنا قراراً نهائيا فكيف لله حاشاه أن يكون أسوأ منّا في السلوك وفقا لقياساتنا البشرية العادية فالمفترض بالإله أن يكون فائق الصفات للبشر دائما وتغيُّر الرأي باستمرار هي صفة الأطفال في ثقافتنا!

وهذه التصرّفات تشبه تصرّفات البشر حتى إن رفضت فكرة كونها تصرفات طفولية الطابع! كذلك لاحظ المسلمون الأوائل تناقضات إضافية فقالوا كيف يكون الخمر رِجس من عمل الشيطان وهي في بطن فلان و فلان من الشهداء الذين ماتوا في بدر وأُحُد؟

صابر: ألم أقل لك أن عدم معرفتك الفقه ومنه الناسخ والمنسوخ هي مشكلتك؟ فالجواب هو أيضا في الناسخ والمنسوخ!

فقد تم حل مشكلة المسلمين الأوائل الشهداء في بدر بالنسخ نفسه لأنه توجيه إلهي يساعد على تطوير حياة المسلمين بما يجعلهم يتغلبون على ظروفهم المتغيرة في صدر الإسلام فالله يريد أن يطهرهم من الرجس كشرب الخمر وغيره فالآية 93 من سورة المائدة تقول (لَيْسَ عَلَى الَّذِينَ آمَنُوا وَعَمِلُوا الصَّالِحَاتِ جُنَاحٌ فِيمَا طَعِمُوا إِذَا مَا اتَّقَوا وَآمَنُوا وَعَمِلُوا الصَّالِحَاتِ ثُمَّ اتَّقَوا وَآمَنُوا ثُمَّ اتَّقَوا وَأَحْسَنُوا وَاللَّهُ يُحِبُّ الْمُحْسِنِينَ) أي أن حساب الله على شرب الخمر يبدأ بعد الأمر بتحريمه وليس في الماضي!

حنّون: هذا ليس منطق فالله هو الله نفسه فلماذا تتغير أوامره؟!

أنا أشكُّ في النسخ نفسه أي في المبدأ أو الآلية نفسها فهذا "الناسخ والمنسوخ" مبدأ بشري العقلية "ولا يبدو إلهيا أبدا في تكوينه" فالإله يُفترض أن يَعلم المستقبل قبل وقوعه ويتصرّف بحكمة فلا يغير رأيه أو توجيهاته وأي كاتب عندما يكتب كتابا يقوم عند حصوله على الطبعة الجديدة منه بمراجعته وتحديثه وتنقيحه لتلافي الأخطاء المتنوعة التي قام بها في الطبعة الأولى أو لإضافة موضوع أو حذف موضوع بعد فَهم الصواب من بعد الخطأ ويتناقض عِلم الله "العليم" وحكمته "الحكيم" مع هذا السلوك في الناسخ والمنسوخ الذي يشبه سُلوك المُؤلِّف البشري العادي ويشير لعدم معرفة الله بالمستقبل فيقوم بتغيير أوامره بعد وصوله للمستقبل المخالف لافتراضاته!

صابر مقاطعا: بل تكوين البشر ومشاكلهم بسبب كونهم كما تصف المؤلف الذي تتكلَّم عنه يحتاج الى التدرُّج في الأوامر أو المُسايسة بمراحل لتغييرهم للأفضل بشكل أجود وأحكم من التغيير الفجائي كما في حالة تحريم الخمر وكما قلت لك أراد الله التعامل مع المسلمين في صدر الإسلام بأساس حال ظروفهم المتغيّرة رحمة بهم!

حنّون مكملا كلامه: لكن ذات الله مختلفة فهو ليس حاكم بشري كي يُسايس الناس سياسةً!

إضافة الى ذلك ما هو المنطق أو الحكمة أو الفائدة في بقاء المنسوخ مِن القرآن بين يدينا؟

أي لماذا الآية المنسوخة باقية في القرآن لماذا لا تُحذف كما حصل في آية الرجم فإني بالنتيجة ساستنتج أن ما حدث في آية الرجم هو مشيئة إلهية لإزالتها "نهائيا" من الوجود أي ذلك كأنما أقوى من النسخ وهو المحو التام وحتى هذا أيضا تصرُّف أو المشيئة الإلهية في جعل آية الرجم (التي أكلها الداجن وفقا للروايات) تنمحي من الوجود تماما هو بشري النمط أيضا.

صابر: الإبقاء على الآية المنسوخة في نص القرآن هو للدلالة على الجانب التاريخي أو التسلسل التاريخي للمسألة (محمد حسين فضل الله) إضافة لكون ذلك أقرب للمحافظة على نص القرآن مترابطا بالمعنى وأقرب للحفاظ عليه من التلاعب المتعمَّد وغير المتعمَّد وحتى البشر عندما يقومون بتعديل القوانين الوضعية (التي تدعو لها أنت بأساس كونها متطورة) لا يحرقون ويتخلصون من

نصوص القوانين القديمة وإنما يراجعون التغيّر الحاصل في نصوص القوانين لفهم سبب التعديل أو التغيير على القانون! إضافة الى ذلك هناك آراء فقهية تقول أن آية الرجم وهم أي لا وجود لها من الأصل فيتم دَعم تنفيذ حَد الرجم بأساس الأحاديث النبوية والسيرة فقط!

حنّون: إضافة الى ذلك الآية (والزاني لا ينكح إلّا زانية أو مشركة والزانية لا ينكحها إلّا زانٍ أو مشركٍ وحُرِّم ذلك على المؤمنين) سورة النور الآية الثالثة تحوي من تناقض لا استطيع فهمه!

صابر: معناها واضح فهو بنفس معنى المثل الشعبي العربي [الطيور على أشكالها تقع].

حنّون: وكيف تقوم بتفسير آية إلهية بسلوكيات شعبية بمثل شعبي بشري مثل هذا؟

صابر: كي أقرّبها لعقلك!

حنّون: لكن بالله عليك قل لي كيف يحدث التناقض التالي في أن يُحكم على الزاني والزانية بالجلد (كما في سورة النور الآية 4) أو الرَجم (آية الرجم المحذوفة) ويَسمح القرآن بنفس الوقت بجعلهما يتزوّجان كما في هذه الآية؟

ماذا ستكون ديانة الزاني والزانية بالنتيجة هل هما يسيران على شريعة أخرى غير شريعة الإسلام؟ هل هما مُسلمان أم مشركان أي هل هو السماح بزواج المشركين قبل ذهابهم لجهنم؟

أم هل هما عنوان لفئة جديدة منفصلة مستقلة من البشر لحالها؟

صابر: كفاك سِخرية فأنت تعلم أنه تشريع يأمر بكيفية زواجهما بعد إكمالهما القصاص بحد الجلد وعادة الحد هو الجلد لغير المتزوجين والرجم للمتزوجين المخالفين لشرع الله وكل حد يكون علانية أمام الناس.

حنّون: إذن القرآن يشرّع ويشرعن الأذى المجتمعي النفسي أو العار الذي يلحق الزاني أو الزانية حتى بعد عقوبتهما! فما هي فائدة العقوبة النفسية هذه؟

صابر: لإيقافهما عن فعل فعلهما السيئ مرة أخرى ولذلك ضمنيا معنى كلمة حد في العقوبة يتناول الردع أي وضع الحد!

حنّون: لكن البشر حاليا تفوّقوا في عقوباتهم على هذا النوع من العقوبات البدائية فالعقوبات الحالية لا تتضمن العقاب المجتمعي النفسي بالعار أو

الاحتقار أو التهميش لأن المطلوب هو تطوير الإنسان الخاطئ ليكون جيد مرة أخرى ويُدمج مع المجتمع وذلك يحتاج لتشجيعه على الحياة الصحيحة الجيدة المفيدة وهذا لا يمكن أن يحصل من خلال احتقار الشخص طوال الوقت وتحطيم معنوياته وإحباطه وطرده واستصغاره!

صابر: هذه أحلامك وأوهامك من خلال إعجابك بالتشريعات الوضعية العلمانية الفاشلة التي تشجع المجرم على الاستمرار في الجريمة وذلك ما نجده في المجتمعات الغربية والملحدة حيث الجريمة مستفحلة مستشرية عنهم!

حنّون: ما هو الحال في الدول الاسكندنافية؟

صابر منزعجاً: لا يهمني!

94 التسيير والتخيير

حنّون: لنستمر في موضوع الناسخ والمنسوخ فأنا اعتقد أن وجود الاختلافات في معاني القرآن هي الموجب أو الأساس الذي كوّن أو صنع الناسخ والمنسوخ فمثلا لا يمكننا أن نعرف من خلال القرآن هل الإنسان مسيَّر أم مخيَّر!

فالموجود هو تضارب في الفكرة كالتالي في نخبة من الآيات،

(إن الله لا يغير ما في قوم حتى يغيروا ما بأنفسهم)(الرعد 11): مخيّر

(وما جعل عليكم في الدين من حرج)(الحج 78): مخيَّر

(إن يعلم الله في قلوبكم خيرا يؤتكم خيرا مما أخذ منكم)(الأنفال-7): مخيَّر

(ذلك بأن الله لم يكُ مغيرا نعمة أنعمها على قوم حتى يغيروا ما بأنفسهم)(الأنفال 53): مخيَّر

(وما رميت أذ رميت ولكن الله رمى)(الأنفال 17): مُسيَّر

(يريد الله بكم اليسر ولا يريد بكم العسر)(البقرة 185): مُسيَّر

(إن الله يضل من يشاء ويهدي من يشاء)(فاطر 8): مُسيَّر

(وربك يخلق ما يشاء ويختار ما كان لهم الخيرة)(القصص 68): مُسيَّر

(وما تشاؤون إلّا أن يشاء الله)(النمل 106): مُسيَّر

(ولو شاء ربك لآمن من في الأرض كلهم جميعا، أفأنت تكره الناس حتى يكونوا مؤمنين)(يونس-96): مُسيَّر

فإحدى المهارب من هذا الفَخ المتناقض هو فكرة الناسخ والمنسوخ فنقوم مثلا بالنظر الى ما هو آخر ذكر للموضوع في القرآن لنعرف على ماذا استقر رأي الله في نهاية الأمر فنقول أن ذلك كان الناسخ لما قبله!

صابر: حاشى لله فأنت لا تفهم مفهوم القدر في الإسلام ولذلك تتخبط بهذا الشكل ولو قمت ببحثه فقهيا لفهمت!

حنون: وما هو مفهوم القدر في الإسلام؟

صابر: هنا علينا التوجه رغم أنفك للحديث النبوي الشريف ومنه ستفهم القرآن فلا تجد التناقض الذي تتكلم عنه حيث يَقول المصطفى ص [إعملوا فكلٌّ مُيَسَّرٌ لما خُلِقَ له] أي أننا خُلقنا بتقدير إلهي ويوجد تيسير في حياتنا لما نحن مخلوقون لأجله مسبقاً حتى لو كان معصية لله ولكن نحن نعمل ونشكر الله وندعو الله وهذا يؤدي الى إنقاذنا من النار حتى لو كانت أعمالنا مقدرة علينا أن نكون من القوم الكافرين أي أننا نعمل وذلك قد يؤدي الى قيام الله بتغيير مشيئته لنكون من أصحاب الجنة حتى لو كان القدر الأول لنا هو أننا من أصحاب النار بالأصل فالمهم هو النيّة وهي أهم من العمل لأن الأعمال بالنيّات كما يقول المصطفى ص وكذلك يقول أن الأعمال بالخواتيم ولذلك أدعو الله لك أن تكون خاتمة حياتك الإسلام كما في الآية 132 من سورة البقرة (وَوَصَّى بِهَا إِبْرَاهِيمُ بَنِيهِ وَيَعْقُوبُ يَا بَنِيَّ إِنَّ اللَّهَ اصْطَفَى لَكُمُ الدِّينَ فَلَا تَمُوتُنَّ إِلَّا وَأَنتُم مُّسْلِمُونَ).

والإيمان بالقدر أحد أركان الإيمان الستة التي على كل مسلم الإيمان بها وذلك يتطلّب [التصديق الجازم بأن كل خير وشر هو بقضاء الله وقدره، وأنه الفعّال لما يريد، لا يكون شيء إلا بإرادته، ولا يخرج شيء عن مشيئته، وليس في العالم شيء يخرج عن تقديره، ولا يصدر إلا عن تدبيره، ولا مَحيد لأحد عن القدر المقدور، ولا يتجاوز ما خُط في اللوح المسطور، وأنه خالق أفعال العباد والطاعات والمعاصي] (أخرجه أحمد وأبو داوُد)

حنون: هذه كارثة فهي صورة ضبابية لا تستطيع فهم أن الإنسان فيها مخيّر أم مجبور مُسيَّر!

صابر: هذا لأنك جاهل بالبداء إضافة لعدم التركيز والفهم ولنترك نقاش البداء الآن!

حنّون مستمراً: إذن دعني أكمل!

يتضح لي أن تولدت أيضاً المذاهب والطوائف مِن جَرّاء هذه التناقضات المعنوية في القرآن فكلُّ جمعُ بشرٍ يُفسِّرُ على هواه فافترقوا في تفاسيرهم حتّى أصبح القرآن أحجية كبيرة فمرة أخرى أسألك اذا ما نسخ الله آية فلماذا لا يرفعها نهائياً من النص كي ينتهي الشِجار حولها فلا ننقسم نحن البشر ونتمزّق لمذاهب؟

ألا يريد الله لنا الخير والسلام؟

صابر: بقاء الآية المنسوخة للدلالة على الجانب التاريخي للمسألة كما أخبرتك وأنت لا تفهم فائدة الفقه ولذلك تستمر في تخبّطاتك!

95 الآيات الإسكاتية

حنّون: أجوبتك جاهزة ولكنها غير مقنعة بالنسبة لي.

صابر: وعساك أن لا تقتنع فمن تكون أنت يا **حنّون** فأنت لا تزيد على الإسلام خردلة أم خال لكَ أن الإسلام سينهار عند تركك! ما هو مقدارك أمام حوالي البليون ونصف مسلم اليوم؟

حنّون: شكراً، هذا من حسن أخلاقك!

فليتسع صدرك لي!

الآن أصبح كل ما أجده مِن كلامك حول القرآن هو أجوبة جاهزة إسكاتية!

صابر: تقصد إفحامك يا عدو الإسلام، فلا تستطيع صنع شبهات جديدة وهذا هو المطلوب فالدفاع عن الإسلام أمانة في أعناقنا!

حنون: الواقع أن أجوبتك مخصصة لمنعك أنت عن التفكير والنقاش والتقرير قبل محاولتك منعي أنا عن ذلك!

صابر مقاطعا: كلامك هذا غير صحيح فالقرآن واضح لمَن يتدبّره وتَدبّره يحتاج لدراسة وفَهم الفقه الذي عجزت أنتَ عن فهمه!

حنّون: بل القرآن يحتوي على آيات إسكاتية لإقفال العقل ثم الفم وأنت وكلامك ليس سوى تنفيذ عملي لمحاولات القرآن إسكات عقول الناس في السابق ومنعها من التفكير والنقاش والكلام اليوم والى الأبد!

صابر: أرني كيف وأين؟

حنّون: التالي،

(وَيَسْأَلُونَكَ عَنِ الرُّوحِ قُلِ الرُّوحُ مِنْ أَمْرِ رَبِّي وَمَا أُوتِيتُم مِّنَ الْعِلْمِ إِلَّا قَلِيلًا) سورة الإسراء الآية 85 فالظاهر أن المتكَّلم هنا لا يعرف ما هي الروح ولهذا يجيب مراوغا هكذا وهو ليس بجواب لأنه مجرّد تملُّص من الجواب بمصادرة الفكرة وجعلها أمر خاص بالله ولذلك علينا الامتناع عنه!

صابر: بل هو جواب يوضح أن الروح هي سر إلهي فعلا لا يستطيع أحدٌ فكّه ليكون ذلك عبرة لنا ولنعرف أن الله موجود وأنه هو العليم ونحن ذوو عقلٍ محدود.

96 خلق الله القمر لنعرف عدد السنين والحساب

حنّون: (ويسألونك عن الأهلة قل هي مواقيت للناس والحج) سورة البقرة الآية 189 وهذا أيضاً ليس بجواب!

صابر: لماذا ليس بجواب بل هو جوابٌ واضحٌ شافٍ؟

حنّون: لأن الهلال وهو القمر يكون ذا أشكال مختلفةٍ أو أطوارٍ أو وجوهٍ ومواقع مختلفة في السماء أو سمّاها "منازل" القمر كما يسمّيها القرآن بسبب دوران القمر حول الأرض وهذا يُغيّر زاوية نظرنا له حيث يكون نصف القمر مضاء بضوء الشمس بالضبط مثلما تضع كرة قدم أمام مصباح في مكان مظلم والقرآن لم يُشر الى هذا التعليل الذي ندرسه في المدرسة الابتدائية في بغداد لا من قريب ولا من بعيد بل اعتبر فائدة الناس واستخدامهم لوجوه القمر في حساب الأيام هي السبب في كون القمر كذلك أي اعتبر نتيجة حال القمر السبب في وجوده! فكيف تكون النتيجة سبب؟!

صابر: لاحظ قصور فهمك للقرآن فالله يريد توضيح غرضه الإلهي من خلق القمر فهو لفائدتنا علّنا نشكر الله على نعمه ونفهم عنايته الإلهية بنا وأنت قاصر بتفسيرك السطحي العلمي لكيفية حصول الهلال والتربيع والبدر والمحاق عن فهم غرض الله من خلقه القمر وهو المراد من الآية الكريمة هذه! فالمبدأ يسبق

الواقع الذي تجده أمامك والغرض الإلهي للخالق هو الفضل على البشر والخالق هو الأول والآخر فهو موجود قبل الوجود وبعد الوجود.

حنّون: ماذا عن تسلسل وجودنا التاريخي التالي لوجود القمر مما أدّى بنا بأساس أن "الحاجة أم الاختراع" كما يقول الأوربيون لاستخدام القمر كساعة حائط معلّقةٍ في السماء لنؤشر أو نعلّم اليوم الفلاني في أحداثنا وتاريخنا من أحداث القمر وهي تغيّر وجوده أي شكل القمر وكذلك موقع الشمس في السماء فالشمس ترتفع وتهبط في زاوية سقوط أشعتها كما هو واضح في علو زاوية الشمس في السماء وقلتها في الشتاء مما جعلها مصدر للتقويم الشمسي للفلاح الذي هو أول من يحتاج التقويم لضبط مواعيد الحَرث والزَرع والحَصد ليتقي خسارة محصوله وليتلقف المطر للري في الوقت المناسب.

صابر: هذه أوهام بل الله هدانا لاستخدام القمر مِن بَعد جهلنا به لنعلم عدد السنين والحساب ومواعيد الحج وغير ذلك كمواعيد الفلاحة التي تتكلم عنها! فكيف تعقل أو حتى تفكّر أن هذا القمر الجميل الدقيق في تحرّكاته تم خلقه من قبل الله دون حكمة مسبقة وكما يقول الله الواحد القهّار في القرآن الكريم (الَّذِينَ يَذْكُرُونَ اللَّهَ قِيَامًا وَقُعُودًا وَعَلَىٰ جُنُوبِهِمْ وَيَتَفَكَّرُونَ فِي خَلْقِ السَّمَاوَاتِ وَالْأَرْضِ رَبَّنَا مَا خَلَقْتَ هَٰذَا بَاطِلًا سُبْحَانَكَ فَقِنَا عَذَابَ النَّارِ) سورة آل عمران الآية 191 والحكمة هنا هي فائدتنا وذلك تقدير إلهي سبق خلقنا والله تعالى أشار في القرآن الكريم الى أنه خلق السماء ثم الأرض ثم بعد ذلك خلقنا بخلقه أبو البشرية آدم ع.

حنّون: لكن التقويم الهجري ذو مواعيد دوّارة على مدار السنة فالحج وشهر الصوم يدوران على مدار السنة بين الصيف والشتاء فكل سنة يأتي رمضان بموعد أقرب من يومه في التقويم الميلادي بحوالي عشرة أيام أي يقترب لنا بعشرة أيّام كل سنة!

صابر: وما المشكلة في ذلك؟ المهم أن نسير على تقويم صحيح دقيق بما يظهره القمر الذي خلقه الله لنا لنهتدي أوقات الشعائر التي نتقرب بها له!

حنّون: لنفترض أن لديك مزرعة، هل ستقوم بحرث الأرض عشرة أيام قبل موعد الحرث في كل سنة؟ هذا التقويم غير صالح للزراعة كما ترا فبعد حفنة سنين ستقوم بالحرث في الصيف مثلا!

صابر: بل صالح ولكنك أنت بدائي العقل فأنت تستطيع تحديد أنّك ستحرث الأرض متأخرا على العام الماضي بعشرة الأيام فيتم الحرث في نفس الموسم تماما وتم حل المسألة برمتها بكل سهولة! هل لاحظت الآن روعة التقويم الهجري الإسلامي؟ والآن لنواصل الموضوع الذي بدأناه!

حنّون: هذه فكرة غير عملية فربما تنسى أن تفعل ذلك أو تفترض أنك فعلت ذلك وأنت لم تفعل فتقع في خسارة لا تستطيع تعويضها حتى بعد مجيئ موسم الزراعة التالي!

صابر: لنفترض أن الحل الوحيد للزراعة هو كما تفترض أنت وهو باستخدام التقويم الشمسي الذي تسميه أنت ميلادي وهذا أيضا تم حلّه بعبقرية المسلمين في الدولة السلجوقية حيث أسَّسوا "التقويم الهجري الشمسي" وهو تقويم يبدأ بالهجرة كالتقويم الهجري القمري الإسلامي لكنه يسير بالعد بالسنين الشمسية كالتقويم الذي نسميه ميلادي حاليا فيكون لدينا تقويم شمسي إسلامي وأنت يبدو من كلامك الجهل بوجوده!

حنون: "عرَّف الماء بعد جهد جهيدٍ بالماء!" "ولماذا علينا إعادة اختراع العجلة" بعد اختراعها كما يقول الأوربيون!

صابر: توقّعت جوابك هذا، أن تقترح على المسلمين خسارة هويتهم الإسلامية بذريعة الزراعة هذه ليكونوا مسيحي السلوك يطبّقون التقويم الميلادي المسيحي في حياتهم فتعود في اليوم التالي لتقول أن للمسيحية فضل على الإسلام!

حنّون مسترسلا: هو ليس تقويم مسيحي حاليا! هو عالمي فقط ولنغير الموضوع!

صابر: تفضّل

97 لَا تَسْأَلُوا

حنّون: ماذا عن عدد أصحاب الكهف، هل يعلم الله عددهم؟

صابر: طبعا يعلمهم لكن الله لم يقل لنا عددهم لنتفكر في عبرة ما حدث بدلا من الالتهاء بعددهم وأسمائهم. ماذا عندك بعد؟

حنّون: (قال فما بال القرون الأولى، قال عِلمها عِند رَبي في كتاب لا يضل ربي ولا ينسى)(طه 51-52)

(تلك أمة قد خلت لها ما كسبت ولكم ما كسبتم)(البقرة 141)

صابر: هذه هي بداعة القرآن بالكلام **الإسكاتي** لإسكات أصحاب الشبهات من أمثالك ممن يبحون عن الجدل البيزنطي والسفسطة تارة وبالكلام السياسي تارة أخرى!

والأسئلة التي يسألون فيها عن عدد أهل الكهف هي في موضوع الحديث [ذَاكَ عِلْمٌ لَا يَضُرُّ مَنْ جَهِلَهُ، وَ لَا يَنْفَعُ مَنْ عَلِمَهُ] حديث الرسول ص،

(لقد كان في قصصهم عبرة لأولي الألباب)(يوسف 111)

وما وراء مثل هذه الأسئلة التي كان اليهود يترّبصون السؤال بها هو إحراج النبي فقط وليس للمعرفة فعلاً وأنت قلت لي أنّك تريد أنت تعرف لكن لا يخفى عليَّ أنَّ في حقيقة أمرك أنت تستهدف الإحراج والشبهة كما فعل اليهود مع الرسول ص والله يقول في محكم كتابه العزيز، (إنك لا تهدي من أحببت ولكن الله يهدي من يشاء)(القصص 56) وكذلك يجب عدم السؤال عن كل شيء لأن هناك أشياء إن يبدها الله تسوؤنا (يَا أَيُّهَا الَّذِينَ آمَنُوا لَا تَسْأَلُوا عَنْ أَشْيَاءَ إِن تُبْدَ لَكُمْ تَسُؤْكُمْ وَإِن تَسْأَلُوا عَنْهَا حِينَ يُنَزَّلُ الْقُرْآنُ تُبْدَ لَكُمْ عَفَا اللَّهُ عَنْهَا وَاللَّهُ غَفُورٌ حَلِيمٌ) سورة المائدة الآية 101.

حنّون: في الإسلام النبي هو الواسطة بين الله والبشر فعندما يسأله المسلمون فذلك بأساس جزمهم وتصديقهم **أنه** يعرف الإجابة بأساس كونه "نبي" وإضافة الى ذلك هي فرصة لهم للتواصل مع الله عن طريق الوساطة هي النبي.

أفإذا كان الله يتهرّب من الإجابة كما أرى في نصوص القرآن فإلى مَن سيرجعون بعد ذلك في أسئلتهم؟!

صابر: قد نبّهتك أكثر من مرة أن تحترم المقدّسات في كلامك فلا تكفر وأنت قد بدأت تزعجني بادعائك هذه على الله وتقوّلك ما تقول فحاشى لله ربِّ العالمين (سُبْحَانَ اللَّهِ عَمَّا يَصِفُونَ) سورة الصافات الآية 159 وجوابي على الى من وماذا سيرجع المؤمنون في أسئلتهم هو أنهم سيرجعون الى عقولهم وضمائرهم مِن بعد كتاب الله وما تعلموا مِن نبيه وسيرة النبي ص وأهل بيت النبي ع وأصحابه والتابعين رض الى يوم الدين! والله يهدي المؤمنين الى هديه!

حنّون: هذه إجابة مُنمّقة مُزرِوَقة!

98 لا حاجة لكاميرة المراقبة لأنّي إنسان صالح

فلماذا لا نرجع الى عقلنا والى ضميرنا دائما ونبعد عنّا شبح الدين هذا وكذلك حبّذا لو أبعدنا فكرة الإله المُراقب هذا الكابوس المرعب الذي يشابه كاميرة المراقبة هذه الأجهزة الحالية في عصرنا التي تترصّدُنا دائما في كل عمل نقوم به؟

صابر: حاشى لله عمّا تصف فلا تكفر وأنت ستصبح مجرم بمجرد أن تُتْرَك لتفعل ما يحلو لك دون رقيب وهذا الحال مع أي إنسان دون استثناء حيث يقول الإمام علي ع (الخوف من الجليل من صفات المتقين) وكذلك "فَن أمِن العقاب أساء الأدب" كما قال الشافعي رحمه الله!

حنّون: لماذا تفترض ذلك؟ لماذا لا تفترض أني سأسير وفق ضميري السليم النظيف فلا أقترف أي جرم؟

صابر: أنت خرافي في افتراضاتك!

يجب أن يكون هناك مَن يترصد الإنسان في أعماله دائماً وإلّا فَعَل الإنسان ما يريد وفق مصلحته الشخصية الخاصة وعندها ستكون الفوضى والكارثة. يجب أن تكون هناك عصا لضريك لتعود للطريق القويم ولذلك نقول "العصا لمن عصا"

حنّون: لكن العراقيين يقولون لك المثل الشعبي الذي مضمونه أن الذي لا يطيع أبويه أخلاقيا سوف لا يطاوع سوق العصا له لطريق الأخلاق وهذا يعني أن أبويه سيجعلان ضميره صاحيا فيحاسب نفسه فلا يحتاج للتلويح بالعصا أو الضرب بها ليتعلم السلوك القويم وإضافة الى ذلك كما تعلم أن السوق بالعصا والخوف هي طريقة التعامل مع الحيوان وليس مع الإنسان! ولذلك أنا لا أتقبّل السيطرة بالخوف دينيا بهذه الشاكلة! حيث يمكن أن تُنظّم تصرفات الإنسان بواسطة القوانين الوضعية أي التشريعات البشرية وهي أفضل من هذا الأسلوب.

صابر: ولماذا هذه الحساسية مِن الدين عندك وهل هو نفور من الإسلام فقط أم من جميع الأديان؟ علاوة على ذلك، مَن قال لك أن التشريعات البشرية هي فعلا بشرية فهي ليست سوى مختارات وإعادة صب للتشريعات الإلهية السماوية فالإنسان في حقيقته فاشل في التشريع ومستمر التخبط بالتشريع

البشري ولذلك تتبدل تشريعاته الوضعية هذه وفي النهاية سيفشل في تطبيق العلمانية ويعود لشريعة الله الصحيحة الشريعة الإسلامية ولو بعد حين!

حنّون: أنا أشعر أن هذا الدين ليس من الله لأن فيه تناقض كبير فعندما تكون هناك قيود في الدين فهذا لا يعني أن من وضعها ليس الله بل ليس بإله أبداً.

صابر: لماذا؟

حنّون: لأن الله لا يحتاج لوضع هذه القيود علينا ولا نحتاجها نحن لنعيش عيشة سويّة رغيدة ولذلك أنا اعتبر أن القول أن فكرة الدين من الله "خدعة" لأن الله لم يُعلِن عن وجوده بهذه الطريقة وقد يكون أعلنها فعلاً ولكن ليس بهذا الشكل المزيف والذي هو بشري في صفاته ومآربه ومصالحه بخدمة السلطات ومن يستفيد من الكِهانة!

فمَن نسميهم رسُل هم مُصلحون لكن ما ذكروه ليس بالضرورة مِن الله وإنما هي مجرد خبرة منسوجة حولهم عبر الأجيال وصلت لمستوى الأساطير، ثم جاء من آمن بأفكارهم فقالوا عنهم أنهم مرسلون من الله ثم أضافوا الى أعمالهم المعجزات والقصص والحِكَم والمواعظ التراثية وعندها تحوّلوا لأسطورة زمانهم بل حتى آلهة أو أنصاف آلهة أو بمثابة آلهة من شدة تقديسهم حتى لو تم نفي ذلك وهذا لا يعني أن الرُسُل أشرار لكن الذين جاؤا بعدهم هُم الكاذبين وهؤلاء كذبوا على البُسطاء من الناس كي يصدقونهم ليسيطروا عليهم وإلّا كيف يُمكن للإنسان البسيط ان يَتَّبع فرائض الله **ما لم يتأكد أنها من الله** بطريقة ما فيتوقف عن النقاش ليصبح أداة بشرية مُنفِّذة دون تساؤل ولذا كان على التابعين أن يَكذبوا ويسندوا الى أنبيائهم معجزات لاستحصال الإقناع عند إعادة طرح الديانة على الناس لنشرها جيل بعد جيل لأي هدف كان سياسي أو اقتصادي أو لمجرد نشر الفكر.

صابر: لكن نبينا معجزته القرآن والعقل والمحاورة وجاء في زمن كان التاريخ فيه يُكتَب فكل شيء مُدوَّن ومكتوب وموثق ومسجَّل إضافة للفقه والذي من خلاله تستطيع الفهم والإجابة على مستجدات العصر.

حنّون: في القرآن اعتراف واضح بالمعجزات كمعجزات موسى وعيسى لكن مع عدم تطبيق تفاصيل دين موسى أو دين عيسى!

صابر: هذا لكونها تفاصيل محرّفة غير صحيحة وهناك مما هو مستمر مثل الصوم والصلاة والدعاء!

حنّون مجيبا: لنفترض أن الأحكام والتفاصيل غير الإنسانية هي المحرّفة بأساس أنها أعمال وأخطاء بشرية لكن الواقع هو العكس وهو أن التفاصيل السيئة تم تطبيقها بشكل مشابه للجيد! أي إقرار وتطبيق السيئ منها وعدم التفكير باحتمالية كونه غير إلهي لأنه مضر!

صابر مقاطعا: لا تفتري علينا فهذه أوهام!

حنّون: خذ مثالا في التشابه في الأحكام والأحداث في الإسلام مع العهد القديم في سفر يشوع الإصحاح 11 الآية 14 (وَكُلُّ غَنِيمَةِ تِلْكَ الْمُدُنِ وَالْبَهَائِمَ نَهَبَهَا بَنُو إِسْرَائِيلَ لِأَنْفُسِهِمْ. وَأَمَّا الرِّجَالُ فَضَرَبُوهُمْ جَمِيعًا بِحَدِّ السَّيْفِ حَتَّى أَبَادُوهُمْ. لَمْ يُبْقُوا نَسَمَةً) فلاحظ الوحشية في عملية الإبادة هنا لشعوب العماليق والكنعانين الساكنين في أريحا وعجلون وقارنها مع حرب المسلمين مع بني قريظة في عهد النبي محمد عندما حكم سَعد بن معاذ حكماً **ليرضي به الله ورسوله** فماذا كان حكمه؟ كان الإبادة والاستعباد أي قَتل كل الرجال وسَبي النساء وكان ذلك على مرأى ومسمع النبي بل ومباركته! فما هو الفارق بين النصوص والأحداث بين الإثنين؟

ما هو الفرق بين حُكم التوراة العنيف وحكم الإسلام العنيف في إبادة الخصم واستعباده بطريقة غير إنسانية تتنافى مع تشريعات البشر حاليا في هذا العصر وخاصة طريقة التعامل مع أسرى الحرب؟!

في القرآن كثير من التناقضات والأسئلة التي تحتاج الى إجابات!

صابر: كل الإجابات موجودة في الفقه الذي لا تفقهه أنت!

ولاحظ أن ما حكم به سعد بن معاذ هو حكمه الشخصي فهو حكم غير إلهي وغير نبوي وهو تصرُّف بشري غير منزّل من الله وكذلك على ما بدو في نص العهد القديم التي ذكرته فهو لا يقول لك أن الله أمر بذلك وإنما هم الذي قاموا بذلك وهذا يحتمل أن يكون مجرّد سلوك بشري لا علاقة له بأوامر الله ودعني أسألك؟

ألم تقتنع بإجاباتي الواضحة طوال هذا الوقت فترعوي عن غيِّكَ؟

قد قال الله تعالى في محكم كتابه العزيز (وَمِنْهُم مَّن يَسْتَمِعُ إِلَيْكَ وَجَعَلْنَا عَلَى قُلُوبِهِمْ أَكِنَّةً أَن يَفْقَهُوهُ وَفِي آذَانِهِمْ وَقْرًا وَإِن يَرَوْا كُلَّ آيَةٍ لَّا يُؤْمِنُوا بِهَا حَتَّى إِذَا جَاءُوكَ يُجَادِلُونَكَ يَقُولُ الَّذِينَ كَفَرُوا إِنْ هَذَا إِلَّا أَسَاطِيرُ الْأَوَّلِينَ)(الأنعام 25)

حنّون(مُتهكّماً): وماذا كانت إجاباتك هذه كي تقول أن أذني مغلقة أو أن قلبي مقفول بقفل أي أن عقلي مغلق؟!

فأنتم المسلمون (أو المؤمنون بأي دين كان) تكون قناعتكم ثابتة لا تتغيَّر حتى بالدليل الملموس وتصرّون على محاولة الرجوع الى الدين نفسه بالنقاش بشكل دوّامة أو حجّة دائرية أو حلقة مفرغة كقضية الدجاجة من البيضة والبيضة من الدجاجة في حين يتوجَّب علينا نحن أن نسابق الزمن ونستجيب لمتغيرات العصر بما هو موجود وأن نبعِد عن فكرنا ما لا ينفعنا ولا ينفع أجيالنا عملياً، فالعصر الحالي بما يشهد من تطورات يحتاج منا أن نقول كلمة تعبّر عن الواقع كي نبدأ التطوُّر ولو كانت تجرح أحاسيسنا وتفنِّد معتقداتنا القديمة البالية فذلك أفضل من خداعنا لأنفسنا. إن عصرنا الحالي يحتاج الى عقل متفتِح لا يؤمن بالخيال والافتراضات ليعمل وينفذ ويصنع ويخترع ويكتشف فيكون متقدّماً.

فما يحصل في عصرنا الحالي من تمايز في مستوى التقدّم بين العالم كله وحالنا المتأخر أو المتخلف فكريا رغم أجهزتنا المتطورة التي نشتريها من العالم المتقدم هو كما حصل عند تبادل وانتشار صور التلسكوب جيمس ويب في تموز 2022 في مواقع التواصل الاجتماعي حيث تصارَخ مَن تصارَخ أن إثبتوا على دينكم فالكون واسع بأطوال ملايين وبلايين السنين الضوئية بين المجرّات لا سيما القريبة منها لكن لا تنسوا أن كلُّ ما يُقال عن الانفجار العظيم وهمٌ وضلالٌ وأنَّ قضية خلق الكون كله بفترة لا تتعدى الأسبوع هو الواقع الإلهي القرآني الإيماني الذي نؤمن به والذي يقوله القرآن وحاول غيرهم إعادة فكرة أن الأيام المذكورة في القرآن لدى خلق "السماوات السبع" هي آلاف السنوات أو يزيد مِن ما يعلمه الله وحده بتقديره ومشيئته وهي ليست من أيامنا التي نعرفها، فهذه العقلية هي عقلية إيمانية ضالة تخلط ما هو حديث من جهة مع ما هو قديم ومُتناقِض منطقياً أي خاطئ علميا واقعيا في هيئته.

حالة عقلنا الديني الحالي في الشرق الأوسط هي استخدام مقتطفات من معلومات الاكتشافات والمخترعات وربطها مع نصوص القرآن وغيره بأشرطة لاصقة وصمغ لتثبيت الإيمان القديم في مكانه نفسه خوفا عليه من التزحزح برياح الحداثة الفكرية فالهدف هو تجميد عقولنا بل صبها بأغلفة كونكريتية مُقدّسة لدرء تلوّثها بالحضارة المتقدّمة وخاصة طريقة التفكير العصرية المتقدمة رغم أنها أهم ما ينقصنا داخل زنزانتنا العقلية المقدّسة هذه لنخرج منها هذه الزنزانة التي وجدت أوربا قبل خمسة قرون المسلَك للخروج منها لتبدأ

عصر الحداثة والصناعة ثم عصر ما بعد الحداثة بينما واصلنا نحن عَدم الاكتراث لهم باعتبارهم كفرة فجرة فاسقين في الطريق لجهنم بتركهم الإيمان بالله وسرنا نحن بطريقتنا المثلى لحالنا البائس مقارنة بالعالم كله!

وما أجده أن الأوان قد آن الآن أن نُبعِد عن أفكارنا كلمات كثيرة مثل (إله وآلهة ،الرب، شيطان، إبليس، جن، ملاك، حظ، نصيب، قسمة، مشيئة، بركة، روح، غيب، عصمة، عبودية، عبادة، تسبيح، خلود، صلاة، طقوس، جَنابة، وضوء، تيمم، نجاسة، رجس، الجنة والنار)!

نحن لازلنا لِيومنا هذا نردِّد أن هذا الشخص **طيب القلب** فما دخل القلب بالطيبة؟

بل وهذا أعمى قلب! وكأننا نرى بقلوبنا نصِرُّ على ذلك!

وهذا محسودٌ فهو "مَضروب عين"!

ما علاقة العين بالحسد وما هو الحسد أصلاً؟ هل هو حقيقة؟ أم هل أن الجن أو السحر حقيقة؟

الحسد ليس سوى خرافة وإن قلت أنه موجود فبدليل ماذا؟ أعطني دليلاً ملموس!

صابر: ألم تختبر الحسد في حياتك اليومية لتصدق به؟

حنّون: هذه مشكلة نفسية وهلاوس فأنت تشعر بالارتباك بسبب هلعك من الحسد الخرافي فتقوم بارتباكك بفعل مشاكل لنفسك تتهم بها غيرك بأنهم قاموا بحسد بقواهم الخارقة بل وتفرح أيضا باعتبارك ستحصل على ثأر إلهي بأكل الحسد لحسنات الحاسد لك أي ذهاب حسنات من تعتبره مجرم بحقك لأنه نظر لك ربما نظرة تعتبرها حاسدة تجعلك هلعا تركض يمينا ويسارا باحثا عن قطع فخار زرقاء بسبعة فتحات أو رمز لكف في وسطها عين لتتخيل أنها تدفع عين الحسود بعيدا فتعلِّقها هنا وهناك كالمجانين وتبقى تصرخ بأعلى صوتك "عين الحسود فيها عود" وتقرأ المعوذتين وتدأب على حرق نبات الحرمل سيئ الرائحة فوق طبّاخ البيت عند غروب الشمس! فلننتقل لموضوع التحيَّة الإسلامية!

صابر: ما بها؟ هي أفضل تحية لأنها تحية أهل الجنة!

99 التحية بالسلام هي تهديد بالحرب

لا تعني التحية بقول "السلام عليكم" السلام وإنما الحرب! فهي تلُمِّح للحرب باحتمال عكس الحالة التي تقدمها للمقابل إن لم تجري الأمور على ما يرام أو إن لم يكن الطرف الآخر مسلم كما يجب!

صابر: ماذا تقصد؟

حنّون: أقصد أنها إشارة أو رسالة ضمنية غير ملفوظة تعني: أنا مسلم فهل أنت مسلم؟ والأفضل لك أن تكون مسلم لأنك ستكون عدو لي فلا سَلام لك ولك الحرب.

صابر: هذا غريب حقا! كيف فسَّرتها بهذا الشكل المَجنون لأن قول السلام هو لجميع البشر دون معرفة دين المقابل.

حنّون: أنت واهم حيث لم يُجِز أغلب الفقهاء قول "السلام عليكم" لغير المسلمين!

صابر: كيف لتحية السلام هذه التحية الجميلة وهي تحية أهل الجنة أن تدُل على الحرب عندك؟ أنت مريض العقل أو قد تلبّسك جِن كافر وسأدعو الله ربي أن يَهديك له لتكون مِن أهل الجنة فتقول "السلام عليكم" في الجنة وتتوقف عن هذه الهلاوس التي لا أساس لها.

حنّون: بل من الطبيعي أن عندما تطرق سمعك أي كلمة، ستفكر في معكوسها وعكس السلام الحرب وعليه ستسأل نفسك في أي حالة ستكون الحرب عليَّ مثلما السلام عليَّ؟

صابر: لا وجود لأصل تاريخي لافتراضك الخرافي هذا والذي أساسه نفورك من الإسلام على ما يبدو!

حنّون: بل يوجد! فأول ذكر لهذه التحية كان في فتح مكة وسبقتها حرب بين المسلمين والكفار وهي تعتبر نوع من الكلام الدبلوماسي السياسي الذي يلمِّح للاتفاق على السلام أي هي لا تشير لما يتم الترويج له بأنها ترمز لرغبة الإسلام بنشر السلام لكل البشر!

صابر: الناس في كافة أنحاء العالم تتجه نحو الإسلام لأنه يمثل السلام **والخلاص لهم** وأنت العربي تذهب بعيدا عنه وهذا يجعلني أحكم عليك بأنك

تريد الخلاف للمُخالفة فقط إن لم أفترض أن أحدهم اشتراك مسبقاً بنقوده لتخريب الإسلام الحنيف.

وسأُحسِنُ الظن بك بأنك لست تسأل وتجادل بنية هدم الإسلام بل طلبِ الشُهرة والأهميَّة بالمخالفة طيشاً وكما يُقال "خالف تُعرَف"!

100 حياة إسلامية نموذجية

حنّون: طيب، لنقل إنِّي أريد أن أكون مُسلما حقا كما حدد وأمر القرآن فهل يمكن أن أتخيَّل كيف سيكون حالي "كمسلم جيد" وأقوم بتقييم ذلك كي أعرف؟

صابر: طبعا تخيَّل ما شئت، لكن قل الحقيقة فلا تُجحف بحق الإسلام؟

حنّون: سأفترض أنّي شاب فاستيقظ عند الفجر بعد أن كنت أغطّ بنوم عميق كي أُصلّي صلاة الفجر بعد أن أتوضَّأ، وعندها انتظر الساعة السابعة للذهاب الى العمل لأني لن استطيع النوم بعد استيقاظي للصلاة وسيتوجّب عَليَّ الصلاة في وقت الاستراحة التي يجب أن أرتاح فيها عن العمل ثم أُصلّي العصر والمغرب والعشاء وهذا كُلّه أعتاد عليه بشكل ميقات وتوقيت يومي مستمر ويجب عليَّ أن أقرأ القرآن أو استمع له حتى تَعمَّ البركة في المكان واذا أردت الزواج عليَّ الزواج من المسلمات أو "الكتابيات" فقط وإعالة زوجتي فهي لا يمكن أن تعمل لأن عليَّها البقاء في البيت حتى لا تتعرض لأنظار الآخرين ويجب أن لا يَسمع صوتها أحد لأن صوتها عَورة وعليَّ أن أُربِّي أطفالي على الانصياع أو الطاعة دون نقاش وخاصة لأداء الصلاة في أوقاتها وأداء الصوم وتعلُّم الدين وأن أميِّز الابن في تربيته عن البنت وإذا ما أردت التنزُّه مع العائلة عليَّ اختيار الأماكن بشكل لا يتعارض مع الإسلام ونوعية الملابس الخاصة به وهي الحجاب ومتعلقاته وعلي مراقبة العائلة بعيون مُحدَّقة تراقب زوجتي وبناتي ولذلك عليَّ الحرص على لباسهم الحجاب أو النقاب ثم يأتي رأس الشهر واستلم الراتب وأعطي الزكاة مما أكسبه فأعطي الزكاة كضريبة مقبولة وإن كنت شيعي فعلي أن أستقطع منه الخمس كل سنة وأن أعطي الخمس ليذهب الى عائلة مخصَّصة بعِرق مُعيَّن من المسلمين هم العرب الهاشميون ... وكل ذلك عِبءء برأيي!

بل هناك أعباء أخرى حيث عَليَّ الحَج مرّة بالحياة وتخصيص مبلغ من المال لهذه الرحلة وهذا مبلَغ سيذهب لجيوب المقيمين على بيت الله وعليَّ صيام شهر كاملا في السنة وإن كنت شيعي مسلم عليَّ البُكاء لأكثر من عشرة أيام في السنة كل سنة وفي نفس الوقت إضافة الى المشي لمسافات طويلة على الأقدام

وربما حافيا للوصول الى مراقد الأئمة عند تواريخ وفاتهم السنوية وكذلك عدم التكلُّم عن الآخرين وأمورهم بأساس أن الغِيبة والنميمة ممنوعة في رمضان خاصة!

صابر: يمكنك أن تتحول مِن شيعي الى سنّي أو بالعكس إن لم يعجبك مذهبك!

حنّون: لنفترض أنك كسنّي تعيش حياة أسهل وأقل خسارة للمال وللزمن وللجهد فهل تسمح لك عائلتك وعشيرتك ومجتمعك بذلك أي بهذه الحرية الفكرية؟

صابر: لا، لكني سأفعل كي أبقى مسلم بدلا من أن أصبح بمثل حالك! بل ربما لو أصبحت أنا نصرانيا (مسيحياً) لكان أفضل لي من أن أصبح بمثل حالك الكارثي هذا! وماذا في تحريم النميمة فهل يعجبك أن تجد الناس يعيبونك ويشتمونك بعدم حُضورك؟

حنّون: لمَ لا؟ فتلك هي حرية التعبير وأنا أجيزها بعد حضوري فما الفرق عندي فرأيهم هو رأيهم وهم أحرار فيه والإسلام لا يمنع قول الرأي فيك أمام عينك ولكن ليس وراء ظهرك وأنا لا أجد أي معنى لذلك فالمطلب الإسلامي هذا يؤدي للاضطهاد والتسلط حيث أن ستخاف الكلام عن من تخاف منه أمامه وستقوم بمناقشة من هم أقل سلطة منك فقط!

صابر: بل هذا تشويه للسمعة وليس حرية تعبير! وكلامك الخاطئ هذا تشويه للإسلام أيضا! فعندما يقولون ما يقولون أمامك ستستطيع الرد عليهم والدفاع عن نفسك فكيف ستدافع عن سمعتك بعدم حضورك؟ هذا هو الفرق الذي لم تعرف قيمته في عبقرية الإسلام يا عبقري!

حنّون: لا توجد عبقرية هنا! فالضعيف ستناقشوه لأنه تحت سلطتكم ومَن تعتبرونه مخالف للإسلام وغير المسلم ستُعيبونه في كلامكم وتهاجموه بتبرير أنه عدو للإسلام!

صابر: الإسلام هو قياس الحق والحقيقة ونحن لا نقوم إلا بالدفاع عن الإسلام في سبيل الله لأنه أمانة في أعناقنا والضعيف هو ضعيف عندما يكون ظالما أي ضعيف لعدم امتلاكه الحق! أكمل نموذجك المتخيَّل هذا للمسلم.

حنّون: وعليَّ الالتزام بالطهارة التي ليس لها معنى واضح ومحدّد وأن التزم بعدم أكل لحوم معينة كلحم الخنزير لأنه محرَّم ولنفس السبب عليَّ عدم شرب الخمر

وربما عدم التدخين أيضاً وعليَّ أن أجاهد مع جيش المسلمين اذا ما قرّر الحاكم الشرعي نشر الإسلام بجهاد الطلب تحت شعار "أسلِم تَسلم".

صابر مقاطعاً: إن ما قلته أنت مجرد تزييف وتهويل للحقيقة والواقع!

هل الإسلام دين الشريعة السمحاء بهذا الشكل؟

فلا يتم تطبيق الفرائض والأحكام والأصول للشريعة بطريقة تجعل النفس تنفر منها وإنما بطريقة التحبيب والجذب بدلا من الجبر وذلك يبدأ منذ الطفولة ويبدو أن هناك مَن أخطأ في طفولتك فجعلك تكره الفرائض وهذا لا يُعيب الإسلام وإنما يعيب طريقة تقديم الإسلام لَك والواضح أنه كانت سيئة!

وقل لي بالله عليك ماذا عن المبادئ السامية والأخلاق العالية التي يدعو إليها الإسلام؟ لماذا حذفتها من نموذجك المفترض لحياة المسلم هذا؟

حنّون: كل الحركات الإنسانية على مر الزمن رَفَعَت نفس الشعارات التي في محتوى الإسلام كالأمر بالمعروف والنهي عن المنكر والدعوة الى الفضيلة والأخلاق والاتفاق ونبذ الحرب فبماذا يتميَّز الإسلام عن باقي الديانات؟

صابر: هذا يؤكّدُ ويُقرُّ أن الدين عند الله الإسلام أي أن كل البشر كانوا مسلمين بالأصل منذ آدم ع لكن تحرّفت دياناتهم وبقي منها ما بقي مما هو مُشابه للإسلام رغم التحريف!

101 الفرائض

حنّون (مستمراً): هل خطر ببالك السؤال: هل مِن الممكن لشخص سَويْ من البشر أن يلتزم بالأخلاق دون أن يلتزم بصلاة وباقي الفرائض وكان مثالي السلوك، فعلامَ بكم تصرخون ليل نهار هذا الجزء من الآية 45 من سورة العنكبوت "الصلاة تنهى عن الفحشاء"!

صابر: لا يوجد مَن هو مثالي السلوك والأخلاق كخير الخلق محمد صلوات الله عليه وسلامه وكان ملتزما في صلاته ونسير على هديه وسيرته! وأنت إن لم تفعل الشر فهو لفطرة الله فيك على الخير أو الأخلاق من عالم الذر وهي إحدى الأدلة على وجود الله لكن ما يعصمك من الشيطان هو التقرب لله والطريق الى ذلك يبدأ بعماد الدين وهو الصلاة.

حنّون: الواقع هو أن مَن لا يُصلّي يكون أبعد عن الأصولية والحَرفية في فهم الإسلام وهذا يجعله أبعد عن استخدامه بل استعماله كأداة في أي مآرب لأي حركة سياسية إسلامية فلا يحصل العُنف الإسلامي أو الجهاد!

صابر: أليس من حق المسلمين الدفاع عن أنفسهم؟ ولماذا لا تدعو أصحاب باقِ الديانات لترك أديانهم ليكونوا ضعيفي القوة خائرين أيضا أم أنت موكول من قبل أعداء الإسلام لهدمه مُقابل حفنة دولارات!

حنّون: أنت تعلم إنّي أريد التحرر مِن ربقة الإسلام لأتطور كباقي البشرية وأعيش حياتي في وِئام مع شعوب الأمم المتطورة فأكون ويكون كل مَن هو بمثل حالي نواة للتغيير للتقدم البشري الإنساني والعلمي.

صابر: أكمل كلامك، ماذا لديك بعد حول الفرائض؟

حنّون: هذه الطقوس التي تسمُّونها فرائض وشعائر وهي الصلاة والزكاة والحج والصيام والجهاد والخمس وكل ذلك أو ما يشبهه موجود في الديانات الأخرى!

صابر: ما هي المشكلة إذاً! إفعل كما تفعل باقِ البشرية فهذا ما تردده طوال الوقت!

حنّون(مستمراً): الصلاة، وهي خمسة مرات في اليوم، يُردِّد المسلم كلمات ويعيد حركات مُكرَّرَة متشابهة وتكون أحيانا دون معنى للذي يصلي سوى الرغبة المحضة **بإنجاز ذلك** لدرجة أن بعض المصلّين ينسون عدد الركعات التي صلّوها وهل أنهم ردّدوا الآية الفلانية فعلا أم لم يرددونها.

صابر: وماذا في ذلك؟ يجب أن يعمل الإنسان خير العمل وهو الصلاة قبل أن يكون الجهاد خير العمل والشيعة الإمامية يعتبرون الصلاة خير العمل مخالفة لأمر الخليفة عمر الخطاب رض!

حنّون: ما يزعجني هو الهدر في الوقت وفي تشرّد الذهن فلو جمعنا وقت ما كان المسلم يَتوضأ ويتحضَّر للصلاة ويصلي فقد تأخذ منه الصلاة ربع ساعة لكل صلاة كمعدل فنضربها في خمسة فيكون الزمن الكلّي المحتسب الذي يقضيه المُصلِّي لغرض الصلاة فسيكون ساعة وربع ولنقل مثلها للوضوء وطول اليوم 24 ساعة فهذا يعني كمعدل استهلاك حوالي 10% من زمن اليوم الكلي وهو 24 ساعة أي لنقل 20% من زمن الفاعلية الصافي وهو زمن اليقظة أي الوقت الذي يكون فيه الانسان غير نائم ولا يقضي حاجاته الأخرى بأنه نص اليوم أي أن كل

إنسان يقضي نصف يومه في النوم وباق حاجات الجسد الغريزية كتناول الطعام وغير ذلك.

وهذا اعتبره شخصيّاً مضيعة للوقت حيث استطيع ذكر الله في قلبي دائما دون القيام بحركات وترديدات لا تختلف عن ما يقوم به أي ديانة كصلاة الوثنين مثلا وحركاتهم لآلهتهم!

صابر: وماذا في ذلك فما تريده أنت هو أن تعيش مثل باقي البشرية!

حنّون: أنا أريد أن أتطوّر مثل المتطور من البشرية وليس كأي قوم من أقوام البشرية! ولننتقل لنقاش الصيام كفريضة أخرى،

102   الصوم ونتائجه

فهو الامتناع عن الأكل والشرب والإكثار من جُرعات الصلاة أقصد فترات إضافية منها وسألحق أو أجمع زمن الصلاة الإضافية بمجموع حساب فريضة الصوم موضعنا!

لكن واقعين كم من الوقت ستأخذ فريضة الصوم؟ فكثير من المسلمين تراهم خاملين متعبين نَعسين في عملهم لعدم تناولهم الأكل أثناء النهار مع رائحة فَم كارثية في أغلب الأحيان!

صابر: ما تقوله غير صحيح فالأطباء يقولون أن الصوم صِحِّي أي يبعث الصحّة والعافية في البدن وبالنسبة لرائحة الفم تستطيع تفريش أسنانك بعد تناولك السحور قبل الفجر فلا تستطيع بجهلك بتسامح الإسلام وسهولة فرائضه تشويهي وعلاوة على ذلك ذكر الحديث النبوي أن "خلوف فم الصائم أطيب عند الله من ريح الجنة".

حنّون: يشير هذا الحديث الإسكاتي لكل من يعترض على ريح فم الصائم إشارة ضمنية مضحكة الى كارثية ريح الجنة حيث سأتخيلها رائحة أسوأ من ريح فم الصائم ولذلك اعتبرها الله أفضل بأساس هذا الحديث رغم اتفاقنا على عدم ذكر الأحاديث!

صابر: حَسِّن ألفاظك وأسلوبَك وتوقَّف عن خيالك المريض فالله يريد لنا التكلم بأخلاق عالية لإكمال أداء فرائضنا لنذهب للجنة وأنت تريد تخريب ديننا بتعليقاتك التقبيحية هذه عنه! فقُل لي ماذا لديك بعد حول الصوم والذي أكّد الأطباء فائدته للصحة بما لا يعجبك طبعا؟

حنّون: قد يكون كذلك عند بعض الناس أو في فترات معينة من حياتهم ووفِق ما ينصح به الطبيب فقط وبشكل عام "الصوم المفيد" هو الامتناع عن تناول اللحم أو الامتناع عن الطعام مع شرب الماء أو العصائر والامتناع يكون بالليل وأما "الصيام الإسلامي" هذا فيكون بالمقلوب بالتناول ليلاً والامتناع نهاراً لذلك هو مُضِر لأن في وقت الليل يكون الانسان أقل نشاط ويحتاج للراحة بدلا من جعل معدته تعمل وجسمه بحالة خمول وإضافة الى ذلك الجفاف في النهار مضِرٌ للكُلى وهذا سيتطلب انقاذ الجسم كل يوم بكمية مناسبة من الماء لمعادلة ضرر الجفاف وإن لم تحصل هذه الكمية من الماء فهذا سيؤدي للجفاف في الطقس الحار خاصة.

صابر: لا دليل لديك على أن الصوم الإسلامي الذي ذكرته مضِر أو أنه يختلف عن الصوم الطبي الذي تكلمت عنه! لكن لماذا لا تعترض على صوم المسيحيين؟

حنّون: المسيحيون في صومهم يشربون الماء ويتناولون السمك!

صابر: لديهم "صوم نينوى" وهو مشابه للصوم في رمضان فلماذا لا تعترض عليه على السواء؟

حنّون: إذن أعترض عليه لا فرق!

صابر: هل تَنفي عن نفسك كونك مسيحي ملثّم!

حنّون: لا تزعجني فأنت تعلم أني لست مسيحي! وقل لي ما الحكمة أو الفائدة من كون الصيام لمدة شهر قمري متواصل في وقت متقدِّم كل سنة عن وقته السابق 10 أيّام ليدور حول السنة؟ هل توجد حكمة وغرض إلهي في ذلك أم أن ذلك نتيجة عرضية لحالة التقويم القمري الذي تم حذف شهر النسيئ منه بعد حجَّة الوداع؟

صابر: هذا امتحان إلهي هدفه تقوية صبر الإنسان كذلك ليعرف الغني ما يعاني منه الفقير ويحسَّ بشقاءه.

حنّون: وهل تعتبر زحف مجيئ رمضان كل سنة جزء من هذه المعاناة المفروضة من الله؟

صابر: وما هو الضرر من اقتراب موعد شهر محبوب للمسلمين عشرة أيام كل سنة هجرية؟ أنت فقط من يدّعي الانزعاج من ذلك على سطح الكوكب!

حنّون: سيزحف رمضان ليكون في وسط الصيف الحارق وكذلك موسم الحج!

صابر: ويتقدّم كل موعد ليكون في الشتاء أيضا على السواء!

حنّون: قبل حجة الوداع كان الحَج في الشتاء فقط وهذا أفضل!

صابر: وكان رمضان في حوال شهر أيلول من السنة وهو وقت قيظ وحر فهل يعجبك ذلك؟

حنّون: نعم لكن ليس بسوء حر منتصف الصيف في بغداد!

إن ما تقوله يؤكّد أن في **الصيام بُرُمته مجرّد معاناة**، وكل معاناة قسرية مضرّة بالصحة وأمّا تعابيرك المنمقة هذه في زيادة الصبر وشعار الإحساس والشعور بما يعانيه الفقير فلماذا إذاً لم يحُل الصيام مشكلة الفقر في العالم الإسلامي لمدة أكثر مِن ألف وأربعمائة سنة مضت؟!

صابر: ما علاقة ذلك بالفقر؟

حنون: بأساس أنّك تقترب من عالم المسكين الجائع الفقير في هذا الطقس الديني! ولكن هنالك مفارقة!

صابر: لا توجد مفارقة فأنت لا تفهم الإسلام!

حنون: كيف تفسّر أنّك تتصدق بطعامك على الفقير في رمضان عندما لا تصوم أي عندما تفشل في الصوم تقدّم طعاما للفقير ولا تكون مُطالباً بتقدم شيء للفقير عندما تنجح بإنجاز الصوم لذلك اليوم فالاحساس بمعاناة الفقير يجب أن يصاحبه تقديم للطعام للفقير كي يأكل الفقير وأنت تتضوّر جوعا كي تشعر بمعاناته! لكن الواقع هو العكس فعندما لا تأكل كصائم هو لا يأكل كفاقد للطعام وعندما تأكل كفاشل في الصوم هو يأكل طعام الزكاة منك، فما هكذا تورد الإبل! فهذا يشير الى أن الغرض الحقيقي مِن الصوم هو ليس زيادة طعام المساكين مقابل حسنات وأن فكرة الاقتراب من الشعور بالمساكين الفقراء هي خرافة ترفيعية!

صابر: بل واقع فأنت عندما تشعر بالجوع ستتذكر الفقير وتقدم له الزكاة تطوّعا وتعاطفا وفي نهاية رمضان ستذهب أيضا لتقديم مال الفِطرة لمساعدة الفقراء وعلاوة على ذلك يعلّمك الصوم الصبر في حياتك!

حنّون: هذا تطوّع وليس إلزام ويمكننا استحصال التعاطف بطرق أخرى فيمكننا حالياً جعل الغني يشعر بما يعانيه الفقير عن طريق الإعلام وعن طريق

الجمعيات الخيرية التي تدعم الفقراء طعاماً وملبساً ومسكناً وذلك بالمناسبة يخالف ما يدعو له الإسلام في جعل الزكاة والمساعدة سرّية لتكون الحسنات أكثر!

صابر: نعم السِرِّيّة أفضل للزكاة والمساعدة للمساكين

حنّون: على العكس جعلها علانية يشجع ميسوري الحال والأثرياء على التباري والتنافس بالفخر لمساعدتهم أكثر! وبالنسبة لزيادة المقدرة على الصبر والجَلَدة فهل يحتاج الإنسان الى تعلم الصبر وكل ما في الحياة يحتاج الى الصبر حيث لا داعٍ لتدريب إضافي عليه خاصة وإن هذا التدريب فاشل في غالب الأحيان لأنه يؤدّي إمّا الى النهم بعد الإفطار أو لفقدان الشهية وخسارة الكثير من الوزن وهو في نهاية الأمر تدريب على الصبر على الجوع فقط وليس على الصبر على الحاجات الأخرى! وحتى بالنسبة للجوع فهو يؤدي لفقدان السيطرة بالنهم أو لكراهية الطعام والنفور منه تماما أي لمشاكل نفسية طعامية!

صابر: بل الصبر والتأديب أيضا فهو يهذب النفس عن النميمة والغيبة وممارسة الجنس لكن أوضح لي لماذا تقول أنك ستتجه للنهم أو لفقدان الشهية فأنا كل سنة أصوم وأشعر أن صحتي تصبح أفضل!

حنّون مستمراً: أساس القضية هو الجوع والعطش فقط وليس التهذيب على الصبر على الجنس أو حرية التعبير التي تسميها أنت "نميمة" لأنك عندما تكون جائع وعطش تصبح ضعيف البدن وغير راغب في الجنس وربما غير قادر على الكلام كثيرا فلا تقوم بالكلام للتعبير عن نفسك لأن بلعومك سيتيبس من كثرة الكلام أي أن كل ما أدّعيته حول أنواع الصبر الإضافية هو ليس سوى نتيجة للصيام وكما قلت لك الصبر بحد ذاته من ضروريات الحياة ويتعلمه الإنسان عن طريق الحياة نفسها دون الحاجة الى هذه الدورة التدريبية التجويعية السنوية المملة.

صابر: مملة بالنسبة لك فقط لأنك لست مؤمن فنحن نُودِّع رمضان بحزن في آخر أيامه حزنا عليه ونستقبله بفرح غامر في بدايته!

حنّون: إذن لماذا تفرحون بالعيد أليس كرها برمضان وسأما ونفورا منه؟

صابر: لأنه عيد!

حنّون: لا، لأنكم تستطيعون الأكل والشرب لانتهاء الحظر النهاري عليه! أنتم فرحون بالطعام والشراب فقط وتخافون التعبير عن ذلك كي لا يرميكم الله في جهنم عقوبة على حرية الكلمة بشأن أوامره!

صابر: غير صحيح وكلامك هذا كلام شخص غير مؤمن لذا لا يؤخذ به! وأجبني لماذا تدعي أننا سنصل الى النهم أو الى فقدان الشهية ولا تغيّر الموضوع؟

حنّون: هذه الدورة التجويعية في الواقع لا تعلّمك الصبر على الجوع لأنك في كل يوم ستقوم بمكافأة نفسك على الجوع في النهاء بالتهام كمية من الطعام في الليل تتعدى جوعك لأنك تريد مكافأة نفسك على الصبر في النهار وهذا أيضا قد يؤدي بك الى النهم والى زيادة التهام الحلويات فنحن مبرمجون على مكافأة أنفسنا بالحلويات منذ كُنّا أطفال وذلك يؤدي لتكرار الفكرة بشكل لا شعوري وعند البعض الآخر من البشر قد يؤدي الجوع لساعات طويلة ثم عدم أكل كمية مناسبة من الطعام الى فقدان متواصل للشهية بشكل مرضي يؤدي لخسارة الوزن بشكل خطير. الآن دعني أوضح لك خسارة الزمن فالزمن له قيمة في كل العالم عدى عند المنغمس في الطقوس لأي ديانة كانت!

صابر: أنت تبالغ فالإنسان الكافر بالمقابل لا يستفيد من وقته حيث يمكن أن يضيع وقته بأشياء تافهة كالمخدرات والمسكرات وألعاب الفديو والقمار وأي عمل لا فائدة منه (عِلم لا ينفع) وكل ذلك نهانا الإسلام عنه!

حنّون مستمراً: لنفترض أن الزمن المستهلك في شهر الصوم بسبب الانشغال بالصوم افتراضاً يساوي 25% من زمن شهر رمضان أقصد ساعات النهار التي يكون الإنسان بها متعب أو نائم أو غير قادر على العمل بسبب الصوم فأنا أعلم أن الغالب من الناس يعملون أثناء صومهم.

وهذا يعني أن هذه النسبة من السنة هي حوالي

$$0.25/12 = 0.02 = 2\%$$

أي 2% من السنة فاذا تم صيام شهرين (شعبان ورمضان) يكون 4% إذن معدل الزمن الذي يُفقد سنويا من الإنسان المسلم "للصوم والصلاة" خلال السنة لا يقل عن 22% من زمن الفاعلية من حالة الاستيقاظ على أقل تقدير (بأساس أن زمن الفاعلية هو نصف اليوم فقط لأن نصفه الآخر يقضيه نائما وقاضيا لحاجاته الجسمية إضافة لانشغاله بزمن الانتقال يوميا لمكان العمل والعودة منه) والحياة الآن بأمس الحاجة لهذا الزمن لمواكبة الحضارة والتقدّم أي أن

المسلم يخسر حوالي ربع الزمن الفعّال المنتج من حياته بالطقوس العادية وهذا لا يتضمن إقامة صلاة الليل مثلا.

صابر: لا تستطيع احتساب صلاة الليل فهي في الليل أي هي أثناء وقت النوم فلا فرق في حساباتك إذاً.

حنّون: غير صحيح فأنت حينما لا تنام في الليل ستغط في النوم في وقت آخر أو ستبقى نعِساً خامل ضعيف الجسم في النهار وهذا سيقلل من فاعلية الإنسان في زمن الفاعلية وهو النهار.

صابر: ماذا لديك بَعد غير ذلك؟

103   الحج ونتائجه

حنّون: وأما الحج وهو الذهاب الى مكة وقضاء فترة حوالي أسبوعين لقضاء شعائر ليس لها أي فائدة للبشرية سوى تكوين رضا النفس بعد ممارسة هذه الطقوس بافتراض رضا الله فيها وذلك بواسطة الشعور بالتعب بسبب الطقوس هذه والذي يتحول لتأثير نفسي بالرضا عن النفس التي قامت بهذا المجهود الجسدي.

صابر: ألا تدعونا أنت للحرية الفردية كما في العالم الغربي؟ اعتبر هذا حرية فردية!

حنّون: غير ممكن لأنك مجبور على ذلك لأنه أداء لفريضة وشعيرة إلهية فأنت لا تستطيع سوى تنفيذها كالجندي في ساحة المعركة!

وهذه الفترة في هذا العصر أصبحت أسبوعين بينما في غابر الزمان عندما كان النقل يعتمد على الجمال والسُفن فكانت تستغرق هذه الفريضة من ثلاثة أشهر الى أربعة أشهر على أقل تقدير بحسب بعد البلد عن البيت الحرام وهذه الطقوس بالإضافة الى ما تستهلك من وقت تستهلك الأموال التي تذهب لجيوب المقيمين على هذا البيت المقدَّس ولا نريد أن نحسب كم يصرف الحاج لجيوب الحكومة السعودية في الوقت الحاضر فهي مضيَعة للوقت والأموال والجهد.

صابر: لا حق لك في هذا الكلام فباقي الديانات لها شعيرة مشابه للحج لبيت الله الحرام حيث باقي الديانات السماوية يزورون القدس والنقود ستذهب لجيب الحكومة الإسرائيلية فلماذا لا تهاجمهم بكلامك هذا أيضا؟ وكذلك تضع

الحكومات والمؤسسات الدينية أموال الحجيج لكل المزارات والمراقد والأماكن المقدسة في كل العالم على السواء فلماذا لا تعجبك السعودية في ذلك؟

حنّون: هذا لا يغير في صحة كلامي شيئا فهم على خطأ أيضا في تبذيرهم المال والوقت بنفس الشاكلة وهم ليسوا مقياس للصحة والخطأ في كل الأحوال! فكل ما أريد قوله هو أن طقوس الصلاة والصوم والحج والزكاة هي ليست من الله فعلا إضافة لخسارة الوقت والمال!

صابر: لماذا ليست من الله؟ فالله خلقنا لنعبده كأولوية! في الآية 56 من سورة الذاريات (وَمَا خَلَقْتُ الْجِنَّ وَالْإِنسَ إِلَّا لِيَعْبُدُونِ)

حنّون: لأنها تشابه طقوس ديانات وثنية كالهندوسية مثلا حيث تربط المعتنِق لها بقيودٍ نفسية وبرنامج يومي مكلف في الوقت والمال.

صابر: وذلك بسبب الفطرة الإلهية فهي موجودة في كل البشر وهذا يؤكد أن الدين عند الله الإسلام ومن بعد ذلك تحرّف الإسلام لديانات وأديان وفائدة الإسلام وفرائضه وشعائره عظيمة وأنت لا تعرفها لأنك لا تنظر لما يمكن أن يقع فيه الإنسان من الرِجس والإدمان على الكبائر كالزنا والفواحش وما يؤذي البدن والله يريد لنا الخير بحكمته! ماذا لديك بعد؟

حنّون: وأما الزكاة والخُمس فهي أعلى نسبة ضريبة سنوية حَدثت على مَر العصور وهذا ما لا يتقبله عقل عاقل!

صابر: هذا رأيك ولا أهمية لمقارنتها بالضرائب فهي ليست ضرائب أصلاً وإنما حقوق للفقراء!

حنّون: لكن الخمس ليس للفقراء! لننتقل الى أنواع المُحرّمات في القرآن!

104   تحريم الربا ونتائج ذلك

الفائدة الثابتة تسمّى "ربا" في الإسلام وهو أساس النظام المصرفي (البنكي) وأساس المعاملات المالية عالمياً وهو محرّم ويبدو لي أن سبب تحريمه هو هدم ربح المال بالاستثمار لدفع الانسان لاغتنام المال من غنائم الجهاد بدلا عن الاستثمار والاقتصاد!

صابر: هذه محاولتك لتشويه الإسلام لأن السبب الواضح في تحريم الربا هو تخليص البشرية من الديون التي يغرق بها الإنسان بسبب هذا الفَخ المالي!

حنّون: لماذا تعتبره فَخ؟

صابر: عندما تكون مرتبط بربا بنسبة خمسة بالمئة مثلا بالسنة على مبلغ قُمت باستدانته ستتراكم عليك هذه النسبة سنويا حتى يستحيل عليك سداد المبلغ الكلي وفي السابق كان الإنسان يتحوّل الى عَبد بسبب ديونه واليوم كذلك أيضا لكن بشكل حديث مُغلَّف فبسبب الديون ستُستعبد للبشر حتى إن لم تكن عبداً فعلاً ولأن الرزق من التجارة والعمل هو شأن إلهي لا يمكن لك معرفة المستقبل كي تفترض أن الربح سيكون كاملا لسداد المطلوب من الربا.

حنّون: ولماذا لا يتصرّف المُستدين بمسؤولية فيقوم باختيار المشروع الرابح قبل الاستدانة؟ وكذلك المصرف الربوي (كما تسمّوه) عليه أن يتأكد من المشروع المقترح دعمه قبل تمويله!

صابر: كل شيء بيد الله عز وجل فأنت لا تستطيع معرفة مستقبل أي مشروع اقتصادي وعليه ستكون هناك دائما احتمالية للوقوع في الديون. ولماذا تريد أنت العودة للربا أصلا؟

حنّون: لأن المال والاقتصاد لا يربو إلّا بالربا وكل البشرية تستخدمه للتقدم الاقتصادي المصرفي وذلك بدأ منذ حضارة السومريين!

صابر: في سورة الروم الآية 39 نجد (وَمَآ ءَاتَيْتُم مِّن رِّبًا لِّيَرْبُوَاْ فِىٓ أَمْوَٰلِ ٱلنَّاسِ فَلَا يَرْبُواْ عِندَ ٱللَّهِ ۖ وَمَآ ءَاتَيْتُم مِّن زَكَوٰةٍ تُرِيدُونَ وَجْهَ ٱللَّهِ فَأُوْلَٰٓئِكَ هُمُ ٱلْمُضْعِفُونَ) فهل تريدني أن أصدقك وأكذب القرآن وما نهاني الله عنه؟! لننتقل لما لديك بعد!

حنّون: ماذا عن تحريم لحم الخنزير الذي لا يُعرف له سبب علمي واقعي أو منطقي لتحريمه؟ فيجب على المسلم عدم أكله والأكل من اللحوم المذكاة فقط وباعتقادي، اللحوم المذكاة هي بدعة من المسلمين كي يحاصروا منتجات اللحوم للمشركين والكافرين فهي عملية نبذ أو مقاطعة اقتصادية واضحة ولكن أن يتم تقديمها بأسلوب هو أنها حكم من الله وهنا يكون الاعتراض لأن ذلك خداع.

صابر: بل لأنه حيوان وسخ الجسم ووسخ السلوك جنسياً وقد تناقشنا في ذلك سابقا، فماذا بعد؟

حنّون: مسألة الجهاد (القتال في سبيل الله) فالتضحية بالنفس للدفاع ضروري دفاعا ضد معتدي أو مُحتل والمطالبة بالحق ضرورة لكن يجب أن يكون ما يريده الإنسان هو الحق المغصوب لا غير وأما إن كانت الحرب بأساس العنصرية والتعصب والتشدُّد الفكري فتأخذ مسار آخر وهو الجريمة والإرهاب.

القتال ضروري كدفاع عن النفس فقط ولفترة مرهونة بالحصول على النتيجة وحاليا الوسائل السلمية كالدبلوماسية والسياسية والإضرابات والاحتجاجات يمكن أن تحل محله ويجب تفضيل الأسلوب السلمي لاستحصال النتيجة على الأسلوب القتالي لصُنع السَلام.

صابر: أنت تُلمِّح في كلامك هذا الى أن الإسلام دين قتال وحرب لا سلام ورحمة ودعني أوضح لك الى أن الإسلام يدعو لقتال أعداء الإسلام وخاصة الذين يمنعون الدعوة للإسلام.

حنّون: هذا بالضبط سيؤدي الى حرب هجومية بدلاً من دفاعية بذريعة وجَريرة أن البلد أو القوم الفلانيين يمنعون الدعوة للإسلام أو يحاربون الإسلام فكرياً!

صابر: وماذا في ذلك؟ ألا يتوجب علينا الدفاع عن دين الله فهو أمانة في رقابنا؟

حنّون: الدفاع يعني الدفاع عن نفسك كإنسان أو الدفاع عن بلدك وطنك وليس الدفاع عن فكر فأنت تستطيع نقاش من يعادي أفكارك أو لا يرضى عن أفكارك كما تناقشني الآن!

صابر: طيب ماذا عن الذي يمنع الدعوة للإسلام؟

حنّون: هي معاملة بالمثل فهل يتم السماح للدعوة للديانات الأخرى في البلدان الإسلامية؟

صابر: لا أعتقد أن هذا هو السبب الحقيقي! حتى لو ادّعوا ذلك ففي حقيقة أمرهم هم يعادون الإسلام لأنهم يخافون خسارة مصالحهم في بلاد الكفر لأن مصالحهم تقوم على محرّمات كالربا أو الدعارة وغير ذلك مما حرّمه الله!

حنّون: وما هي المشكلة في ذلك فهم أحرار في بلدانهم في فعل ذلك كما أنتم أحرار في بلدانكم!

صابر: ودعني أختصر عليك الطريق لأني فقدت صبري كأي مسلم لا يقبل أن يتم ترغيبه، كما تفعل أنت، بحياة الكافرين تلك الحياة النجسة المُتخلِّفة الكافرة!

حنّون: أنا لا أرغّبك بحياتهم أنا فقط أريد الحرية لنفسي كما كانت الحرية التي حصل عليها حنّون الذي تم تركه وشأنه في السابق وأنت إفعل ما شئت فالحرية لي ولك وكما يقول بوذا (إعبد حجرا لو شئت لكن لا ترمنِيَ به) وأمّا قولك "حياة الكافرين نجسة" فما تقوله يخالف واقع عقل المسلمين اليوم الراغبين بعوالم الكافرين حيث يرتمون في أمواج البحر المتوسط كل حَدب وصَوب في قوارب مطاطية غير مبالين بموتهم للحصول على فرصة الارتماء على سواحل "الكافرين" مستصرخين اللجوء الإنساني في البلدان العلمانية التي قد يروم لك تسميتها ببلاد الكفر!

غير صابر: هم يذهبون على مضض هناك نتيجة تخريب الكافرين لبلادهم الإسلامية! هم ذاهبون هناك لاستردادهم حقهم بالحصول على الحياة التي تم حرمانهم منها من قبل هؤلاء الكافرين!

وبعد أن أكملت قصيدتك هذه التي تتغنى بها ببلاد الكافرين سأقول لك أن كل ما لدى الكافرين هو من خيراتنا المنهوبة بالاستعمار ومن فضل علومنا الإسلامية قبل هبوطنا بسبب عدم تمسّكنا بالإسلام وكل ما لدينا من خراب وسوء حال هو بسبب مؤامراتهم وقلاقلهم التي يفتعلونها كي لا نتقدم في بلداننا وبسبب الاستعمار لقرون وبسبب دق إسرائيل في وسط العالم الإسلامي والعربي لمنعه عن الاتحاد بشكل دولة إسلامية واحدة وكل ما يجري من تطبيع علاقات من الدول، الدولة تلو الأخرى هو لمنع نور الإسلام من الانتشار في ظلام العالم وتنويره بالحق فكل ما عليك أن تنظر لما حصل لمسلمي الصين واضطهادهم بل وإبادتهم!

حنّون: هل تريد إقامة داعش أخرى الآن فداعش دولة إسلامية أرادت توحيد العالم بالإسلام كما تريد؟

غير صابر: داعش تنظيم عميل للغرب والصهيونية وغيرها التحف بالإسلام لخداعنا وقد أزاله الله رحمة بنا كما أزال غيره! واسمعني ولا تقاطعني، فكلُّ ما تريد أن تقوله أو تُردّده كالبغاء وراء أقوال أعداء الإسلام هو نفسه الذي ذُكِرَ في (موسوعة تاريخ الجنس البشري وتقدُّمِه الثقافي والعلمي) والذي أصدرته منظمة العلوم والثقافة (اليونسكو) للأمم المتحدة فقد قالت في الفصل العاشر من المجلد الثالث مايلي:

1- الإسلام ترتيب ملفَّق مِن اليهودية والمسيحية والوثنية العربية.

2- القرآن كتاب ليس فيه بلاغة.

3- الأحاديث النبوية وُضِعت من قبل بعض الناس بعد الرسول بفترة طويلة، ونسبت الى الرسول.

4- وضع الفقهاءُ المسلمون الفقه الإسلامي مستندين الى القانون الروماني والقانون الفارسي والتوراة وقوانين الكنيسة.

5- لا قيمة للمرأة في المجتمع الإسلامي.

6- أرهق الإسلام أهل الذمة بالجزية والخراج. (دار الأرقم).

فياويح أعدائنا وما أقذرهم في كلامهم ويال خِسّتهم ونكرانهم للجميل فنحن نحترم أنبيائهم ومقدساتهم كمقدساتنا لكن هم لا يفعلون!

فهم يُألبون علينا الكلاب الضالة والأقلام المأجورة لينالوا من عظمة الإسلام لذا فهم الذين يفرضون علينا ويُجبروننا أن نحقد عليهم ويدفعوننا للرغبة في قتالهم للذود عن حياض ديننا.

حنّون: ألا يكفي هذا الكلام العاطفي الصحافي الشعبوي التعبوي؟

لماذا هذا التشنّج عند سماع نقد ما؟

لماذا لا نقرأ؟ لماذا لا نتحقق من النقد ونفهم ونخرج بشيء نستفاد منه؟

وبهذا ينطبق علينا قول الصهاينة حين يقولون:

[إنَّ العَرب لا يقرأون وإن قرأوا لا يَفهمون وإن فهموا لا يَفعلون]

غير صابر: هذا قول مختلق لا أساس له من الصحّة وأنت تستخدمه لدعم أفكارك! فكما ترى أنا منصف أقول الصدق حتى لو كان بحق عدو الإسلام!

حنّون: لنقل أنه فعلاً قول مختلق وأن الصهاينة لم يقولوه! لماذا هذا التسرّع والانفعال بالقرارات العصبية كلما تعلّق الموضوع بالعقيدة الإسلامية؟

غير صابر: لأن الطعن في العقيدة والفكر أسوء أنواع الانتقاص! هو أحقر فعل وهو عنصرية وأنت تناقض نفسك لأنك طوال الوقت تدعو لعدم العنصرية!

حنّون: الانتقاص يكون من كرامة الإنسان الذاتية وليس الفكر! الفكر في خدمة الإنسان! والواقع يدلنا على الحقيقة!

غير صابر: بل العقيدة الإلهية هي الحق والحق هو حق الله الواحد الأحد والإنسان عبد الله وهو في خدمته وخلقه ليعبده ويطيعه كما يريد وأفضل من يفعل ذلك هو المسلم لأنه على الصراط المستقيم وكرامة المسلم في الإسلام فالمسلم لا وجود له دون الإسلام والإنسان دون الإسلام يكون كبهيمة الأنعام لا غير!

حنّون ضاحكا مستهزئا: هل تقصد أن الدول المتقدمة التي لا تدين بالديانات الأبراهيمية كاليابان والصين والهند هي حدائق حيوانات كبيرة ها ها ها ! لماذا التشنج فأنا طالب للحقيقة وليس طالب للانتقاص منك!

غير صابر: أنت تنتقص من ديني وأنا لا شيء دون ديني بل لا تقوم لي قائمة دونه فكل الشعوب غير الإسلامية مصيرها الهلاك بكفرها عاجلا أم آجلا فقط استمع لهذه الآيات القيّمات من مطلع سورة الأعراف (المص (1) كِتَابٌ أُنزِلَ إِلَيْكَ فَلَا يَكُن فِي صَدْرِكَ حَرَجٌ مِّنْهُ لِتُنذِرَ بِهِ وَذِكْرَىٰ لِلْمُؤْمِنِينَ (2) اتَّبِعُوا مَا أُنزِلَ إِلَيْكُم مِّن رَّبِّكُمْ وَلَا تَتَّبِعُوا مِن دُونِهِ أَوْلِيَاءَ ۗ قَلِيلًا مَّا تَذَكَّرُونَ (3) وَكَم مِّن قَرْيَةٍ أَهْلَكْنَاهَا فَجَاءَهَا بَأْسُنَا بَيَاتًا أَوْ هُمْ قَائِلُونَ (4) فَمَا كَانَ دَعْوَاهُمْ إِذْ جَاءَهُم بَأْسُنَا إِلَّا أَن قَالُوا إِنَّا كُنَّا ظَالِمِينَ) والقائلين هم النائمين في القيلولة! هل تريد من الله أن يهلكنا ويرسلنا الى جهنم وبئس المصير مع الكافرين؟

حنّون: لماذا لم يهلك الله اليابان إذاً؟

غير صابر: كل ما يجعل الله يتركهم وشأنهم هو إقامة العدل حاليا ففي العدل صلاح الناس وكل ما يجعل غضب الله علينا فيسلط علينا غضبه بمصائب كالكورونا أو الفقر أو قلة المياه وفِتننا واقتتالنا وفُرقتنا وسَقمنا هو لأننا ابتعدنا عن دينه ولم نقم العدل الذي تعلم مننا الكافرون إقامته بأفضل منا وقد أنبأنا المصطفى ص أننا كلما اقتربنا من يوم القيامة أصبح "القابض منا على دينه كالقابض على الجمر"!

حنّون: لنرجع الى قضية اليونسكو فأنا سمعت منك عن هذا المصدر وأنا وأنت علينا مناقشته بعلمية فاذا كان صحيحا أخذنا به واذا كان خطأ بعد الدراسة ردَّدنا عليه لفظيا وكتابيا.

لكن أن نشتِم أو نعتدي أو نقتل الذي كتب أو حرَّر أو ترجم نصّا رغم قولكم الذي لا تلتزمون به وهو ناقل الكفر ليس بكافر كما حدث في قتل مترجم رواية آيات شيطانية فاعتقد أن هذا تخلّف عقلي!

غير صابر: ها قد أصبحت تنعتني بالتخلّف. أنت مكشوف فيما تريد الوصول إليه هو خدمة المسيحيين واليهود والصهاينة والماسونية في العالم فهم أعداء الدين الإسلامي ومن حق المسلمين قتاله بمعاملة بالمثل. والله يأمرنا بقتال الذين يحاربون الإسلام كما في الآية التاسعة من سورة الممتحنة (لَّا يَنْهَاكُمُ اللَّهُ عَنِ الَّذِينَ لَمْ يُقَاتِلُوكُمْ فِي الدِّينِ وَلَمْ يُخْرِجُوكُم مِّن دِيَارِكُمْ أَن تَبَرُّوهُمْ وَتُقْسِطُوا إِلَيْهِمْ ۚ إِنَّ اللَّهَ يُحِبُّ الْمُقْسِطِينَ (8) إِنَّمَا يَنْهَاكُمُ اللَّهُ عَنِ الَّذِينَ قَاتَلُوكُمْ فِي الدِّينِ وَأَخْرَجُوكُم مِّن دِيَارِكُمْ وَظَاهَرُوا عَلَىٰ إِخْرَاجِكُمْ أَن تَوَلَّوْهُمْ ۚ وَمَن يَتَوَلَّهُمْ فَأُولَٰئِكَ هُمُ الظَّالِمُونَ (9)) فقتالهم قسري في الإسلام حيث لا نستطيع تركهم أي "أن نولّيهم"

حنّون: ما أريده شخصيا هو الخروج من دائرة الخداع الذاتي ومواجهة الحقيقة مباشرة والاستنتاج ولو كان ذلك على حساب مخالفة نص القرآن!

غير صابر: قد اتّفقنا في بداية نقاشنا على الاحتكام للقرآن فكيف تخالفه أنت بل وتريد مني مخالفته؟

حنّون: بأساس عدم الواقعية فيه وبأساس ضررنا منه وبأساس أن الواقع أهم منه!

غير صابر مستهزئاً: لماذا لا تذهب لهدم المسيحية واليهودية وكل الديانات وبعد انتهائك عُد لنا؟

106 المؤامرة على الإنسان أم على الإسلام؟

حنّون: الديانة المسيحية أو اليهودية داخلة أيضا كمركبات في دائرة الصراع السياسي. فالمسألة التي نواجهها أكبر من الدين فالدوائر المستغلة للبشرية تستخدم الديانات لغرض تفرقة العالم والسيطرة عليه. ألا يستدعي الأمر منك الآن التفكير من المستفيد من التطاحن الدائر بين دول العالم بسبب الدين؟!

صراع الديانات المختلفة وصراع مذاهب الدين الواحد إضافة للتدخل الخارجي كما حدث في أفغانستان مع نفسها، ايران و العراق، ايران والسعودية، العراق مع نفسه، سوريا مع نفسها، اليمن مع نفسها، ليبيا مع نفسها، الصومال مع الحبشة، السودان مع نفسه وصولا للانقسام لدولتين، أحداث ماليزيا، أحداث

يوغسلافيا، التشرذم العربي، أحداث أيرلندا، أحداث شمال اسبانيا، أحداث أمريكا الجنوبية، حرب الكوريتين، الهند وباكستان.

غير صابر يسخَر: لا يأخذك الغرور فليست كل هذه الصراعات دينية فبعضها قومي واقتصادي! فهل تريد أن تحلَّ مشاكل العالم هذه كلها وأنت لم تحِلَّ مشاكلك الشخصية أولا؟ أم أنت أصبحت تتكلم بنظرية المؤامرة العالمية لذرّ الرماد في العيون فلا أعتبرك ماسونيا أو عميلا للاستعمار!

حنّون: لا أدَّعيَ هذا ولكن البدء بالحقيقة والاستناد عليها هو الأساس لخلاص الإنسان. اعتماد البساطة في التفكير المنطقي ومواجهة النتائج أنجح الطرق لاتخاذ القرار المناسب واعتقد أن ما أقول قابل للنقاش ولكن الى حد معين علينا اتخاذ القرار الصحيح حول هذا الموضوع، هل الدين من الله حقا؟ الجواب هنا يحتاج الى شجاعة فهناك إرث أمتدَّ آلاف السنين وعلينا تقييم هذا الإرث الديني بعد أن أصبح ثقيلا علينا إضافة لكونه ممر للاستغلال للقضاء علينا ممن هب ودب من جهات خارجية.

أقولها لك مرة ثانية قد ولّى عصر هيمنة الدين وإن كان قد بدأ من الأراضي الشرق أوسطية وبالتحديد بلاد مابين النهرين والشام فأتوقع نهايته فيها أيضا.

غير صابر: وفي نبوءات يوم القيامة تكون المعارك بين المهدي عج والكافرين في الشرق الأوسط وعليه سيسود دين الله الإسلام مرة أخرى "فيملأ القائم عج الأرض قسطاً وعدلاً بعد أن مُلئت ظُلماً وجَورا " أي رُغم أن الحال مع المؤمن بالإسلام سيكون كالقابض على الجمر كما تنبّأ المصطفى ص!

لكن أكمل كلامك بنبوءة نهاية الدين هذه لأرى ما لديك! لا حول ولا قوة إلّا بالله!

حنّون: لاحظ أنني عندما أتكلم عن نظرية المؤامرة تتكلم أنت بشيء مشابه وهو نظرية مؤامرة إسلامية هي أن العالم يتآمر على الإسلام! وبدلا من نصر الإنسان ينتصر الإسلام من خلال شخصيات إلهية مرسلة مثل المهدي أو القائم متوسّلين الله أن يُعجّل بفرجه الشريف.

صابر: الإسلام هو كل شيء ولذلك تحوم المؤامرات حوله! والله طلب منّا أن لا نموت إلّا ونحن مسلمون!

حنّون: بل الإنسان وخيرات الكوكب هي كل شيء ولذلك تحوم المؤامرات حولهما!

صابر: هذا ما في عقلك لأنك مخدوع فحتى نظرية المؤامرة التي تريد تشريد ذهني بها عن الإسلام هي لعبة لجعلنا نترك الصراط المستقيم في ديننا الحق!

107   هل انتهى عصر الدين الشمولي؟

حنّون: لقد أدّى الدين دوره بل قد استنفد دوره وهو في رمقه الأخير لهذا علينا أن ننهي هذا الفصل من التاريخ وأن نُميّز بين الحكمة البشرية والأمر الرباني وأن نعترف بأن الإنسان هو الحجر الأساس للحكمة وهو مصدرها فكُل ما قيل عن وجود حكمة إلهية هو ليس سوى أساطير عن حِكم بشرية وشرائع بشرية مستورثة فبدون هذا الفهم المباشر لنفترض أن سنقعد أنا وأنت وغيرنا ننتظر الأمر الرباني هذا بفارغ الصبر، لكن متى وكيف سيأتي مرهون بالله وحده، وبذلك سنكون بحالة المنتظران لجودو! (صاموئيل بكت)

غير صابر غاضبا: لا تستهزئ فالله يقول في سورة البقرة أنه يستهزئ بالذين من أمثالك!

حنّون مستمراً: وإلى أن يقرِّر جلَّ جلالُه تغيير الحال سنكون نحن أبناء هذا العصر بكل جديدة وعسى أن نكون أهلا لزماننا ونقدم الشيء المفيد للأجيال القادمة وبذلك علينا أن نقوم بإقامة التشريعات الوضعية من بعد إقامة العلمانية في الحياة ولا سيما في نظام السلطة والحكم والقضاء والتشريع إضافة الى موازنة السلطات الثلاث.

غير صابر: ولماذا لا تقوم بما طلب الله كي يتغير حالك للأفضل ففي الآية 11 من سورة الرعد (لَهُ مُعَقِّبَاتٌ مِّن بَيْنِ يَدَيْهِ وَمِنْ خَلْفِهِ يَحْفَظُونَهُ مِنْ أَمْرِ اللَّهِ ۗ إِنَّ اللَّهَ لَا يُغَيِّرُ مَا بِقَوْمٍ حَتَّىٰ يُغَيِّرُوا مَا بِأَنفُسِهِمْ ۗ وَإِذَا أَرَادَ اللَّهُ بِقَوْمٍ سُوءًا فَلَا مَرَدَّ لَهُ ۚ وَمَا لَهُم مِّن دُونِهِ مِن وَالٍ)

حنّون: أنا أفعل ذلك بطلبي التغيير للأحوال وخاصة بعدم انتظار الله إرسال منقذ أو حتى التدخل فهذا معناه أن ننتظر للأبد!

غير صابر: طلب للتغيير هو طلب للكفر وهو ليس معنى الآية الكريمة فالله يريد منا أن نرجع له ولدينه! هذا هو التغيير! وأما اليأس من رحمة الله فهو منوط بالقوم الكافرين مثلك فالله يقول في الآية 87 من سورة يوسف (يا بَنِيَّ اذْهَبُوا

فَتَحَسَّسُوا مِن يُوسُفَ وَأَخِيهِ وَلَا تَيْأَسُوا مِن رَّوْحِ اللَّهِ ۖ إِنَّهُ لَا يَيْأَسُ مِن رَّوْحِ اللَّهِ إِلَّا الْقَوْمُ الْكَافِرُونَ)

حنّون: أنا لست يائس فأنا مليء بالأمل بأننا نستطيع تغيير حالنا بالاعتماد على أنفسنا!

غير صابر: وهذا دليل على أنك ماسوني فالماسونية تدعو لعدم انتظار المخلص اليهودي وهذا يأس من رحمة إلههم! وتدعو لإقامة دولة تنوب عنه وهذا ما تريد أنت تقليده وإعادته وتنفيذه في الإسلام حيث لا تريد مننا انتظار أمر الله في ظهور القائم عج! فلا تخفى علي مؤامراتك الغربية الصهيونية هذه في تشكيل دولة بل دول مشابهة لإسرائيل!

حنّون مستمراً: في العصور القديمة كان كل قوم من الأقوام مشغول بأرضه وعندما زادت أطماع قوم أو قلت موارد أرضهم بدأ الغزو هنا وهناك بدافع السرقة والاغتنام وعندما امتنعت عليهم السيطرة على كثير من الأقوام ابتدعوا الدين لشرعنة هجوماتهم وسرقاتهم فأخذوا يغزون باسم الله وأخذ الكهنة يُسوّقون ويبيعون فكرهم على جميع البشر دون استثناء ليتحكموا بهم كل يومهم وطوال حياتهم دون استثناء وللأبد.

العصر الحالي ليس بحاجة الى دين!

غير صابر: هذه هلوسة كافر فاجر مثلك!

حنّون مسترسلا: لقد انتهى عصر الديانات اليوم بحكمة البشر وبعد أن اكتُشِفت محدودية مساحة كوكب الأرض وأصبح لزاما علينا التعايش عليها بكل طوائف البشرية لذا علينا أن نترك الأفكار العنصرية القومية والعرقية التي تزيد من تفرقة البشر وتخلق الحروب.

غير صابر: واضح أنّك تريد إبادة البشرية ليبقى منها نخبة تسيطر على كل شيء

حنّون: عصرنا الحالي عصر العولمة والاتصالات والترابط وليس عصر الانغلاق.

هذا عصر الحوار لا عصر الحروب والإبادة بذرائع الفكر الشمولي!

علينا طرح أفكارنا الدينية ومعتقداتنا وميراثنا الثقافي كله للنقاش فيعيد كل مؤمن بدين قراءة وفهم كتابه المقدس القرآن أو الإنجيل أو التوراة أو أي كتاب بتجرد من الْهالة الْمقدّسة ليراه كما هو فيواجهه بصدق وجرأة ليتمكن من إدراك معنى إقامة الأوامر والأعمال المزعوم أنَّ إلهه أمره ليتثبّت منها فإن وجدها مضرّة

سيكون لزاما علينا غلق ملف الديانات الى غير رجعة واعتبارها مجرّد إرث ثقافي أسطوري حاله حال غيرها من الأساطير والقصص التراثية الخرافية.

الديانات كلها دون استثناء من أهم مصادر العنصرية وأساس لكثير من الحروب وإن لم تكُن الغرض والدافع مباشر لأي حرب فهي إحدى الذرائع الشريرة وهي مصدر الوقود البشري الذي يزيد من ضراوة النار المشتعلة ويزيد من إسالة الدماء وخسارة الأرواح لذلك علينا اليوم وليس غداً تقييم محتوى العقل ومواجهة الحقيقة وإن كانت كارثية فهذا هو طريق للوصول للرقي والإبداع.

علينا المراجعة العلمية والتقييم الصحيح وأن تكون المراجعة بُغية الإصلاح والصلاح وليس الدعاية الزائفة المدفوعة عاطفياً لهدف التشويه.

غير صابر: ها قد أصبحت عدو الله تريد منا اتّباع الشيطان لنخسر ديننا الحنيف لذلك سوف لا أرد عليك بعد اليوم. لا حول ولا قوة إلا بالله! فالله عز وجل يقول في سورة القصص الآية 56 (إِنَّكَ لَا تَهْدِي مَنْ أَحْبَبْتَ وَلَكِنَّ اللَّهَ يَهْدِي مَن يَشَاءُۚ وَهُوَ أَعْلَمُ بِالْمُهْتَدِينَ)

حنّون: ها أنا أرحل عنك وآخر كلامي سيكون ما قاله نيتشة،

(هؤلاء البشر منذ القدم لم يُعاقبوا إلّا مَن قال الحقيقة فإن رغبت البَقاء معهم شاركهم أوهامهم وإعلم أنَّ الحقيقة لا يقولها إلّا مَن يروم الرحيل فإيّاك أن تعتقد أن قول الحقيقة يُقرّبك منهم فتكُ ضَحيّة للمثاليّة المُفرطة فهم يحبُّون ويكافئُون مَن يَستطيع تخديرهم بالأوهام)

((انتهى))

1. ابن باز، إقامة البراهين.
2. ابن طفيل ،كتاب حي بن يقظان
3. أبو بكر محمد بن الطيب الباقلاني، إعجاز القرآن 403 هج تحقيق أحمد صقر
4. أبو زهراء النجدي، الشهادة والأشهاد.
5. الإمام علي وفضائله، منشورات دار مكتبة الحياة -بيروت
6. أنيس منصور، الذين هبطوا من السماء، ط14 . دار الشروق –مصر
7. أوروسيوس تاريخ العالم د. عبد الرحمن بدوي ط 1 82 المؤسسة العربية للنشر
8. تاريخ الطبري لأبي جعفر محمد بن جرير الطبري 224-310 هج تاريخ الرسل والملوك ج 3.
9. تفسير ابن شبر
10. تفسير الإمام البلاذري
11. تفسير القرطبي
12. جلال العالم، قادة الغرب يقولون دمروا الإسلام أبيدوا أهله، دار الأرقم.
13. جورج أورويل، 1984
14. حسين عمر حمادة، شهادات ماسونية – دار قتيبة-سوريا
15. الخميني، زبدة الأحكام -1404 هجرية
16. د. كمال اليازجي، أبو العلاء المعري ولزومياته
17. د. محمد حسنين هيكل، الفاروق عمر   ج1 ط9
18. د. مصطفى الشكعة، إسلام بلا مذاهب   ط8 دار المصرية اللبنانية
19. د. مصطفى محمود، حوار مع صديقي الملحد ط7
20. د. نوال السعداوي – مذكراتي في السجن.
21. دار الأرقم، عمان، قادة الغرب يقولون: دمروا الإسلام أبيدوا أهله

22. رحمة الله بن خليل الرحمن الهندي إظهار الحق

23. روجيه غارودي، الخرافات المُؤسِّسة للسياسة الأسرائلية
ترجمة م.ع.كيلاني دار الكتاب

24. زيغريد هونكة، شمس العرب تسطع على الغرب

25. السيد أبي القاسم الموسوي الخوئي، المسائل المنتخبة

26. السيد محمد حسين فضل الله، حركة النبوة في مواجهة
الانحراف، السيد محمد حسين فضل الله شفيق محمد الموسوي

27. السيد محمد حسين فضل الله، الندوه 2

28. السيد محمد حسين فضل الله ،الندوه 1، إعداد عادل القاضي
دار الملاك 1997

29. السيد محمد صادق الصدر، الصدر الثاني .كلمة في البَداء،
بيروت

30. الشريف الرضي، نهج البلاغة

31. الشهيد مرتضى المطهري، النظرة التوحيدية للعالم

32. الشيخ محمد رضا المظفر، عقائد الإمامية، النجف الأشرف-
العراق.

33. عبد الحليم الخفاجي، دور اوربا في مستقبل الإسلامز

34. عبد الحليم خفاجي، حوار مع الشيوعين تحت أقبية السجون،
دار الوفاء للطباعة والنشر والتوزيع -المنصورة -مصر. الطبعة
الخامسة

35. عبد الكريم غلاب، دفنا الماضي قصة المغرب

36. عبد الهادي السيد محمد تقي الحكيم. وفق فتاوى آية الله
العظمى السيد علي الحسيني السيستاني. الفتاوي الميسرة.

37. علي أحمد سعيد، الآثار الكاملة لأدونيس، بيروت 1971

38. علي عزت بيكوفج، الإسلام بين الشرق والغرب

39. القرآن الكريم، الأناجيل، العهد القديم والجديد.

40. كراتشكوفيسكي، 1883-1951 مع المخطوطات العربية

41. مجلة نور الإسلام العدد 67 السنة السادسة 1998

42. محمد التيجاني السماوي التونسي، لأكون مع الصادقين.

43. محمد باقر الصدر، اقتصادنا، فلسفتنا

44.	محمد جواد مغنية 1959، الله والعقل، رد على الدكتور مصطفى محمود في كتاب الله والإنسان

45.	محمد خليفة التونسي، الخطر اليهودي بروتوكولات حكماء صهيون 1951 ط4 بيروت

46.	محمد عزت نصر الله، رسالة الغفران لأبي العلاء المعري

47.	محمود الخطيب، سلسلة معارك الإسلام الخالدة

48.	محمود الخطيب سلسة معارك الإسلام الخالدة المحقق اللواء المتقاعد محمود الخطيب

49.	ميخائيل نعيمه، في مهب الريح ط5 1972

50.	نديم الجسر، قصة الإيمان

51.	نيتشه، هكذا تكلم زرادشت.

52.	هادي المدرسي، الرد على كتاب الآيات الشيطانية

53.	مراد هوفمان، بين شتى الاتجاهات. مؤسسة بافاريا الإسلامية

54.	Why I Am Not a Christian: Four Conclusive Reasons to Reject the Faith, Richard Carrier
(لماذا أنا لست مسيحيًّا، أربعة أسباب مستنتجة لرفض الإيمان تأليف رتشارد كارير)
وفكرة أن الخالق أو الرب لم يُعرِّف عن نفسه صراحة موجودة في مطلع الفصل الأول من هذا الكتاب تحت عنوان "الرب ساكت" والتي اعتنقها **حنّون** السومري في فكره ونقاشه في هذا الكتاب.

55.	First Self-Replicating, Synthetic Bacterial Cell Constructed by J. Craig Venter Institute Researchers, May 20th 2010
https://www.jcvi.org/media-center/first-self-replicating-synthetic-bacterial-cell-constructed-j%C2%A0craig-venter-institute

56.	Scientists Create E. Coli Bacteria With Completely Synthetic Genome,The synthetic organisms appear to function much like their natural counterparts https://www.smithsonianmag.com/smart-news/scientists-create-e-coli-bacteria-completely-synthetic-genome-180972214/

57.   Stephen Hawking, A brief history of time, From the Big bang to Black Holes,
Bantam Books، 1992

Hanon and Islam

Critique of Liberal Gnostic to Shia Islam presented as a
dialog between two friends
(Arabic Edition)
By
Hanon Alsumeri
Third Edition, 2022

Thanks to www.pixabay.com for the cover picture and
"Prettysleepy"
Steampunk-door-gears-clock-pipes